린 LEAN
스타트업

린 스타트업(전면 개정판)

린 캔버스 창시자 애시 모리아가 전하는 설계, 검증, 성장 3단계 스타트업 가이드

초판 1쇄 발행 2012년 11월 1일
개정판 1쇄 발행 2023년 6월 1일
개정판 2쇄 발행 2023년 9월 22일

지은이 애시 모리아 / **옮긴이** 권혜정 / **펴낸이** 김태헌
펴낸곳 한빛미디어(주) / **주소** 서울시 서대문구 연희로2길 62 한빛미디어(주) IT출판2부
전화 02-325-5544 / **팩스** 02-336-7124
등록 1999년 6월 24일 제25100-2017-000058호 / **ISBN** 979-11-6921-108-6 13000

총괄 송경석 / **책임편집** 박민아 / **기획 · 편집** 김종찬
디자인 최연희 / **전산편집** 백지선
영업 김형진, 장경환, 조유미 / **마케팅** 박상용, 한종진, 이행은, 김선아, 고광일, 성화정, 김한솔 / **제작** 박성우, 김정우

이 책에 대한 의견이나 오탈자 및 잘못된 내용에 대한 수정 정보는 한빛미디어(주)의 홈페이지나 아래 이메일로
알려주십시오. 잘못된 책은 구입하신 서점에서 교환해드립니다. 책값은 뒤표지에 표시되어 있습니다.

한빛미디어 홈페이지 www.hanbit.co.kr / 이메일 ask@hanbit.co.kr

지금 하지 않으면 할 수 없는 일이 있습니다.
책으로 펴내고 싶은 아이디어나 원고를 메일(writer@hanbit.co.kr)로 보내주세요.
한빛미디어(주)는 여러분의 소중한 경험과 지식을 기다리고 있습니다.

린 LEAN
스타트업

RUNNING LEAN

린 캔버스 창시자 애시 모리아가 전하는
설계, 검증, 성장 3단계 스타트업 가이드

애시 모리아 지음   권혜정 옮김

O'REILLY®   한빛미디어
Hanbit Media, Inc.

우리의 가장 희소한 자원인 시간에 대해,
새로이 감사한 마음을 가지게 해 준 나탈리아와 이안을 위하여 읽는 내내 '미리 알았으면 좋았을 것을..'이라는 후회와 반성의 연속이었습니다. 아직도 부족한 것이 많음을, 그리고 아직 늦지 않았음을 알게 되었습니다. 스타트업은 아이디어와 열정만 가지고 시작하면 성공할 수 없습니다. 이 책은 비즈니스의 성공을 원한다면 반드시 알아야 할, 기억해야 할 것들로 가득합니다. 실리콘밸리에서 검증된 성공적인 비즈니스 방법, 린 스타트업으로 로켓을 탈 수 있는 멋진 시간을 보내시길 바랍니다.

스타트업 개발팀장, **김동우**

매일 쏟아지는 신제품 중에서 고객의 선택을 받는 것은 무엇일까? 메타, 테슬라와 같이 글로벌 기업이 된 스타트업에는 어떤 비결이 숨어 있을까? 그 비결은 바로 '솔루션'이 아닌 '문제를 사랑하는 마인드셋'이다! 이 책은 번뜩이는 아이디어를 시장에서 성공하는 제품으로 만드는 방법에 초점을 맞추며, 지난 10년간 수백 건의 사례로 검증된 이론과 실천 가능한 예시를 통해 스타트업의 필승 전략을 설명합니다. 제품으로 세상을 바꾸고 싶은 모든 이를 위한 책!

포스코건설 AI 연구원, **조우철**

애시 모리아의 『린 스타트업』은 스타트업 창업자나 기업가들이 제품 개발 및 출시를 위해 필요한 린 스타트업 방법론을 설명하는 책입니다. 이 책은 스티브라는 주인공의 이야기를 중심으로 스타트업의 전략과 기술을 다룹니다. 스티브는 제품(솔루션)만을 중시한 나머지, 정작 사람들이 원하지 않는 것을 만들어내는 문제를 겪고 있었습니다. 그러나 린 스타트업 방법론을 적용하면서 고객과 대화하며 최소 기능 제품(MVP)을 출시하고 시장에서 피드백을 받아 제품을 수정해 나가는 방식으로 성공을 거둡니다. 이 책은 스타트업 창업자나 기업가들이 성공하기 위해 필요한 전략과 기술을 습득하는 데 매우 유용한 책입니다.

컨스택츠 코리아 백엔드 엔지니어 겸 데이터 가드너, **조현석**

제 주변에도 신선한 아이디어를 발견하고, 수익 모델화 시도 과정에서, 제품 자체의 완성도에만 매달리다가 온전한 궤도에 오르지 못해 포기한 경우들이 종종 있었습니다. 만약 그들이 이 책을 미리 읽었더라면 결과가 다르지 않았을까? 라는 생각을 해 봅니다. 앞으로 더욱더 각자에게 주어진 시간을 포함한 유한한 자원을 최대한 효과적으로 활용할 수 있냐에 따라 사업 성패가 나누어질 겁니다. 그런 의미에서 이 책은 새로운 사업을 준비하는 이들에게 그 과정을 효율적으로 수행할 수 있도록 도와주는 유용한 가이드입니다.

이디야 CIO, 김효민

사업 기획을 하면 린 캔버스를 사용하는 것이 일반적일 만큼 린 스타트업은 국내 기업에도 많은 영향을 주었습니다. 저도 책을 읽는 내내 대학원 창업경영 수업에서 중소기업 CEO들과 함께 린 캔버스와 비즈니스 모델을 사용했던 경험을 떠올렸습니다. 이번 전면 개정판은 성장하는 제품 개발팀의 핵심 지표를 테스트하는 방법 등 비즈니스 모델링 도구와 실천 방법 등 린 스타트업에 대한 오랜 경험과 제품 사례 연구 및 테스트에 대한 더욱 완성된 방법을 제시해 주고 있어 디지털 전환을 모색하고, 고객에게 가치를 제공하는 좋은 방법들을 찾고 있는 분들에게 많은 도움이 될 것입니다.

kt ds DevOps 기술리더, 이기성

"실천이 이론을 능가한다"

10여 년 전 애시 모리아의 블로그에서 이 문장을 처음 본 순간, 그가 당시 새로 떠오르던 린 스타트업 운동에 불을 지필 귀인임을 직감했다. 린 스타트업을 막 시작했던 그 당시 우리에게는 린 스타트업 원칙을 실전으로 바꾸고 그 실전을 다른 사람들과 공유할 수 있는 인물이 절실했다. 애시는 그 임무를 수행할 적임자로서 오랫동안 전 세계 팀, 코치, 이해관계자들에게 지식을 전수해 왔다. 그와 같은 사람들 덕분에 린 스타트업 운동은 내가 상상도 못했던 방식으로 성장하고 진화해 왔다. 린 시리즈의 서막을 장식하고 오랫동안 성장을 이끌어 온 『린 스타트업』이 드디어 새로운 모습으로 진화했다.

이번 전면 개정판에는 린 스타트업의 잠재력을 더욱 깊고 포괄적인 시선으로 바라보는 애시의 생각이 담겨있다. 늘 지속 가능한 사업을 추구하는 기업가들의 도우미가 되고자 하는 그의 의지도 엿보인다. 전면 개정판을 준비하면서 그는 이전 판을 살짝 뜯어고치는 데 그치지 않고 이전에 제시했던 정보를 테스트해서 일일이 다듬고 피드백을 받아 가며 내용을 추가했다. 이러한 새로운 접근법을 그는 '지속적인 혁신 프레임워크'라고 부르며 10년 전이 아닌 현재의 린 스타트업 운동은 어떤 모습인지 보여준다. 그가 선택한 이름에는 사업 초기에만 반짝 혁신을 추구하다가 외면하면 점점 불확실해지는 세상에서 살아남고 발전할 수 없다는 뜻이 담겨있다. 혁신한다는 것은 살아있다는 뜻이다. 그리고 예전에는 소프트웨어 개발에 한정된다고 생각했던 방식이 이제는 애시의 말처럼 **'고객에게 가치를 제공하는 모든 것'**을 개발하기 위한 가장 좋은 방법으로 널리 인정받고 있다.

이러한 제품 개발의 출발점에는 여전히, 내가 수년 전 애시의 블로그에서 읽은 근본적인 개념이 있다. 바로 **'실천'**이다. 그로부터 10년이 지난 지금도 그에게는 독자들이 제품/시장 적합성 도달을 촉진하기 위해 들려주고 싶은 이야기가 많다.

『린 스타트업』(한빛미디어, 2012)의 전면 개정판은 종류를 불문한 모든 기업가가 읽어야 할 귀중한 지침서다. 린 스타트업이 광범위한 업계에 도입되면서 방법론을 실천하는 방식이 진화해 온 것처럼 이 책도 그 발자취에 걸맞게 변신했다. 우리는 진정한 기업가의 시대에 살고 있다. 현재 우리 생활에 굳게 자리 잡은 많은 기업은 작은 스타트업으로 출발해 성장을 거듭하면서도 기업가의 뿌리를 굳게 지킨 덕분에 성공을 이뤘다. 한편 구시대의 관행을 새 시대의 요건에 맞춰 능숙하게 조정하는 저력을 보여준 기업들도 있다. 이런 기업이 많아져야 우리의 미래가 밝아진다. 그리고 번영을 위한 지식과 도구를 확보해야 이런 기업이 존재할 수 있다.

신제품의 성공과 마찬가지로 기업의 성공을 위해서는 (과학적 관점에서) 잘 통제된 실험을 지속적으로 수행해야 한다. 그래야 성장을 통해 새로운 수익원을 찾아낼 수 있다. 아직은 영세한 스타트업, 기반이 탄탄한 거대 조직 모두 마찬가지이다. 『린 스타트업』은 기업을 만드는 과정을 설계, 검증, 성장이라는 세 단계로 나눠서 청사진을 제공한다. 스타트업이 모든 개발 단계에서 획기적인 돌파구를 찾고, 파격적인 신제품과 새로운 조직을 구축하기 위해 활용할 수 있는 단순하고 실행 중심적인 양식들이 담겨있다.

내가 조회수 몇십에 불과한 블로그 글에 '린 스타트업'이라는 표현을 처음 쓴 지도 15년이 다 되어간다. 그 이후로 이 개념들은 하나의 운동으로 성장했고, 전 세계의 수많은 기업가가 이 운동에 동참해서 신제품과 신생 기업의 성공을 위해 노력했다. 이 책의 독자들도 이러한 생각들을 실천하고 우리 커뮤니티와 함께하기를 바란다. 우리의 지속적이고 거대한 실험에 동참해 주는 여러분께 감사하다.

에릭 리스 Eric Ries

지은이 애시 모리아 Ash Maurya

세계적으로 널리 사용되는 1쪽짜리 비즈니스 모델 제작 도구 '린 캔버스'를 만든 창시자.

그는 전 세계 기업가, 사내 기업가들에게 가장 탁월하고 실용적인 자문을 하는 것으로 유명하다. 성공적인 제품을 더 빨리, 더 잘 개발하는 방법을 찾고자 노력하면서 린 스타트업, 비즈니스 모델 설계, 수행 과제, 디자인 사고의 개념을 종합한 지속적인 혁신 프레임워크를 개발했다.

비즈니스 블로거로도 영향력을 발휘하고 있으며 그의 글과 조언은 〈Inc. 매거진〉, 〈포브스〉, 〈포춘〉에 실린 바 있다. 그는 세계 각국에서 정기적으로 워크숍을 개최하고 테크스타, 마르스, 캐피털 팩토리 등의 액셀러레이터에게 자문을 하며 MIT, 하버드, UT 오스틴 대학교 등에서 초청 강연을 하고 있다.

옮긴이 권혜정 kwonejeong@gmail.com

국민대학교 시각디자인학과를 졸업했다. 지금까지 『테트리스 이펙트』, 『피, 땀, 픽셀』, 『데이터 스토리』, 『피, 땀, 리셋』(이상 한빛미디어), 『계획된 불평등』(이김), 『코드와 살아가기』, 『머리가 깨질 것 같아』(이상 글항아리) 등의 책을 번역했다. 각종 음원 사이트를 통해 「달에게」, 「자장열차」, 「Fundamental Lie」를 비롯한 자작곡을 공개했다.

세월이 참 빠르다. 『린 스타트업』(한빛미디어, 2012)이 세상에 나온 지도 벌써 10년이 흘렀으니 말이다. 그 책을 낸 뒤로 전 세계를 다니며 수많은 제품팀, 코치, 이해관계자들을 교육해왔다. 나의 목표는 다양한 제품과 업계에서 책을 통해 설명했던 체계적인 단계별 과정을 더 심층적으로 테스트해 보고 다듬는 것이었다.

그 과정에서 추가적인 비즈니스 모델링 도구(고객 공장 모델, 고객 작용력 캔버스, 견인 로드맵), 더 정교한 실현 가능성 확인 전략, 린 스타트업, 디자인 사고, 비즈니스 모델 설계, 시스템 사고, 행동 설계 등 광범위한 방법론과 프레임워크에서 나온 개념들을 종합한 실용적인 기술을 개발했다.

극도로 불확실한 상황에서 획기적인 혁신을 이루려면 절대 자기 자신을 하나의 프레임워크에 가두지 말고, 모든 프레임워크를 사용할 수 있어야 한다. 모든 프레임워크는 다른 프레임워크와 기능이 일정 부분 겹치기도 하지만, 자신만의 특출난 기능을 가지고 있다. 이 책에서는 이러한 고유의 능력들을 새로운 프레임워크(지속적 혁신 프레임워크)로 구성해서 소개한다.

『린 스타트업』 전면 개정판의 특징

- 초기 비즈니스 모델 형성에 더 효과적으로 활용할 수 있는 스트레스 테스트
- 고객의 중요한 문제를 발견할 수 있도록 완전히 개정한 문제 파악 인터뷰 스크립트
- 고객이 원할 것 같은 제품이 아니라 고객이 정말로 원하는 제품을 개발하기 위한 검증된 절차

10년 동안 철저한 테스트, 수백 건의 제품 사례 연구, 수천 건의 반복 작업을 거쳐서 완성한 이 책을 세상에 드디어 세상에 내놓는다.

아무도 원치 않는 제품이나 만들면서 살기에는 인생이 너무 짧다.

애시 모리아

책은 대형 소프트웨어처럼 절대 완성되지 않는다. 단지 공개할 뿐이다. 2012년에 처음 출간됐던 『린 스타트업』에 나오는 문장이다. 이 책을 집필할 때도 자신이 설명하는 린 캔버스의 방식을 따랐다고 밝힌 지은이 애시 모리아는 당시 계속 발전하는 주제를 가지고 반복 과정을 통해 책을 썼고, 책 출간도 완성이 아닌 시작일 뿐이라고 말했었다. 그리고 자신이 했던 말에 걸맞게 첫 출간에 그치지 않고 (아마도 새로운 반복 과정을 거쳐) 새로워진 전면 개정판을 내놓았다.

전면 개정판의 가장 눈에 띄게 새로워진 점은 스티브라는 주인공의 등장이 아닐까 한다. 스타트업을 설립하겠다는 막연한 꿈과 아이디어만으로 창업 전선에 뛰어든 우리의 스티브. 때로는 비현실적일 만큼 훌륭하고 헌신적인 멘토 메리를 두고도 제대로 말을 듣지 않아 난관에 봉착하는 스티브를 보며 마음이 답답하기도 했지만, 결국 린 캔버스를 차근차근 채워가며 성장하는 모습을 보면 내가 어느새 이 가상의 인물을 응원하고 있었구나 깨닫게 된다.

아마도 새로 집필에 착수한 애시 모리아가 기존 『린 스타트업』 독자들과 여러 선각 수용자들을 인터뷰하면서, 이를테면 '독자들이 책을 끝까지 읽지 않는다'와 같은 문제를 발견하고 책의 결말까지 궁금해지게 만들 여러 가지 장치를 반복적으로 실험했고, 결국 스타트업 창업가의 고군분투 서사를 추가하는 것이 최적의 해결책이라는 결론을 내린 게 아니었을까? 그가 이 책을 쓰면서 작성했을 린 캔버스가 궁금해지기도 한다.

애시 모리아의 린 스타트업에 대한 통찰을 차근차근 풀어 내는 동시에 그 자체로 이 방법론의 모범적인 예시가 되어주는 『린 스타트업』 전면 개정판이, 앞으로 각자의 자리에서 크고 작은 프로젝트를 수행할 수많은 스티브에게 용기와 영감을 주리라 믿는다.

권혜정

책 한 권을 출간하는 과정은 여느 제품을 출시하는 것과 다를 바 없다. 이 책을 쓸 때도, 책에 설명된 지속적인 혁신 과정을 똑같이 활용했다.

필자를 믿고 본인이 스타트업을 운영하거나 제품을 개발하면서 겪은 어려움을 가감없이 이야기해 준 실무자와 코치들이 있었기에 이 책이 나올 수 있었다. 지속적인 혁신 프레임워크 초기 반복 과정의 스트레스 테스트를 위해 늘 변함없이 노력해 체계적인 프로세스가 형태를 갖추도록 도와준 모두가 이 책의 공동 창작자이다.

목차

CHAPTER 0 들어가며

Part 1 설계

CHAPTER 1 린 캔버스에서 아이디어 해체하기

아이디어 욕구 충족 가능성 스트레스 테스트

아이디어 실행 가능성 스트레스 테스트

CHAPTER 4 아이디어 실현 가능성 스트레스 테스트

CHAPTER 5 아이디어를 간단명료하게 전달하기

CHAPTER 0 들어가며

두 기업가 이야기

두 기업가의 이야기로 시작해 보려고 한다. 이름은 각각 스티브와 래리라고 하자. 두 사람은 같은 대학교를 우수한 성적으로 졸업하고 첨단 기술 스타트업에 입사해 단숨에 요직을 꿰찼다.

그렇게 몇 년이 흐르고 두 사람은 각자 사업 아이디어를 구상하며 직장을 그만둔 뒤 모험을 시작했다. 이 둘의 공통점은 왠지 천재일 것만 같은 이름, 나이, 성별, 사는 지역도 아니다. 두 사람의 공통점은 '거대한 아이디어'를 실현하기 위해 행동에 나섰다는 것이다.

하지만 1년 뒤의 상황은 서로 달랐다(그림 0-1).

1년 뒤…

Vs.

스티브	래리
• 아직 제품 개발 중	• 고객 기반 확장 중
• 제품 수입 없음.	• 수입 증가 중
• 동료 없음.	• 팀 성장 중

그림 0-1 1년 뒤 달라진 스티브와 래리의 모습

1년 뒤, 스티브는 여전히 제품을 개발 중이다. 제품에서 나오는 수입 없이 아르바이트로 개발 비용을 충당 중이다. 동료도 없다. 반면 래리는 고객 기반, 수입, 팀 모두 성장 중이다. 어쩌다가 두 사람은 이렇게 다른 길을 가게 되었을까?

그 답을 찾기 위해 시간을 1년 전으로 되돌려 보자.

1년 전…

스티브는 책상에 앉아 생각에 잠겼다.

회사가 두 달 뒤 문을 닫는다는 통보를 받은 아침이었다. 최근 이 회사를 인수한 모기업이 내린 결정이기에, 스티브에게는 본사로 적을 옮기거나 퇴직금을 받고 떠난다는 선택지가 있었다.

드디어 때가 왔다.

그는 늘 적당히 시기를 봐서 직접 사업을 시작할 계획을 세워 왔다. 처음부터 모험에 나서기보다는 실무 경험부터 쌓는 게 좋겠다고 판단해 대학 졸업 직후에는 유망한 스타트업에 들어갔다. 이 스타트업은 처음부터 제품을 성공시키지는 못했지만 다른 대기업에 인수되는 데는 성공했다. 스티브는 핵심 팀의 일원이 되었다는 사실이 자랑스러웠다.

'지금이 제일 좋은 시기인지도 몰라.' 스티브는 저녁때 좀 더 진지하게 고민해 보기로 했다. 생활비를 아껴 쓰면 퇴직금과 그간 모아 둔 돈으로 1년은 버티면서 뭔가를 완성할 수 있겠다는 계산이 나왔다. 몇 달 전부터 머릿속으로 구상해 온 증강/가상 현실(AR/VR) 아이디어도 있었다.

다음날, 스티브는 마음을 굳히고 퇴직금을 신청했다.

성공 가도를 달리다

스티브는 부지런히 움직였다. 아무런 방해 없이 제대로 집중해서 온종일 일하면 석 달 안에 첫 번째 버전의 제품을 출시할 수 있을 것 같았다(그림 0-2).

그림 0-2 상상 속 차고에서 고군분투하는 스티브

'제대로 된' 제품을 만들고 싶었던 그는 장인처럼 세심하게 설계와 개발에 착수했다. 하지만 사소한 부분에도 생각보다 시간이 오래 걸리면서 일정은 점점 지연됐다. 처음에는 몇 주가, 나중에는 몇 달이 늦어졌다.

6개월 후

스티브는 슬슬 초조해졌다. 아직 제품이 눈에 차지 않아서 출시 예상일을 석 달 늦췄다가 나중에는 여섯 달을 늦췄다. 그쯤이면 돈도 바닥날 터였다. 도움이 필요했다.

스티브는 친한 친구들에게 연락해 지분을 후하게 나누겠다고 제안하며 도움을 요청했지만, 친구들은 스티브의 제품에서 지금 받고 있는 두둑하고 안정적인 월급을 포기할 정도의 가치를 찾아내지 못했다(그림 0-3).

그림 0-3 스티브의 제품에서 가치를 발견하는 친구는 없었다.

이게 다 친구들이 '비전을 찾지 못한' 탓인 것 같았다. 그래서 어떻게든 제품 개발부터 끝내기로 마음먹은 스티브는 피치[1]를 돌면서 **돈을 모으기로** 했다.

가장 먼저 스티브의 전 직장 창업자였던 수잔에게 연락해 수월하게 약속을 잡았다. 수잔은 스티브의 아이디어를 마음에 들어 하면서 투자자를 몇 명 소개해 주기로 했다. 그러면서 사업 계획서부터 빈틈없이 완벽하게 만들어야 한다고 일러주었다.

스티브는 사업 계획서를 써 본 적이 없었다. 그래서 인터넷에서 서식을 몇 개 내려받아 보고 마음에 드는 것을 하나 골랐다. 막상 계획서를 써 보니 선뜻 대답이 나오지 않는 질문이 많았지만, 어쨌든 최선을 다해서 계획서를 완성했다. 특히 재무 예측 스프레드시트를 보니 힘이 솟았다. 숫자를 만져볼수록 큰 성공이 눈앞에 있다는 확신이 강해졌다. 자신이 빚어낼 이 환상적인 모델을 보고 예비 투자자들이 눈부셔하지 않도록 몇 군데는 숫자를 낮춰 적는 겸손의 미덕까지 발휘했다. 너무 훌륭해서 사람들이 믿기 힘들지도 모르니 말이다!

이 사업의 성패는 피치에 달려 있었다. 그래서 엘리베이터 피치elevator pitch[2]를 개발하고, 제품 로드맵의 윤곽을 잡고, 10쪽 분량의 슬라이드 덱을 다듬는 데 많은 시간을 쏟아부었다.

몇 주 뒤 스티브는 수잔에게 연락했다. 수잔은 그를 위해 투자자 미팅을 여섯 건 잡아 주었다. 처음 몇 번의 미팅에서는 초조한 마음을 주체할 수 없었지만 일이 괜찮게 풀렸다고 생각했다. 연습을 거듭하면서 미팅이 편안해지고 다음 미팅들에 대한 자신감이 붙었다. '좋다'는 즉답을 받지는 못했지만 노골적으로 거절을 당하지도 않았다. 마침내 미팅이 모두 끝나고 수잔에게 결과를 이야기했을 때 스티브의 환상은 와장창 무너졌다. 수잔은 잠시 주저하더니 입을 열었다. "스티브, '아직 우리에겐 시기상조다', '6개월 뒤에 다시 보자'는 말은 '나는 관심 없지만 예의는 갖추겠다'라는 뜻을 돌려서 이야기한거야."(그림 0-4)

----

1 옮긴이_ 짧은 시간 동안 상대방에게 사업의 윤곽을 이해시키고 투자를 설득할 수 있도록 흥미를 끌어 내는 행위
2 옮긴이_ 말 그대로 엘리베이터를 타는 20초에서 3분정도의 짧은 시간 동안 진행하는 피치를 의미한다.

그림 0-4 투자자들은 정중하게 거절하는 데 선수다.

진퇴양난

스티브는 소위 말하는 진퇴양난에 빠졌다. 사람들에게 비전을 보여주자니 완성된 제품이 없고, 제품을 완성하자니 자원을 대줘야 할 투자자들이 영 시큰둥한 것이다(그림 0-5).

이제 어쩌면 좋나?

스티브는 아직 자신이 구상한 제품의 가능성을 믿고 있으며 개발 의지도 강하다. 그래서 상상 속 차고로 후퇴해서 아르바이트처럼 프리랜서 일을 하면서 직접 자금을 대기로 했다.

그림 0-5 진퇴양난에 빠진 스티브

밤잠을 포기하고 주말을 반납한 채 느린 속도로나마 아이디어를 전진시키고 있었다.

이번에는 래리의 상황을 보자. 1년 전에 끝내주는 아이디어를 떠올린 건 래리도 마찬가지이지만, 그는 스티브와 달리 바로 개발에 뛰어들거나 투자부터 받지 않았다. 그건 **구식**이기 때문이다.

견인을 우선하는 새로운 방식

옛날에는 제품 개발이 매우 어렵고 돈도 많이 들었으니 개발이나 투자 유치를 먼저 하는 방식이 효과적이었다. 하지만 래리는 이제 세상이 변했다고 생각했다.

투자자들은 지식재산권을 중시하면서 개발 역량이 입증된 팀에 자금을 투자하곤 했지만 이제는 상황이 달라졌다. 그리고 예전에는 제품 개발에 드는 돈이 어마어마해서 투자 유치에 성공하면 다른 팀들을 훌쩍 따돌릴 수 있었다. 경쟁사보다 빨리 제품을 출시하고 부지런히 부족한 점을 배워가며 업그레이드할 수 있었기 때문이다. 처음 만든 제품이 엉망이더라도, 후발주자가 거의 없으니 방향을 수정해서 원래 궤도로 돌아올 수 있었다.

하지만 이제는 세상이 예전 같지 않다…(그림 0-6)

바야흐로 전 세계 기업가들의 르네상스 시대가 도래했다. 이제는 그 어느 때보다도 쉽게, 그리고 저렴하게 제품을 개발할 수 있다. 자연스레 세계 각국에서 스타트업을 꿈꾸는 사람이 많다. 이렇게 스타트업 활동이 급증한 것은 우리 모두에게 놀라운 기회를 선사하지만 그만큼 먹구름도 함께 따라온다. 새로 개발되는 제품이 많을수록 투자자와 고객 앞에 놓인 선택의 폭은 넓어지고, 그 사이에서 두각을 드러내기는 점점 어려워진다.

견인 로드맵

예전 세상

- 제품을 개발하기 어려움.
- 경쟁자가 많지 않음.
- 고객의 선택의 폭이 좁음.

새로운 세상

- 제품을 개발하기 쉬움.
- 경쟁자가 훨씬 많음.
- 고객의 선택의 폭이 넓음.

그림 0-6 우리는 새로운 세계에 살고 있다.

요즘 투자자들은 지식재산권이 아닌 견인^{traction}을 중시한다. 견인성이 있는 제품은 시장에 최초로 등장한 제품이 아니라, 시장이 제일 처음으로 받아들이는 제품이다. 견인은 개발 당사자나 그들의 엄마가 아닌 다른 사람들, 즉 고객이 제품의 아이디어에 관심을 가진다는 증거다. 나아가 견인은 비즈니스 모델이 실제로 작동한다는 증거다.

> **TIP** 요즘 투자자들은 효과적인 솔루션이 아닌 비즈니스 모델에 투자한다.

하지만 작동하는 제품이 없는데 어떻게 견인을 입증할까? 또다시 진퇴양난에 빠진 걸까? 그건 아니다. 래리는 요즘 고객들이 끊임없이 쏟아지는 제품 선택지들에 파묻혀 살아간다는 사실을 알았다. 그래서 미완성 제품을 보면 베타 테스터를 자처하며 의견을 내는 게 아니라, **그냥 돌아선다.**

고객의 의견을 듣지 않는 건 '개발 함정'에 빠지는 지름길이다. 끝내주는 기능 하나만 있으면 돌파구를 찾을 수 있을 것 같은데 그 길을 좀처럼 찾을 수 없다면 개발 함정에 빠진 것이다. 결국 **아무도 원치 않는 뭔가를 만드느라** 시간과 돈, 노력을 쏟아 부어서 가진 자원을 바닥내고 만다.

래리는 자신이 다니는 스타트업에서 제품을 만들면서 이런 개발 함정을 수차례

겪어봤다. 그래서 이번에는 게임 수준을 높여서, 시작에 앞서 제품을 위한 기반부터 탄탄하게 다지기로 했다. **출발 단계에서는 문제 자체에 집중하고, 해결책은 그 다음에 생각하는** 근본적인 제품 개발 마인드셋의 전환이다.

> **NOTE** 고객은 당신의 솔루션에 관심이 없다. 각자가 가진 문제에 신경 쓸 뿐이다.

래리는 자신의 제품이 고객들의 중요한 문제를 해결해 주지 않으면 그 어떤 기술, 특허, 증정품으로도 비즈니스 모델을 지킬 수 없음을 깨달았다.

이런 생각은 몇 가지 혜안으로 이어졌다.

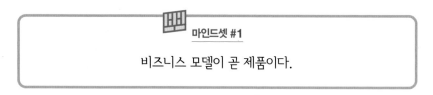

마인드셋 #1

비즈니스 모델이 곧 제품이다.

마인드셋 #2

자신이 고안한 솔루션이 아닌, 문제 그 자체를 사랑하라.

마인드셋 #3

견인이 목표다.

래리는 믿을 수 있는 멘토에게 추천받은 1쪽짜리 서식(린 캔버스Lean Canvas)을 사용해 몇 시간만에 비즈니스 모델 설계의 개요를 짰다. 그런 다음 대략적으로 계산기를 두드리며 이 비즈니스 모델의 실현 가능성을 테스트했다. 그다음으로는 주요 이정표를 표시해 가며 견인 로드맵을 구상했다. 이 과정은 상향식 시장 진출 실현 가능성 확인 전략을 짤 때 유용했다(그림 0-7).

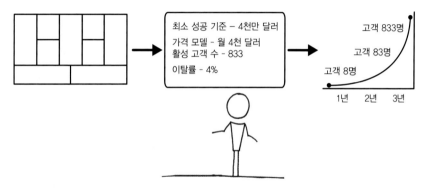

그림 0-7 래리는 자신의 아이디어로 간단하게 비즈니스 모델을 구상해 보았다.

래리는 자신의 비즈니스 모델에서 가장 쉬운 것이 아니라, 가장 위험한 것부터 테스트해 보았다. 이것이 두 사람의 검증 전략에서 나타나는 결정적 차이다.

요즘 세상에서는 기술적 위험보다 고객과 시장의 위험 비중이 높다. 그래서 대부분의 제품 개발에서 가장 위험하게 작용하는 요인이 바뀌었다. 래리는 이 점을 정확하게 꿰뚫어 보았다.

이제는 '이거 개발할 수 있을까?'가 아니라 '이걸 우리가 개발해야 할까?'를 고민해야 한다.

그래서 래리는 '개발 우선' 또는 '투자 우선'이 아닌 '견인 우선' 방식을 취하기로 했다.

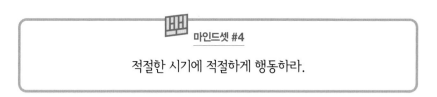

마인드셋 #4

적절한 시기에 적절하게 행동하라.

그리고 우리의 직관을 제대로 거스르는 부분이 하나 있다. **실제로 작동하는 제품을 내놓지 않고도** 해결할 가치가 있는 문제를 발견하고, 초기 유료 고객까지도 확보할 수 있다는 것이다.

제품을 완벽하게 완성하지 못해 1년째 제자리 걸음인 스티브와 달리, 래리는 8주 만에 최소 기능 제품$^{\text{minimum viable product}}$(MVP)을 정의하고 고객 파이프라인까지 키우고 있었다.

> **NOTE** 최소 기능 제품이란 고객 가치를 만들고, 제공하고, 포착하기 위한 가장 작은 솔루션을 뜻한다.

래리는 이런 접근법을 통해, 고객이 사줬으면 하는 제품을 개발하느라 불필요한 시간, 돈, 정성을 쏟아붓지 않고 고객이 반드시 살만한 제품을 만들었다.

> **NOTE** 스티브는 개발–데모–판매 전술을, 래리는 데모–판매–개발 전술을 펼치고 있다.

이렇게 해서 래리는 아이디어의 기반을 탄탄하게 다지고, 4주를 투자해 첫 번째 버전을 개발했다. 모든 고객이 아니라 그가 이상적으로 생각하는 선각 수용자들을 위한 버전이었다. MVP 준비를 마친 래리는 거창한 마케팅 없이 선각 수용자 10명에게만 제품을 선공개해서 첫째 날부터 요금을 청구했다.

그는 작게 시작해서 대담한 약속을 한다는 논리와 함께 자신의 생각을 몸소 실천했다. 자신이 처음으로 엄선한 고객 10명이 보기에도 가치있지 않은 제품이라면 앞으로 수천 명의 고객이 그 제품을 보고 가치있다고 생각하며 스스로 구매할 리 없다는 게 그의 생각이었다.

마인드셋 #5

가장 위험한 가정들을 단계적으로 헤쳐 나간다.

작게 시작하면 고객에게 인간의 손길이 느껴지는 경험을 제공할 수 있다는 것도 장점이다. 덕분에 MVP에 있는 단점들은 덮으면서 원래 제품 이상의 가치를 전달하고 고객으로부터 최대한 많은 것을 배울 수 있었다.

그의 첫 고객들은 자신들의 요구에 성실하게 대응하고 모든 부분을 꼼꼼하게 살

피는 래리의 모습에 감탄했다. 첫 고객 10명을 모두 자신의 열렬한 팬으로 만드는 와중에도 래리는 꾸준히 MVP를 다듬었다.

마인드셋 #6

제약은 선물이다.

아무리 대단한 재주꾼이라도 혼자 힘만으로 사업을 확장할 수는 없다고 생각한 래리는 일하는 시간의 1/3을 투자해, 공동 설립자가 되어주었으면 하는 사람들에게 자신의 비전을 제시했다. 자신과 똑같은 사람보다는 다른 역량을 가진 사람을 찾았다. 그의 생각은 이랬다.

- 좋은 아이디어는 귀하고 드물다.
- 좋은 아이디어는 어디서나 나올 수 있다.
- 좋은 아이디어를 찾으려면 아이디어를 많이 내봐야 한다.

이미 자신의 제품에 만족하는 유료 고객이 있고(초기 견인) 고객 파이프라인도 성장하고 있으니 래리와 함께할 드림팀도 꾸릴 수 있었다.

비즈니스 모델을 테스트할 때, 팀원 개개인이 지닌 강점을 바탕으로 집중할 영역을 나누는 분할 정복법을 취하는 팀이 너무나도 많다. 예를 들어 해커 유형은 제품에 집중하고, 수완이 좋은 유형은 고객에 집중한다. 이렇게 하면 팀원들이 여러 가지 우선 과제를 두루두루 얕팍하게 다루는 결코 최적이라 할 수 없는 상태가 된다.

래리는 비즈니스 모델에서 가장 쉬운 것이 아니라, 가장 위험한 요소에 모든 팀원이 함께 집중하게 해서 팀의 잠재력을 최대한으로 끌어올렸다. 그리고 비즈니스 모델 속 위험 요인은 계속 변화했기 때문에 항상 긴박감을 유지하고 서로가 책임감을 가질 수 있도록 규칙을 세워서 90일 주기를 만들었다.

90일 주기 안에서는 3개의 핵심 활동을 한다.

모델링

90일 주기를 시작할 때마다 비즈니스 모델들을 업데이트하고 검토한다(린 캔버스와 견인 로드맵 사용). 이를 통해 팀원들이 통일된 가정과 제약을 바탕으로 공통된 목표를 추구하도록 재정비한다.

우선순위 설정

팀원 전체가 가장 위험도가 높은 가정을 우선순위에 두고, 이 위험을 극복하기 위한 확인 전략(캠페인)을 몇 가지 제안한다.

테스트

초기에는 어느 캠페인이 효과적일지 알기 힘들다. 그래서 몇 가지 모험에만 돈을 크게 걸고 승부를 보는 대신, 유망한 캠페인 여러 군데에 조금씩 돈을 걸어가며 빠르게 반복할 수 있는 실험을 했다. 덕분에 어느 캠페인이 최선인지 파악해서 강하게 밀어붙일 수 있었다(그림 0-8).

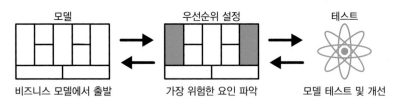

그림 0-8 모델 – 우선순위 설정 – 테스트 주기

마인드셋 #8

작은 수를 여러 번 던져라.

마인드셋 #9

근거를 기반으로 결정을 내린다.

90일 주기가 끝날 때마다 검토 회의 시간을 가지면서 지난 90일 동안 무엇을 하며 무엇을 배웠는지 돌아보고 다음 주기를 계획했다.

이렇게 모델-우선순위-테스트로 구성된 플라이휠[3]을 돌림으로써 래리는 반복하고 확장할 수 있는 비즈니스 모델을 체계적으로 찾아냈다. 이 여정이 성공을 향한 직진 코스는 아니었다. 때로는 급커브가 나와 서둘러 방향을 꺾거나 막다른 길을 만나 후진을 해야 할 때도 있었다. 하지만 빠르게 움직이면서 계속 새로운 배움을 얻으니 방향이 크게 엇나가지 않도록 그때그때 경로를 수정할 수 있었다.

마인드셋 #10

뜻밖의 성과를 내야 돌파구가 나온다.

그 해 말, 래리는 고객 기반을 키우면서 수익을 늘렸고 팀원도 불어났다. 그의 비즈니스 모델은 시장에 적합한 제품을 내놓을 수 있는 궤도에 올랐다.

----

3 옮긴이_ 플라이휠(flywheel)은 '떠 있는 바퀴'라는 뜻으로, 처음에만 추진력을 가하면 이후 가속도가 붙으면서 외부 힘이 없어도 스스로 회전하는 자동차 부품이다. 경영에서의 플라이휠은 작은 성공이 추진력 역할을 해서 다른 성공을 일으켜주는 선순환 구조를 말한다.

성공의 비결은 남다른 재주가 아닌 남다른 마인드셋

스티브와 래리의 차이는 재주와 역량이 아닌 마인드셋에 있었다.

스티브는 자신의 제품(솔루션)을 향한 애정을 원동력 삼아 예술가처럼 움직였다. 예술가가 아닌 소프트웨어 개발자, 디자이너, 창작자, 제작자, 작가, 저자, 해커, 발명가를 생각해 봐도 좋다.

개발을 우선시했던 그의 방식은 요즘 세상에서 굉장히 위험한 접근법이다.

반면 래리는 혁신가처럼 움직였다.

> **NOTE** 혁신가는 발명품을 실제로 작동하는 비즈니스 모델로 변신시킨다.

래리는 우리가 세상을 지배하는 규칙이 바뀌었음을 안다. 이제 고객이 스스로 원한다고 말하는 제품을 개발하는 정도로는 부족하다. 정작 그런 제품을 완성해서 보여주면, 고객은 내가 이런 제품을 원했던 게 아니었구나 하는 깨달음이나 얻을 것이기 때문이다.

> **TIP** 새로워진 세상에서 내가 개발 중인 제품을 고객이 실제로 원하게 될지 알아보는 유일한 방법은 고객과 지속적으로 교류하는 것이다.

이제 판돈이 커졌다

진입 장벽이 높거나 경쟁자가 적던 시절에는 옛날의 제품 개발 방식이 효과적이었다. 아예 엉뚱한 제품을 개발해도 방향을 바로잡을 시간이 있었다.

하지만 이제는 그 어느 때보다도 빠르고 저렴하게 신제품을 개발할 수 있기 때문에 경쟁이 훨씬 치열하다. 전 세계에서 기존 업체와 신생 업체가 혈투를 벌이고 있다. 옛날 옛적에는 고객이 원하는 제품을 선보이지 못하면 프로젝트 하나에 실패한 것으로 치부되었다. 하지만 이제는 고객이 원하는 제품을 선보이지 못하고 자꾸 넘어지면 비즈니스 모델 전체가 실패작이 되고 만다. 요즘 고객들은 예전보다 선택지가 훨씬 많아서 당신이 만든 제품이 마음에 들지 않으면 다른 제품으로 갈아타면 그만이기 때문이다.

한편 요즘 승승장구하는 기업들은 좋은 아이디어가 정말 드물고 귀하며, 새로운 대박 아이디어를 찾는 가장 좋은 방법은 여러 아이디어를 빨리빨리 테스트해 보는 것임을 잘 안다. 에어비앤비와 드롭박스 같은 첨단 기술 스타트업이 이런 새로운 마인드셋을 일찍이 도입한 이래로 여러 분야의 기업들이 지속적으로 혁신적 아이디어를 이런 식으로 시험해 왔다. 대기업도 예외는 아니었다. 미국에서 최고의 기업 가치를 자랑하는 구글, 넷플릭스, 아마존, 메타(구 페이스북) 등이 모두 지속적인 혁신 문화를 추구한다.

학습 속도는 새로운 지름길

지속적으로 빠르게 학습하는 기업은 경쟁사의 학습 역량을 뛰어넘어 고객이 진정으로 원하는 제품을 개발하기에 이른다. 이것이 '지속적 혁신'의 본질이자 래리가 취한 접근 방식이다. 미래가 극도로 불확실한 상황에서 너무 빨리 달리다 보면 아이디어 분석, 계획, 실행에 오랜 시간을 할애할 수 없다. 그래서 지속적으로 모델을 만들고, 우선순위를 정해서 테스트하는 반복적 접근법이 필요하다.

새로운 세상에서 성공하기 위한 새로운 마인드셋

지속적 혁신에 실패하는 사람이 많은 이유는 그들이 기본적인 마인드셋부터 장착하지 않고 잘못된 출발점에 서서 전술만 쏙쏙 골라 써먹기 때문이다.

> **NOTE** 마인드셋은 우리가 주변 세상을 인지하는 방식을 정의한다.

우리가 새로운 세상에 살고 있다고 믿는다면 새로운 세상에서는 새로운 마인드셋이 필요하다는 사실을 자연스럽게 받아들여야 한다. 지속적인 혁신 프레임워크의 3가지 활동에 힘을 실어주는 마인드셋 10가지를 정리해 보자.

1. 모델

- 마인드셋 #1 : 비즈니스 모델이 곧 제품이다.
- 마인드셋 #2 : 자신이 고안한 솔루션이 아닌, 문제 그 자체를 사랑하라.
- 마인드셋 #3 : 견인이 목표다.

2. 우선순위

- 마인드셋 #4 : 적절한 시기에 적절하게 행동하라.
- 마인드셋 #5 : 가장 위험한 가정들을 단계적으로 헤쳐 나간다.
- 마인드셋 #6 : 제약은 선물이다.
- 마인드셋 #7 : 대외적으로 책임 있는 태도를 가진다.

3. 테스트

- 마인드셋 #8 : 작은 수를 여러 번 던져라.
- 마인드셋 #9 : 근거를 기반으로 결정을 내린다.
- 마인드셋 #10 : 뜻밖의 성과를 내야 돌파구가 나온다.

앞으로 이 10가지 마인드셋을 하나씩 다뤄 본다.

때를 만난 아이디어를 묵혀둘 순 없다

스티브가 회사를 그만두고 자기만의 모험을 시작한 지도 18개월이 지났다. 모아 놓았던 돈은 6개월 전에 바닥났지만 프리랜서로 컨설팅 일을 하면서 제품 개발을 지속한다는 편안한 방도를 찾았다.

자신의 비전을 실현하려면 시간이 꽤 걸리겠지만 급하지는 않다고 생각하며 스스로와 타협했다. 어차피 로마는 하루 아침에 이루어지지 않았으니 말이다.

어느 화요일 아침, 스티브는 고객사에 미팅을 가기 전 커피를 사기 위해 줄을 서 있었다. 그때 오랜 친구 한 명이 문자를 보내왔다. "너 버츄오소 X라고 새로 나온 거 봤어? 네가 냈던 아이디어야!!!"

링크를 클릭해서 페이지를 훑어 본 스티브는 눈앞이 깜깜해졌다. 버츄오소 X의 제품은 스티브가 지난 1년 반 동안 개발해 온 제품과 아주 비슷했다. 이들은 테크크런치를 통해 제품을 소개하고 대대적인 투자 유치를 발표했다.

스티브는 갑자기 속이 메스꺼워서 커피숍을 나와야 했다. 차에 올라타서 고객사와의 미팅 일정을 바꾸고 사무실 겸 집으로 돌아갔다. 스티브는 집에 틀어박혀 버츄오소 X 사이트를 샅샅이 살펴보고, 애플리케이션을 써 보고, 인터넷에서 이런저런 정보를 찾아보았다. 몇 시간 동안 뜯어 본 결과 아이디어는 얼추 비슷하지만 버츄오소 X의 제품 구현 방식은 자신의 제품과 상당히 다르다는 결론이 나왔다. 자신의 솔루션이 더 근사하다는 생각에 마음이 놓이면서도 새로운 불안감이 몰려왔다. "내가 제품을 너무 늦게 내거나 아예 출시도 못 한다면 솔루션이 좋은들 다 무슨 소용이람?"

스티브는 다시 속도를 내야 했다.

예전에 자신의 비전을 제대로 알아보지 못했던 개발자 친구들도 이번에는 도움을 줄 수 있지 않을까? 아니면 이제 투자자들에게 투자를 받기가 더 쉬울 수도 있다.

수만 가지 아이디어가 머리를 스쳐 지나갔다. 어디서부터 시작하면 좋을까?

스티브는 메리에게 조언을 구하기로 했다. 메리는 예전 회사에서 스티브의 직속 상사였다. 그 스타트업이 인수 합병으로 폐쇄되면서 메리도 퇴직금을 받고 나왔다. 두 사람은 몇 달 전 어느 행사장에서 우연히 마주쳤는데, 메리도 예전 동료 몇 명과 함께 새 회사를 차렸다고 했다. 그 회사는 누가 봐도 잘 굴러가고 있었다. 이미 직원이 30명이 넘고, 유료 고객이 있고, 벤처 투자까지 받았다. 스티브는 이메일로 자신의 상황을 간단하게 설명하면서 점심 식사를 함께하자고 부탁했다.

메일을 보내자마자 답장이 왔다. "내일 점심때 만나서 타코 어때요? 늘 가던 그 집에서요."

최소 기능 제품에 대해 배우다

스티브는 12시가 되기 몇 분 전에 식당에 와서 뒤쪽에 있는 조용한 테이블을 골랐다. 자리를 잡고 앉으니 문자가 와 있었다. "미안한데 10분 정도 늦겠어요. 배포하는 날이라서요. 나는 평소에 먹던 걸로 시켜줘요. 다음에는 내가 살게요."

스티브는 시간이 생긴 김에 생각을 정리하면서 대략적인 계획을 수첩에 끄적거렸다.

1. 시드 자금 확보하기.
2. 개발자 세 명 채용하기.
3. 석 달 안에 플랫폼 완성 및 출시하기!

그때 메리가 들어왔다.

[메리]

"늦어서 미안해요. 이번 주에 중요한 신제품 출시가 있는데 운영 서버에 문제가 좀 있어서 아침 내내 씨름했어요. 평소라면 약속을 미루겠는데 이메일을 보니 사정이 급한 것 같더라고요. 무슨 일이에요?"

스티브는 휴대폰을 꺼내서 몇 초 동안 움직이더니 메리에게 봐 달라고 했다. 메리는 잠시 어리둥절한 표정을 짓더니, 테이블에 있는 뭔가를 집으려는 듯 손을 뻗었다. 하지만 손가락은 허공을 휘저을 뿐이었다. 메리는 웃음을 터뜨렸다.

"이렇게 실감 나는 AR 애플리케이션은 처음 봐요. 콜라 캔이랑 얼음 잔이 대박인데요? 보기만 해도 마시고 싶어지잖아요."

"그렇게 생각해 주시니 감사하네요. AR이나 VR 애플리케이션에서 코드를 짜거나 복잡한 모델링 소프트웨어를 사용하지 않고도 실제 사물을 무엇이든 3D 모델로 렌더링할 수 있는 기술을 개발했어요. 휴대폰 카메라로 사물 사진을 몇 장 찍기만 하면 렌더링 엔진이 몇 분 만에 3D 모델을 만들어 주는 거예요. 이 모델은 메리 님을 기다리는 동안 만든 거고요."

[스티브]

"좋네요. 프로젝트 이름은 뭐죠?"

"알트버스예요. 제 궁극적인 비전은 가상 현실을 실제 세상만큼 생생하게 만드는 거고요."

메리가 계속 이야기해 보라는 듯 고개를 끄덕였다. 스티브는 5분에 걸쳐 그간 자신이 해 온 일, 버츄오소 X 출시, 앞으로를 위한 자신의 대략적인 계획을 설명했다. 메리는 그 이야기를 주의 깊게 듣고 간단한 질문을 던졌다.

"앞으로 6개월 동안 투자자들을 설득하겠어요, 고객들을 설득하겠어요? 상황이 아무리 좋아도 견인 없이 자금을 모으려면 6개월은 전적으로 투자 유치에만 매달려야 하는데 그 시간 동안 제품 개발에는 거의 진전이 없을 거예요. 그러니까 스티브 님의 추산을 보면 출시까지 9개월은 봐야겠죠."

"9개월이나 기다릴 순 없어요! 버츄오소 X가 선점 효과를 봐서 그때쯤이면 시장을 전부 장악할 거라고요!"

스티브가 발끈해서 외쳤다.

"빤한 말로 들리겠지만 경쟁은 좋은 거예요. 경쟁사는 시장 검증을 도와주고, 선발 기업에는 사실 유리한 점보다 불리한 점이 많고요. 메타, 애플, 마이크로소프트, 토요타 등등 선발 기업이 아닌 사례가 얼마나 많은데요. 다들 빠르게 뒤따라간 기업이었죠."

스티브는 확신이 서지 않았지만 마지못해 고개를 끄덕였다.

"알겠어요… 그래도 9개월이 지나기 전에 뭔가를 내놔야 해요."

"그건 저도 동의해요. 그래야죠."

"하지만 그러려면 개발자가 더 필요해요. 그런데 돈이 없으면 개발자를 못 구하잖아요…"

메리가 말을 잘랐다.

"고객이 원하는 MVP를 만들어야죠."

"MVP요?"

"최소 기능 제품을 MVP라고 해요."

"그럼 베타 버전 같은 건가요?"

"비슷하지만 똑같진 않아요. 최소 기능 제품은 수익화할 수 있는 가치를 고객에게 전달할 수 있는 최소 단위의 솔루션을 개발하는 거예요. 마음 속으로 거대한 플랫폼을 꿈꾸는 것은 알지만 고객들에게는 플랫폼 같은 건 상관없어요. 적어도 처음에는 그렇죠. 고객에게는 지금 당장 겪고 있는 문제를 해결해 줄 솔루션이 중요하다고요. 고객이 겪는 문제 중 어느 정도 중요한 사안을 고르고, 그 문제를 해결해 줄 가장 작은 솔루션을 만들어서 선보여야 하죠. 그러려면 우선 이상적으로 생각하는 선각 수용 자들의 범위를 좁히고 좁혀야 해요. 너무 넓게 생각하지 말고요. 모든 사람의 마음을 사려고 들면 누구의 마음도 살 수 없어요."

그때 메리의 휴대폰이 울렸고, 그는 화면을 보더니 말했다.

"미안한데 나는 사무실에 들어가 봐야 해요. 우선은 MVP에 대해 닥치는 대로 공부해 봐요. 요즘 투자자들은 아이디어나 제품 개발이 아니라 견인에 투자한다고요. 견인을 증명하려면 고객이 필요하고요."

"견인이 얼마나 있어야 하죠?"

"무슨 견인이든 증명할 수 있으면 차별화를 할 수 있는 거예요. 우리도 투자자들을 만나기 전에 그런 작업을 했고요. 유료 고객 다섯 명을 확보했더니 투자 유치 판도가 확 달라지더라고요. 이제 고객은 열 배로 늘었지만 처음 다섯 명이 없었으면 우리도 약속만 난무하는 피치를 했겠죠. MVP 정의부터 하고 다시 만나요."

스티브는 한 입 남은 타코를 입에 넣으면서 식당을 나서는 메리에게 시간을 내줘서 고맙다고 인사했다.

MVP 하나만 가지고 시작하지 말라

스티브가 메리와 만난 이후 3주가 흘렀다. 이번에는 새 소식을 가지고 메리를 다시 만나기로 했다.

"말씀대로 MVP에 대해 공부했어요. 제품 개발이 꽤 진행돼 있어서 MVP는 일주일 만에 출시할 수 있었는데 영 신통치 않네요."

스티브는 잠시 망설이더니 말을 이었다.

"매일 가입하는 사람은 많아서 좋은데 아무도 유료 결제를 하지 않고 재방문율도 너무 낮아요. 대부분은 첫째 날 이후로 돌아오지 않더라고요. 온갖 A/B 테스트를 다 해 보고 피봇까지 몇 번 했는데 말이에요. 아무래도 제 MVP가 별로인가 봐요. 아직 제품에 구현하지 못한 핵심 기능이 몇 개 있어요. 그래도 드디어 핵심 기능이 뭔지 알아내서 다음 개발 계획을 세우고 있.."

메리가 말을 잘랐다.

"그 전 얘기부터 해 봅시다. 사용자가 누구라고요? 뭘 보고 온 사람들이에요?"

"제가 온라인 커뮤니티 몇 군데에 제품 출시 발표를 했거든요. 프로덕트 헌트랑 해커 뉴스 같은 곳에서요. 그래서 입소문이 좀 났어요. 그쪽에서 유입되는 사람들이 아직도 좀 있고, 나머지는 온라인 광고를 보고 오는 사람들이에요. 하루 25달러로 소소하게 예산을 잡았어요."

"그래요. 그래서 그 사람들이랑 얘기는 해 봤어요?"

스티브는 토끼 눈이 되었다.

"얘기를 한다고요? 아니요. 그래도 분석 도구를 사용해서 사용자들의 행동을 전부 측정했어요. 덕분에 유지율이 정말 낮은 것도 알 수 있었죠."

"알겠네요. 우리도 MVP를 출시하고 비슷한 실수를 했었어요. 고객과 대화하려고 하지 않고 측정 도구에만 의존했거든요. 그런데 측정 도구는 뭐가 잘못됐는지 보여줄 뿐, 왜 잘못됐는지는 가르쳐 주지 않아요. 그래서 우리도 문제가 뭘까 계속 추측해 봤지만 어떻게 해 봐도 소용이 없더라고요. 다시 고객들과 대화를 나눠 보고서야 왜 반응이 시원찮았는지 제대로 이해해서 상황을 타개할 수 있었어요. 스티브 님도 사용자들과 계속 대화를 나눠야 해요."

스티브는 목을 가다듬고 되물었다.

"사용자들과 대화를 계속 하라니요? 전 한 번도 얘기해 본 적 없는데요?"

이번에는 메리가 토끼 눈이 되었다.

"네? 그럼 MVP는 어떻게 정의했어요?"

"저야 이미 플랫폼을 많이 구축해 놔서 기능을 보여주는 작은 애플리케이션을 금방 출시할 수 있었죠. 저더러 뭔가 선보여야 한다고 하셨잖아요. MVP라는 게 첫 번째 버전을 서둘러 출시해서 학습 주기를 개시하고… 빨리빨리 실험하고 반복 작업을 해 가면서 제품을 개선하는 거 아닌가요?"

메리가 한숨을 쉬었다.

"스티브 님, 미안해요. MVP라는 용어가 숨은 뜻이 많아서 정의도 다양하고 접근 방식도 여러 가지라는 걸 미리 알려줘야 했는데.. 그런 식으로 접근하는 사람이 많긴 해요. 1년 내내 완벽한 제품 개발에만 매달렸다가 그 제품이 너무 먼 길을 갔다거나, 심지어 그런 제품은 아무도 원하지 않는다는 사실을 뒤늦게 깨닫는 것보다야 낫죠."

메리는 스티브의 얼굴이 발갛게 달아오른 것을 눈치챘지만 무시하고 말을 이었다.

"하지만 무슨 솔루션이 필요할지 혼자서만 열심히 어림짐작하고, 실현 가능성이 떨어지는지는 생각하지 않으면서 MVP라고 부른다면 나은 결과가 나올 가능성은 적어요."

"린 스타트업 개발-측정-학습 루프는 MVP를 개선하는 반복 작업에 도움이 되지 않았나요?"

 "이론상으로는 그렇지만 그러다가 막막해지는 경우가 많아요. 개발-측정-학습 루프를 빠른 아이디어 검증자라고 생각해 봐요. 꽤 괜찮은 아이디어로 선각 수용자를 끌어들이는 데 성공하면 스티브 님 말처럼 반복 작업을 통해 MVP를 개선할 수 있겠죠. 하지만 출발 아이디어가 별로라면 아이디어가 별로라는 사실밖에 배울 수 없어요. 그러면서 막막해지는 거죠."

"어째서요?"

 "요즘 고객들은 선택지가 많잖아요. 스티브 님이 만든 MVP가 마음에 안 들면 테스터를 자처하면서 제품이 어떻게 개선되면 좋겠다고 스티브 님에게 의견을 성실하게 보내주지 않아요. 그냥 떠나면 그만이죠. 유지율이 낮았던 스티브 님의 사용자들처럼요. 그러면 스티브 님은 뭐가 문제일까 추측하면서 허상의 핵심 기능을 찾기 시작하는 거죠. 그런 기능은 꼭 바로 만들어 낼 수 있을 것 같죠. 그러다 운이 좋을 수도 있지만, 이 아이디어 저 아이디어를 전전하면서 돌파구 없이 제자리만 맴도는 경우가 부지기수예요. 개발 함정에 걸리는 거죠."

메리가 자신의 상황을 손바닥 보듯 간단하게 정리하자 스티브의 눈이 동그래졌다. 그리고 뻔한 질문을 던졌다.

"출발 아이디어가 좋은지 나쁜지에 따라 성공을 예측할 수 있다면, 어떻게 해야 꽤 괜찮은 아이디어에서 출발할 수 있죠?"

"좋은 질문이네요. 그러려면 솔루션이 아니라 문제 자체에 집중해야 해요. 요즘은 기능을 많이 만드는 것보다 뭘 개발해야 하는지 알아내는 게 더 어렵거든요."

갈피를 잡지 못하는 스티브의 표정을 보고 메리는 덧붙였다.

"이렇게 생각해 봐요… 솔루션에서부터 시작하는 건 문짝도 없는데 열쇠부터 만드는 거예요. 물론 멋지게 생긴 열쇠를 뚝딱 만들 수 있겠죠. 하지만 그 열쇠로 열리는 문짝을 찾느라 허송세월을 보내야 하잖아요. 운이 좋거나 억지로 밀어붙일 수도 있겠지만 예상하지 못한 결과에 닿을 가능성이 높아요."

메리는 스티브가 고개를 끄덕일 때까지 기다렸다가 말을 이었다.

"이 순서를 바꿔서 문짝, 그러니까 해결할 가치가 있는 문제에서 출발하면 열쇠를 만들기가 훨씬 쉬워요. 실제로 열어야 할 문짝에서 사용할 열쇠를 만드는 거니까요."

"그러면 그렇게 하기 위한 프로세스가 있나요?"

"그럼요. 저는 스티브가 MVP를 공부하면서 그걸 찾아내길 바랐어요. 우리 회사는 MVP 개발부터 하지 않고 아이디어를 몇 가지로 응용해서 린 캔버스에 스케치해 봤어요. 아이디어 모델을 빠르게 만들기 위한 도구죠. 그래서 유망한 고객 문제 솔루션을 몇 가지 파악해서 전념할 수 있었어요. 그다음에는 스무 명이 넘는 사용자와 인터뷰를 해서 우리가 가정한 고객과 문제를 검증했고요. 그러고 나니 솔루션을 정의하는 건 식은 죽 먹기였죠. 하지만 그다음에도 MVP 개발을 서두르진 않았어요. 그 대신 데모를 개발하고 제안 형태로 조합해서 잠재 고객들에게 제공하면서 인터뷰를 훨씬 많이 진행했어요. 우리 제안에 공감하는 고객이 충분히 생긴 다음에야 MVP 개발에 착수했는데, 결과적으로 완성된 제품은 처음 생각했던 것과 상당히 다른 모양새였어요."

메리는 휴대폰을 꺼내더니 문제/솔루션 적합성 개념을 설명하는 그림을 찾아 보여주었다(그림 0-9).

그림 0-9 문제/솔루션 적합성 과정

"지난번에 MVP를 '정의'한다고 하신 게 그런 뜻이었어요?"

"맞아요. 제품 개발에 앞서 MVP 정의에 시간을 투자하고 제안을 만들어서 검증하면 성공 확률을 크게 높일 수 있어요. 전형적인 개발-데모-판매 방식이 아닌 데모-판매-개발 방식이라고 생각해 보세요."

"그걸 전부 하는 데 시간은 얼마나 걸리셨어요? 단계가 많은 것 같은데."

"맨 처음 아이디어를 스케치하는 것부터 문제/솔루션 적합성 과정을 거쳐서 유료 고객 다섯 명을 확보하기까지 90일 정도 걸렸어요. 물론 냅다 MVP부터 개발하는 것보다는 여러 단계를 거쳐야 하지만 이 과정을 따라가면서 스스로를 통제하면 결과적으로 '마피아 제안'을 만들 수 있어요."

"마피아 제안이요?"

"고객에게 거절할 수 없는 제안을 하는 게 마피아 제안이에요. 영화 <대부>처럼요. 물론 이건 영화가 아니니까 고객을 힘으로 협박하진 않죠. 그 대신 너무 매력적이라서 도저히 거절할 수 없는 걸 보여주는 거예요. 우리는 8주 만에, MVP를 빨리 내달라고 재촉하는 유료 고객을 다섯 명 만들 수 있었어요. 주객전도의 상황이 됐죠."

"흠… 제가 하던 제품 개발과는 전혀 다른 접근법이지만 무슨 논리인지 알 거 같아요. 하지만 저는 벌써 제품을 출시하고 사용자도 확보했는데 이 과정을 적용할 수 있을까요? 아니면 처음부터 다시 시작하는 게 나을까요?"

"기존 제품에도 물론 이 과정을 적용할 수 있어요. 새로운 방식을 시도할 마음이 있다면 말이죠. 스티브 님이 방금 말한 것처럼 이건 다른 접근 방식이고, 다른 건 불편하게 느껴질 때가 많아요. 우리에게 가장 큰 걸림돌은 오래된 제품 개발 습관을 버리고 팀 전체가 새로운 마인드셋을 가지는 것이었어요. 그래도 다행인 건, 학습하고 결과를 보는 데 걸리는 시간이 짧기 때문에 믿음만 가지고 혼자서 고군분투하지는 않아도 된다는 거예요."

"이걸 실행하는 전술에 대해서 궁금한 게 아직 산더미예요. 사용자한테 어떻게 말을 걸죠? 얼마나 많은 사람과 얘기를 해야 해요? 그 사람들한테 무슨 말을 하고요? 지금까지도 얼마나 인심을 써 주셨는지 알지만 조금만 더 방향을 잡아 주실 수 있을까요?"

 "물론이죠. 이 과정에도 물론 함정과 덫이 여기저기 숨어 있어요. 가장 큰 위험은 우리 스스로의 편견, 우리가 구상한 솔루션을 향한 애정이에요. 혁신가로서의 편견이죠. 우리는 선택적으로, 심지어는 무의식적으로도 우리가 이미 구상해 둔 솔루션을 합리화해 주는 쪽으로만 마음이 기울기 쉬워요. 문제를 우선시하도록 마인드셋을 바꾼다는 건 간단한 것 같지만 쉽지 않은 일이에요."

"참고할 만한 자료나 도구가 있을까요?"

스티브의 물음에 메리가 미소 지었다.

 "그럼요. 우리 팀이 예전부터 지금까지 팀원 교육에 사용 중인 실제 고객 인터뷰 스크립트와 자료, 도구를 보내줄게요. 해결할 가치가 있는 문제를 파악하는 건 MVP 단계에서만 하는 일이 아니에요. 그다음에 이어지는 모든 과정에서도 가장 중요한 과제죠. 다시 한번 경고하지만 처음에는 어색하고 불편하기까지 할 수 있어요. 중요한 건 인내심을 가지고 과정을 따라가는 거예요. 그러면 결실이 생기죠."

"저는 18개월 동안 제 식대로 씨름하면서 허탕만 쳐왔는걸요. 뭐든 시도, 아니 테스트할 마음의 준비가 되어 있어요."

메리는 다시 웃으며 말했다.

"훌륭해요! 우리 곧 다시 만나서 얘기해요."

기업가 정신의 체계적 접근 방식

스티브는 돌아오는 길에 메리와의 대화를 끊임없이 되뇌었다.

고객 인터뷰만으로 고객이 원하는 제품을(메리가 이야기한 마피아 제안을) 개발하는 게 정말 가능할까?

사무실로 돌아온 그는 메리가 보내온 이메일을 발견했다. 그는 약속대로 방대한 자료와 상위 개념의 로드맵을 보내주었다(그림 0-10).

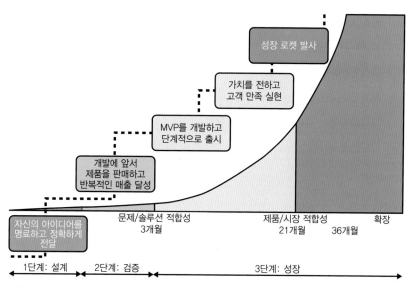

그림 0-10 지속적인 혁신 로드맵

스티브는 로드맵에서 문제/솔루션 적합성을 바로 알아보았지만 아직 낯선 용어가 많았다. 메리는 추가로 이런 메시지를 남겼다.

스티브, 약속대로 우리가 사용했던 지속적인 혁신 프레임워크와 단계별 전술 링크를 남겨요.

이제부터 이어 나가야 할 점이 많으니까 조급해하지 마시고요.

지속적인 혁신 프레임워크는 90일 단위의 모델/우선순위/테스트 주기를 사용하니까 처음에는 모델을 만드는 작업부터 해야 해요. 이후에 다음 단계로 넘어가는 거예요.

그리고 새로운 걸 배우다 보면 낡은 습관을 버려야 할 때가 많아요. 프레임워크를 철저하게 따르면서 적용하고 테스트해 보세요. 중간에 막히면 연락하시고요.

메리 드림

스티브는 몇 주간의 과정에서 이런 배움을 얻었다.

- 자신의 아이디어를 해체해서 비즈니스 모델로 만드는 방법
- 발전시킬 가치가 있는 아이디어인지 테스트하는 방법
- 비즈니스 모델에서 가장 위험한 가정을 파악해서 우선 과제로 삼는 방법
- 작고 빠른 실험을 통해 가장 위험한 가정에 대해 스트레스 테스트를 하는 방법
- 고객 인터뷰를 통해 고객으로부터 배우는 방법
- 제품 없이 견인을 얻는 방법
- 고객이 제품을 구매하도록 설득하는 방법
- 극도로 불확실한 상황에서 사업을 운영하고 결정을 내리는 방법

그 후로 몇 달 동안 스티브는 유료 고객을 확보하고 수익을 올리고 팀을 키우면서 자신의 제품을 본 궤도에 올려놓았다.

이 책은 그 여정을 소개한다.

지은이가 전하는 말

필자는 '린스택LEANSTACK'을 창업하고 인기 있는 비즈니스 모델 개발 도구 '린 캔버스'를 만들어 낸 애시 모리아다. 필자 역시 스티브 같은 시절을 보내며 기가 막힌 아이디어를 생각해 내고는, 너무 좋은 아이디어라고 꽁꽁 숨겨가며 정말 친한 친구들에게만 비밀이라고 이야기해 주던 시절이 있었다.

아무도 모르게 1년 동안 '거대한 아이디어'를 발전시켰고, 결국 스티브와 마찬가지로 다른 사람들에게 자신의 비전을 제대로 보여주지 못했다.

스티브 같은 사람에서 래리 같은 사람이 되는 데 7년 정도가 걸렸던 것 같고 그 후로는 이전처럼 실수하지 않았다. 필자의 좌우명은 다음과 같다.

"아무도 원치 않는 제품이나 만들면서 살기에는 인생이 너무 짧다"

필자가 지금까지 책을 쓰고 도구를 만들어서 거둔 모든 성공, 그에 따른 모든 관심은 제품을 바라보는 이 새로운 마인드셋과 접근 방식 덕분이라고 생각한다.

그래서 다음 세대의 기업가들이 필자와 같은 실수를 되풀이하지 않도록 도와주기 위해 린스택을 창업했다.

자! 이제부터 래리는 보내주고 스티브의 이야기에 초점을 맞추자. 우리가 볼 이야기의 주인공은 래리가 아닌 스티브이니 말이다.

이 책의 구성

스타트업에서 가장 중요하게 생각해야 할 점은 제품/시장 적합성을 얻는 것이다. 다시 말해 하키스틱 커브에서 견인이 급증하기 시작하는 변곡점에 도달해야 한다. 현실에서 출시되는 제품의 80%가 통과하지 못하는 바로 그 지점이다.

이렇게 제품 성공률이 낮고, 제품/시장 적합성을 확보하기 전까지 정처 없이 방황하는 기업이 많은 이유는 사업 운영 환경이 극도로 불확실하기 때문이다(그림 0-11).

내가 세운
계획 A안

실제로
효과를 보는 계획

그림 0-11 정처 없는 방황

하지만 꼭 그러라는 법은 없다. 제품의 초기 단계에서는 극도의 불확실성에 휘둘리기 마련이지만, 그 과정이 엉망진창일 필요는 없다. 올바른 마인드셋과 사고 과정을 장착하면 미로를 통과하듯 초기 단계를 체계적으로 가로질러 갈 수 있다(그림 0-12).

내가 세운 계획 A안

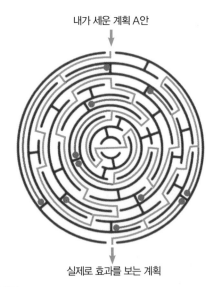

실제로 효과를 보는 계획

그림 0-12 아이디어의 미로

우리의 목표는 자원이 바닥나기 전에 적절한 비즈니스 모델을 찾아서 미로를 빠져나오는 것이다. 물론 방향을 틀고, 막다른 골목에 부딪치고, 후진을 해야 하는 경우도 있지만 이 과정이 체계적으로 이루어진다는 것이 정처 없는 방황을 하면서 상황이 꼬이는 것과는 다른 점이다.

이 책은 처음에 번뜩 떠오른 아이디어를 시장에 적합한 제품으로 만드는 체계적인 단계를 3부에 걸쳐 소개한다.

1부: 설계

이 책에 담긴 아이디어를 실천하기 위한 핵심적인 마인드셋은 솔루션이 아닌 비즈니스 모델을 기업의 진짜 제품으로써 바라보는 것이다. 어느 제품에서나 첫 단계는 설계다.

1부에서는 처음의 비전(또는 계획 A안)을 해체해서 비즈니스 모델로 탈바꿈시키는 과정을 다룬다. 그런 다음 제품 초기 단계에서 가장 빠지기 쉬운 함정을 피하는 비즈니스 모델 설계도 스트레스 테스트 방법을 설명한다. 마지막으로 다른 사람에게 아이디어를 명료하고 정확하게 전달해서 비전을 보여주는 방법도 알아본다.

2부: 검증

비즈니스 모델의 청사진을 그리기 시작하는 것이 명확성과 집중력을 높이기 위한 열쇠인 한편, 모든 모델은 그 자체로 현실이 아니라 현실을 추상적으로 표현한 모형이라는 점을 꼭 인식해야 한다. 다시 말해 비즈니스 모델에는 믿음이 아닌 근거가 반드시 뒷받침되어야 한다.

2부에서는 90일 주기를 활용해서 비즈니스 모델을 단계별로 반복 테스트하는 방법을 배운다. 첫 검증 단계는 문제/솔루션 적합성이다. 데모-판매-개발 과정을 통해 제품을 개발하기 전부터 제품 수요를 테스트하고 유료 고객을 확보하는 방법을 알아본다.

3부: 성장

문제/솔루션 적합성에 도달하면 고객이 구매해 주기를 바라면서 제품을 개발하는 게 아니라, 고객이 구매할 것이 확실한 제품을 개발할 준비가 된다. 다음 단계는 제품(MVP)을 출시하고 제품/시장 적합성을 확보할 때까지 이 과정을 반복하는 것이다.

3부에서는 속도와 학습 효과를 최대한으로 높이는 제품 출시 방법과 그러면서도 가장 위험한 요인에 계속해서 집중하는 방법을 설명한다. 제품을 모든 고객에게 선보이는 대신, 처음에는 비즈니스 모델을 소규모로 테스트해 보고 반복 과정을 거친 다음에 성장에 돌입하는 단계별 출시 방식을 배운다.

누가 읽으면 좋을까?

이 책에서 다루는 원칙은 스타트업과 대기업의 신제품 출시에 모두 적용할 수 있다. 전술은 다양할지 몰라도 원칙에는 보편성이 있기 때문이다.

이 책에서 말하는 '기업가'란 대담한 신제품을 세상에 내놓기 위해 나선 모든 사람을 가리킨다.

이런 사람에게 추천한다.

- 야심차고 끊임없이 도전하는 기업가
- 기업 혁신가와 사내 기업가
- 프로덕트 매니저
- 지금보다 한 단계 발전해서 중요한 차세대 제품을 개발하고자 하는 창작가와 선구자

실제 서비스나 제품에도 적용할 수 있을까?

이 책에서 말하는 제품은 고객에게 가치를 전하는 모든 것을 말한다. 디지털 제품, 실물 제품, 서비스가 모두 해당되고, 이 책에 나오는 모든 개념은 모든 제품 유형에 적용될 수 있다.

실천이 이론을 능가한다

이 책에 나오는 모든 내용은 10년 이상 필자가 직접 제품을 개발하고, 필자가 자문을 제공하거나 코칭한 팀에서 수천 가지 제품을 개발하면서 직접 실험하고 경험을 통해 배운 지식이다.

독자 여러분도 이 원칙들을 직접 철저하게 테스트하고 적용해 보길 바란다.

세상에 성공을 보장하는 프레임워크는 없다. 하지만 좋은 프레임워크를 사용하면 극도로 불확실한 환경에서 근거에 기반하여 더 나은 결정을 할 수 있는 피드백 루프를 얻을 수 있다.

그게 바로 이 책의 약속이다.

이제 출발 해 보자!

설계

이렇게 혁신을 추구하기 좋은 시대는 또 없었다. 인터넷, 클라우드 컴퓨팅, 오픈 소스 소프트웨어가 등장하면서 제품 개발에 드는 비용은 유례가 없을 정도로 떨어졌다. 하지만 스타트업이 성공할 확률은 그다지 높아지지 않았고, **신제품 대부분은 여전히 실패한다.**

더 흥미로운 점은, 성공한 스타트업의 2/3는 그 과정에서 계획을 대대적으로 뜯어고쳤다는 것이다. 그래서 스타트업이 성공하는 비결은 초기 계획(A안)을 잘 세우는 것이 아니라, 자원이 바닥나기 전에 적절한 계획을 찾아내는 것이다.

지금까지 초안보다 나은 B안, C안, 나아가 Z안을 찾는 것은 주로 운과 직감의 소관이었다. A안에 대해 철저한 스트레스 테스트를 하는 체계적인 과정은 없었다. 이 책이 바로 그 이야기를 한다. A안에서 출발해 자원이 바닥나기 전에 적절한 계획을 도출하기 위한 체계적인 반복 과정을 설명한다.

비전은 나를 위한 것

모든 인간은 꿈을 꾸지만 똑같은 꿈은 아니다. 밤에 먼지투성이 방구석에서 꿈을 꾸는 이는 꿈에서 깨어나면 모든 것이 허상이었음을 깨닫는다. 하지만 낮에 꿈을 꾸는 이는 위험하다. 그들은 뜬 눈으로 꿈을 행동으로 옮겨 실현할 수 있기 때문이다.

— T.E. 로렌스의 〈아라비아의 로렌스〉 中

각종 매체는 미래를 내다보면서 '획기적인' 신제품을 만들 계획을 세운 선구자들의 이야기를 늘어놓기 좋아한다. 선구적인 제품을 출시하는 데 있어서는 너무 이른 시기도, 너무 늦은 시기도 없다. 이런 성공담이 흥미진진한 것은 사실이지만, 모든 선구자의 이야기 뒤에는 오랜 세월에 걸친 노력과 실험, 학습 과정이 숨어 있다. 스티브 잡스가 '혁명적인 기기'라고 일컬으면서 소개한 아이패드도 제작에 몇 년이 걸렸고, 소프트웨어가 3세대, 하드웨어가 5세대까지 나왔다.

이 이야기들이 실제로 전개되는 방식은 절대 우리가 믿어온 것처럼 간단하지 않다. 우선 고객 수용 곡선은 절대 하나로 이루어지지 않고 한 뭉치가 존재한다. 고객군마다 수용 솔루션을 받아들이는 비율이 다르기 때문이다. 고객이 누구이고 무엇을 원하는지(또는 앞으로 원하게 될지) 최선을 다해 이해해 본 다음 이를 바탕으로 제품을 출시한다. 그렇게 해도 목표로 한 곡선에 올라타지 못할 가능성이 높다. 이때부터 최상의 곡선(제품/시장 적합성 도달)에 다다를 때까지 과정을 반복한다. 마침내 도출한 계획은 처음 계획과는 사뭇 다른 모습일 것이다(피봇).

표적을 완벽하게 공략하는 선구자적 제품 출시와 달리, 이렇게 하면 고객 수용 곡선의 왼쪽(너무 이른 시기) 또는 오른쪽(너무 늦은 시기)에서 모두 출발할 수 있다. 곡선이 어디를 향하고 있는지 학습해서, 과정을 더 이상 반복할 수 없게 되기 전에(현금이 바닥나기 전에) 최종적으로 원하는 지점을 가로지르기만 하면 된다.

모든 출발은 번뜩이는 아이디어

아이디어는 언제나 예상하지 못한 순간에 찾아온다(샤워할 때, 운전할 때 등). 사람들은 대부분 그런 아이디어를 흘려 보내지만 기업가는 행동에 옮긴다. 아이디어를 다루는 데 있어서 어려운 점 중 하나는, 처음에는 모든 아이디어가 멋져 보인다는 것이다. 과거에 직접 낸 아이디어를 실행해 보면서 시기가 너무 이른 경우, 너무 늦은 경우, 완전히 빗나간 경우를 전부 경험해 본 결과 아이디어를 실행하는 것보다 중요한 건 **좋은 아이디어와 나쁜 아이디어를 빠르게 구분 짓는 프로세스**를 마련하는 것이다.

비전에 담긴 잠재력을 완전히 끌어 내리려면 열정과 의지가 꼭 필요하지만, 이런 열의를 통제하지 못하면 독단에 빠져 믿음만 가지고 내달리는 여정이 되어버린다.

> **NOTE** 무엇에든 합리적인 이유를 갖다 붙이는 건 웬만큼 똑똑한 사람이라면 할 수 있는 일이지만, 기업가는 유독 합리화를 잘한다.

기업가 대부분은 처음에 비장한 비전과 이를 실현하기 위한 계획 A안을 가지고 사업을 시작한다. 하지만 안타깝게도 A안은 대부분 제대로 작동하지 않는다.

사명을 만들고 의미를 부여하려면 비장한 비전이 물론 필요하지만, 이렇게 비장한 비전의 실현 가능성을 보여주기 위해서는 믿음이 아닌 사실 정보가 필요하다. 사업 초기에 세우는 비전은 대부분 검증되지 않은 가설(또는 추측)에 바탕을 두고 있다는 사실을 명심하고 받아들여야 한다.

사업 계획서를 쓰는 대신 린 캔버스를 활용하라

아이디어를 명료하게 정리하기 위한 첫 단계는 거대한 아이디어를 해체해서 명확하게 표현된 가정들로 쪼개는 것이다. 과거에는 이를 위해 사업 계획서를 쓰는 경우가 많았다.

사업 계획서를 써 본 적 있는가? 쓰면서 즐거웠는가? 전 세계 수많은 창작자, 기업가, 혁신가에게 이 두 질문을 던져 본 결과, 사업 계획서를 써 봤다는 사람은 30%뿐이었고 그 과정이 즐거웠다는 사람은 2%가 채 되지 않았다.

이번에는 혁신가(그리고 이해관계자stakeholder)에게 다른 질문을 해 본다. "사업 계획서를 처음부터 끝까지 읽으십니까?" 이번에도 그렇다고 하는 사람은 2%가 채 되지 않는다. 대부분은 1쪽짜리 요약서나 10쪽짜리 슬라이드 덱, 30초 피치를 선호한다고 말한다.

이렇듯 잘 읽는 사람도 없고, 최신 정보가 반영되어 있지 않을 가능성도 높은 40쪽짜리 문서를 쓰는 데 몇 주를 투자하라고 아직까지 사람들에게 강요하는 이유는 무엇이란 말인가?

종래의 사업 계획서의 문제는 한마디로 말해서,

작성에 시간이 너무 오래 걸린다.

아이디어가 통과하려면 30쪽짜리 사업 계획서를 작성하고 5개년 재무 예측과 18개월 제품 로드맵을 만들어 오라는 요청을 받을 때가 많다. 이 문서를 전부 준비하다 보면 몇 주에서 몇 달이 훌쩍 지나갈 수 있다. 그런 문서는 아무리 잘해 봤자 추측이다.

기업가와 혁신가가 두툼한 사업 계획서 작성을 포기하는 것은 게을러서가 아니다. 어떤 프로젝트든 시작 단계에서는 여러 가정을 제대로 알 수 없기 때문이다.

> **NOTE** 제품 개발 극초기 단계에서는 자신이 뭘 모르는지조차 모른다.

지속적인 혁신이 요구하는 것처럼 극도로 불확실한 상황에서 아주 빠른 속도로 일을 하다 보면 고정된 계획에만 의존할 수 없다. 그래서 동적 모델이 필요하다. 린 캔버스의 예시 [그림 I-1]이 바로 그런 동적 모델이다.

문제	솔루션	고유의 가치 제안	경쟁 우위	고객군
고객이 겪는 가장 큰 문제 3개 적기	문제 별로 가능한 해결책 요약정리	이 제품을 알지 못하던 방문자가 흥미를 느낀 잠재 고객이 될 수 있게 하는 특별하고 명료하며 설득력 있는 문장	쉽게 따라 하거나 매입할 수 없는 무언가	공략하는 고객과 사용자 적기
기존 대안	**핵심 지표**	**상위 개념**	**채널**	**선각 수용자**
현재 이 문제들을 어떻게 해결하고 있는지 적기	내 사업의 현 상태를 보여주는 핵심 수치 적기	'X를 위한 Y' 형태로 정리(예: 유튜브 동영상을 위한 플리커)	고객에게 다가가는 경로 적기	이상적인 고객의 특징 적기
비용 구조			**수익원**	
고정 및 변동비 적기			수익 원천 적기	

린 캔버스는 비즈니스 모델 캔버스를 응용한 형태이며, 크리에이티브 커먼즈 저작자 표시-동일 조건 변경 허락 3.0 Unported 라이선스를 받았다.

그림 I-1 린 캔버스

린 캔버스는 알렉스 오스터왈더Alex Osterwalder가 만든 비즈니스 모델 캔버스[1]의 응용작이며, 지속적인 혁신 프레임워크에서 처음 사용하는 모델이다.

린 캔버스는 길고 지루한 사업 계획서는 1쪽짜리 비즈니스 모델로 대체하며, 20분이면 완성할 수 있고 사람들이 실제로 어렵지 않게 읽어준다.

투자자에게 보여줄 사업 계획서나 슬라이드 덱을 만들어 본 적 있다면 이 캔버스의 칸 대부분을 바로 이해할 수 있을 것이다. 1장에서는 이 칸들을 더 자세히 다뤄본다. 하지만 여기에서 진정으로 강조하고 싶은 것은 첫 번째 지속적인 혁신 마인드셋이다.

마인드셋 #1

비즈니스 모델이 곧 제품이다.

솔루션을 나타내는 칸들은 일부러 캔버스 전체의 1/9로 나눴다. 그 이유는 서문에서 설명했던 것처럼, 기업가들은 문제/솔루션과 자신이 잘하는 것에 가장 큰 열정을 쏟기 때문이다.

- 문제/솔루션은 중요하기는 하지만 가장 위험한 요인은 아닌 경우가 많고, 우리는 가장 위험한 요인에 먼저 집중해야 한다.
- 투자자들은 문제/솔루션에 관심을 두지 않는다. 그들이 신경 쓰는 건 견인이다(고객 참여).
- 고객은 문제/솔루션에 관심을 두지 않는다. 그들이 신경 쓰는 건 본인이 겪는 문제다.

---

1 https://runlean.ly/lc-vs-bmc

따라서 우리가 할 일은 최선의 문제/솔루션만 만드는 것이 아니라 **전체적인 비즈니스 모델을 정복하고 모든 조각을 맞추는 것이다.**

비즈니스 모델을 제품이라고 인식하면 힘이 실린다. 그러면 자신의 비즈니스 모델을 정복하는 것은 물론 잘 알려진 제품 개발 기술들을 기업 설립 과정에도 적용할 수 있다.

비즈니스 모델 설계 전술

제품을 발전시키는 첫 단계는 청사진이나 스케치를 구상하는 것이다. 마찬가지로 사업을 발전시키는 첫 단계는 비즈니스 모델을 설계하는 것이다. 비즈니스 모델 설계 청사진이 있으면 아이디어를 해체해서 몇 가지 핵심적인 가정들을 도출할 수 있다(1쪽짜리 린 캔버스에 정리). 그런 다음 가장 위험성이 큰 가정을 우선 과제로 삼고 아이디어를 실현하기 위한 단계별 검증 전략을 세운다(그림 I-2).

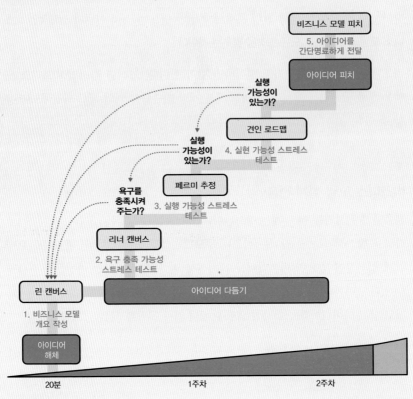

그림 I-2 비즈니스 모델 설계 전술

1부에서 배울 내용

- 린 캔버스에서 아이디어 해체하기(1장).

- 아이디어 욕구 충족 가능성 스트레스 테스트(2장)

- 아이디어 실행 가능성 스트레스 테스트(3장)

- 아이디어 실현 가능성 스트레스 테스트(4장)

- 아이디어를 간단명료하게 전달하기(5장).

린 캔버스에서 아이디어 해체하기

복잡한 프로젝트에 착수할 때, 가령 집을 짓는다고 할 때 무턱대고 벽부터 세우지는 않는다. 단순한 스케치라고 할지라도 우선 건축 설계도 내지는 청사진부터 그려본다.

아이디어를 구축해서 출시하는 것도 다르지 않다.

이 장에서는 아이디어를 해체하고 1쪽짜리 린 캔버스를 활용해 몇 가지 핵심적인 가정들을 도출하는 방법을 배운다(그림 1-1).

린 캔버스를 사용하면 비즈니스 모델, 제품 출시는 물론 기능 하나를 설명하는 것까지 가능하다. 그래서 린 캔버스는 전 세계에서 수백만 명이 사업 기획과 제품 관리에 사용하는 인기 도구이다.

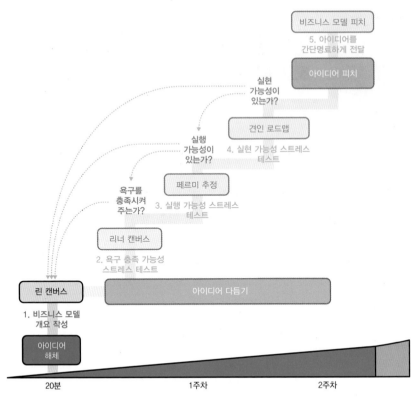

그림 1-1 1쪽짜리 린 캔버스에서 아이디어 해체하기.

1.1 첫 번째 린 캔버스 스케치

비즈니스 모델은 당신이 가치를 어떻게 만들어서 고객에게 전달하고 그들에게서 어떻게 가치를 확보할지(돈을 받을지) 설명한다.

— 사울 카플란^{Saul Kaplan}

먼저 린 캔버스에 아이디어를 스케치하는 과정을 대략적으로 알아보자. 완성된 스케치를 보면 당신이 어떻게 가치를 만들어서 고객에게 전달하고, 그들에게서 어떻게 가치를 확보할지 알 수 있다. 명심할 점은 다음과 같다.

한번에 스케치 완성하기

화이트보드에 아이디어를 스케치하고 또 해 보고 싶은 마음이 굴뚝같겠지만, 처음 그리는 캔버스는 빠르게 완성해야 한다. 20분 이내에 끝내는 것이 좋다. 린 캔버스는 사업 계획서와 달리 완벽을 추구하지 않는다. 사진을 찍듯 빠르게 포착해야 한다.

집단적으로 생각하지 않기

팀이 구성되어 있다면 린 캔버스를 그룹 활동으로 만들지 말아야 한다. 팀원들마다 자기만의 간단한 린 캔버스부터 만드는 것이 좋다. 그런 다음 함께 모여서 여러 캔버스를 조화시킨 하나의 린 캔버스를 만든다. 이렇게 하면 집단적인 사고를 피해 좀 더 독립적인 관점을 가지는 것은 물론 시간도 아낄 수 있다.

빈칸을 남겨 놔도 좋다

무슨 말을 써야 할지 모르는 칸은 비워둬도 좋다. 각 칸에 대해서는 다음 절에서 자세히 설명한다.

1쪽이라는 한정된 공간에서 스케치하기

종이 한 페이지로 부족하다면 아직 아이디어가 너무 복잡하다고 볼 수 있다. 1쪽 안에 아이디어를 풀어 내려면 글자 크기가 아닌 단어 수를 줄여야 한다. 아이디어를 한 문장으로 정리하는 것은 한 문단으로 정리하는 것보다 훨씬 어렵다. 1쪽짜리 캔버스라는 공간 제약을 따르면 비즈니스 모델의 본질을 뽑아낼 수 있다.

현재를 기준으로 생각하라

사업 계획은 가능하지도 않은 미래를 예측하기 위해 지나치게 애를 쓴다. 그보다는 '일을 해낸다'는 자세로 캔버스를 작성하자. 현재 단계와 지금 당장 알고 있는 것을 바탕으로 생각할 때, 제품을 발전시키기 위해 다음 차례로 테스트해 봐야 하는 가설은 무엇인가?

린 캔버스 스케치에 정해진 순서는 없다

린 캔버스 스케치는 퍼즐 맞추기와 비슷하다. 어느 칸부터 또는 어느 순서대로 작성해야 하는지는 정해져 있지 않으니 자신이 가장 잘 안다고 생각하는 칸부터 시작해서 나머지를 채워 나가자. 그래도 잘 모르겠으면 [그림 1-2]의 예제 순서를 사용하자.

그 다음으로는 [그림 1-2]에 있는 칸들을 하나씩 자세히 살펴본다.

문제	솔루션	고유의 가치 제안	경쟁 우위	고객군
고객이 겪는 가장 큰 문제 3개 적기	문제 별로 가능한 해결책 요약정리	이 제품을 알지 못하던 방문자가 흥미를 느껴 잠재 고객이 될 수 있게 하는 특별하고 명료하며 설득력 있는 문장	쉽게 따라 하거나 손에 넣을 수 없는 무언가	공략하는 고객과 사용자 적기
2	**4**	**3**	**9**	**1**
기존 대안	핵심 지표	상위 개념	채널	선각 수용자
현재 이 문제들을 어떻게 해결하고 있는지 적기	내 사업의 현 상태를 보여주는 핵심 수치 적기	'X를 위한 Y' 형태로 정리(예: 유튜브는 동영상을 위한 플리커)	고객에게 다가가는 경로 적기	이상적인 고객의 특징 적기
	8		**5**	
비용 구조			수익원	
고정 및 변동비 적기			수익 원천 적기	
7			**6**	

린 캔버스는 비즈니스 모델 캔버스를 응용한 형태이며, 크리에이티브 커먼즈 저작자 표시-동일 조건 변경 허락 3.0 Unported 라이선스를 받았다.

그림 1-2 린 캔버스 작성 순서 예시

1.1.1 고객군

지속적인 혁신 프레임워크는 고객을 중심에 두는 측면이 강하므로 린 캔버스에서는 고객군 칸부터 시작하는 것이 자연스럽다.

| 고객과 사용자 구분하기 |

비즈니스 모델에 관여하는 사람이 여러 명이라면 고객이 누구인지부터 파악한다.

> **TIP** 고객은 제품에 돈을 지불하는 사람이고, 사용자는 돈을 지불하지 않을 수도 있다.

그런 다음 이 고객들과 교류하는 다른 관여자(사용자, 인플루언서 등)를 파악한다.

예시

- 블로그 플랫폼에서 블로그 저자는 고객, 독자는 사용자가 된다.
- 검색 엔진에서 광고주는 고객, 검색을 하는 사람은 사용자가 된다.

| 여러 가지 관점으로 모델 만들기 |

이렇게 하면 비즈니스 모델을 이루는 관여자 각각의 관점에서 아이디어를 볼 수 있다. 저마다 겪고 있는 문제도, 이들에게 도달할 수 있는 수단도, 가치 제안도 다를 것이다. 예를 들어 검색 엔진에 광고를 내는 광고주는 제품 인지도를 높이느라 골머리를 앓고 있는 한편, 검색을 하는 사람들은 특정한 질문에 대한 답을 찾아 헤매고 있을 수 있다. 이 관점들을 하나의 캔버스에 정리하고 색을 구분하거나 해시태그를 사용해서 각 관여자의 관점을 표시하면 좋다.

| 선각 수용자에게 전념하기 |

기업가는 거대한 시장 기회를 바라보는 동시에 선각 수용자에게 고도로 집중하고 있어야 한다.

> **TIP** 주류 고객이 아닌 선각 수용자를 정의하는 것이 목표다.

고객군 목록에는 자신의 아이디어를 펼칠 시장 규모를 나타내야 하고, 선각 수용자는 그 시장 규모 속에서 구체적인 부분 집합을 이뤄야 한다. 선각 수용자는 이상적인 출발 고객군(이상적인 고객 프로필이라고도 한다)이다.

1.1.2 문제

혁신의 여지는 솔루션이 아닌 문제 자체에서 나온다. 문제 칸에는 구체적인 문제 또는 제품을 통해 해결하려는 문제를 적어 내려간다.

| 제일 심각한 문제 1~3개만 적자 |

브레인스토밍을 해서 문제를 최대한 많이 적고 싶겠지만, 고객이 가장 심각하게 겪고 있다고 믿는 사안 1~3개만 우선과제로 삼는다.

| 기존 대안 적기 |

현재 선각 수용자들이 이 문제에 어떻게 대처하고 있다고 생각하는지 기록한다. 완전히 새로운 문제를 해결 중인 게 아니라면(그럴 가능성이 높다) 이미 존재하는 솔루션도 있을 것이다. 그렇다고 경쟁사의 솔루션을 콕 집어서 적을 필요는 없다.

| 고객군/문제 칸에서 난항을 겪은 스티브 |

스티브는 첫 번째 린 캔버스를 스케치하기에 앞서 1년 전에 처음 썼던 비전 문장을 다시 찾아보았다. 실제 세상만큼 방대하고 다채로운 대안적 가상 세계(메타버스)를 만들어서 보편적으로 접근 가능하고 유용한 형태로 만든다.

고객군을 '모든 사람'이라고 적고 싶은 마음이 들었지만 고객군을 너무 넓게 잡으면 안 된다는 메리의 조언을 기억했다. "모든 사람의 마음을 사려고 들면 누구의 마음도 살 수 없어요."

그래서 어떤 사람이 자신의 이상적인 선각 수용자라고 생각하는지 곰곰이 따져 본 뒤 '소프트웨어 개발자'라고 적었다. 자신의 플랫폼은 궁극적으로 누구든 다채로운 몰입형 AR/VR 애플리케이션을 만들 수 있는 무대가 될 테지만, 이미 이런 애플리케이션을 개발하는 중이거나 개발하고 싶어 하는 소프트웨어 개발자에게 먼저 다가가는 게 가장 쉬울 것이었다.

이 집단 안에서 앞으로 몇 년 안에 AR/VR 기술을 활용할 것 같은 여러 분야를 적어 보았다. 그런 다음 자신이 다루려는 가장 심각한 문제들을 적고, 가장 효과적인 기존 대안을 적었다.

[그림 1-3]은 스티브가 몇 분 동안 고민해서 고객군과 문제 칸을 채운 린 캔버스이다.

문제 증강/가상 현실 (AR/VR) 애플리케이션 개발이 어려움 −코딩 실력 필요 −시간 오래 걸림 −돈 많이 듦	솔루션	고유의 가치 제안	경쟁 우위	고객군 소프트웨어 개발자/대행사 마케터 리테일 공사 여행 교육 의료
기존 대안 구글 AR/VR 애플 ARKit, 뷰포리아, MAXST, 유니티	핵심 지표	상위 개념	채널	선각 수용자 소프트웨어 개발자/고객사를 위한 AR/VR 애플리케이션을 개발하는 대행사
비용 구조		수익원		

린 캔버스는 비즈니스 모델 캔버스를 응용한 형태이며, 크리에이티브 커먼즈 저작자 표시−동일 조건 변경 허락 3.0 Unported 라이선스를 받았다.

그림 1-3 스티브가 작성한 문제 및 고객군

1.1.3 고유의 가치 제안

린 캔버스의 중심에는 고유의 가치 제안^{unique value proposition}(UVP)이라는 칸이 있다. 캔버스에서 가장 중요한 동시에 제대로 채우기가 가장 어려운 칸이다.

> **NOTE** 고유의 가치 제안을 정의하면, 당신의 제품이 왜 다르고 왜 주목할 가치가 있는지에 대한 답이 나온다.

고객이 제품에 돈을 지불하기 전에 먼저 지불하는 것이 바로 관심이다. 고유의 가치 제안을 제대로 도출하기 어려운 것은, 랜딩 페이지 표제에 들어가는 정도의 짧은 문구 안에 제품의 본질을 담아야 하기 때문이다. 그리고 경쟁사들 사이에서 돋보이려면 그들과 차별화되는 고유의 가치를 제안해야 하고, 이러한 차별점이 고객에게 설득력을 가져야 한다.

다행히도 고유의 가치 제안, 즉 UVP를 처음부터 완벽하게 작성할 필요는 없다는 것이다. 캔버스의 모든 칸이 그렇듯, 우선 최선을 다해 추측을 해 보고 앞으로 반복 과정을 거치며 수정하면 된다.

| 고객의 가장 중요한 문제와 연결하라 |

효과적인 UVP를 만드는 열쇠는 고객을 위해 해결하려는 최우선의 문제를 연결 짓는 것이다. 정말 해결할 가치가 있는 문제를 선택했다면 이미 목표점이 반 밖에 안 남은 셈이다.

| 선각 수용자를 공략하라 |

마케터는 주류 고객에게 다가가겠다는 희망으로 고객군의 '중간층'을 공략하려 하는 경우가 너무 많다. 그리고 그 과정에서 메시지를 밋밋하게 순화시켜 버린다. 우리의 제품은 아직 주류 고객을 만날 준비가 되지 않았다. 지금은 선각 수용자를 찾아서 공략할 때이며, 그러려면 대담하고 명료하며 구체적인 메시지가 필요하다.

| 결과에 집중하라 |

제품의 기능보다는 혜택을 강조하는 게 중요하다는 이야기를 익히 들어왔을 것이다. 하지만 혜택은 고객이 각자의 세계관 안에서 해석해야 하는 부분이다. 바람직한 UVP는 고객의 머릿속에 스며들며 이 제품을 사용할 때 생길 혜택, 즉 희망하는 결과에 주목한다.

이력서 개발 서비스를 만들고 있다고 예를 들어 보자.

- **기능**: '전문가답게 디자인한 서식'
- **혜택**: '눈에 확 띄면서 두드러지는 이력서'
- **희망 결과**: '꿈의 직장 취업'

| 짧게 하라 |

광고 플랫폼은 대부분 주 표제 칸에 입력할 수 있는 글자 수를 60자로 제한한다. 단어를 신중하게 고르고 무의미한 말을 주절거리지 말자.

| '누가, 무엇을, 왜'에 대답하라 |

바람직한 UVP는 제품의 용도와 대상을 명료하게 설명해야 한다. '왜'는 같은 문장 안에 함께 넣기 어려운 경우가 많아서 보조 표제를 추가할 때가 많다.

예문을 함께 보자.

- **제품**: 린 캔버스
- **표제**: 자신의 아이디어를 핵심 관계자들에게 간단 명료하게 전달한다.
- **보조 표제**: 린 캔버스는 길고 지루한 사업 계획서를 20분만에 만들 수 있고 사람들이 실제로 읽어 보는 1쪽짜리 비즈니스 모델로 대체한다.

| 하이 콘셉트 피치를 만들라 |

UVP를 만들 때에는 하이 콘셉트 피치를 만들어 보는 것도 도움이 된다. 이것은 벤처 핵스Venture Hacks가 만들고 『Pitching Hacks』(lulu.com, 2009)라는 전자책을 통해 소개해서 널리 알려진 효과적인 피치 도구이다. 헐리우드 제작자들도 영화의 전체적인 플롯에서 기억에 남는 인상적인 한 부분을 뽑아내기 위해 하이 콘셉트 피치를 즐겨 사용한다.

예시
- **유튜브**: '동영상계의 플리커'
- **영화 〈에이리언〉**: '우주 배경의 죠스'
- **독스터**: '개들을 위한 프렌드스터'

하이 콘셉트 피치는 UVP와 헷갈리면 안 되며, 랜딩 페이지에 넣는 용도가 아니다. 이 피치의 바탕을 이루는 개념이 청중에게는 낯설게 느껴질 위험이 있다. 그래서 하이 콘셉트 피치는 아이디어를 빠르게 이해시키고 입소문을 타기 쉽게 만들어야 하는 상황에 더 효과적이다(고객 인터뷰를 마친 다음 등). 구체적인 하이 콘셉트 피치 사용 방법은 8장에서 다룬다.

| 스티브, UVP를 만들다 |

기존 대안은 모두 기술에 대한 이해와 코딩 실력을 요한다는 점에 착안해, 스티브는 '코딩 없음'을 UVP의 키워드로 삼기로 했다(그림 1-4).

문제	솔루션	고유의 가치 제안	경쟁 우위	고객군
증강/가상 현실 (AR/VR) 애플리케이션 개발이 어려움 –코딩 실력 필요 –시간 오래 걸림 –돈 많이 듦		코딩을 할 필요 없이 다채로운 몰입형 AR/VR 경험 제작		소프트웨어 개발자/대행사 마케터 리테일 공사 여행 교육 의료
기존 대안 구글 AR/VR 애플 ARKit, 뷰포리아, MAXST, 유니티	**핵심 지표**	**상위 개념** 코딩 없는 VR 애플리케이션 채널	**채널**	**선각 수용자** 소프트웨어 개발자/고객사를 위한 AR/VR 애플리케이션을 개발하는 대행사
비용 구조		**수익원**		

린 캔버스는 비즈니스 모델 캔버스를 응용한 형태이며, 크리에이티브 커먼즈 저작자 표시–동일 조건 변경 허락 3.0 Unported 라이선스를 받았다.

그림 1-4 스티브의 UVP

1.1.4 솔루션

이제 솔루션을 도출할 차례가 되었다.

고객과 몇 번만 대화를 해 봐도 고객 문제의 우선순위가 바뀌거나 완전히 대체되는 경우가 허다하다. 그러니 아직은 완전한 솔루션을 정의하는 데 너무 힘을 쏟지 않는 것이 좋다. 린 캔버스에 적은 문제 각각을 해결하기 위해 개발할 만한 가장 간단한 솔루션을 대강 구상해 보는 정도에 그치자.

> **TIP** 문제/솔루션 확정은 최대한 나중으로 미루자.

스티브는 린 캔버스에 나열한 문제들을 바탕으로 솔루션을 정의하고, 각 문제를 다루는 주요 기능들을 짧게 정리했다(그림 1-5).

문제	솔루션	고유의 가치 제안	경쟁 우위	고객군
증강/가상 현실 (AR/VR) 애플리케이션 개발이 어려움 −코딩 실력 필요 −시간 오래 걸림 −돈 많이 듦	−실제 공간이나 사물을 휴대폰으로 스캔해서 3D 모델 제작 −모델을 사용자가 정의한 방식으로 빠르게 맞춤 제작 −클릭 한번으로 애플리케이션 사용	코딩을 할 필요 없이 다채로운 몰입형 AR/VR 경험 제작		소프트웨어 개발자/대행사 마케터 리테일 공사 여행 교육 의료
기존 대안 구글 AR/VR 애플 ARKit, 뷰포리아, MAXST, 유니티	**핵심 지표**	**상위 개념** 코딩 없는 VR 애플리케이션 채널	**채널**	**선각 수용자** 소프트웨어 개발자/고객사를 위한 AR/VR 애플리케이션을 개발하는 대행사
비용 구조		**수익원**		

린 캔버스는 비즈니스 모델 캔버스를 응용한 형태이며, 크리에이티브 커먼즈 저작자 표시−동일 조건 변경 허락 3.0 Unported 라이선스를 받았다.

그림 1-5 스티브의 솔루션

1.1.5 채널

숲속 한가운데서 제품을 출시한다고 하면 효과적일까? 고객에게 다가가기 위한 경로를 명확하게 만들지 않는 것은 스타트업이 실패하는 주된 이유 중 하나다. 스타트업의 초기 목표는 학습이지 확장이 아니다. 그러니 처음에는 잠재 고객 앞에 나설 수만 있다면 어느 채널을 이용해도 괜찮다.

반가운 소식을 전하자면, 다음에 있을 '고객 발견/인터뷰' 과정(7장에서 다룬다)을 거치면 초기에 '충분한' 고객에게 다가가기 위한 길을 닦을 수밖에 없다. 하지만 다수의 고객을 확보해야만 작동하는 비즈니스 모델이라면 그렇게 닦은 길은 초기 단계를 넘어서면 확장되지 않을 수 있고 나중에 막다른 골목에 다다를 가능성이 높다. 그래서 확장 가능한 채널도 처음부터 생각해 두는 것이 마찬가지로 중요하다. 그래야 초기부터 그 채널을 구축하고 테스트해 볼 수 있다.

세상에는 채널이 많고 많지만, 자신의 스타트업이 전혀 활용할 수 없는 채널도 있고 이후 단계에서 더 의미 있게 활용할 수 있는 채널도 있다.

| 스티브, 고객에게 다가갈 수 있는 몇 가지 경로를 구상하다 |

스티브는 소프트웨어 개발자와 대행사를 선각 수용자로 공략할 계획을 세웠기 때문에 기존 고객 추천, 직접적인 영업, 콘퍼런스, 박람회를 초기 채널로 활용하고 나중에는 광고를 통해 규모를 확장할 계획을 세웠다(그림 1-6).

문제	솔루션	고유의 가치 제안	경쟁 우위	고객군
증강/가상 현실 (AR/VR) 애플리케이션 개발이 어려움 -코딩 실력 필요 -시간 오래 걸림 -돈 많이 듦	-실제 공간이나 사물을 휴대폰으로 스캔해서 3D 모델 제작 -모델을 사용자가 정의한 방식으로 빠르게 맞춤 제작 -클릭 한번으로 애플리케이션 사용	코딩을 할 필요 없이 다채로운 몰입형 AR/VR 경험 제작		소프트웨어 개발자/대행사 마케터 리테일 공사 여행 교육 의료
기존 대안 구글 AR/VR 애플 ARKit, 뷰포리아, MAXST, 유니티	**핵심 지표**	**상위 개념** 코딩 없는 VR 애플리케이션	**채널** 기존 고객 추천, 직접적인 영업, 콘퍼런스, 박람회, 광고	**선각 수용자** 소프트웨어 개발자/고객사를 위한 AR/VR 애플리케이션을 개발하는 대행사
비용 구조		**수익원**		

린 캔버스는 비즈니스 모델 캔버스를 응용한 형태이며, 크리에이티브 커먼즈 저작자 표시-동일 조건 변경 허락 3.0 Unported 라이선스를 받았다.

그림 1-6 스티브의 채널

1.1.6 수익원과 비용 구조

맨 밑에 있는 비용 구조와 수익원 칸은 사업의 실행 가능성을 모델로 만들어 보기 위해 사용한다.

| 수익원 |

'가격 책정에 대한 질문'을 나중으로 미루는 스타트업이 많지만 이것은 실수다. 그 이유는 다음과 같다.

가격은 제품의 일부다

누군가 생수 두 병을 내밀면서 하나는 0.5달러, 다른 하나는 2달러라고 말한다고 생각해 보자. 블라인드 테스트로 맛을 평가해서는 두 생수를 구별할 수 없음에도(두 제품은 서로 아주 비슷하다) 더 비싼 생수가 더 고급이라고 믿기(또는 더 고급이 아닐까 하는 의문이라도 갖기) 쉽다. 이처럼 가격에는 제품에 대한 고객의 인식을 바꾸는 힘이 있다.

가격은 고객을 정의한다

심지어 어느 생수를 선택하는지에 따라 고객군이 결정되기까지 한다. 기존 생수 시장을 미루어 볼 때 우리는 두 가지 가격대의 생수 모두 생존 가능한 사업이라는 것을 안다. 당신이 책정하는 가격은 당신이 어느 위치에 있는 고객을 끌어들이고자 하는지 보여준다.

돈을 받는 것이 첫 번째 검증 형태

고객으로 하여금 당신에게 돈을 내게 하는 것은 손에 꼽히게 어려운 도전이며, 제품 검증의 초기 형태이기도 하다.

> **NOTE** 수익은 취미와 사업을 가르는 차이점이다.

| 비용 구조 |

자신의 아이디어/제품의 비용 구조를 어떻게 결정하는가? 다시 말해, 제품을 만들고 사업 운영을 지속하는 데 돈이 얼마나 드는가?

3개년이나 5개년을 내다보려고 하는 대신 각 단계를 바탕으로 접근해 보자. 지금부터 3~6개월 간은 당장 이뤄야 하는 단기적 마일스톤에 집중하자. 먼저 최소 기능 제품을 정의, 개발, 출시하기 위해 필요한 무대를 구상하고, 그 지점에 다다른 다음에 방향을 수정한다.

생각해 볼 질문

- 최소 기능 제품을 정의, 개발, 출시하는 데 드는 비용은 얼마인가?
- 현재의 경비 지출 속도는 어떤가(임금, 사무실 임대료 등)?

| 스티브, 비용 구조와 수익원을 고민하다 |

컨설팅 수익을 통해 사업 자금을 자체 충당하며 마음 편하게 시간을 보내던 스티브는 경쟁사(버츄오소 X)의 등장으로 발등에 불이 떨어졌다. 그래서 앞으로 6개월 안에 최소 기능 제품을 출시한다는 계획을 세우고 비용의 윤곽을 잡아보았다. 스티브가 사용하는 비용은 본인의 시간이 대부분이었다.

아직까지는 가격 책정 모델을 진지하게 생각해 본 적이 없었지만, 이 과정을 나중으로 미루지 말라는 조언을 새겨들었다. 다른 소프트웨어 개발 도구들을 바탕으로 가격을 책정하기로 하고 알아본 결과, 요금은 무료부터 월 몇백 달러까지로 다양했다. 스티브는 중간을 선택하기로 하고 월 50달러에 30일 무료 사용이라는 가장 인기 있는 입문 단계의 가격 모델을 골랐다.

비용 구조 면에서는 6~9개월을 버텨야 한다고 추정했다. 충분한 고객이나 투자자를 끌어들일 때까지는 계속 혼자 일하면서 제품을 발전시킬 것 같았다. [그림 1-7]은 스티브가 이 칸들을 채워 넣은 린 캔버스이다.

문제	솔루션	고유의 가치 제안	경쟁 우위	고객군
증강/가상 현실 (AR/VR) 애플리케이션 개발이 어려움 -코딩 실력 필요 -시간 오래 걸림 -돈 많이 듦	-실제 공간이나 사물을 휴대폰으로 스캔해서 3D 모델 제작 -모델을 사용자가 정의한 방식으로 빠르게 맞춤 제작 -클릭 한번으로 애플리케이션 사용	코딩을 할 필요 없이 다채로운 몰입형 AR/VR 경험 제작		소프트웨어 개발자/대행사 마케터 리테일 공사 여행 교육 의료
기존 대안 구글 AR/VR 애플 ARKit, 뷰포리아, MAXST, 유니티	**핵심 지표**	**상위 개념** 코딩 없는 VR 애플리케이션	**채널** 기존 고객 추천, 직접적인 영업, 콘퍼런스, 박람회, 광고	**선각 수용자** 소프트웨어 개발자/고객사를 위한 AR/VR 애플리케이션을 개발하는 대행사
비용 구조 호스팅 비용 인건비: 40시간 x 시급 65달러 = 월 1만 달러			**수익원** 30일 무료 사용 월 50달러에 애플리케이션 무제한 사용	

린 캔버스는 비즈니스 모델 캔버스를 응용한 형태이며, 크리에이티브 커먼즈 저작자 표시-동일 조건 변경 허락 3.0 Unported 라이선스를 받았다.

그림 1-7 스티브의 비용 구조와 수익원

1.1.7 핵심 지표

모든 사업에는 그 사업이 얼마나 잘 굴러가고 있는지 평가하기 위해 사용할 수 있는 몇 가지 핵심 수치가 있다. 이 수치들은 진척 상황을 평가하기 위해서나 비즈니스 모델 상의 핫스팟hot spot을 파악하기 위해서 중요하다. 몇 가지 예를 함께 살펴보자.

| 3~5가지 핵심 지표를 생각하자 |

지표를 너무 깊게 파고들지 말고 비즈니스 모델이 잘 작동하고 있는지 평가하기 위해 사용할 중요한 지표를 3~5가지만 적어 보자.

| 산출이 아닌 결과 지표에 집중하자 |

스스로 얼마나 많은 일을 했는지보다(산출물) 제품을 얼마나 많은 사람이 어떻게 사용하고 있는지를(결과물) 집중적으로 측정하자. 바람직한 결과 지표는 제품 중심보다 고객 중심인 경우가 많다.

결과 지표의 예

- 신규 고객 수
- 월간 반복 매출monthly recurring revenue(MRR)
- 고객 생애 가치customer lifetime value(CLTV)

| 선행 지표를 후행 지표보다 우선시하라 |

매출 보고서를 보기 전에 실시간으로 사업 현황을 보여주는 핵심 지표를 찾아보라.

— 『The Knack』(Cornerstone Digital, 2009)

앞으로 매출과 수익 등의 지표를 측정하고 이를 바탕으로 보고서를 작성해야 하기는 하지만, 이는 선행이 아닌 후행 지표라는 점을 이해해야 한다. 선행 지표의 예를 들어 보자.

- 파이프라인에서 검증된 잠재 고객 수
- 테스트 버전/파일럿 사용 수
- 고객 감소율(이탈률)

같은 제품 공간/분야에 있는 다른 기업들은 사업 현황을 측정해서 이해관계자들에게 전달할 때 어떤 지표를 사용하는지 조사한다.

예시

- **일반적인 SaaS(Software as a Service) 지표**
  - 생애 가치(LTV)
  - 고객 확보 비용customer acquire cost(CAC)
  - 월간 반복 매출monthly recurring revenue(MRR) 또는 연간 반복 매출annual recurring revenue(ARR)

- **일반적인 광고 기반 지표**
  - 일간 활성 사용자daily active users(DAU) 및 월간 활성 사용자monthly active users(MAU)
  - 클릭률click-through rate(CTR)
  - 노출당 비용cost per impression(CPI) 및 클릭당 비용cost per click(CPC)

- **일반적인 시장 지표**
  - 판매자 대 구매자 비율
  - 평균 거래 규모
  - 수수료

| 스티브, 몇 가지 핵심 지표를 파악하다 |

스티브는 지난 절에서 알아본 SaaS 제품용 지표를 바탕으로 핵심 지표 칸을 채우기로 했다(그림 1-8).

문제	솔루션	고유의 가치 제안	경쟁 우위	고객군
증강/가상 현실 (AR/VR) 애플리케이션 개발이 어려움 -코딩 실력 필요 -시간 오래 걸림 -돈 많이 듦	-실제 공간이나 사물을 휴대폰으로 스캔해서 3D 모델 제작 -모델을 사용자가 정의한 방식으로 빠르게 맞춤 제작 -클릭 한번으로 애플리케이션 사용	코딩을 할 필요 없이 다채로운 몰입형 AR/VR 경험 제작		소프트웨어 개발자/대행사 마케터 리테일 공사 여행 교육 의료
기존 대안 구글 AR/VR 애플 ARKit, 뷰포리아, MAXST, 유니티	**핵심 지표** 테스트 버전 사용 수 유료 전환율 LTV/CAC	**상위 개념** 코딩 없는 VR 애플리케이션	**채널** 기존 고객 추천, 직접적인 영업, 콘퍼런스, 박람회, 광고	**선각 수용자** 소프트웨어 개발자/고객사를 위한 AR/VR 애플리케이션을 개발하는 대행사
비용 구조 호스팅 비용 인건비: 40시간 x 시급 65달러 = 월 1만 달러		**수익원** 30일 무료 사용 월 50달러에 애플리케이션 무제한 사용		

린 캔버스는 비즈니스 모델 캔버스를 응용한 형태이며, 크리에이티브 커먼즈 저작자 표시-동일 조건 변경 허락 3.0 Unported 라이선스를 받았다.

그림 1-8 스티브의 핵심 지표

1.1.8 경쟁 우위

경쟁 우위는 보통 이 캔버스에서 가장 채우기 힘든 칸이기에 마지막으로 순서를 미뤘다. 스타트업 창업자들은 실제로는 경쟁 우위도 아닌 강점을 이 칸에 적곤 한다. 열정, 코드, 기능 등이다.

비즈니스 모델의 강점으로 자주 언급되는 또 다른 요소는 '선도자first mover' 기업으로서의 이점이다. 하지만 무언가를 처음 시도하는 기업이 굉장히 불리한 위치에 놓인다는 것은 조금만 조사를 해 보면 알 수 있는 사실이다. 새로운 기반을 닦는 고된 일은 대부분 (위험 완화) 선도자가 떠맡고, 그렇게 선도자가 지쳐버린 틈을 추격자가 치고 들어온다. 여기서 따라 잡히지 않으려면 실제로 경쟁 우위를 가지고 추격자를 꾸준히 앞지를 수 있어야 한다. 포드, 도요타, 구글, 마이크로소프트, 애플, 메타 모두 선도자 기업이 아니었다는 점을 기억하자.

여기서 흥미로운 점은, 무엇이든 베낄 만한 가치가 있는 요소가 있으면 분명 누군가는 베껴간다는 것이다. 비즈니스 모델의 실행 가능성이 입증되기 시작하면 더더욱 그렇다.

공동 창업자가 당신의 소스 코드를 훔쳐가서 코스타리카에 가게를 차리고 가격을 후려친다고 상상해 보자. 그래도 당신은 사업을 계속 운영할 수 있는가? 구글이나 애플이 경쟁 제품을 출시해서 무료로 뿌린다면?

당신은 그럼에도 성공적으로 사업을 일궈야 한다. 그래서 제이슨 코헨Jason Cohen은 이런 정의[1]를 내렸다. '진정한 경쟁 우위는 쉽게 따라하거나 살 수 없는 무언가이다.'

이 정의에 맞는 진정한 경쟁 우위의 예를 보자.

- 내부자 정보
- 드림팀
- 네트워크 효과
- 커뮤니티
- 검색 엔진 최적화(SEO) 순위
- 적절한 '전문가'의 보증
- 개인의 권위
- 플랫폼 효과
- 기존 고객

진짜 경쟁 우위와 가짜 경쟁 우위의 차이를 잘 보여주는 예는 검색 엔진 마케팅에서의 유기적인 SEO 순위와 유료 키워드이다. 경쟁사의 키워드를 따라 사들이기는 쉽지만, 유기적인 순위는 직접 얻어 내야 한다.

시간이 흐르면서 경쟁 우위가 차별화 요소로써의 가치로 발전하는 경우도 있다. 예를 들어 자포스의 CEO였던 토니 셰이Tony Hsieh는 고객과 직원을 행복하게 만드

---

1 https://oreil.ly/Tjj3g

는 것이 중요하다고 굳게 믿었다. 이 믿음은 많은 기업 정책에 분명하게 드러나 있다. 고객 서비스 담당자가 고객이 만족할 때까지 시간을 마음껏 쓸 수 있게 하고, 365일 안에 배송비도 내지 않고 반품을 할 수 있게 하는 등 겉보기에는 사업적으로 타당해 보이지 않는 정책들을 통해 자포스는 브랜드를 차별화하고, 열정적이고 의견을 적극적으로 표출하는 거대한 고객 기반을 다졌다. 이는 2009년에 자포스가 12억 달러에 아마존에 인수되는 데 큰 역할을 했다.

| 경쟁 우위 없이 사업을 시작해야 한다면? |

아이디어를 처음 구상할 때부터 경쟁 우위를 가지고 시작하는 기업가는 거의 없다. 마크 저커버그를 생각해 보자. 그는 소셜 네트워크를 최초로 개발하지 않았으며, 몇몇 경쟁자가 이미 사용자 수백 만 명을 거느리고 수백 만 달러의 자금을 굴리며 한참 앞서 나가 있었다. 그럼에도 마크 저커버그는 지구에서 가장 큰 소셜 네트워크를 개발할 수 있었다.

| 경쟁 우위 이야기로 출발하라 |

마크 저커버그에게 처음부터 경쟁 우위가 있었던 건 아니지만 경쟁 우위 이야기는 있었다. 그는 거대한 네트워크 효과에서 경쟁 우위를 찾아야 한다는 것을 알았다. 이렇게 집중할 영역을 명확하게 정한 덕분에 메타는 체계적인 서비스 출시와 성장 전략을 전개해서 결국 이 이점을 현실로 만들 수 있었다.

| 경쟁 우위는 빈칸으로 두어라 |

아직 경쟁 우위 이야기가 명확하게 나오지 않았다면 허술한 이점을 억지로 적어 넣는 대신 칸을 비워 두는 편이 낫다.

| 모호함을 받아들여라 |

앞서 설명한 것처럼 다행히 경쟁 우위를 처음부터 가지고 있을 필요는 없다. 사업을 시작할 땐 모호한 상태를 받아들여서 경쟁사의 관심을 끌지 않고 가치 있는 제품을 개발하면서 자신의 진정한 경쟁 우위를 계속 찾자.

| 스티브, 자신의 경쟁 우위 이야기를 고민하다 |

평소 같았으면 스티브는 소프트웨어 지식재산권을 자신의 경쟁 우위라고 적었겠지만, 진짜와 가짜 경쟁 우위에 대해 배우고 나니 '플랫폼 효과'를 바탕으로 경쟁 우위 이야기를 쓰고 싶어졌다(그림 1-9). 스티브에게는 재사용 가능한 방대한 3D 객체 라이브러리를 만들고, 누구나 더 쉽고 빠르게 많은 애플리케이션을 개발할 수 있게 해주는 플라이휠을 구축해서 AR/VR 애플리케이션 개발의 대명사 같은 플랫폼으로 거듭난다는 비전이 있다. 소프트웨어 개발자와 대행사 고객을 충분히 모으고 이들이 잘나가는 애플리케이션을 충분히 개발하면 이러한 스티브의 비전 실현에 속도가 붙을 것이다.

문제	솔루션	고유의 가치 제안	경쟁 우위	고객군
증강/가상 현실 (AR/VR) 애플리케이션 개발이 어려움 -코딩 실력 필요 -시간 오래 걸림 -돈 많이 듦	-실제 공간이나 사물을 휴대폰으로 스캔해서 3D 모델 제작 -모델을 사용자가 정의한 방식으로 빠르게 맞춤 제작 -클릭 한번으로 애플리케이션 사용	코딩을 할 필요 없이 다채로운 몰입형 AR/VR 경험 제작	플랫폼 효과	소프트웨어 개발자/대행사 마케터 리테일 공사 여행 교육 의료
기존 대안	**핵심 지표**	**상위 개념**	**채널**	**선각 수용자**
구글 AR/VR 애플 ARKit, 뷰포리아, MAXST, 유니티	테스트 버전 사용 수 유료 전환율 LTV/CAC	코딩 없는 VR 애플리케이션	기존 고객 추천, 직접적인 영업, 콘퍼런스, 박람회, 광고	소프트웨어 개발자/고객사를 위한 AR/VR 애플리케이션을 개발하는 대행사
비용 구조 호스팅 비용 인건비: 40시간 x 시급 65달러 = 월 1만 달러			**수익원** 30일 무료 사용 월 50달러에 애플리케이션 무제한 사용	

린 캔버스는 비즈니스 모델 캔버스를 응용한 형태이며, 크리에이티브 커먼즈 저작자 표시-동일 조건 변경 허락 3.0 Unported 라이선스를 받았다.

그림 1-9 스티브의 경쟁 우위

1.2 린 캔버스 다듬기

린 캔버스를 빠르게 스케치하는 것은 거대한 아이디어를 찬찬히 살펴보고 여러 가정의 집합인 비즈니스 모델을 시각화하는 훌륭한 첫 걸음이다. 그래서인지 처음 작성한 캔버스는 범위가 너무 넓거나 좁은 경우가 많다. 그래서 적정선을 찾아야 한다.

아이디어를 쓰면서 종이 한 장을 채우느라 애를 먹었다면 너무 광범위하게 생각했을 가능성이 높다. 이 경우 너무 밋밋하고 비슷비슷한 캔버스가 되기 쉽다. 여러 스타트업과 일해 본 결과, 스스로 누구에게나 적용되는 굉장히 보편적인 문제를 다루고 있다고 생각하며 모두에게 다가가려고 하는 경우가 많았다.

> **TIP** 모든 사람의 마음을 사려고 들면 누구의 마음도 살 수 없다.

주류를 대상으로 하는 제품을 개발하려는 중이라도 시작 단계에서는 특정 고객을 염두에 두어야 한다. 이제 사용자가 5억 명이 넘는 메타조차 처음에는 하버드 대학교 학생이라는 지극히 한정된 사용자 집단을 대상으로 했다. 한편 너무 좁게 생각하면 아이디어 실현 가능성이 가장 큰 시장을 찾지 못하고 국지적 최댓값 함정에 빠질 위험이 있다. [그림 1-10]은 이런 현상을 설명하는 언덕 오르기 문제이다.

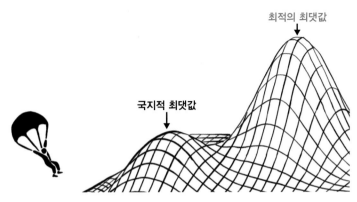

그림 1-10 언덕 오르기 문제

안대를 쓴 채 주변에서 가장 높은 지점을 찾아야 한다고 상상해 보자. 야트막한 언덕 꼭대기까지 더듬더듬 올라가서 여기가 가장 높다고 확신하고 안대를 벗더라도, 눈앞에는 더 높은 언덕이 우뚝 솟아있을 가능성이 높다.

1.2.1 적정성 문제는 어떻게 피할 수 있을까?

폭이 넓은 생각과 좁은 생각을 동시에 하기 위한 전략이 필요하다. 그러려면 처음 작성한 린 캔버스('큰 아이디어 캔버스')를 쪼개서 몇 개의 캔버스로 나눠야 한다 (그림 1–11).

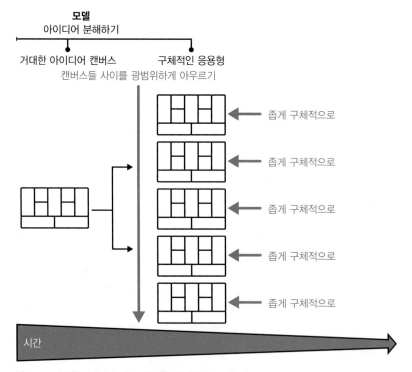

그림 1-11 거대한 아이디어 캔버스를 여러 응용형으로 나누기.

추가로 작성하는 캔버스는 하나하나가 좁고 구체적이어야 하지만, 같은 아이디어에서 나올 수 있는 응용형을 여러 개 구상해서 이 캔버스들을 광범위하게 아울러야 한다. 예를 들어 사진 공유 서비스는 고객을 대상으로 할 수도, 기업을 대상으로 할 수도 있다. 한 가지 사업 안에서도 여러 비즈니스 모델을 고려할 수 있다. 이 응용형들을 하나씩 다른 캔버스에 작성하고 탐색해 보아야 한다.

이런 방식으로 거대한 진리를 발견한다는 보장은 없지만 더 넓게 그물을 치면 일찍부터 모든 가능성을 염두에 둘 수 있어, 단 한 가지 아이디어 실행 방식에만 매몰되어 시야를 좁히는 불상사는 막을 수 있다. 최상의 응용형들만 간추린 다음에는 체계적으로 우선순위를 정해서 아이디어들을 테스트해 본다. 비즈니스 모델을 구축하는 과정에서 필요한 건 실행하겠다는 마인드셋이 아니라 탐색하겠다는 마인드셋임을 기억하자.

1.2.2 린 캔버스를 언제 분할해야 할지 어떻게 판단할까?

린 캔버스가 대부분 너무 광범위해지는 이유는 하나의 캔버스에 너무 여러 가지 비즈니스 모델 이야기를 담으려고 하기 때문이다. 린 캔버스 하나에서는 비즈니스 모델 하나만 설명해야 한다.

기본적인 비즈니스 모델의 전형은 직접과 다면 그리고 시장이라는 세 가지로 나눌 수 있다. 린 캔버스 하나에 여러 비즈니스 모델 유형이 섞여 있다면 별도의 캔버스들을 구별해서 새로 작성하자. 지금부터는 비즈니스 모델의 전형을 하나씩 살펴본다.

| 직접적 비즈니스 모델 |

직접적 비즈니스 모델은 사용자가 곧 고객이기 때문에 사용자 1인만 있으면 수익이 창출되는, 가장 기본적이고 통상적인 1인 행위자 모델이다. 직접 비즈니스 모델을 취하는 기업의 예로는 스타벅스가 있다. 스타벅스의 린 캔버스를 그려 보면 [그림 1-12]와 같다.

문제	솔루션	고유의 가치 제안	경쟁 우위	고객군
갓 내린 양질의 커피를 마시기 위한 선택권이 별로 없다	이탈리아 커피하우스의 전통을 미국에 도입한다	일터와 집 사이에 있는 제 3의 공간	커뮤니티, 편의성, 접근성	커피를 마시는 사람
기존 대안	**핵심 지표**	**상위 개념**	**채널**	**선각 수용자**
– 슈퍼마켓 커피 – 던킨도너츠/맥도날드 – 집에서 커피 내리기	– 손님에게 제공한 잔 수 – 고객 수 – 고객당 평균 수익	커피계의 맥도날드	– 소매 매장 – 슈퍼마켓 – 광고	집에서 커피를 내려 마시는 사람
비용 구조 – 인건비 – 소매 매장 비용		**수익원** – 커피: 1잔에 3달러 – 원두: 1통에 10달러		

린 캔버스는 비즈니스 모델 캔버스를 응용한 형태이며, 크리에이티브 커먼즈 저작자 표시–동일 조건 변경 허락 3.0 Unported 라이선스를 받았다.

그림 1-12 스타벅스 린 캔버스

직접 비즈니스 모델의 린 캔버스에서는, '고객군' 칸에 상대하게 될 고객 전체를 단일 항목으로써 기입하고 선각 수용자에는 사업 시작 단계에서 이상적으로 생각하는 고객 하위 집단을 기입한다.

| 다면적 비즈니스 모델 |

다면적 비즈니스 모델의 목표는 사용자를 통해 가치를 만들고, 이들에게 가치를 전달하고, 이들로부터 가치를 포착한 다음 다른 고객을 통해 수익을 창출하는 것이다. 그래서 서로 다른 주체인 '사용자' 1인과 '고객' 1인이 있어야 하는 2인 행위자 모델이다.

사용자는 보통 제품을 사용한 대가로 금전이 아닌 파생 통화를 지불한다. 충분한 인원의 사용자가 이 파생 통화를 사용하면, 이것은 고객이 돈을 지불하고 확보하는 파생 자산이 된다. 예를 들면 메타는 다면적 비즈니스 모델을 취한다. 2004년에 메타가 처음 생겼을 당시 사용자는 대학생이고 고객은 광고주였다.

[그림 1-13]은 메타의 린 캔버스 예다.

문제	솔루션	고유의 가치 제안	경쟁 우위	고객군
기존 온라인 SNS는 핵심적인 약속을 실현하지 못하고 있으며 이러한 특징이 있다. 1. 진짜 친구가 아닌 보여주기식 친구 2. 의미 없는 대화 3. 사용자 참여 저조 광고주는 정밀하게 공략된 활발한 사용자를 원한다 #고객	새로운 SNS를 만드는 대신, 대학 캠퍼스에서처럼 기존 SNS로부터 마찰을 제거한다	- (낯선 사람이 아닌) 친구와 교류 및 공유 #사용자 - 활동량이 많고 투자수익률이 높은 사용자들을 엄선해서 접근한다 #고객	네트워크 효과를 통해 사용자 참여도를 높이면 광고 클릭 수가 높아진다 #고객	- 대학생 #사용자 - 광고주 #고객
기존 대안	핵심 지표	상위 개념	채널	선각 수용자
- 프렌드스터, 마이스페이스 #사용자 - 배너 애즈, 구글 애드워드, 야후 #고객	- 2년 안에 1억 달러 가치 - #고객 거래 측정: 노출, 클릭, 대화 - #사용자 거래 측정: 일별 활성 사용자 / 월별 활성 사용자 / 페이지뷰	대학교 친구들끼리 함께하는 프렌드스터 #사용자	- 입소문 사용 모델 #사용자 - 여러 아이비리그 학교에 유포 #사용자 - 경매 기반 플랫폼 #고객 - 직접 판매 #고객	- 하버드 대학교를 시작으로 여러 아이비리그 학교 #사용자 - 대학생들에게 다가가고자 하는 광고주 #고객

비용 구조	수익원
- 인건비: 무료 - 호스팅 비용: 월 85달러	- 파생 통화: 1인당 월 평균 페이지뷰 300 #사용자 - 광고 수익: CPM 1달러, CPC X달러, CPA Y달러 #고객 - 파생 통화 환율: ARPU = 월 0.3달러 - 고객 생애 가치 = ARPU*4년 생애 =14.4달러

린 캔버스는 비즈니스 모델 캔버스를 응용한 형태이며, 크리에이티브 커먼즈 저작자 표시-동일 조건 변경 허락 3.0 Unported 라이선스를 받았다.

그림 1-13 메타(페이스북) 린 캔버스—사용자 관점(대학생)에는 #사용자, 고객 관점(광고주)에는 #고객 태그를 달았다.

다면적 비즈니스 모델의 린 캔버스는 사용자와 고객 모두의 관점에서 아이디어를 구상해야 한다. 예를 들어 사용자의 관점에서 메타의 대안은 프렌드스터가 된다.

| 마켓플레이스 비즈니스 모델 |

마켓플레이스 비즈니스 모델은 다면적 모델의 좀 더 복잡한 응용형으로써 실현 가능성을 가진다. 다면적 모델과 마찬가지로 서로 다른 두 집단으로 구성되는 복수 행위자 모델이지만, 이 모델에는 판매자와 구매자가 존재한다. 에어비앤비가 마켓플레이스 모델의 예다. [그림 1-14]에서 에어비앤비의 린 캔버스를 살펴보자.

문제	솔루션	고유의 가치 제안	경쟁 우위	고객군
– 호텔 예약을 할 수 없을 때 빌릴 수 있는 방을 찾는다 #구매자 – 집에 있는 방을 빌려주고 추가 수입을 올린다 #판매자	게스트와 호스트를 연결하는 마켓플레이스	– 추가 수입 #판매자 – 호텔의 대안 #구매자		– 게스트 #구매자 – 호스트 #판매자
기존 대안	**핵심 지표**	**상위 개념**	**채널**	**선각 수용자**
– 호텔 객실 #구매자 – 카우치 서핑 #구매자 – 친구 집에 묵기 #구매자 – 아파트 전체를 빌려줘야만 한다 #판매자	– 게스트가 예약한 일수 – 숙소 수 #판매자 – 검색 수 #구매자	전문적인 카우치 서핑	– 옥외 광고 – 온라인 광고 – 입소문	– 행사/학회에 참석하러 타지에서 온 사람 #구매자 – 집에서 남는 방에 세를 놓고 싶어 하는 사람 #판매자
비용 구조 – 웹사이트 – 광고 – 인건비		**수익원** 예약 수수료		

린 캔버스는 비즈니스 모델 캔버스를 응용한 형태이며, 크리에이티브 커먼즈 저작자 표시–동일 조건 변경 허락 3.0 Unported 라이선스를 받았다.

그림 1-14 에어비앤비 린 캔버스—구매자 관점에는 #구매자, 판매자 관점에는 #판매자 태그를 달았다.

여기에서도 구매자와 판매자 관점에서 아이디어를 구상해야 한다. 예를 들어 구매자의 관점에서 에어비앤비의 대안은 호텔, 카우치 서핑 등이다.

린 캔버스는 복잡하게 꾸미려고 하지 말고 최대한 단순하게 작성하자. 간단하게 쓰는 것만 해도 충분히 어렵다.

> **NOTE** 실제로는 이 기본적인 전형들을 층층이 쌓는 더 복잡한 모델이 있다. 하지만 이렇게 복잡한 모델도 처음에는 기본적인 모델에서 출발한다는 점을 기억해야 한다. 갈의 법칙 Gall's law에 따르면, 제기능을 하는 복잡한 시스템은 모두 제기능을 하는 더 단순한 시스템이 발전한 결과물일 수밖에 없다.

1.2.3 스티브, 큰 아이디어 캔버스를 구체적인 응용형으로 쪼개다

스티브는 자신의 린 캔버스를 다시 훑어 보면서 고객군을 너무 많이 설정했다는 것을 금세 알아차렸다(그림 1-15).

문제	솔루션	고유의 가치 제안	경쟁 우위	고객군
증강/가상 현실 (AR/VR) 애플리케이션 개발이 어려움 -코딩 실력 필요 -시간 오래 걸림 -돈 많이 듦	-실제 공간이나 사물을 휴대폰으로 스캔해서 3D 모델 제작 -모델을 사용자가 정의한 방식으로 빠르게 맞춤 제작 -클릭 한번으로 애플리케이션 사용	코딩을 할 필요 없이 다채로운 몰입형 AR/VR 경험 제작	플랫폼 효과	소프트웨어 개발자/대행사 마케터 리테일 공사 여행 교육 의료
기존 대안 구글 AR/VR 애플 ARKit, 뷰포리아, MAXST, 유니티	**핵심 지표** 테스트 버전 사용 수 유료 전환율 LTV/CAC	**상위 개념** 코딩 없는 VR 애플리케이션	**채널** 기존 고객 추천, 직접적인 영업, 콘퍼런스, 박람회, 광고	**선각 수용자** 소프트웨어 개발자/고객사를 위한 AR/VR 애플리케이션을 개발하는 대행사
비용 구조 호스팅 비용 인건비: 40시간 x 시급 65달러 = 월 1만 달러		**수익원** 30일 무료 사용 월 50달러에 애플리케이션 무제한 사용		

린 캔버스는 비즈니스 모델 캔버스를 응용한 형태이며, 크리에이티브 커먼즈 저작자 표시-동일 조건 변경 허락 3.0 Unported 라이선스를 받았다.

그림 1-15 고객군이 너무 많다.

"이 사람들이 전부 같은 비즈니스 모델 안에 들어갈까?" 스티브는 고개를 갸우뚱했다.

몇 분 동안 자신의 린 캔버스를 노려 보면서 비즈니스 모델 전형에 대해 새로 배운 내용을 생각하다 보니, 지금의 린 캔버스에는 각기 다른 비즈니스 모델들이 뒤섞여 있다는 걸 알 수 있었다.

그래서 캔버스 하나를 여러 캔버스로 쪼개서 비즈니스 모델들을 하나씩 담고, 가장 중요하다고 생각하는 응용 캔버스 3개에 집중하기로 했다([그림 1-16]부터 [그림 1-18]까지).

문제	솔루션	고유의 가치 제안	경쟁 우위	고객군
증강/가상 현실 (AR/VR) 애플리케이션 개발이 어려움 －코딩 실력 필요 －시간 오래 걸림 －돈 많이 듦	－실제 공간이나 사물을 휴대폰으로 스캔해서 3D 모델 제작 －모델을 사용자가 정의한 방식으로 빠르게 맞춤 제작 －클릭 한번으로 애플리케이션 사용	코딩을 할 필요 없이 다채로운 몰입형 AR/VR 경험 제작	플랫폼 효과	소프트웨어 개발자/대행사
기존 대안 구글 AR/VR 애플 ARKit, 뷰포리아, MAXST, 유니티	**핵심 지표** 테스트 버전 사용수 유료 전환율 LTV/CAC	**상위 개념** 코딩 없는 VR 애플리케이션	**채널** 기존 고객 추천, 직접적인 영업, 콘퍼런스, 박람회, 광고	**선각 수용자** 소프트웨어 개발자/고객사를 위한 AR/VR 애플리케이션을 개발하는 대행사
비용 구조 호스팅 비용 인건비: 40시간 x 시급 65달러 = 월 1만 달러		**수익원** 30일 무료 사용 월 50달러에 애플리케이션 무제한 사용		

린 캔버스는 비즈니스 모델 캔버스를 응용한 형태이며, 크리에이티브 커먼즈 저작자 표시-동일 조건 변경 허락 3.0 Unported 라이선스를 받았다.

그림 1-16 소프트웨어 개발자 린 캔버스

문제	솔루션	고유의 가치 제안	경쟁 우위	고객군
고객에게 보여줄 가상 현실(VR) 렌더링을 만드는 작업이 어려움 - 모델링 기술 필요 - 시간이 너무 오래 걸림 - 높은 비용	- 실제 공간이나 사물을 휴대폰으로 스캔해서 3D 모델 제작 - 모델을 사용자가 정의한 방식으로 빠르게 맞춤 제작 - 클릭 한번으로 애플리케이션 사용	코딩을 할 필요 없이 다채로운 몰입형 AR/VR 경험 제작	플랫폼 효과	건축가 #고객 주택 소유자 #사용자
기존 대안 BIM과 CAD 프로그램: 스케치업, 오토데스크	**핵심 지표** 테스트 버전 사용 수 유료 전환율 LTV/CAC	**상위 개념** 코딩 없는 VR 애플리케이션	**채널** 기존 고객 추천, 직접적인 영업, 콘퍼런스, 박람회, 광고	**선각 수용자** 고객을 위해 3D 렌더링을 하는 건축가

비용 구조	수익원
호스팅 비용 인건비: 40시간 x 시급 65달러 = 월 1만 달러	30일 무료 사용 월 50달러에 애플리케이션 무제한 사용

린 캔버스는 비즈니스 모델 캔버스를 응용한 형태이며, 크리에이티브 커먼즈 저작자 표시-동일 조건 변경 허락 3.0 Unported 라이선스를 받았다.

그림 1-17 주택 건설업체 린 캔버스

문제	솔루션	고유의 가치 제안	경쟁 우위	고객군
증강/가상 현실 (AR/VR) 애플리케이션 개발이 어려움 -코딩 실력 필요 -시간 오래 걸림 -돈 많이 듦	- 실제 공간이나 사물을 휴대폰으로 스캔해서 3D 모델 제작 - 모델을 사용자가 정의한 방식으로 빠르게 맞춤 제작 - 클릭 한번으로 애플리케이션 사용	코딩을 할 필요 없이 다채로운 몰입형 AR/VR 경험 제작	플랫폼 효과	소매 매장 #고객 구매자 #사용자
기존 대안	**핵심 지표**	**상위 개념**	**채널**	**선각 수용자**
구글 AR/VR 애플 ARKit, 뷰포리아, MAXST, 유니티	테스트 버전 사용 수 유료 전환율 LTV/CAC	코딩 없는 VR 애플리케이션	기존 고객 추천, 직접적인 영업, 콘퍼런스, 박람회, 광고	가구 소매 매장

비용 구조		수익원	
호스팅 비용 인건비: 40시간 x 시급 65달러 = 월 1만 달러		30일 무료 사용 월 50달러에 애플리케이션 무제한 사용	

린 캔버스는 비즈니스 모델 캔버스를 응용한 형태이며, 크리에이티브 커먼즈 저작자 표시-동일 조건 변경 허락 3.0 Unported 라이선스를 받았다.

그림 1-18 가구 소매 매장 린 캔버스

이렇게 새로 작성한 세 캔버스는 척 보기에도 처음 작성한 거대한 아이디어의 캔버스보다 훨씬 명료했다.

1.3 다음 차례는 무엇일까?

처음으로 린 캔버스를 완성하고 나면 '당장 자리를 박차고 나가' 고객들에게 비즈니스 모델을 테스트해 보고 싶은 충동이 들기 마련이다. 문제들을 빠르게 찾고, 제안을 발표하고, 빠르게 MVP를 만들어서 첫째 날부터 고객에게 요금을 청구할 수도 있다. 그게 자신의 숙명인 것 같다.

이런 방식에는 무슨 문제가 있을까?

이 경우 생길 수 있는 위험은 당신의 포부를 채워주거나 확장할 수 있도록 최적화되지 않은 비즈니스 모델에 6~9개월 동안 얽매이게 되는 것이다. 어떤 아이디어를 성공시키려면 고객, 시장, 기술이라는 3가지 위험 요인 사이에서 끊임없이 균형점을 찾아야 한다. 이 위험들을 쉽게 시각화하려면 세계적인 디자인 전문 기업 IDEO가 제시해서 유명해진 '혁신 삼위일체' 도표를 그려 보자. 이 도표를 이루는 3요소는 욕구 충족 가능성, 실행 가능성, 실현 가능성이다(그림 1-19).

---

2 https://leanstack.com

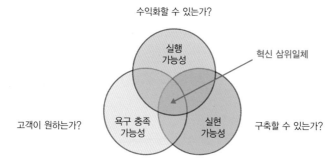

수익화할 수 있는가?

실행
가능성

혁신 삼위일체

고객이 원하는가?

욕구 충족
가능성

실현
가능성

구축할 수 있는가?

그림 1-19 혁신 삼위일체

자리를 박차고 나가서 몇 주, 몇 달에 걸친 고객 검증에 착수하기 전에, 몇 시간만 차분히 앉아서 비즈니스 모델의 스트레스 테스트를 해 보며 자신의 생각에 숨어 있는 명백한 빈틈이나 허점부터 메꾸는 것이 현명하다.

그러려면 3가지 스트레스 테스트를 통해 다음 비즈니스 모델에서 사항을 점검해야 한다.

1. 욕구 충족 가능성(고객이 원하는가?)
2. 실행 가능성(수익화할 수 있는가?)
3. 실현 가능성(구축할 수 있는가?)

CHAPTER 2

아이디어 욕구 충족 가능성 스트레스 테스트

욕구 충족 가능성(고객이 원하는가?)

[그림 2-1]은 음악 재생 기기의 변천사다. 각 기기를 사용하던 자기자신을 돌아보면서 자신이 다음 단계로 넘어갔던 이유가 무엇이었는지 생각해 보자.

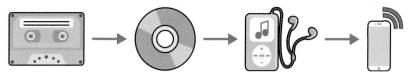

그림 2-1 음악 재생 기기 변천사

이 변천사는 우리가 음악을 듣는 방식을 완전히 뒤바꾼 어마어마한 변화들이었다. 음질이 더 좋아져서 갈아탔던 것이라고 말하고 싶겠지만 그건 사실이 아니다. 카세트 테이프에서 CD로 이동할 때에는 음질이 좋아졌지만 그 이후로는 점점 음질이 나빠졌다. 다른 이유가 있었다는 뜻이다.

기업가인 우리는 더 좋은 제품을 개발하기 위해 노력한다. 그렇다면 더 좋다는 건무슨 의미일까? 아이디어의 욕구 충족 가능성에 대한 스트레스 테스트에서는 이점에 주목해야 한다.

2.1 더 좋은 것에 대한 정의

더 좋은 것의 의미를 정의하기에 앞서 명심하자. 고객은 원하는 결과를 달성하고자 할 뿐 그를 위한 솔루션이 무엇인지는 신경 쓰지 않는다. 그렇다면 고객의 관심을 끌 가장 좋은 방법은 자신이 구상한 솔루션이 아니라 고유의 가치 제안을 중심에 두는 것이다.

고유의 가치 제안이 설득력을 가지려면 원하는 결과를 더 높은 수준으로 충족시켜 주거나, 원하는 결과를 얻기 위한 더 좋은 방법을 제공한다고 약속해야 한다. 물론, 이 두 가지를 모두 약속해도 좋다.

고유의 가치 제안을 설득력 있게 만들려면 먼저 공략하려는 대상이 누구인지 아주 정확하게 파악하고, 이들이 원하는 결과를 얻으려는 과정에 존재하는 걸림돌(또는 문제)을 이해해야 한다.

마인드셋 #2

자신이 고안한 솔루션이 아닌, 문제 그 자체를 사랑하라.

린 캔버스에서는 고객군, 문제, 고유의 가치 제안 칸에 이 관찰 결과가 담겨있다. 여기에서 잘못된 가정을 세우면 사업의 다른 모든 부분이 쉽게 무너져 내릴 수 있다. 아무도 원치 않는(욕구 충족 가능성이 없는) 솔루션을 설명하는 꼴이 되는 것이다. 이 솔루션을 바탕으로 제품을 개발하더라도(실현 가능성) 살 사람이 없을 것이다(실행 가능성). 그러면 사업이 결국엔 망한다.

그래서 린 캔버스에 아이디어를 스케치하고 나면 먼저 욕구 충족 가능성부터 스트레스 테스트를 해 봐야 한다. 이 내용을 이번 장에서 배워본다(그림 2-2).

NOTE 린 캔버스의 응용형으로 고객군, 문제, 고유의 가치 제안의 3칸만으로 간결하게 구성된 리너 캔버스leaner canvas를 소개한다. 스타트업을 시작할 땐 린 캔버스 전체를 스케치하기를 권하지만, 고도로 전문화된 환경에서 영업과 마케팅 활동을 하지 않는 제품팀에게는 리너 캔버스가 더 적합할 수 있다.

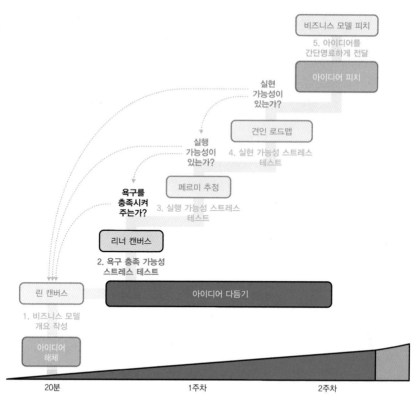

그림 2-2 욕구 충족 가능성 스트레스 테스트

2.2 혁신가의 편견이라는 걸림돌

솔루션이 아닌 문제 자체에서 출발하라는 개념은 단순하지만 결코 쉽지 않다. 문제에 대해 생각하라고 하면 기업가들은 이미 구상해 둔 솔루션을 정당화하기 위해 무의식적으로 문제를 만들어 낸다(심지어 없는 문제를 지어 내기도 한다). 당신의 고객이 무슨 문제를 겪고 있는지 생각하지 않고, 내가 구상한 솔루션으로 무슨 문제를 해결할 수 있을지 생각하는 것이다.

> **TIP** 망치를 개발하기로 한번 마음을 먹으면 세상 모든 것이 못으로 보인다.

[그림 2-3]은 혁신가의 편견Innovator's Bias을 보여준다. 하지만 누구나 겪는 일이니 너무 걱정하지는 말자.

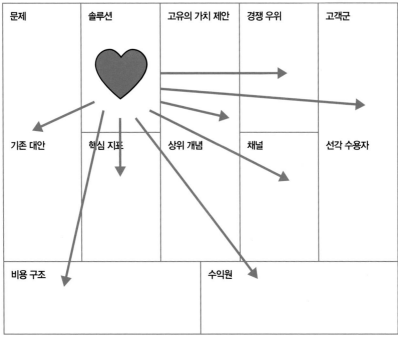

린 캔버스는 비즈니스 모델 캔버스를 응용한 형태이며, 크리에이티브 커먼즈 저작자 표시-동일 조건 변경 허락 3.0 Unported 라이선스를 받았다.

그림 2-3 린 캔버스 위에 표현한 혁신가의 편견

다음 절에서는 혁신가의 편견을 말끔히 씻어주는 해독제를 소개한다. 바로 **'혁신가의 선물'**이다.

2.3 혁신가의 선물 받기

혁신가의 선물Innovator's Gift의 기본 전제는 간단하다. 과거에 문제를 해결하기 위해 내놓았던 솔루션이 새로운 문제를 야기한다는 것이다.

우리는 획기적인 솔루션을 개발하기 위해 획기적인 아이디어를 찾아 헤맨다. 하지만 그 솔루션을 통해 해결하려는 문제 자체가 획기적일 필요는 없다. 아무도 이해하지 못하거나 신경쓰지 않는 희한한 문제를 찾기 위해 노력할 필요는 없다는 뜻이다. 이미 존재하는 문제/솔루션에서 고객에게 불만을 안기는 걸림돌이 무엇인지 파악하고, 그 걸림돌을 기준으로 문제의 틀을 짜는 것이 비결이다.

완벽한 솔루션이라는 건 없다는 사실을 깨닫는 것이 바로 혁신가의 선물이다. 문제와 솔루션은 동전의 양면이다. 앞으로 해결해야 할 문제는, 과거의 솔루션(기존 대안)으로부터 생겨난다.

너무 단순한가? 이 장을 시작하면서 이야기했던 음악 재생 기기의 변천사를 다시 생각해 보자. 당신이 기기를 바꾼 이유는 무엇이었는가?

많은 사람이 카세트에서 CD로 넘어간 주된 이유는 음질이 아니라, 노래를 바로 재생하는 기능이었다. 원래 카세트 테이프에는 아무 문제가 없었다. 그런데 CD가 나타나면서 사람들이 언제나 겪던 문제(원하는 노래를 찾기 위해 되감기와 빨리감기를 반복해야 하는 것)를 해결할 가치가 있는 문제로 만들고 기존의 틀을 깼다.

CD에서 MP3로 넘어간 중요한 이유도 음질이 아니라, CD 하나를 통째로 사는 대신 원하는 노래만 골라서 사는 기능 때문이었다.

MP3 플레이어에서 클라우드로 넘어간 것은 '주머니 속에 1000곡을 넣어다니는 것'으로는 부족해졌기 때문이었다. 이제 클라우드에 있는 4천만 곡을 직접 소유하지도 않고 그때그때 빌려서 듣는다(그림 2-4).

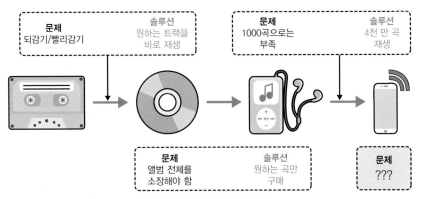

그림 2-4 우리가 음악 재생 기기를 바꾼 이유

여기에서 공통된 맥락이 보이는가?

모든 단계가 거대한 전환이 일어난 사건이었고 새로운 기술과 솔루션이 영향을 미쳤다. 하지만 각 단계에서 전환이 일어난 이유는 **새로 생긴 문제**를 해결하기 위해서가 아니라, 늘 존재해왔던 **오래된 문제**를 해결하기 위함이었다. 한동안 이 문제를 견디거나 피해 가면서 지내다 보면 어느 날 전환의 계기가 생긴다. 이 계기로 인해 기존 대안이 망가지면 우리는 새로운 솔루션으로 전환하게 된다.

모든 혁신은 이런 식으로 일어난다.

옛날 옛적 어느 마을에 [고객]이 살았어요. 고객은 무슨 [일]을 해야 할 때마다 [기존 대안]을 선택했어요. 그러던 어느 날, [계기]가 생겨서 기존 대안이 망가졌답니다. 덕분에 [고객]은 [기존 대안]이 [일]을 위한 최선의 선택이 아니었다는 걸 깨닫게 되었어요. 이 [문제]가 있으니까요. 이런 깨달음으로 [고객]은 더 좋은 솔루션을 찾기 위해 다른 대안들을 살펴보았습니다. 그러다가 결국 [일]을 더 잘 할 수 있게 해 주는 [새 솔루션]을 찾아 오래오래 행복하게 살았답니다.

[그림 2-5]에서는 이 이야기를 고객 여정을 도표로 나타내 보았다.

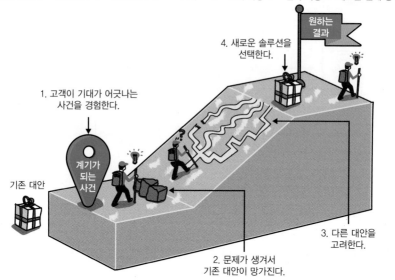

| 기존 대안
현재 상태 | > | 수동적 탐색
둘러보기 | > | 능동적 탐색
쇼핑하기 | > | 결정하기
선택 | > | 평가하기
초기 사용 | > | 소비하기
반복 사용 | > | 새로운 솔루션
새로운 현재 상태 |

그림 2-5 전환으로써의 혁신

음악 재생 기기 변천사의 미래를 내다보면, 우리가 음악을 듣는 방식이 또다시 바뀌리라고 장담할 수 있다. 어떻게 달라질지는 알 수 없지만, 그게 무엇이든 음악 스트리밍 서비스보다 '더 좋은' 방식일 것이다.

혁신가의 선물이 소중한 것은 바로, 해결할 가치가 있는 문제를 찾기 위한 체계적인 솔루션을 제시하는 동시에 이미 구상한 솔루션으로 마음이 기우는 혁신가의 편견을 피하게 해 주기 때문이다.

요점 정리

1. 앞으로 해결해야 할 문제는, 과거의 솔루션(기존 대안)으로부터 생겨난다.

2. 혁신의 본질은 기존 대안에서 새로운 솔루션으로 전환을 일으키는 것이다.

3. 이 전환을 일으키는 최고의 방법은 기존 대안에서 비롯된 문제들을 해결할 새로운 솔루션을 제시하는 것이다(즉, **기존 대안을 타파한다**).

2.3.1 혁신가의 선물 보따리 풀기

혁신가의 선물을 자신의 제품에 적용하려면 가장 먼저 수행 과제에 대한 이론[jobs-to-be-done](JTBD)을 이해해야 한다. 예전에도 본 적 있는 개념일 수 있지만, 혁신가의 선물에서 기본 전제는 우리가 특정한 일을 위해 제품을 '선택'한다는 것이다. 필자는 하버드 대학교 경영 대학원의 클레이튼 크리스텐슨[Clayton Christensen] 교수가 써서 유명해진 '밀크셰이크 연구[Milkshake Study]'[1]를 몇 년 전 처음 읽으면서 수행 과제에 대해 알게 되었다. 패스트푸드 회사의 밀크셰이크 매출을 높일 방법을 고민하다가 우연한 기회에 뜻밖의 통찰을 얻은 연구진의 이야기이다.

이 회사는 연구를 의뢰하기 전에 설문조사와 초점집단 같은 전통적인 방식으로 직접 시장 조사를 했었다. 이 조사를 통해 매출 개선에 도움이 될 것 같은 고객의 아이디어를 많이 얻을 수 있었지만, 실제로 실행했을 때 매출 향상에 기여한 아이디어는 하나도 없었다.

연구진은 고객에게 무엇을 원하는지 묻는 조사가 아닌 다른 길을 택했다. 밥 모에스타[Bob Moesta]라는 연구원은 사람이 인생을 살다가 레스토랑에 가서 밀크셰이크를 '선택'하게 만드는 '일'이 무엇일지 알고 싶었다. 이런 식으로 질문의 틀을 잡으니 사람들이 왜 밀크셰이크를 사는지 알아낼 수 있었고, 덕분에 고객에게 어떻게 해야 밀크셰이크 판매량이 늘어날지 무턱대고 물어볼 때와는 전혀 다른 통찰을 얻을 수 있었다.

이 사례 연구를 읽고 나니, 기존 제품을 개선할 때만이 아니라 신제품을 위한 기회를 모색할 때도 비슷한 접근법을 취할 수 있을 것 같았다. 필자는 알고 있는 것보다 궁금한 것이 더 많았기 때문에 수행 과제에 대한 글을 읽고 밥 모에스타, 크리스 스피크[Chris Spiek], 토니 울윅[Tony Ulwick], 앨런 클레멘트[Alan Klement], 데스 트레이노르[Des Traynor] 등 수행 과제 전문가 및 실무자와 함께 일하기도 했다. 혁신가의 선물 개념을 구상하면서도 이들의 연구에서 많은 영향을 받았다.

하지만 이 모든 연구 뒤에도 필자의 신경을 거스르는 두 가지가 있었다. 첫째, 흔

----

1 https://youtu.be/sfGtw2C95Ms

히 찾아볼 수 있는 수행 과제의 정의는 순환적이고, 형태가 다양하고, 모호하다. 둘째, 필자가 접한 수많은 사례 연구가 훌륭한 마술 속임수처럼 느껴졌다. 나중에 돌이켜보면 모든 것이 당연하지만, 신제품을 개발하면서 그 과정을 처음부터 재현하기는 어렵다. 이 책에서는 두 가지 고민을 모두 다루고자 한다.

필자가 생각하는 수행 과제의 정의부터 살펴보자. [그림 2-6]에 그 정의가 묘사되어 있다. '수행해야 하는 일'은 계기가 생겼을 때 충족되지 못한 필요나 욕구를 예시화한 것'이 바로 그 정의다.

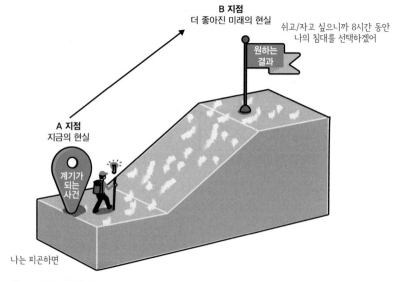

그림 2-6 수행해야 할 일

좀 더 자세히 알아보자.

| 모든 일은 계기와 함께 시작된다 |

누구나 하루에도 여러 번 계기가 되는 사건들을 마주한다. 즉, 하루 동안 수행해야 할 일의 계기를 여러 가지 마주한다.

수행해야 할 일의 예

- 밤 10시 36분이고 피곤하네. 잠을 자야겠어.

- 낮 12시 36분이고 배가 꼬르륵거리네. 뭘 좀 먹어야겠어.

- 저녁 7시 36분이고 배가 꼬르륵거리는데 오늘은 아내의 생일이네. 아내와 함께 근사한 레스토랑에 같이 가야겠어.

계기는 수행해야 할 일을 형성하는 맥락을 정의한다.

| 우리가 하는 일의 상당 부분은 습관에 따라 결정된다… |

계기가 되는 사건이 생길 때마다 새로운 솔루션을 찾아야 한다면 어마어마한 인지 부하가 올 것이다. 그래서 특정한 수행해야 할 일에 대해 제법 괜찮은 솔루션을 찾으면 다음 번에도 그 솔루션을 기억해 뒀다가 선택하곤 한다.

> **NOTE** 솔루션을 선택하는 것은 솔루션을 구매하는 것과 다르다. 우리는 수많은 제품을 사면서 알차게 사용하리라고 판단해서 구매하지만, 결국 쓰레기만 늘려버린다. 솔루션 '선택'은 우리가 수행하고 싶거나 수행해야 하는 일에 대한 솔루션을 '선택'해서 '사용'하는 것이다.

같은 솔루션을 연속으로 몇 차례 선택해야 그 방법이 일을 수행할 때 선호하는 방법으로 자리잡는다(즉, 습관이 된다).

| …그때 전환 계기가 찾아온다 |

전환 계기는 기대 배반과 함께 찾아오는 특별한 유형의 계기이다. 우리의 기존 대안이 더 이상 일을 수행하기에 괜찮지 않다는 것을 깨닫는 순간이다. 그후 예전과는 다른 새로운 솔루션을 찾기 시작한다. [그림 2-7]의 고객 작용력 모델에서 변화 동기에는 '밀다' 화살표를 달아 두었다. 변화 동기는 일을 수행하는 더 좋은 방법을 찾아가도록 우리를 밀어주기 때문이다.

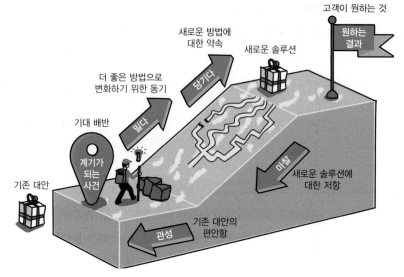

그림 2-7 고객 작용력 모델

> **NOTE** 고객 작용력 모델은 사람들이 일을 수행하기 위해 솔루션을 선택해서 사용하는 방식을 형성하는 원인적 작용력(밀기, 당기기, 관성, 마찰)을 설명하는 행동 모델이다.

예를 들어 매일 점심을 먹으러 가는 식당이 정해져 있는 상황에서 무슨 일이 생기면 새로운 식당을 찾게 될까? 전환 계기에는 크게 세 유형이 있다.

1. 나쁜 경험(예: 평소 가던 식당에서 밥을 먹고 식중독에 걸림)
2. 환경 변화(예: 생일 같은 특별한 날)
3. 인식 사건(예: 새로 생긴 식당이 괜찮다는 이야기를 들음)

| 기회는 어디에 있을까? |

계기 촉발 사건은 익숙한 솔루션(기존 대안)을 선호하는 수행 과제가 무엇인지 구체적으로 보여준다. 반면 전환 계기는 기대 배반을 일으켜서 새로운 솔루션이 나올 여지를 만들어준다. 기업가는 전환 계기를 좇아야 한다.

| 더 좋은 결과를 약속해야 전환이 시작된다 |

새로운 솔루션이 살짝 나은 수준이라면 기존 대안에 상대가 되지 않는다. 기존 대안은 사람들에게 습관으로 배어 있기 때문이다. [그림 2-7]에서 현 상태로부터의 변화에 대한 저항을 '관성'이라고 표시했다. 또한 사람들은 이미 익숙해진 기존 대안을 버리고 새로운 시도를 할 때 느끼는 불안에 맞서 싸워야 한다. 이렇게 새로운 솔루션을 선택하지 않으려고 하는 저항을 [그림 2-7]에서 '마찰'이라고 표시했다.

> **NOTE** 모르는 악마보다는 아는 악마가 낫다.

전환을 일으키려면 이런 저항의 힘을 이겨내야 한다. 그러려면 먼저 과제를 훨씬 훌륭하게 수행할 수 있다고 약속해야 한다. 이렇게 더 좋은 것에 대한 약속을 새로운 솔루션의 '당기기'라고 표시했다. 끌어당기는 힘이 무력화시키는 힘보다 클 때, 즉 **밀기 + 당기기 > 관성 + 마찰**이 성립할 때 전환이 이루어진다.

새로운 솔루션이 기존 대안보다 얼마나 좋아야 전환이 일어날까? 3배 좋은 것과 10배 좋은 것을 생각해 보자. 감성적으로 좋은 것과 기능적으로 좋은 것을 비교해 보자.

커피 전문점에서 파는 커피가 대형 커피 체인에서 파는 커피보다 3배 좋은가? 커피를 마시는 사람은 블라인드 테스트에서 두 커피의 차이를 눈치챌 수 있을까? 꼭 기능적인 면에서만 월등히 좋은 제품을 만들어야 하는 것은 아니다. 감성을 자극하는 것도 도움이 된다.

> **NOTE** '기능적으로 나은 것'은 필요, '감성적으로 나은 것'은 욕구와 연결된다.

기능적으로 나은 것은 필요를 채워준다. 제품의 방향성을 기능에 맞추는 경우, 충족되지 못한 필요가 자신이 원하는 결과를 달성하는 과정에 걸림돌이 된다고 고객이 인식한다면 전환을 일으킬 수 있다. 하지만 고객이 충족되지 못한 필요를 잘 인식하지 못하는 경우 그들이 원하는 결과와 욕구에 초점을 맞추는 편이 훨씬 효과적이다.

예를 들어 보자.

- '사업 계획서를 빨리 만들 수 있도록 도와드립니다'는 기능에 초점을 맞춘다
- '눈에 띄는 사업 계획서를 만들 수 있도록 도와드립니다'는 감성에 초점을 맞춘다

| 감성적인 개선이 더 큰 맥락 안에 존재한다 |

모든 제품은 두 가지 맥락 안에 존재한다. 솔루션이라는 맥락, 그리고 더 큰 맥락이다. 솔루션의 맥락 안에는 제품의 기능과 장점이 있다. 더 큰 맥락 안에는 고객이 원하는 결과가 있다(그림 2-8).

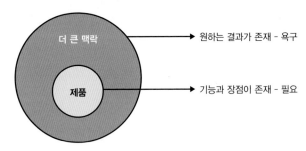

그림 2-8 더 큰 맥락

감성적으로 더 나은 방향을 생각하고 싶다면 더 큰 맥락에 집중해 보자.

| 선택되는 것은 1차전일 뿐이다 |

전환을 해야 할 때가 오면, 우리는 과제를 가장 잘 수행하는 제품을 찾기 위해 여러 후보를 평가하고 테스트한다. 고객에게 제품이 선택되는 것은 중요한 단계이긴 하지만 아직은 시작에 불과하다. 재빨리 가치를 전달해서 그 과제를 수행하기 위한 습관적 선택으로 새롭게 자리잡지 않는 이상, 당신의 제품은 쓰레기통 행이 되기 쉽다.

2부에서는 제품이 수행할 과제를 알아내기 위해 철두철미하게 작성한 인터뷰 대본을 활용하는 방법을 알아본다. 하지만 그보다 먼저, 혁신가의 선물을 활용한 욕구 충족 가능성 스트레스 테스트 방법을 살펴보자.

2.3.2 스티브, 혁신가의 선물에 도전하다

"혁신가의 선물이 음악 재생 기기에 적용되는 건 알겠는데, 너무 파격적인 제품이라서 경쟁 대상이 없으면 어쩌죠?"

메리는 웃어 보였다.

 "파격적이라는 말의 정의를 생각해 보면, 기존 대안(기득권 또는 현재 상태)이 새로운 솔루션에 근본적인 도전을 받는다는 뜻이 담겨있지 않나요?"

스티브는 낯이 뜨거워졌다.

"흠… 제가 하려던 말은 '파격적'인 게 아닌 것 같아요. 새로운 카테고리, 새로운 시장 같은 거요. 새로운 시장을 정의하는 새로운 카테고리의 제품인 경우에는 어떻게 하죠?"

 "하나만 예를 들어 볼래요?"

"인터넷은 어때요?"

 "혁신가의 선물을 적용할 땐 솔루션 맥락을 넘어서 더 큰 맥락을 생각해야 해요. 더 큰 맥락을 찾으려면 '이게 뭘 위한 제품인지'를 자문해야 합니다. 다시 말해서 어떤 사용 사례가 있는지, 더 구체적으로 말하면 수행 과제가 무엇인지 생각하라는 거죠. 요즘에는 인터넷으로는 참 많은 일을 하지만 2000년대 초까지만 해도 인터넷으로 주로 하는 일은 웹 디렉토리와 검색 엔진을 사용해서 정보에 접근하는 것이었어요. 정보 접근이 수행 과제였던 거죠. 그러면 인터넷 전에는 정보에 어떻게 접근했을까요? 전화번호부, 백과사전, 도서관, 책 등이 있었죠. 이런 기존 대안을 인터넷이 대신한 겁니다."

"알겠어요…"

하지만 스티브는 아직 확신이 서지 않는 눈치로 고민하더니 다시 물었다.

"그러면 백신은요?"

"백신은 오랫동안 존재해 온 감염병에 대한 면역력을 제공하기 위해 비교적 최근에 등장한 해결책이에요. 백신이 없던 시절에는 어떻게 했을까요? 아픈 사람을 격리시켰고, 중세에는 사람 몸에 거머리를 넣어 피를 뽑아내는 치료법까지 있었어요. 치료는커녕 환자에게 치명타만 입혔지만요. 과거에는 그런 대안들이 있었습니다."

스티브가 다른 예를 찾아보려고 애쓰는 동안 메리가 다른 예를 제시했다.

"불은 어때요? 불은 인류의 역사를 바꾼 기술이에요. 기업가로서 다른 인간에게 불을 판다면 어떻게 설득하겠어요? 불의 경쟁 상대는 무엇일까요?"

"불의 용도가 뭐였는지 생각해 본다면, 몸을 따뜻하게 만드는 데 사용했겠죠. 그러니까 보온을 위한 기존 대안으로는 동물 가죽이 있겠죠?"

"맞아요. 그런 방향으로 생각하면 돼요. 하지만 그게 가장 실행 가능한 사용 사례일까요?"

스티브는 잠시 고민하더니 대답했다.

"짐승들이 가까이 오지 못하게 보호하고, 요리하는 데도 쓰였을 것 같아요."

 "맞았어요. 동굴에 불을 때서 온도를 높이는 건 특정 계절이나 지역에만 국한되는 사용 사례라서 시장 규모가 제한적이에요. 하지만 불을 사용함으로써 새로운 음식, 예전에는 인간이 소화할 수 없던 특정 곡식이나 고기를 먹을 수 있게 된다면 어디서나 관심을 끌 수 있죠. 지금이 원시시대라고 생각하고 린 캔버스를 작성해 본다면 난방, 보호, 요리라는 세 가지 사용 사례를 들 수 있어요. 그중 요리가 가장 실현 가능성이 있겠고요."

스티브는 웃음을 터뜨렸다.

"이제 이해가 돼요. 제가 아직 솔루션의 세계에 매여 있었나 봐요. 솔루션이 사용되는 더 큰 맥락을 보는 게 핵심이었네요. 그렇다면 새로운 수행 과제가 생길 수도 있나요?"

 "제 생각에는 그렇지 않아요. 초기의 인간은 수많은 수행 과제를 최초로 파악해야 했겠지만, 이제 인간의 기본적인 필요와 욕구는 거의 다 파악되었다고 볼 수 있잖아요. 이런 필요들을 피라미드 형태로 그린 매슬로우의 인간 욕구 단계 본 적 있죠? 맨 밑에는 먹고 입는 것 같은 생리적 욕구가 있고, 그다음은 안전, 애정, 소속감, 존중이 있어요. 마지막이 자아실현이고요."

"저도 본 적 있어요. 바로 그거 때문에 질문을 했던 거고요."

"하지만 우리가 수행해야 하는 과제를 전부 발견했더라도, 완벽한 솔루션이란 없다는 걸 기억하세요. 무슨 과제를 수행하든 품이 들기 마련이고, 인간은 최소한의 노력으로 최고의 결과를 얻으려 애쓰게 되어 있어요. 그게 완벽한 솔루션의 이상적인 모습이죠. 철학적으로 생각해 보면 영원히 도달할 수 없는 지점이지만요."

스티브는 곰곰이 생각해 보았다.

"세상 모든 일이 자동화되고 나면 인간은 뭘 하고 살지 궁금하긴 했어요. 아마도 픽사 영화 <월-E>에 나오는 그런 사람이 되겠죠."

"아마도요. 하지만 그 사람들도 뭔가를 더 갈망했잖아요."

"맞는 말씀이에요. 하지만 정신을 차리고 보니 이제 문제와 솔루션이 전혀 다른 관점에서 보이기 시작했어요. 제품이 새로운 시장에 진입한다고 하는 것도 카테고리를 비교 방식으로 설명하는 거죠. 시장 자체에는 과제를 수행할 다른 방법이 늘 있어왔으니까요?"

"잘 이해했어요. 하지만 과제가 제대로 수행되지 않고 있는 예는 얼마든지 찾을 수 있어요. 아까 이야기한 백신 이전의 치료법처럼요. 언제나 관건은, 어떤 사건이 계기가 되어서 원하는 결과를 얻기 위해 힘든 길을 걷겠다고 결심하는 사람들을 충분히 찾아내는 겁니다."

"네, 이제 확신이 드네요. 제 아이디어에 욕구 충족 가능성 테스트를 해 볼 시간이에요."

2.4 혁신가의 선물을 활용한 욕구 충족 가능성 스트레스 테스트

아이디어의 욕구 충족 가능성에 대한 스트레스 테스트는 퍼즐 맞추기라고 생각하면 쉽다. 고객군/문제/UVP 칸(리너 캔버스)에서 다음 단계로 넘어갈 차례다. 이번에는 [그림 2-9]의 순서를 그대로 따라가기 바란다. 출발점은 고객군이다. 선각 수용자를 검토하고, 문제 칸으로 넘어가서 기존 대안을 고려해 본다. 그다음은 UVP가 기다리고 있다.

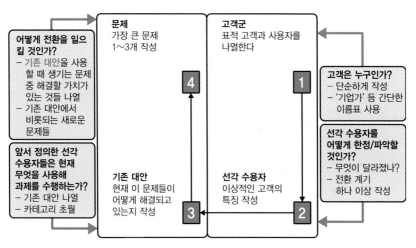

그림 2-9 혁신가의 선물 테스트

2.4.1 고객군: 단순하게

이 단계에서는 고객군을 단순하게 유지한다. 소화할 수 있는 모든 시장을 포착하는 것이 목적이므로 '기업가', '주택 소유자', '커피 마시는 사람' 등 단순한 이름표를 달아서 전체 고객군을 알아볼 수 있게 하자. 구체적인 고객에 관한 구상은 선각 수용자 단계에서 한다(지나치지 않게).

2.4.2 선각 수용자: 페르소나는 잊자

선각 수용자 단계에서는 인구통계학적, 심리학적 특성을 잔뜩 적어 보고 싶을 수 있지만 그런 특성도 추측에 불과하다는 점을 유념하자. 이 단계에서는 너무 편협하게 생각하면서 실제 고객을 찾느라 얕은 언덕에 자리를 펴지 않도록 조심해야 한다(국지적 최댓값에 사로잡히지 말자).

예를 들어 '실리콘 밸리 차고에서 일하는 두 남자'라는 고정관념을 사용해 스타트업 창업자를 정의한다고 하자. 이 고정관념을 따라가면 실제로 이 기준에 맞는 기업가들을 찾아낼 것이다. 하지만 그 단계에서 멈춘다면 훨씬 넓고 거대한 기업가 시장을 놓치고 만다. 고객군을 설정할 땐, 당신에게서 제품을 사게 만들 차별점이 최대한 많은 고객이 아니라, 그러한 차별점이 가장 적은 고객을 좇아야 한다.

모든 선각 수용자가 공통으로 가질 수 있는 차별점이 하나 있다. 그건 바로 전환 계기이다. 혁신의 핵심은 전환을 일으키는 것이고, 모든 전환 성공담의 도입부에는 전환 계기가 있음을 기억하자. 선각 수용자는 전환 계기를 경험해서 조치를 취하기로 마음먹은 사람, 즉 앞으로 나아가기 위해 언덕을 오르는 여정을 시작한 사람이다.

2.4.3 기존 대안: 카테고리를 초월하라

스타트업 창업자 중에는 경쟁자가 없다고 굳게 믿는 사람이 많다. 하지만 그건 더 넓은 세상을 보지 않고 자신의 솔루션이나 제품 카테고리 안에서만 경쟁자를 찾기 때문인 경우가 많다.

예를 들어 첨단 협업 소프트웨어를 개발하는 데 있어 가장 직접적인 경쟁자는 삐까뻔쩍한 스타트업이 아니라 이메일일 수 있다. 이메일은 무료이고 누구나 사용하며, 사실상 협업 플랫폼 기능을 한다. 그러니 아무리 눈부신 기술을 가지고 있더라도, 사람들이 이메일을 버리고 이 새로운 소프트웨어로 갈아타게 만들어야 한다. 이메일이 진정한 경쟁자이니 말이다.

그래서 린 캔버스에는 '경쟁' 칸 대신 더 일반적인 '기존 대안' 칸이 있다. 지금까지 성공을 거둔 모든 제품에는 '기존 대안'이라는 유형의 경쟁자가 있었다. 이것은 혁신가의 선물을 적용하기 위한 핵심 원리이므로 꼭 명심하자.

2.4.4 문제: 기존 대안은 무엇을 망가뜨렸나?

이제 자신이 구상한 솔루션에 의존하지 않고, 리너 캔버스에 기입한 문제들이 실제로 존재함을 주장할 수 있어야 한다. 그러려면 고객이 취하고 있는 기존 대안에 관련한 문제를 서술하면 된다. 자신이 구상한 솔루션으로 해결할 수 있는 문제에 집중하지 말라는 뜻이다. 고객이 기존 대안을 사용할 때 마주하는 문제들에 초점을 맞춰야 한다.

2.4.5 UVP: 전환은 어떻게 일으킬까?

기존 대안의 문제점에 집중해서 고유의 가치 제안을 설득력 있게 제시하는 것이 고객의 관심을 끌고 전환을 일으킬 수 있는 효과적인 UVP를 제작하는 비결이다. 그래야 구체적이고, 친숙하고, 설득력 있는 제안이 나오기 때문이다. 이렇게 미묘한 관점의 변화는 보통 자신의 솔루션을 정당화해 줄 문제를 '지어 내'지 않고, 해결할 가치가 있는 실제 문제를 '발굴'할 때 생긴다.

2.5 스티브, 망치가 문제였음을 깨닫다

자신의 린 캔버스 응용형들을 다시 훑어 보던 스티브는, 모든 캔버스가 자신의 솔루션에 관련된 카테고리, 즉 AR/VR을 중심으로 이루어져 있다는 사실을 깨달았다.

예를 들어 소프트웨어 개발자 린 캔버스는 이렇다.

- 선각 수용자는 고객사를 위해 AR/VR 애플리케이션을 개발하는 소프트웨어 개발자이다.
- 기존 대안은 다른 AR/VR 플랫폼이다.
- 고유의 가치 제안은 소프트웨어 개발자가 AR/VR 애플리케이션을 더 쉽고 빠르게 만들 수 있다는 기능적 장점을 바탕으로 한다.

하지만 그의 고객이 원하는 것이 정녕 AR/VR일까? 이제 와서 생각해 보니, AR/VR 애플리케이션은 이런 애플리케이션을 개발하려는 수요가 많을 때 전환을 일으키기에는 충분할 수도 있는 기능적 결과물이었다. 하지만 적어도 아직은, 이 세상에 AR/VR 애플리케이션 개발 수요가 그렇게 많지 않다. AR/VR은 미래가 유망하지만 이제 막 떠오르는, 아직 제대로 입증되지 않은 기술이다. AR/VR 애플리케이션은 최종 고객이 진정으로 원하는 게 아니다. 그들이 원하는 건 애플리케이션을 통한, 이를테면 아래와 같은 결과물이다.

- 프로젝트 수주량 증가(소프트웨어 개발자)
- 온라인 가구 판매량 증가(소매상)
- 고객이 꿈꾸는 집을 상상해 볼 수 있게 안내(건축가)

스티브는 자신이 지금껏 IT 솔루션 자체의 완성도에만 매몰되어 있었으나, 이제는 최종 고객이 원하는 결과와 그들의 욕구라는 관점에 좀 더 집중해야 함을 깨달았다.

CHAPTER 3

아이디어 실행 가능성 스트레스 테스트

실행 가능성: 돈벌이가 되는가?

린 캔버스는 초기 단계의 아이디어를 분해해서 좀 더 일관된 비즈니스 모델을 만들 때 유용한 방법이지만, 아마도 이해관계자(투자자나 예산 담당자)에게는 당신의 비전이 선명하게 보이지 않을 것이다. 아직 초기 고객 검증 단계라도 비즈니스 모델 스토리만으로는 부족하다(그림 3-1).

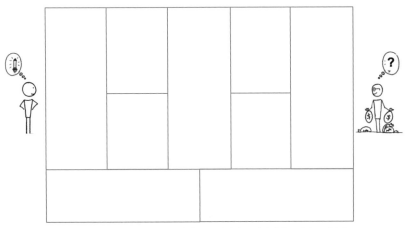

린 캔버스는 비즈니스 모델 캔버스를 응용한 형태이며, 크리에이티브 커먼즈 저작자 표시-동일 조건 변경 허락 3.0 Unported 라이선스를 받았다.

그림 3-1 린 캔버스만으로는 부족하다.

그 이유는 무엇일까? 투자자는 투자 수익을 얻는 일을 하고 있으며, 비즈니스 모델 스토리에서 숫자를 봐야 하기 때문이다. 이를 투자자의 관점일 뿐이라고 치부하기 전에, 창업자 스스로도 투자자의 관점에서 자신의 아이디어를 볼 줄 알아야 한다.

창업자는 자신의 아이디어에 가장 많은 자산을 투자하는 주인공이기 때문이다. 큰 돈을 쏟아붓지는 않더라도 자신의 시간을 투자하지 않는가? 시간은 돈보다 소중하다.

> **NOTE** 시간은 당신에게 가장 희귀한 자원이다.

손에 쥔 돈은 늘어날 수도 있고, 줄어들 수도 있다. 하지만 당신에게 주어진 시간은 점점 줄어들기만 한다. 모든 아이디어, 특히 좋은 아이디어는 인생에서 여러 해를 갉아먹는다. 앞으로 3년의 시간을 '어떻게든 되겠지' 식의 아이디어에 허비하고 싶은가?

> **NOTE** 해결할 가치가 있는 '충분히 중요한(종이에 끄적여보기만 해도 그럴싸하게 들리지 않는)' 문제가 아니라면 왜 굳이 애를 써서 해결하려고 하는가?

이런 이유로 우리는 전문 투자자보다도 냉철하게 자신의 아이디어를 대할 줄 알아야 한다. 결국 창업가와 투자자의 바람은 같다. 이 아이디어를 '충분히 큰' 사업으로 키워서 가치 있게 만드는 것이 바로 그 바람이다. 그렇다면 자신의 아이디어가 '충분히 클' 가능성이 있는지는 어떻게 판단해야 할까? 실행 가능성이 있는지는 어떻게 알 수 있을까? 이 장에서 그 방법을 알아보자(그림 3-2).

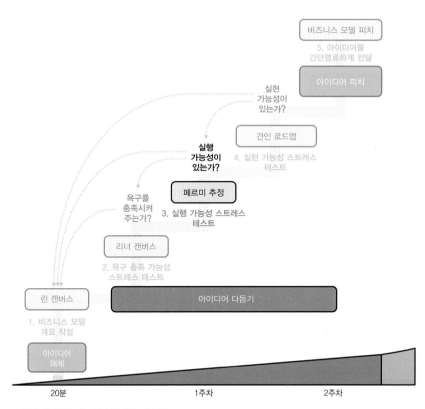

그림 3-2 실행 가능성 스트레스 테스트

3.1 재무 예측 대신 페르미 추정

비즈니스 모델 스토리의 숫자 측면을 더 명료하게 보기 위해 투자자는 재무 예측 스프레드시트를 요구할 때가 많다.

다만 이 스프레드시트에는 숫자가 너무 많아서, 층층의 거짓말 속에 가장 위험한 가정을 조용히 감출 수 있다는 문제가 있다. 그리고 그런 스프레드시트를 바탕으로 실제 투자를 받는다면, '계획을 실행한다'는 기존 세계로 돌아가게 된다. 투자자는 창업가가 제시했던 전망을 기준으로 스타트업의 실적을 평가하는데, 그 과정은 뜻대로 흘러가지 않을 때가 많다.

투자자는 성장에 관심을 두지만, 초기 단계에서 창업자는 제품과 학습에 치중해야 한다. 그러다 보니 사업 발전을 위한 논의가 이분법으로 진행되기 십상이다. 이해관계자들에게 들려주는 이야기와, 창업자가 스스로 생각하는 이야기가 어긋나는 것이다. 두 이야기의 시작은 같지만 시간이 흐를수록 간극은 점점 커진다. 두 이야기에서 사용하는 '발전'에 대한 정의가 서로 다르기 때문이다.

허구의 계획을 실행하고 방어하는 데만 급급하면 빠르게 학습하고 다음 단계로 넘어갈 수 없다. 시간이 흐르면서 투입 가정이 난관에 부딪히기 시작하면서 학습과 진행이 점점 더뎌지는 것을 피할 수 없다. 그래서 문제는, 폭포처럼 쏟아지는 사업 계획 세우기 과정에서 완전히 벗어나지 못하면 지속적인 혁신을 수행하기가 점점 더 힘들어진다.

이렇게 허구의 숫자에 매몰되는 문제를 해결하기 위해 나는 5분이 채 걸리지 않는 쉽고 간단한 비즈니스 모델 테스트를 고안했다. 이 테스트는 물리학에서 자릿수를 빠르게 계산할 때 널리 사용하는 페르미 추정Fermi estimate을 바탕으로 했다.

항아리 안에 젤리빈이 몇 개나 들었는지 가늠해 본 적 있다면 페르미 추정 문제를 풀어 본 셈이다. 페르미 추정은 어떤 문제에 관한 투입물 추정치를 두고 두 자릿수 배수의 대략적인 범위에서 합리적인 가정을 하는 것이다. 보통 데이터가 부족할 때 쓸 수 있는 최선의 방책이지만 이렇게 도출한 추정치는 놀라울 정도로 유용하다.

비즈니스 모델 계획 단계에서 재무 예측을 할 때 범하기 쉬운 실수는, '투입'이 중요한 시기에 비즈니스 모델이 내놓을 산출물에 집중하느라 시간을 허비해버리는 것이다.

아이디어의 실현 가능성을 보이는 종래의 상의하달 방식을 따르면 비즈니스 모델이 '충분히 큰' 고객군에만 의미를 두게 된다. 그리고 이 거대한 시장에서 '단 1%'의 고객만 확보할 수 있으면 준비 끝이라는 논리를 펼친다. 수십억 달러가 오가는 시장에서 1%만 차지해도 그 숫자는 어마어마하니 말이다.

이 방식의 문제는 다음과 같다.

- 가짜 안도감을 선사한다.
- 당신이 개발한 제품으로 이 1%라는 시장 점유율을 어떻게 확보할지 알려주지 않는다.
- 심지어 시장 점유율 1%는 당신의 성공 기준이 아닐 수도 있다.

반면 페르미 추정은 하의상달 방식을 취한다. 어느 정도의 투입물을 가지고, 최선의 판단력을 발휘해 대략적으로 가늠해 본 다음, 이 투입물에 대한 추정치를 사용해서 아이디어의 실행 가능성을 테스트해 보는 것이다. 투입물에 대한 결과 추정치가 크게 벗어나지 않는다면, 그 추정치는 아이디어의 실행 여부 결정에 기준으로 삼을 수 있을 정도로 정확하다고 본다.

아이디어의 실행 가능성을 테스트할 때 우리가 사용할 핵심 지표는 5~7개뿐이다. 수십 가지 수치를 확인할 필요는 없다. 그렇다면 무엇이 핵심 지표일까? 그 답을 알려면 먼저 다른 모든 지표를 압도하는 단 하나의 지표, '견인'에 대해 배워야 한다.

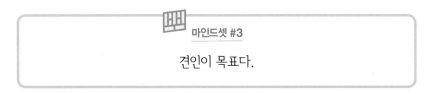

마인드셋 #3

견인이 목표다.

3.1.1 견인이란?

견인traction은 널리 알려진 개념이지만 잘못 이해되거나 오용되는 경우가 많다. 이유를 불문하고 우상향하는 지표라면 무조건 견인을 의미한다고 보는 것이다. 예를 들어 시간의 흐름에 따른 누적 사용자 수 그래프는 우상향을 할 수밖에 없다. 노련한 투자자라면 이 허영 지표의 본질을 꿰뚫어볼 것이다.

수많은 이해관계자가 매출과 수익 등의 재무 지표를 요청하겠지만 그 또한 올바른 견인 지표는 아니다. 매출과 수익은 대부분 0 가까이에서 출발하고 심지어 제품 개발 초기 단계에서는 출발점이 마이너스가 될 수도 있기 때문이다(그림 3-3).

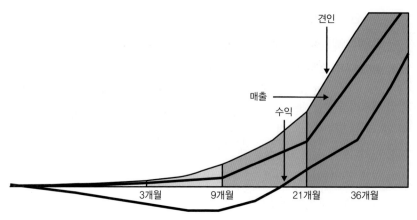

그림 3-3 제품 J 곡선

더군다나 매출과 수익은 발전의 '후행 지표'이다. 반면 바람직한 견인 지표는 발전의 선행 지표로써, 앞으로의 비즈니스 모델 성장 예측을 도와준다.

그런 지표는 어떻게 생겼을까? 첫 번째 단서를 찾으려면, 견인은 비즈니스 모델이 제대로 작동하는지 판단하는 척도에 불과하다는 것을 알아야 한다. 모든 비즈니스 모델에는 고객이 있으므로, 견인 지표는 고객을 중심에 둬야 한다.

다음 단서를 찾으려면 어떻게 가치를 만들고, 전달하고, 고객으로부터 가치를 확보할지 설명하는 비즈니스 모델의 초기 정의를 되돌아봐야 한다. 고객으로부터 가치를 확보하는 것이 제대로 작동하는 비즈니스 모델을 구축하는 열쇠이므로, 견인은 '비즈니스 모델이 고객으로부터 현금화 가능한 가치를 확보하는 속도'라고 정의할 수 있다.

> **NOTE** '현금화 가능한' 가치는 매출과 같은 수치가 아니다. 현금화 가능한 가치는 미래의 매출을 보여주는 지표에 가깝다. 두 개념의 차이가 잘 드러나는 비즈니스 모델은 메타 같은 다면적 비즈니스 모델이다. 이런 모델에서는 SNS 사용자(더 구체적으로 말하면 그들의 관심과 데이터)로부터 현금화 가능한 가치가 나온다. 메타는 플랫폼에 광고를 넣는 고객(광고주)을 통해 이 현금화 가능한 가치를 매출로 변환한다.

모든 사업은 사용자를 고객으로 전환한다는 공통의 목표를 가진다. 그러므로 고객 공장이라는 비유를 사용해 제대로 작동하는 비즈니스 모델의 산출물을 시각화하면, 견인의 정의를 더 구체적으로 알아볼 수 있다.

3.1.2 고객 공장에 오신 것을 환영합니다

이 비유에서 고객 공장customer factory은 사업 안에 있는 모든 것을 나타낸다. 마케팅, 영업, 고객 서비스, 제품 등이 이에 속한다. 고객 공장이 하는 일은 고객 생산이다. 모르는 방문객을 투입(원자재)해서 만족한 고객(완제품)으로 바꾸는 방식으로 고객을 생산한다. 이 비유에서 견인은 고객 공장의 생산량에 해당하며, 이는 고객을 만드는 속도와 같다.

이 고객 생산 공정은 크게 '확보, 활성화, 보유, 매출, 추천'의 다섯 단계로 나눌 수 있으며, 이는 모든 비즈니스 모델 유형에서 공통으로 볼 수 있다(그림 3-4). 고객 공장은 지속적인 혁신 프레임워크에서 사용하는 두 번째 모델이다.

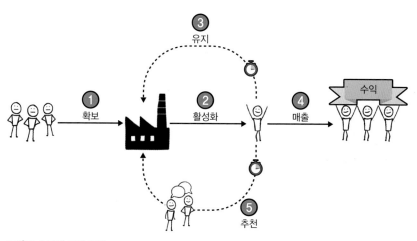

그림 3-4 고객 공장 모델

이 다섯 단계는 어떤 사업에서든 견인 측정에 사용할 수 있는 핵심 지표들을 나타낸다. 꽃집과 소프트웨어 제품을 예로 들어 각 단계를 살펴보자.

| 1단계: 확보 |

확보acquisition는 모르는 방문객을 관심 있는 잠재 고객으로 바꾸는 것이다. 꽃가게의 경우, 가게 앞을 지나던 사람이 걸음을 멈추고 들어오는 것이 확보 사건이다.

제품 웹사이트라면 방문자가 사이트를 떠나지(포기) 않고 무엇이든 하게 하는 것이 확보의 척도이다. 즉, 고유 방문자를 식별해서 이들과 대화를 나눌 수 있게 되는 시점(이메일 주소 확보 등)을 확보라고 판단하는 것을 추천한다.

| 2단계: 활성화 |

활성화activation는 관심을 가진 고객이 처음으로 만족스러운 사용자 경험을 하는 시점을 말한다. 이를 '깨달음의 순간'이라고 부르기도 한다. 꽃가게의 경우 막상 잠재 고객이 가게에 들어왔을 때 내부가 지저분하고 예쁜 꽃이 없다면 그건 밖에서 가게가 잠재 고객에게 했던 약속이 깨지는 셈이다. 이 잠재 고객은 아마도 가게를 떠나서 다시는 돌아오지 않을 것이다. 가게 주인은 안에 들어온 손님이 꽃다발을 보고 감탄하며 지갑을 열어 주기를 바랄 텐데 말이다.

제품 웹사이트의 경우 잠재 고객이 가입을 하고 나면, 랜딩 페이지에서 방문자에게 했던 약속(고유의 가치 제안)을 재빨리 지켜줘야 한다.

| 3단계: 유지 |

유지retention는 제품을 반복적으로 사용하거나 교류하는 행위를 측정한다. 꽃가게라면 가게를 다시 찾는 것, 제품 웹사이트라면 다시 로그인을 해서 제품을 사용하는 것을 유지라고 볼 수 있다.

| 4단계: 매출 |

매출revenue은 돈을 받는 사건을 말한다. 꽃을 사거나 유료 서비스를 구독하는 것이 이에 해당한다. 이 사건은 첫 방문에서 일어날 수도 있다. 그래도 제품 대부분은 고객이 제품을 환불할 수 있는 시험 사용 기간을 제공한다. 그래서 [그림 3-4]에서 매출은 4단계에 둔다.

| 5단계: 추천 |

추천referral은 만족한 고객이 고객 공장에 신규 잠재 고객을 끌어들이는 피드백 루프를 사용하는 확보 경로이다. 꽃가게라면 친구에게 가게를 소개하는 것이고, 소프트웨어 제품이라면 SNS 공유를 통한 간접적 방식, 가입자 추천 프로그램 등의 직접적인 방식이 있을 수 있다.

> **NOTE** 눈치챘을지 모르겠지만 고객 공장 모델은 데이브 맥클루어Dave McClure의 해적 지표 Pirate Metrics 모델을 나타낸다. 해적 지표라고 불리는 이유는 각 단계의 영문 명칭에서 맨 앞 글자들을 합치면 'AARRR'이라는 해적의 외침 같은 소리가 되기 때문이다.

다만 해적 지표 모델은 비즈니스 모델을 선형 깔때기 형태로 시각화하는 반면, 고객 공장은 피드백 루프가 있는 시스템으로써 시각화한다. 비즈니스 모델을 깔때기가 아닌 시스템 형태로 모델링할 때 어떤 결과가 나오는지는 뒷부분에서 다룬다.

3.2 페르미 추정을 통해 아이디어의 실행 가능성 테스트 하기

이제 고객 공장의 산출물로 견인을 시각화하는 방법을 이해했으니, 아이디어의 실행 가능성에 대해 스트레스 테스트를 해 볼 차례이다(그림 3-5).

가장 먼저 고객 공장의 목표 생산량을 정의하고, 각 단계에 대한 합리적인 가치를 추정해서 고객 공장의 실행 가능성을 테스트한다. 고객 공장이 목표 생산량을 채울 수 없으면, 목표 생산량이나 고객 공장 단계(혹은 전부)를 조절해야 한다.

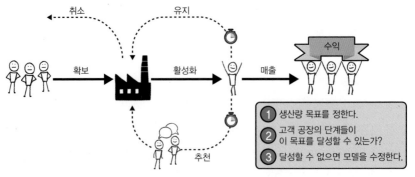

그림 3-5 페르미 추정을 이용한 실행 가능성 스트레스 테스트

이 단계들을 더 자세히 살펴보자.

3.2.1 생산량 목표를 정하라

어디로 가고 있는지 모른다면, 아무 길이나 가게 된다.

— 루이스 캐럴의 『이상한 나라의 앨리스』 中

위 문장은 왜 우리에게 목표가 필요한지 말해 준다. 그러나 목표를 세우라는 말은 많이 들어봤어도, '좋은' 목표를 세우는 방법을 배워본 적은 별로 없다. 많은 예측 모델이 허구의 계획을 생산해 내는 이유는, 너무 먼 미래를 내다보면서 아이디어에 상승 잠재력의 최대치를 측정하려고 하기 때문이다. 아이디어의 초기 단계에서 이런 예측을 하기는 굉장히 어렵고(불가능에 가깝고) 굉장한 불확실성이 따른다.

장기적 범위보다는 단기적 범위를 기준으로 목표를 세우는 편이 훨씬 현실적이다. 최소 성공 기준과 최대 상승 잠재력의 차이를 생각해 보자. 예를 들어 막 사업을 시작하던 시절의 에어비앤비, 구글, 메타 창업자들에게 수십억 달러 가치의 회사를 세울 생각이었냐고 물어봤다면 그들은 코웃음을 칠 것이다. 마크 저커버그는 이런 유명한 말을 했다.

우리는 개발을 했지만 그게 회사가 되리라고 생각하진 않았다. 그냥 이게 끝내주는 것 같아서 개발한 것뿐이다.

－마크 저커버그

저커버그는 메타가 창업 후 10년도 안 돼서 수십억 달러 가치의 기업으로 성장하고, 2년만에 회사를 5천만 달러에 인수하겠다는 마이스페이스의 제안을 액수가 너무 적다는 이유로 자신이 거절할 줄은 꿈에도 몰랐다. 그는 당시 자신의 최소 성공 기준이었던 7500만 달러로 응수했고, 마이스페이스는 이 제안을 거절했다.

> **NOTE** 최소 성공 기준이란 자신이 지금으로부터 3년 뒤에 어떤 프로젝트를 성공이라고 간주하기 위한 최소한의 결과를 말한다.

아이디어에 대한 최소 성공 기준minimum success creteria (MSC)을 정하라고 하면 본전을 목표로 하는 기업가가 많다. 하지만 이건 너무 근시안적인 생각이다. 본전치기만 목표로 하기에는, 당신이 초기의 창업팀(주로 1인 팀) 이상으로 성장할 때 반복과 확장이 가능한 비즈니스 모델을 구축할 수 있으리라는 보장이 없기 때문이다. 적절한 균형은 공략하려는 골대를 제품/시장 적합성 지점보다 살짝 뒤로 보내는 것이다(그림 3-6).

그러면 비즈니스 모델의 위험이 대폭 줄어들고 당신은 확장하는 성장으로 초점을 이동하게 된다. 이렇게 해야 더 먼 미래를 내다보면서 5~7개년 재무 예측을 더 정확하게 할 수 있기도 하다. 대부분의 제품은 시장 적합성 확보에 평균 2년을 소요한다. 그러므로 MSC 도달을 위한 시간은 3년으로 설정하기를 추천한다.

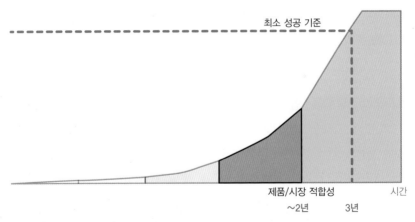

그림 3-6 MSC 달성을 위한 타임라인

MSC를 정의할 때 참고할 사항을 몇 가지 더 소개한다.

| 최소 성공 기준은 아이디어와 별개로 설정한다 |

많은 기업가가 동시에 여러 아이디어를 밀어붙이고 싶어 하지만(물론 그럴 것이다) 그중 어떤 것을 선택할 것인가? MSC에 부합할 가능성이 없는 아이디어를 붙잡고 있을 이유는 무엇인가?

MSC를 정의한 다음에는 이 기준을 거름망으로 사용해 가장 유망한 아이디어들만 걸러내자. 다시 말해 아이디어를 먼저 생각하고 그 아이디어가 얼마나 발전할 수 있을지 생각해선 안 된다. MSC를 먼저 정하고, 자신의 아이디어가 그 목표를 달성해 줄 수 있을지 고민해야 한다.

| 연간 반복 매출(ARR) 기준으로 목표의 틀을 짠다 |

목표의 틀을 짤 때에는 수익이나 기업 가치 평가가 아닌 매출을 사용하는 것이 좋다. 매출은 투입물(고객 수, 가격, 구매 빈도)이 적어서 모델을 단순하게 유지할 수 있기 때문이다. 수익과 가치 평가도 결국은 매출의 파생물이니, 완충 장치를 적절하게 추가하기만 하면 빈틈을 메울 수 있다.

예시

- SaaS 사업을 개발 중이라면, 제품/시장 적합성을 얻을 때까지 이윤 폭이 80%를 초과하는 경우가 많다. 연간 천만 달러의 수익을 얻으려면 목표는 ARR 1,250만 달러로 정한다.

- 일반적인 이윤이 40%인 하드웨어 사업을 개발 중이라면, 연간 천만 달러의 수익을 내기 위한 목표는 ARR 2,500만 달러이다.

- 일반적인 이윤이 10%인 시장에서 사업을 개발 중이라면, 연간 천만 달러의 수익을 내기 위한 목표는 ARR 1억 달러이다.

- 임팩트 주도 사업이라도 목표의 틀을 잡을 때에는 매출을 활용해야 한다. 우선 자신이 전하고 싶은 영향(예: 일년에 나무를 백만 그루 심는다)을 추정하고, 그러한 영향을 미치려면 자금이 얼마나 필요한지 자문한다.

> **NOTE** 매출은 산소와 같다. 우리는 산소를 마시기 위해 살지는 않지만 살기 위해서는 산소가 필요하다.

다음으로는 '반복적인 매출과 그냥 매출의 차이'가 중요하다. 목표가 아닌 시스템을 중심으로 생각해야 한다.

| 목표가 아닌 시스템에 집중하라 |

목표도 필요하기는 하지만 목표만 세우는 것으로는 절대 충분하지 않다. 목표를 향해 나아가기 위한 시스템 구축에 집중하는 편이 훨씬 실현 가능성이 높다.

> **NOTE** 목표는 산출물에 초점을 맞춘다. 시스템은 투입물에 초점을 맞춘다.

예시

- 목표: 4kg 감량
- 시스템: 식단 관리 방법을 배운다.

목표 세우기의 문제는 그 목표를 어떻게 달성해야 하는지, 그 목표를 달성한 다음에는 무엇을 해야 하는지 알려주지 않는다는 것이다. 다이어트의 예에서 굳세게 마음을 먹는다면 한 번쯤은 주먹구구식으로도 4kg을 뺄 수 있을 것이다. 하지만 그렇게 뺀 살은 다시 찌기 마련이다.

반면 식단 관리 방법을 배우는 등 시스템을 만들면 목표를 향해 나아가기 위한 핵심 활동이나 루틴에 집중하기 좋다. 이런 핵심 활동이 습관이 되면 목표 지점에 성큼 다가갈 수 있다.

그렇다면 가장 좋은 접근 방식은, 목표를 활용해서 자신이 원하는 결과를 가늠하고, 시스템을 활용해서 목표 달성을 위한 핵심 단계를 만드는 것이다.

4kg을 뺄 때와 40kg을 뺄 때 들어가는 노력은 사뭇 다르니 목표를 어림잡아 보기는 해야 한다. 하지만 4kg 감량 등으로 대략적인 목표가 생겼으면, 그 뒤에 3.5kg나 4.5kg을 뺀다고 해서 문제될 게 있을까?

그 대신 시스템 구축에 에너지를 투자하는 것이 목표 달성에 도움이 된다.

| 최소 성공 기준을 결정하는 것은 경영 환경 |

스타트업을 창업했다면 투자자들에게 투자를 받을 생각이 있는지 자문해 보자. 투자를 받을 의향이 있다면 최소 성공 기준은 창업자가 아닌 투자자들이 세울 것이다. 공략하려는 투자자들이 제품/시장 적합성 면에서 기업들을 어떻게 평가하는지 조사해 보면 비즈니스 모델을 개발할 때 구체적인 기준점으로 사용할 수 있다.

투자를 받지 않고 혼자 힘으로 회사를 이끌 계획이라면 이런 질문을 해 보자.

- 나는 얼마나 큰 회사를 세우고 싶은가?
- 회사에 직원을 몇 명이나 두고 싶은가?

이 질문에 대한 답을 찾으면 ARR 목표를 가늠하는 데 도움이 된다. 예를 들어 직원이 30명인 회사는 임금을 지급하기 위해 대략 5백만 달러의 ARR이 필요하다.

현재 대기업에 다니고 있다면 지금의(지금으로부터 3년 뒤가 아닌) 이해관계자들에게 제품의 성공을 정의하는 기준을 물어 보자. 그들이 명확한 답을 내지 못한다면, 그들의 과거 제품 출시 기록을 돌아보면서 첫 3년의 궤적이 어떤 모양새였는지 확인해달라고 해 보자. 그런 다음 지금까지 그 회사가 출시한 최고 인기 제품 5종을 바탕으로 당신의 최소 성공 기준을 설정한다. 당신이 이 제품들의 3년 매출 궤적을 2~3배 뛰어넘는다고 장담할 수 있다면(당신은 더 좋은 혁신 공정을 사용하므로) 투자자들이 따를 것이다.

| 소수점까지 정확하게 따지지 말라 |

페르미 추정의 목적은 3개년 ARR 추정치를 가늠하는 것이다. 너무 깊이 고민하지 말고, 헷갈리면 10 단위로 생각하자.

- ARR 10만 달러: 본업을 그만두기에 충분한 정도
- ARR 100만 달러: 소기업에게 충분(직원 2~3명)
- ARR 1,000만 달러: 벤처 투자자의 투자를 받기에 충분

여기서부터 알맞게 조정하자.

| 최소 성공 기준 없이 나서지 말라 |

행동력이 좋은 많은 기업가가 너무 일찍 사무실 밖으로 뛰쳐나가 제품을 테스트해 보려고 한다. 하지만 몇 달 뒤에 돌아보면 그 아이디어는 너무나도 사소해 보일지 모른다. 심사숙고를 통해 최소 성공 기준을 정의하는 것은 중요한 첫 걸음이다. 아무리 마음이 급해도 이 단계는 건너뛰지 않는 것이 좋다.

> **TIP** 최소 성공 기준에 맞거나 틀린 숫자는 없다. 숫자를 가지고는 있어야 한다.

| 스티브, 최소 성공 기준을 세우다 |

AR/VR 기술에 대해 이야기하는 모든 출판물에서는, 이 기술이 업계 전체를 바꾸고, AR/VR 시장의 가치가 수십억 달러에 이를 것이라고 예측한다. 이미 마이크로소프트, 애플, 구글, 메타, 아마존 같은 굵직굵직한 기업들이 이 기술을 활용하고 있다.

AR/VR 기술을 사용하기 위한 핵심적인 지원 플랫폼을 개발하려는 스티브는, 자기 힘으로 회사를 시작할 수도 있지만 결국은 투자를 받아야 자신이 비전을 확장하고 경쟁 우위를 만들 수 있다는 것을 깨달았다.

스티브는 대략적인 최소 성공 기준을 3년 안에 ARR 1,000만 달러를 올리는 것으로 세웠다.

3.2.2 자신의 아이디어가 생산량 목표를 이룰 수 있을지 테스트하라

MSC를 정한 다음에는 고객 공장 지표를 최대한 정확하게 측정하고 투입해서 아이디어의 실행 가능성을 테스트해 볼 수 있다. 추천하는 순서는 다음과 같다(그림 3-7).

1. 매출(활성 고객을 추산하기 위한 추정 값 검토)
2. 유지
3. 확보
4. 활성화
5. 추천

수학적인 사고 과정에 관심이 없다면 이 부분을 건너뛰고 온라인에서 계산을 도와주는 도구들을 이용하자(이 절 끝에 링크를 남겨 두었다).

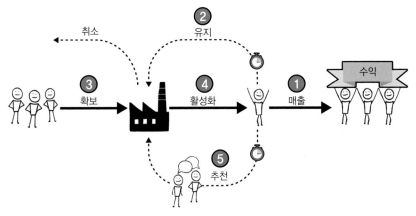

그림 3-7 실행 가능성 테스트를 위한 권장 순서

| 필요한 활성 고객 수 측정하기 |

린 캔버스에서 가격 정책을 구체적으로 가정하지 않았다면 1.1.6 '수익원과 비용 구조'로 돌아가서 제품의 대략적인 가격 책정 방법을 알아본 다음, 아래 공식을 활용해 MSC 목표 달성에 필요한 활성 고객 수를 결정한다.

$$활성\ 고객\ 수 = \frac{연간\ 매출\ 목표}{연간\ 고객\ 매출}$$

활성 고객 수는 이미 당신의 매출 목표보다 효과적인 수치이며, 전체 고객과 선각 수용자 집단을 충분히 크게 잡았는지 테스트할 때 유용하다. [그림 3-8]에서 보는 것처럼 선각 수용자 집단은 전체 고객군(총 시장 규모)의 16% 정도가 되는 것이 이상적이다.

이 숫자는 사회심리학자 에버렛 로저스가 같은 제목의 저서를 통해 전파한 '혁신의 확산' 이론에서 비롯되었다. 혁신의 확산은 혁신자와 선각 수용자(두 집단은 함께 묶었다)에서 출발한 새로운 아이디어가 전기 다수를 거쳐 후기 다수, 마지막으로 지각 수용자에게 퍼져 나가는 방식과 그 이유를 설명한다.

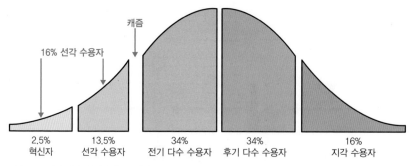

그림 3-8 이상적인 선각 수용자 집단 규모

제품의 위치를 어떻게 정하는지는, 그림에서 구분되어 있는 수용자 집단에 따라 달라진다. 제프리 무어Geoffrey Moore에 따르면, 집단들 사이의 틈이 가장 넓은 곳은 선각 수용자와 전기 다수 수용자 사이이다. 그는 돌풍을 일으켰던 저서 『제프리 무어의 캐즘 마케팅』(세종서적, 2015)에서, 스타트업을 탈선시킬 정도로 넓은 틈을 아주 깊은 골이라는 뜻의 '캐즘chasm'이라고 정의했다. 그 이유는 무엇일까? 선각 수용자(그리고 선구자)는 자신이 원하는 결과에 가까워질 수 있다고 보장해 주는 신기술을 1등으로 시도해 보겠다는 의욕이 평균 이상이기 때문이다. 하지만 이 집단에게 효과적이었던 마케팅 전략이 다음 집단인 전기 다수 수용자에게는 잘 통하지 않을 것이다. 이들은 위험을 회피하는 실용주의자인 경우가 많기 때문이다. 선각 수용자 집단만을 활용해서 최소 성공 기준을 최대한 달성하도록 노력하는 것이 바람직한 이유가 여기 있다.

| 스티브, 활성 고객이 얼마나 필요한지 추정하다 |

스티브는 자신의 소프트웨어 개발자 비즈니스 모델부터 스트레스 테스트를 해 보기로 했다. 월 50달러의 요금을 청구하는 구독 모델(SaaS)을 활용해서 자신의 최소 성공 기준이 연간 ARR 1,000만 달러를 달성한다고 할 때, 스티브는 3년 안에 활성 고객을 16,667명 확보해야 한다는 계산이 나왔다(연간 1,000만 달러 / 월 100달러×12개월).

이 숫자에 놀란 스티브가 '상위 AR/VR 애플리케이션 기업'을 검색한 결과 2,286 개의 기업이 나왔다. 이 숫자는 자신에게 필요한 고객 수의 14%에 불과하다고 생각하니 마음이 불안해졌다. 이 숫자는 고작 스티브의 선각 수용자 집단에 상응하는 수준이었기에, 3년 안에 아직 모자란 86%가 채워질 만큼 AR/VR 수요가 빠르게 늘어날지 의구심이 들었다. 자신이 노코드 플랫폼을 완성하면 소프트웨어 개발자가 아닌 사람들까지 고객으로 끌어들일 수 있다는 희망은 있었지만, 아직 갈 길이 멀어서 암담할 따름이었다.

| 자신에게 필요한 최소 고객 확보율을 추정하라 |

그저 3년 동안 죽어라 일하기만 하면 ARR 목표를 달성하고 평생의 연금을 벌어들일 수 있다면 얼마나 좋을까. 은퇴하고 해변으로 가면 된다! 하지만 그런 환상이 이루어질 수 없는 이유는 고객 감소, 즉 이탈이다.

모든 사업에는 이탈이 있다. 어느 시점이 되면 고객이 떠나기 시작하고, 사업을 성장시키는 게 아니라 유지하려고만 해도 대체 고객을 확보해야 한다. 이러한 개념을 '최소 고객 확보율minimum customer acquisition rate'이라고 부른다.

사업을 최소 성공 기준 이상으로 성장시키고 싶으면 신규 고객 확보율이 최소 고객 확보율보다 높아야 한다. 예를 들어 활성 사용자가 1만 명이고 월 이탈률이 5%라면 월 평균 떠나가는 고객은 500명이 된다. 그러니 비즈니스 모델을 유지하려면 매월 신규 고객을 500명 이상 확보해야 하고(신규 고객 연 6,000명), 사업을 성장시키려면 그 기준을 초과 달성해야 한다.

이탈률이라는 개념을 이해하지 못하는 사람은 별로 없지만 그 값을 추정하는 건 쉽지 않다. 좀 더 현실적인 방법은 이탈률을 뒤집어서 고객 생애 또는 유지율을 생각하는 것이다. 고객 생애란 고객이 제품을 사용할 것으로 기대되는 평균 기간을 말한다(월 또는 연 단위).

다음은 평균 고객 생애를 추정하는 몇 가지 방법이다.

- 업계의 다른 기업들을 조사해서 평균 이탈률을 판단한다.
- 제품 사용성을 추정한다. 모든 일에는 유한한 생애가 있다. 예를 들어 집에 페인트 칠을 하는 데 걸리는 기간은 보통 2주 정도이다.
- 평균 고객 생애를 추정한 값이 5년 이상이라면 합당한 근거를 추가로 준비하자.

평균 고객 생애를 추정한 다음에는 [표 3-1]을 참고해 월 이탈률을 판단한다.

표 3-1 고객 생애와 이탈률 변환 표

생애(연)	이탈률(월)
1	8.33%
2	4.17%
3	2.78%
4	2.08%
5	1.67%
6	1.39%
7	1.19%
8	1.04%
9	0.93%
10	0.83%

그런 다음 공식을 통해 최소 고객 확보율을 계산한다.

$$월\ 최소\ 고객\ 확보율 = 활성\ 고객\ 수 \times 월\ 이탈률$$

| 스티브, 최소 고객 확보율을 추정하다 |

스티브가 SaaS 기업들의 평균 고객 생애를 찾아봤더니 4년 정도면 좋은 목표라는 결과가 나왔다. [표 3-1]을 참고하면 월 이탈률은 2.08%가 된다.

3년 안에 활성 고객을 16,667명 확보한다면 매월 347명씩 고객을 잃을 것이라는 이야기다. 그러면 매월 347명씩 신규 고객을 확보해야(연 4천 명 정도) 비즈니스 모델을 유지는 할 수 있다.

그는 이 숫자들을 간단한 도표로 나타내 보았다(그림 3-9).

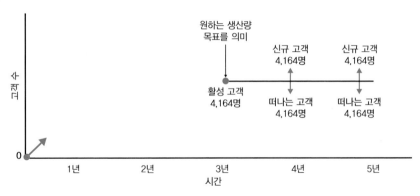

그림 3-9 스티브의 3년 뒤 최소 고객 확보율

| 자신에게 필요한 잠재 고객 수를 추정하라 |

고객 확보율에 100%란 숫자는 없다. 그래서 사용자를 고객보다 훨씬 많이 확보해야 한다.

고객 공장은 사용자에서 고객으로의 전환율을 3단계로 나눈다.

- 확보(사용자 확보율)
- 활성화(테스트 버전 또는 파일럿 전환율)
- 매출(고객 전환율)

각자의 제품 유형에 대한 일반적인 전환율은 조금만 검색해 봐도 쉽게 찾을 수 있다. 정확한 수치를 찾기 어렵더라도, 10 단위로 유용한 추정치를 얻을 수 있다. 어떤 종류의 제품이든 시작 단계의 고객 전환율은 0.5~3% 수준이다. 불안하다면 고객 전환율을 1%라고 가정하고, 아래 내용도 참고하자.

- 세일즈포스[1]에 따르면 B2B 영업에서 MQL(마케팅 부서가 검증한 잠재 고객)에서 SQL(영업 부서가 검증한 잠재 고객)로의 평균 전환율이 13%이다. 그리고 SQL에서 거래가 성사되는 비율은 6%에 불과하다. 그러면 고객 전환율은 0.78%가 된다.
- 다양한 업계 벤치마크에 따르면[2] SaaS 제품에서 2~10%가 가입을 하고 15~50%

---

1 https://oreil.ly/bZZxx
2 앨리스테어 크롤과 벤자민 요스코비츠의 저서 「린 분석」(한빛미디어, 2014) 참조

가 구독을 하며, 첫 결제 기간에 20~40%가 이탈한다고 한다. 그러면 고객 전환율은 0.6~1.2%가 된다.

- 신생 전자상거래 사이트 대부분은 고객 전환율이 1~3%라고 보고한다.

| 스티브, 자신이 끌어들여야 하는 잠재 고객 수를 추정하다 |

SaaS에 대한 유료 고객으로의 대략적인 전환율 1%를 대입해 본 결과, 매월 신규 고객을 347명 확보하려면 스티브는 월 3만 4,700명을 끌어들여야 한다는 계산 이 나왔다(그림 3-10). 이렇게 해도 연간 반복 매출을 유지하는 수준이지, 사업 을 성장시킬 수는 없다.

벤처 투자자들은 제품/시장 적합성에 도달한 다음부터 2~4년 안에 10배의 수익 을 내고자 한다. 그러려면 스티브는 월 34만 7천 명의 잠재 고객을 끌어들일 방안 을 찾아야 한다(잠재 고객 연 400만 명 이상).

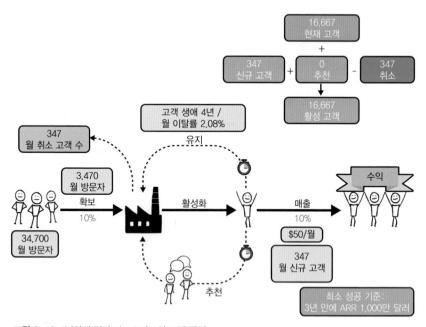

그림 3-10 4년차에 접어드는 스티브의 고객 공장

가슴이 턱 막혀왔다.

스티브의 비즈니스 모델은 무너졌다. 이제 어쩌나? 절망하지 말라. 아직 지표가 하나 더 남아있으니, 바로 **추천**이다.

| 추천 가정을 사용해 고객 확보의 부담을 줄여라 |

고객 공장에서의 추천 루프는 기존 고객을 활용해 비즈니스 모델을 성장시키고 고객 확보의 부담을 덜어준다. 우선 제품 유형에 따라 합리적인 고객 추천율을 추정해 보자.

입소문을 통해 성장하려면 추천율이 100% 이상이어야 하는데, 입소문을 내는 행위가(타인에게 공유) 제품을 사용할 때 따라올 수밖에 없도록 설계되어 있지 않은 이상(메타 등) 추천율이 그 정도로 올라갈 확률은 극히 낮다. 내 경험상 추천율을 15~25% 정도로 지속할 수 있으면 바람직하고, 40%면 아주 좋고, 70%대는 훌륭하다.

| 스티브, 자신의 비즈니스 모델을 살리려 노력하다 |

스티브는 자신의 제품이 입소문을 탈 것 같지 않다고 판단하고 적정한 추천율을 20% 정도로 겸손하게 잡았다. 처음에는 고객 3만 4,700명을 자기 힘으로만 확보하지 않고 기존 고객의 힘을 빌려서 고객의 20%(잠재 고객 6,940명)를 충당할 수 있으리라는 생각에 다소 마음이 놓였다. 하지만 도움이 될지는 몰라도 충분하지는 않은 수준이다.

추천율을 크게 높이거나(80% 이상) 제품이 입소문을 타게(추천율 100% 이상) 만들지 않는 이상 추천인은 확성 장치가 되어줄 뿐 비즈니스 모델을 지켜주지는 못한다는 계산이 나왔다. 정말 이렇게 망하는 걸까? 스티브는 어떻게 솔루션을 찾았을까?

3.2.3 목표를 재고하거나, 비즈니스 모델을 수정하거나

비록 우리가 생각하고 있는 것은 대략적인 추정 값이지만, 어떤 추정 값이든 없는 것보다 낫다. 종이에 끄적여 보기만 해도 앞뒤가 맞지 않는 비즈니스 모델이라면 현실 세계에서 제대로 작동할 가능성도 없기 때문이다.

> **TIP** 잘못된 모델을 붙잡고 5개월을 허비하는 것보단, 5분을 투자해서 틀린 모델을 걸러내는 편이 훨씬 낫다.

스프레드시트를 사용하다 보면 수많은 숫자를 숨기거나 그 숫자들 사이에서 갈피를 잃을 수 있다. 하지만 페르미 추정에는 숨을 곳이 없다. 비즈니스 모델이 생존 테스트를 통과하지 못했을 때 선택할 수 있는 방법은 둘뿐이다. 목표를 재고하거나 비즈니스 모델을 수정하는 것이다. 목표를 하향조정하고 싶은 사람은 없을 테니 그건 마지막 수단으로 남겨두고, 비즈니스 모델을 다시 쓰는 방법부터 생각해 보자.

| 비즈니스 모델 수정하기 |

페르미 추정에서는 몇 가지 추정 값을 투입해서 사용하기 때문에 모델이 실패하는 이유, 나아가 비즈니스 모델을 수정하기 위해 무슨 수단을 활용해야 하는지까지 파악하기가 훨씬 쉬워진다. 구체적인 수단들을 알아보기에 앞서, 하나의 정해진 MSC 목표를 달성하기 위해 실행 가능한 방법의 가짓수는 유한하다는 점을 알아야 한다. [그림 3-11]을 참고하자.

이 도표는 포인트 나인 캐피털Point Nine Capital의 벤처 투자자 크리스토프 얀츠Christoph Janz가 블로그[3]에 쓴 '1억 달러 규모의 SaaS 기업을 세우는 다섯 가지 방법Five Ways to Build a $100 Million SaaS Business'을 바탕으로 했다.

----

3 https://oreil.ly/gpUxD

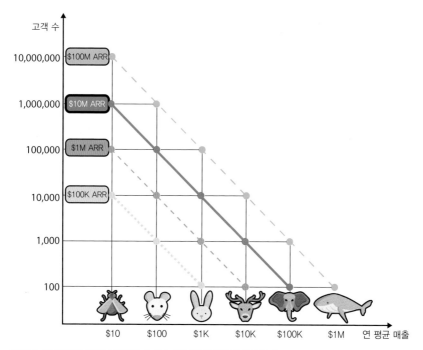

그림 3-11 기업을 세워서 생존할 수 있는 방법은 유한하게 존재한다.

이 도표를 활용하는 방법을 알아보자. 3년 안에 ARR 천만 달러 달성을 MSC 목표로 세웠다고 하자. 도표에서 해당 위치를 찾으면, 이 목표를 달성하려면 다음중 하나를 확보해야 한다는 것을 알 수 있다.

- 연 10달러를 지불하는 고객 1,000,000명
- 연 100달러를 지불하는 고객 100,000명
- 연 1,000달러를 지불하는 고객 10,000명
- 연 10,000달러를 지불하는 고객 1,000명
- 연 100,000달러를 지불하는 고객 100명
- 연 1,000,000달러를 지불하는 고객 10명

맨 위 방법과 맨 아래 방법은 서로 반대 지점에 있다. 예를 들어 3년 안에 고객을백만 명 확보하려면 입소문을 타고 성장하는 수밖에 없고, 고객 10명이 연 백만 달러를 지불하게 하려면 굉장히 특별한 고유의 가치 제안과 복잡한 영업 과정이 있어야 한다. 두 방법 모두 불가능하지는 않지만 달성하기가 몹시 어렵다. 하지만 우리에게는 현실적으로 목표를 달성할 4가지 방법이 남아있다. 그중 한두 개를 골라서 연구해 보자.

이런 방식으로 생각의 틀을 잡으면 구체적인 아이디어에서 한 발짝 물러나 실행 가능성이라는 관점을 통해 여러 비즈니스 모델을 바라볼 수 있어서 좋다. 목표 달성 방법 하나를 선택한 다음에는, 예를 들어 연 1천 달러를 지불하는 고객 1만 명을 확보하기로 했다면 이제 '내 아이디어가 얼마나 커질 수 있을까?' 대신 이런 질문을 해 보자.

- 현실적으로 3년 안에 고객 1만 명을 확보할 수 있을까?
- 연 1천 달러를 지불하고 해결할 가치가 있는 문제가 있는가?

두 질문 중 하나라도 자신 있게 답할 수 없다면 모델을 수정해야 한다. 지금 시점에서는 MSC 하향 조정을 고려하고 있지 않으므로, 모델을 수정하는 다른 방법은 고객으로부터 확보할 사용자당 연 평균 반복 매출$^{\text{average revenue per user}}$(ARPU)을 늘리는 것뿐이다. 숫자를 조금 늘리는 정도로는 페르미 추정 값을 고치기 힘들다. 10배 상승을 위한 수단 하나를 찾아내거나, 좀 더 현실적으로 몇 가지 수단을 찾아서 그 합이 10배가 되도록 해야 한다.

그런 수단을 찾는 방법들을 알아보자.

가격 돌아보기

제품 가격 인상은 좀처럼 선택되지 않는 수단이다. 가격을 두 배로 높이면 고객을 반으로 줄여도 된다. 고객을 잃어버릴 걱정에 가격을 쉽사리 올리지 못하는 창업자가 많지만 이렇게 생각해 보자. 가격을 두 배로 올렸을 때 고객을 반 이상 잃지만 않으면 수익은 여전히 늘어난다. 매출은 그대로이지만 높은 값을 지불하는 소수 정예의 고객만 상대하면 운영비가 줄어들기 때문에 순수익은 늘어난다.

많은 창업자가 제품 가격을 매길 때 비용을 기준으로 삼는 실수를 저지른다.

제품 개발에 드는 비용을 추정한 다음 '합리적'인 이윤을 더해서 제품 가격을 정한다. 하지만 이는 최선의 가격이 아닐 때가 많다. 받을 수 있는 돈을 놓친다는 뜻이다. 가격을 정하는 방식 면에서도 뒷걸음질을 치는 격이다. 기본적으로 고객은 기업의 비용 구조나 이윤에는 관심이 없기 때문이다.

그들에게 중요한 건 타당한 가격에 원하는 결과(가치)를 얻는 것이다. 타당한 가격은 어떻게 정할까? 이럴 땐 혁신가의 선물을 활용하면 된다.

2장에서 우리는 혁신가의 선물을 활용해 UVP의 욕구 충족 가능성에 대한 스트레스 테스트를 해 보았다. 여기서는 전환을 일으킬 만큼 중요한 문제가 있는지 확인하는 것이 관건이었다. 이번에는 혁신가의 선물을 적용해서 수익원의 실행 가능성에 스트레스 테스트를 해 보자. 즉 해결할 가치가 있을 만큼 중요한 문제가 있는지 확인해야 한다.

혁신은 기존 대안으로부터 당신이 제시하는 더 좋고 새로운 솔루션으로의 전환을 일으킨다는 점을 기억하자. 전환을 고려하는 고객은 새로운 솔루션을 기존 대안과 비교한다. 당신도 제품의 가격을 정할 때 그런 방식을 따라야 한다.

최적의 가격은 두 기준점 사이의 어딘가 자리해 있다. 첫 번째 기준점은 고객이 당신의 고유의 가치 제안에 부여하는 금전적 가치이다. 고객은 자신이 지불하는 돈보다 제품으로부터 얻는 가치가 크다고 생각할 때에만 그 제품을 사용한다. 이 기준점은 주로 가격의 상한선을 결정한다.

두 번째 기준점은 기존 대안을 선택할 때 드는 비용이다. 현재 고객이 어떤 과제를 수행하기 위해 지출하는 시간, 돈, 노력이 얼마큼인지를 생각해야 한다. 당신의 UVP가 기존 제품보다 월등하다면 가격을 높일 수 있겠지만, 고객은 언제나 신제품을 기존 대안과 비교한다는 점을 명심하자. 이 기준점은 주로 가격의 하한선을 결정한다.

최적의 가격은 기존 대안에 드는 비용과 고객이 당신의 UVP에 매기는 금전적 가치 사이의 어딘가에 위치한다. 그러나 아직은 최적의 가격을 정할 단계가 아니다. 최적의 가격을 정하는 것은 요령보다는 수많은 테스트를 요하는 과학에 가깝다. 이 책에서도 가격 최적화 기술을 몇 가지 다룰 예정이지만 지금은 제품에 **대략적으로 타당한 가격**이 얼마인지만 생각해 보면 된다.

가격을 얼마나 올릴 수 있는가? 두 배? 열 배? 혁신가의 선물을 적용해도 비즈니스 모델을 수정할 수 없으면 다른 수단들을 생각해 볼 수 있다.

문제 돌아보기

더 큰 문제나 더 자주 일어나는 문제가 있는지 생각해 보자. 더 큰 문제를 다루면 제품 가격을 올릴 수 있다. 제품 사용 빈도를 높이면(유용성) 고객 생애를 늘려서 사용료를 더 많이 거둬들일 가능성이 있다.

다른 고객군 생각하기

생수부터 자동차까지, 시중에는 모든 제품이 다양한 가격대로 출시되어 있다. 2만 5천 달러짜리 자동차를 사는 고객 유형과 25만 달러짜리 자동차를 사는 고객 유형은 천지 차이다. 가격은 제품의 일부인 동시에 고객군을 정의하는 요소이다. 가격을 열 배 올리려면 UVP를 바꾸거나 표적 고객군을 바꿔볼 수 있다. 다른 아이디어 응용형들을 검토하면서 실행 가능성을 기준으로 우선순위를 다시 정해 보자.

| 목표 재고하기 |

목표를 하향 조정하는 건 결코 즐거운 일이 아니지만, 이렇게 해 보면 사업을 키우는 것이 얼마나 어려운지 제대로 인식할 수 있다. 지금의 아이디어로는 MSC를 달성할 수 없지만 그 아이디어를 고수하고 싶은 다른 이유가 있다면 여러 비즈니스 모델에 걸쳐 제품/시장 적합성을 이룰 수 있도록 목표를 다시 조정해서 사업을 진행하자.

가장 흔한 방식은 저렴한 가격으로 초기 고객군을 공략하고, 가격대를 조금씩 높여가면서 두 번째, 나아가 세 번째 고객군을 향해 올라가는 것이다. 예를 들어 처음에는 고객이 스스로 사용하는 SaaS 제품을 선보였다가 점차 대기업용 소프트웨어 영역에 진출하는 식이다.

이 전략은 지금 당장의 비즈니스 모델 실행 가능성 문제를 해결해 준다는 점에서 매력적으로 들릴 수 있지만 주의해야 할 점이 있다. 3년이라는 주기 동안 여러 비즈니스 모델을 시행하기는 쉽지 않다. 여러 채널을 넘나들면서 새로운 가치 제안을 만들고 다양한 기능을 개발해야 할 것이다.

가급적 비즈니스 모델 하나로 MSC 목표를 달성하는 것이 이상적이다.

| 스티브, 비즈니스 모델을 수정하다 |

스티브는 대략적인 계산 내용을 곰곰이 따져 보면서 자신이 투입한 가정을 쭉 정리했다. 그 결과 스티브의 모델은 4가지 핵심 지표로 구성되어 있었다.

- MSC: 3년 안에 ARR 1천만 달러
- 가격(매출): 월 50달러
- 고객 생애(유지): 4년
- 유료 전환율(유료 고객 확보): 1%

스티브는 3~10배의 가치를 높일 수단을 찾기 위해 이 지표들을 하나씩 검토했다. 자신의 야망이 담긴 MSC는 타협할 수 없었기에 건너뛰기로 했다. 고객 생애 추정치도 지금의 생각이 맞는 것 같았다. 물론 1~2년쯤 더 고객을 붙잡아 둘 수도 있지만 이들이 3~10배 더 오래 남아있으리라고 장담할 수는 없었다!

갑자기 깨달음이 왔다. 자신의 통제 아래서 실현 가능성이 가장 높은 수단은 가격이라는 걸 확실히 알 수 있었다. 가격을 월 50달러로 정했던 것은 소프트웨어 개발자들이 스티브의 제품을 흥미롭게 보고 선택하게 만들기 위해서였다. 하지만 소프트웨어 개발자가 10배의 가격을 지불할 이유를 찾을 수 있을까?

린 캔버스에 정리했던 기존 대안은 대부분 무료이지만, 소프트웨어 개발자 입장에서 그 대안을 선택하면 애플리케이션 개발 과정에서 코드를 짜느라 수백 시간을 써야 했다. 보통 애플리케이션 하나를 개발하는 데는 200시간 정도가 걸리고, 시급을 50~75달러라고 계산하면 1만~1만 5천 달러가 된다.

스티브는 자신의 플랫폼을 사용하면 애플리케이션 개발 시간이 1/10로 단축된다고 믿었다. 그러면 애플리케이션 하나를 개발하는 데 200시간이 아닌 20시간이 걸리게 된다. 이 기준점을 활용하니 가격을 5배(월 250달러) 이상 높일 타당한 이유가 생겼다. 가격을 10배(월 500달러) 높일 수도 있을까? 그럴 수도 있다. 스티브는 이렇게 생각했다.

- 가격을 5배 올리면 고객이 1/5 필요하다.
- 가격을 10배 올리면 고객이 1/10 필요하다(그림 3-12).

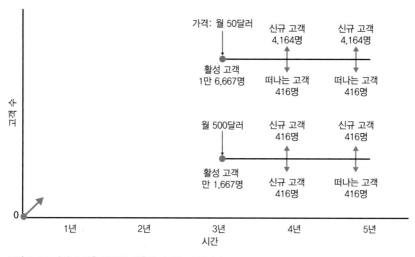

그림 3-12 가격 조정은 좀처럼 사용하지 않는 수단이다.

| 그냥 숫자 놀이가 아니었나? |

아니다. 이 페르미 추정을 하면 자신이 투입한 어느 추정치가 비즈니스 모델이 작동하게 만드는지(또는 실패하게 만드는지) 드러난다. 스티브는 이 과정을 시작할 때 정성적 가정 몇 가지로 이루어진 비즈니스 모델 스토리밖에 가지고 있지 않았고, 그것만 보면 초기 단계의 제품이 순조로운 출발세를 보일 것 같았다.

하지만 페르미 추정을 해 보고 나서야 스티브는 소프트웨어 개발자 비즈니스 모델이 최고의 시나리오에 맞춰 흘러가더라도 ARR 천만 달러라는 자신의 MSC 목표를 채울 수 없으리라는 사실을 깨달았다. 목표를 달성할 가능성을 만들려면 가격을 5배(월 250달러) 이상 높여야 했고, 10배(월 500달러) 높이면 더 바람직했다.

스티브의 가격 모델은 가장 위험도가 높은 가정이 되었다. 즉, 스티브는 이 모델을 나중으로 미루지 않고 먼저 테스트해 볼 수 있고, 그래야 했다.

그다음으로 다른 캔버스들을 돌아보기 시작하니 스티브는 이런 의문을 얻었다.

- 소매상들은 온라인에서 판매량을 3~10배 높여주는 솔루션에 얼마나 큰 가치를 부여할까?
- 건축가는 고객에게 3D 렌더링을 해 주면서 얼마를 청구할까?

가치를 기반으로 가격을 책정하려면 이런 질문을 해야 했다. 고객이 중요하게 생각하는 건 당신이 제안하는 솔루션이 아닌 고객 본인의 문제임을 기억하자. 당신이 솔루션 개발에 얼마를 들였든 고객은 신경 쓰지 않는다. 그렇다면 제품의 가격을 정하는 가장 좋은 방법은 솔루션 개발 비용이 아니라 다음 요소를 기준점으로 생각하는 것이다.

- 고객이 현재 이 문제들을 해결하는 데 써야 하는 비용
- 당신이 제공한다고 약속하는 가치(고유의 가치 제안)

3.3 아이디어에 대해 페르미 추정하기

사업의 여정을 떠나는 실현 가능성을 입증하려면 누구든 대략적인 목적지를 정해야 한다. 하지만 우리가 바른 길로 가고 있는지, 아니면 경로를 수정해야 하는지 확인하려면 목적지 자체가 아니라 출발할 때의 가정과 여행 과정에서의 마일스톤을 생각해야 한다.

비즈니스 모델의 대략적인 범위를 잡기 위한 3단계 과정은 이렇다.

1. **최소 성공 기준을 세운다.**

   '왜'에 대해 심도있는 고민이 수반될 수 있는 이야기이지만, 아이디어에 제약을 두는 목적으로 MSC를 사용해야 하고 그 반대가 되면 안 된다는 점을 꼭 명심하자.

2. **자신의 아이디어를 통해 원하는 목표를 달성할 수 있는지 테스트한다.**

   가격 모델, 고객 생애, 전환율 추정치를 활용해 목표를 달성하고 지속하려면 고객이 얼마나 필요한지 추정해 본다.

3. **목표 재고 또는 비즈니스 모델을 (필요에 따라) 조정한다.**

   자신의 아이디어가 MSC 목표를 달성하기에 역부족이라면 비즈니스 모델을 실패로 이끄는 핵심 수단이 무엇인지, 조정할 수 있는지 파악한다. 이 핵심 수단들이 가장 먼저 테스트해 봐야 할 가정들인 경우도 많다.

이렇게 나온 페르미 추정 결과물은 종이 위에서 제 기능을 하는 비즈니스 모델이다. 여기서 투입한 추정치들도 린 캔버스에 잊지 말고 기입하자. 다면적 또는 시장 모델인 경우에도 같은 단계를 밟되, 모델의 양 측면을 모두 고려한다.

실전의 시간

직접 페르미 추정에 사용할 수 있는 방법은 두 가지이다.

- 종이에 직접 적어가며 계산한다.
- 린스택 웹사이트[4]에서 페르미 추정 방법을 배운다.

3.4 스티브, 메리와 함께 비즈니스 모델을 검토하다

"깜짝 놀랐어요. 페르미 추정은 스타트업 성장 지표에 대해 배우는 집중 훈련이었네요. 지금까지 저는 훌륭한 제품을 개발한다는 생각에만 사로잡혀 있었어요. 이제 성장이 저절로 이루어지겠거니 생각하면 안 된다는 걸 알게 되었죠. 성장에도 계획이 필요한 거였어요."

---

4 https://runlean.ly/resources

"맞아요. 어떤 아이디어를 떠올리든 시작 단계에서 5분을 투자해서 최고의 가치를 올릴 수 있는 방법이죠. 페르미 추정의 진정한 힘은 해결할 가치가 있는 문제를 찾아내서 솔루션까지 알 수 있게 해 준다는 거예요. 그 반대가 아니라요."

스티브는 메리의 말을 곰곰이 생각하고 대답했다.

"흠.. 무슨 말씀을 하시는지 알 것 같아요. 저는 비즈니스 모델이 제대로 작동하게 하려면 월 500달러 이상의 가치가 있는 문제를 찾아야 한다는 걸 배울 수 있었어요. 처음에 린 캔버스를 작성할 때 생각했던 문제가 무엇이었든, 고객이 누구였든 간에요. 특히 소프트웨어 개발자 린 캔버스에서는, 처음에 월 50달러라는 가격을 큰 고민 없이 대충 적었던 것에서 크게 발전했어요.

"바로 그거예요. 가격은 제대로 활용되는 경우가 드문 수단이에요. 가치를 기반에 두거나 기존 대안을 기준점으로 두지 않고 비용에 기반해서 가격을 정하는 함정에 빠지는 창업가가 정말 많아요. 일반적으로 생애 가치가 짧은 고객을 많이 두기보다, 수가 적더라도 생애 가치가 긴 고객을 중심으로 비즈니스 모델을 개발하는 게 낫다는 점도 알아두면 좋겠어요."

"이탈률 때문인가요?"

스티브의 물음에 메리가 웃으며 답했다.

"맞아요."

스티브는 메리에게 자신의 린 캔버스 최신 버전들을 보여주며 자신이

- MSC 목표를 어떻게 세웠는지,
- 목표 달성을 도와줄 적절한 수단을 어떻게 찾았는지,
- 최우선 캔버스 3개의 우선순위를 어떻게 정했는지 설명을 이어갔다.

"아직 소프트웨어 개발자 캔버스 쪽으로 기울어 있는 게 보이네요. 전체적으로 제법 빈틈이 없어요. 여러 비즈니스 모델을 위한 좋은 출발점이 되겠는데요?"

"제 생각도 그래요. 하지만 아직 찜찜한 부분이 있어요…"

메리는 스티브에게 이야기를 계속하라고 눈짓했다. 스티브는 의자에서 몸을 불편하게 뒤척거리더니 말을 이었다.

"이 모델들 덕분에 제품 기능이 아니라 고객이 원하는 결과를 중심으로 제품의 고유의 가치 제안을 만들고, 가격에 대해서도 깊이 생각해 볼 수 있기는 했어요. 처음에 제가 개발해야 한다고 생각했던 것보다 범위가 확장되기도 했고요. 저는 18개월 제품 로드맵을 구상하고 있는데, 소프트웨어 개발자 캔버스에만 집중하면 1차 출시까지 최소 6개월이 걸릴 테고 사실 9개월은 걸릴 것 같아요. 솔직히 말씀드리면 제 최소 성공 기준에 도달하기 위해 올라가야 할 비탈길이 걱정이에요."

스티브는 수첩을 꺼내더니 자신이 그린 도표를 펼쳐 보였다(그림 3-13).

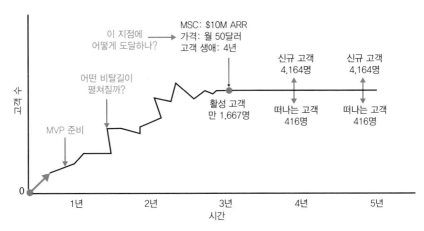

그림 3-13 스티브가 걱정하는 초반의 비탈길

"3년은 긴 시간 같으니까 어쩌면 걱정할 일이 아닐지도 몰라요… 하지만 그 때까지 유료 고객이 1,600명 정도가 되려면 1년에 500명 이상씩 고객을 확보해야 하는 거잖아요! 이 프로젝트를 시작한지도 벌써 1년이 넘었는데 속도가 너무 느린 것 같아요. 개발자가 좀 더 있으면 속도가 훨씬 빨라질 텐데 말이에요. 마케팅과 영업 담당자도 있으면 좋고요…"

메리는 시계를 보더니 말했다.

"저는 10분 뒤에 미팅이 있으니까 견인 로드맵에 관한 정보를 이메일로 보낼게요."

"견인 로드맵이요? 그건 제품 로드맵 같은 건가요?"

"달라요. 견인 로드맵은 3개년 목표를 단계별로 구체적인 견인 목표가 있는 중간 목표들로 나눠주는 도구예요. 목표 지점까지 올라가는 비탈길을 어떻게 구상해야 하는지도 알 수 있고요. 이 이정표들을 보고 나면 제품 출시 계획을 한결 명확하게 세울 수 있을 거예요."

메리는 자신의 말에 끼어들고 싶어 하는 스티브의 모습에 아랑곳하지 않고 말을 이었다.

"지속적인 혁신 프레임워크의 첫 단계는 작동할 가능성이 있는 비즈니스 모델을 구상하는 거예요. 대부분의 제품이 초기에는 고객과 시장 위험을 제대로 파악하지 못하기 때문에, 비즈니스 모델의 욕구 충족 가능성과 실행 가능성부터 스트레스 테스트를 해야 해요. 스티브 님도 이미 거쳐 온 단계고요. 이제 비즈니스 모델을 제대로 실행할 방법이 궁금하시죠? 다음 단계에 있을 실현 가능성 스트레스 테스트가 바로 그 문제를 다룰 거예요. 견인 로드맵과 출시 계획 세우기도 시작되고요. 견인 로드맵을 만들고 나면 다시 연락 주세요."

메리는 다시 한번 시계를 힐끗 보고 말했다.

"이런, 저는 또 늦겠어요!"

아이디어 실현 가능성
스트레스 테스트
실현 가능성: 이 사업을 구축하는 게 가능한가?

실현 가능성 테스트 및 신상품 출시 계획에는 제품 로드맵을 사용하는 관례가 있다. 다만 제품 로드맵에는 앞으로 18~24개월 동안 개발할 제품에 대한 계획이 나와 있다는 가정이 깔려있고, 우리의 현실은 그렇지 않다. 이럴 때 필요한 것이 견인 로드맵이다.

> **TIP** 제품 로드맵을 만들지 말고, 견인 로드맵을 활용하자.

제품 로드맵과 달리 견인 로드맵은 산출물이 아닌 결과물을 중심에 둔다. 결과물 중심 지표는 앞 장에서 이미 다뤘으며, 이는 견인에 꼭 들어맞는다. 최소 성공 기준을 바탕에 두고 앞으로의 3년을 평가하는 방법도 배웠다.

하지만 3년이 아이디어의 실행 가능성을 가늠하기에 적당한 기간이라고 해도, 앞 장에서 소개했던 이유를 생각하면 아이디어의 실현 가능성(어떻게 이뤄낼 것인가)을 판단하기에는 너무 먼 미래다.

최소 성공 기준을 단기적인 마일스톤들로 쪼갤 방안이 필요하다. 이렇게 중간 마일스톤들을 두면 여정을 좀 더 관리하기 쉬운 단계들로 나눠서 시각화하고 단계마다 출시 계획을 세울 수 있다. 이 장에서는 이런 내용을 다루면서 실현 가능성 스트레스 테스트를 집중적으로 설명한다(그림 4-1).

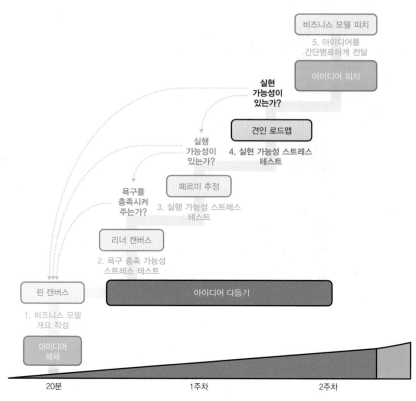

그림 4-1 실현 가능성 스트레스 테스트

4.1 견인 경사로 계획하기

지난 장에서 스티브는 3년 안에 고객을 1,600명가량 확보한다는 목표를 어떻게 달성할지 몰라 고민했다. 스티브의 제품에 대한 첫 3개년 경사로 모델은 선형적, 비선형적, 지수적 방식 중 어떤 방식으로 계획해야 할까?

경사로는 선형적일 수 없다. 두 지점 간의 최단 거리가 직선이기 때문이다. 제품을 선형적으로 성장시키려면 이미 계획이 완벽하게 나와 있어야 한다. 스타트업의 세계에서 완벽한 계획은 전설에나 존재한다.

3장 '필요한 활성 고객 수 측정'에서 이야기했던 혁신 확산론에서는, 새로운 아이디어의 시장 점유율은 S 곡선을 따른다고 상정한다. 이 S 곡선의 앞부분은 친숙한 하키스틱 모양의 궤적을 그리며, 첫 3년 제품 출시 경사로의 모델을 만들기 위한 정답이다(그림 4-2). 최소 성공 기준에서의 목표는 제품/시장 적합성을 조금 넘어서는 것임을 기억하자(하키스틱 곡선에서의 변곡점).

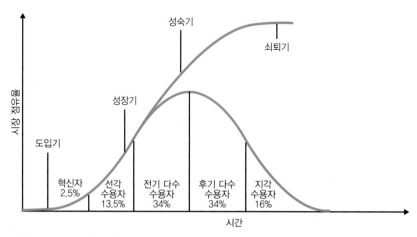

그림 4-2 S 곡선과 선택 생명 주기

> **NOTE** 하키스틱 궤적은 스타트업에만 해당되지 않는다. 스타트업이든 대기업이든, 모든 신제품 출시는 처음에는 평평했다가 시간이 흐를수록 가파르게 올라가고 결국 시장 포화에 도달하거나 다른 제품의 방해를 받는 식의 비슷한 궤적을 따른다.

최소 성공 기준에는 3년 차에 필요할 고객 수가 정해져 있기 때문에, 목표에 대한 경사로를 정하기 위해 한 가지 투입 가정을 더 세워야 한다. 바로 성장률이다.

초기 단계 제품에 사용하기 좋은 성장률은 무엇일까? 연 3배, 5배, 10배, 아니면 숫자를 더 높여야 할까? 견인 로드맵을 위한 성장률을 정해 보라고 하면 작은 숫자에 머무르는 기업가가 많지만, 그런 것이 꼭 최고의 전략은 아니다.

[그림 4-3]은 3가지 성장률을 사용해서 그린 궤적 로드맵이다.

성장률을 낮게 잡으면 오히려 높게 잡았을 때보다 고객 확보율이 더 높아야 한다는 놀라운 결과가 나온다. 5배 모델과 비교할 때 10배 모델에서 2년 차에 필요한 고객 수는 절반, 1년 차에 필요한 고객 수는 1/4에 불과하다!

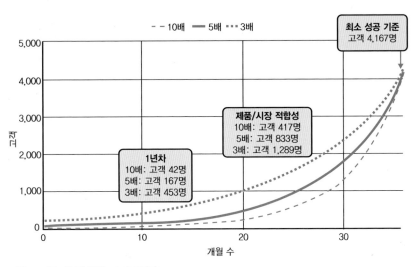

그림 4-3 목표를 달성하는 3가지 방법

이런 결과가 나오는 것은 최소 성공 기준에서 3년 종료 지점이 변경할 수 없게 고정되어 있기 때문이다. 성장률 가정에서 달라지는 것은 하키스틱 곡선의 경사도뿐이다. 이렇게 직관을 거스르는 방식으로 성장률을 바라보게 함으로써, 필자가 코칭한 수많은 팀이 경로를 수정하고 성장률을 높이는 쪽으로 방향을 틀었다.

하지만 성장률을 지나치게 높이는 것도 주의해야 한다. 시작 단계에서의 적절한 성장률은 학습과 확장성 사이의 균형을 유지한다. 시작 단계의 첫 3년 성장률은 연 10배로 잡을 것을 추천한다.

연 10배 성장률은 급성장하는 스타트업에게나 해당하는 이야기처럼 보일 수도 있지만 사실은 그렇지 않다. 이 세상에 있는 모든 기업은 '고객 한 명'이라는 동일한 출발점에서 시작한다. 첫 3년 동안 고객을 1명에서 100명 이상으로 늘리는 계획을 세운다면 10배 모델을 사용할 수 있다.

- 1년차: 고객 1명
- 2년차: 고객 10명
- 3년차: 고객 100명

4.1.1 스티브, 견인 로드맵을 그리다

스티브는 견인 로드맵에 추천받은 대로 10배 성장률을 사용하기로 했다. 그렇게 완성한 로드맵이 [그림 4-4]이다.

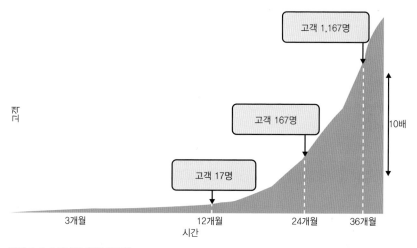

그림 4-4 스티브의 견인 로드맵

처음 그렸던 선형 모델에서는 1년 차에 고객을 500명 이상 확보해야 했던 것과 달리, 10배 모델에서는 1년 차에 17명만 확보하면 된다. 하지만 안도한 것도 잠시, 하키스틱 곡선의 끝부분을 보니 새로운 걱정이 밀려왔다.

스티브는 자신이 그린 견인 로드맵을 캡처해서 메리에게 문자를 보냈다.

"어떻게 3년 안에 신규 고객 1,500명을 확보하죠? 제가 처음 걱정했던 확보율의 3배인걸요!"

 "달리기를 시작하기 전에 걸음마부터 떼야죠. 우선 곡선 전반부에만 집중하고, 궤적 로드맵에 있는 숫자를 활용해서 현재-다음-이후 제품 출시 계획을 세워보세요."

"흠… 알겠어요. 하지만 1년 차 목표도 제가 처음 생각했던 것보단 작지만 여전히 막막해요. 앞으로 9개월 안에 제품을 내놓지 못하면 고객 17명을 어떻게 확보해야 할지 모르겠어요. 3개월 안에 고객 17명을 만들어야 하는 거잖아요."

 "그 고객들을 더 일찍 만들 방안을 생각해야죠 😊"

"그걸 어떻게 해야 하는지 모르겠어요 ☹"

 "내일 만나서 점심이나 먹으면서 이야기해요."

"네, 빨리 뵙고 싶어요."

 "그리고 생각 연습을 해 봐야 해요. 본인이 엄청난 포부를 가지고 식당을 개업하려고 하는 초보 사장이라고 상상해 봐요. 요식업이 위험이 큰 건 말 안 해도 알겠죠. 식당 대부분이 개업 1년 안에 문을 닫아요. 요식업계에도 기업 경영과 마찬가지로 솔루션을 보여줘야 하는 문제들이 있어요."

메뉴를 완벽하게 짜고, 식기에 냅킨까지 준비한 다음에 두둑하게 투자를 받으면 식당을 열 수 있죠. 하지만 식당 개업이 수반하는 모든 위험 요인을 생각하면, 한 번도 식당을 경영해 본 적 없는 새내기 사장에게 투자를 하면서 위험을 감수하고 싶어 하는 사람은 없겠죠. 어디서 들어 본 얘기 같지 않아요?"

"재밌네요. ㅋㅋㅋ"

 이 곤경에서 빠져나가는 열쇠는 확장 위험 요인보다 시작 위험 요인을 우선으로 생각하는 거예요. 오늘 숙제는 이 새내기 식당 사장이 당장 가지고 있는 가장 큰 위험 요인이 무엇인지 생각하고 현재-다음-이후 제품 출시 계획을 세워오는 겁니다."

"네, 해 볼게요…"

 "내일은 음식 얘기를 할 거니까, 근처에 새로 생긴 타코 집에서 보시죠. 꽤 맛있다고 하더라고요."

"오 저도 그 집 좋아합니다. 그런데 줄이 길어서 빨리 만나는 게 좋겠어요. 조금이라도 늦으면 1시간은 줄 서야 하거든요."

 "저는 11시 반이 좋아요. 내일 봅시다."

4.2 현재-다음-이후 제품 출시 계획 세우기

수많은 기업이 당연하게도 하키스틱 곡선의 후반부에 도달하기 위해 내달린다. 그래서 매사를 빠르게 진행하려고 한다. 하지만 모든 일을 빠르게 진행한다고 무조건 빠르게 발전할 수 있는 것은 아니다. 오히려 빠르게 길을 잃기 십상이다. 초점을 잃고 성급한 최적화의 함정에 빠져버리기 쉽기 때문이다.

성급한 최적화의 예를 살펴보자.

- 아직 사용자가 한 명도 없는데 처음부터 사용자 수천 명에 맞게 제품을 최적화하려고 하기.
- 고객이 한 명도 없는데 영업 책임자 채용하기.
- 견인을 만들기도 전에 투자 받기.

성급한 최적화는 스타트업의 치명적인 실패 요인 중 하나다. 잘못된 시기에 잘못된 위험 요인을 우선시하면, 제품/시장 적합성을 달성하기에도 가뜩이나 한정된 자원이 큰 폭으로 줄어들기 때문이다. 성급한 최적화 함정을 피하려면 지속적인 혁신 마인드셋을 탑재해야 한다.

마인드셋 #4

적절한 시기에 적절하게 행동하라.

어느 지점에 있든, 비즈니스 모델에 가장 큰 영향을 줄 수 있는 핵심적인 활동은 몇 가지에 불과하다. 기업가는 바로 그 핵심 활동에 집중하고 나머지는 무시해야 한다. 이것이 적절한 시기에 적절하게 행동하라는 마인드셋의 본질이다.

너무 근시안적인 시선을 가지는 것은 위험하다. 기업가는 장기적인 계획을 세우는 동시에 단기적 관점에서 행동할 수 있어야 한다. 하지만 스타트업 여정은 근본적으로 불확실성이라는 안개에 싸여 있기 때문에, 당장 눈앞에 있는 것밖에 보지 못하면서 너무 먼 미래를 위한 확실한 계획을 세우려 발버둥 치는 경우가 많다.

그래도 괜찮다. 이제 현재-다음-이후 출시 계획을 고민할 지점이다.

현재-다음-이후 계획을 세우는 것은 하키스틱 곡선을 이루는 3개 구간에 대략적으로 해당하는 3개 시기를 사용해 견인 로드맵을 보기 위해서이다. 하키스틱 곡선은 평평한 구간, 점점 올라가는 구간, 눈에 띄는 변곡점을 지나서 곡선이 위로 치솟는 구간으로 나뉜다. [그림 4-5]에서처럼 각 구간은 제품 수명 주기의 특정 단계를 나타낸다.

1. 문제/솔루션 적합성
2. 제품/시장 적합성
3. 확장

견인 로드맵을 사용해서 한 시기가 끝날 때마다 달성해야 하는 견인 목표를 결정한다. 그런 다음 시기별 계획을 세운다. 쉽게 짐작할 수 있겠지만 '현재' 계획이 가장 구체적이어야 하고 '다음' 계획은 구체성이 다소 떨어질 수 있으며, '이후' 계획이 가장 모호하게 구성된다.

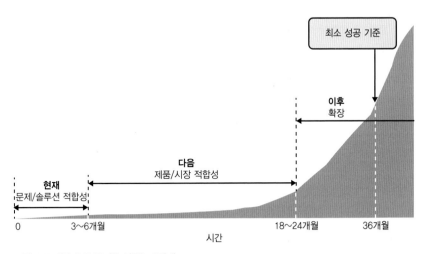

그림 4-5 제품 수명 주기를 이루는 3단계

10배 성장률을 사용한다면 각 단계가 전 단계보다 한 자릿수 정도밖에 커지지 않는다. 그래서 이 단계들에서 비즈니스 모델의 가장 큰 위험 요인을 다룬다는 것을 인식하기가 어렵다. 이것은 단계를 기준으로 현재-다음-이후 출시 계획을 세우기 위한, 그래서 가장 위험하다고 가정하는 요인을 체계적으로 우선시하기 위한 중요한 통찰이다.

마인드셋 #5

가장 위험한 가정들을 단계적으로 헤쳐 나간다.

이 3단계를 함께 훑어 보면서 목표, 일반적인 타임라인, 상품, 각 단계를 탐색하는 전략을 우선 대략적으로 논의하자.

4.2.1 1단계: 현재—문제/솔루션 적합성

하키스틱 곡선에서 평평한 구간을 좋아하는 사람은 없지만, 올바른 마인드셋을 가지고 있으면 이 단계를 선물이라고 생각할 수 있다. 적시에 적절한 행동을 취하기 위한 마인드셋을 가지는 첫 단추는, 평평한 구간을 거치지 않고는 하키스틱 곡선의 후반부로 넘어갈 수 없음을 깨닫는 것이다.

> **TIP** 제품 초창기에는 가속이 아닌 감속이 필요하다.

하키스틱 곡선의 평평한 구간은 핵심을 통찰하고 비밀을 발견하는 단계이다. 장차 고유하고 가치 있는 제품을 개발하는 밑바탕을 다지기 위해 고객을 깊이 이해하고, 해결할 가치가 있는 진짜 문제를 파악하고, 데모-판매-개발 과정을 사용해 가능한 솔루션을 테스트해 보는 데 충분한 시간을 들여야 한다.

실제 작동하는 제품 없이도 유료 고객을 확보할 수 있다는 것은 직관을 거스르는 통찰이다.

이 단계에서 나오는 최종 성과는 아이디어를 개발하는 단계(2단계)로 전진하기 위해 근거에 기반하여 진행 여부를 결정하는 것이다.

이 첫 단계를 마무리한 시점에는 다음 상태에 도달해 있어야 한다.

- 고객의 필요(와 욕구)를 명확하게 이해한다.
- 고객에게 가치를 제공하기 위해 개발해야 하는 최소한의 것(MVP)이 무엇인지 안다.
- 고객들로부터 충분히 신뢰받고 있고 실질적인 약속(선불 결제, 가계약서 등)을 충분하게 확보한다.

제품이 다루는 문제/솔루션 적합성에 도달하기 까지는 대부분이 3~6개월 소요된다. 문제/솔루션 적합성을 이루기 위한 자세한 단계는 7~11장에서 알아보자.

4.2.2 2단계: 다음—제품/시장 적합성

1단계가 끝날 무렵이면 기업가 입장에서 고객이 원했으면 하는 제품이 아니라, 고객이 원하리라고 확신할 수 있는 제품에 대한 명확한 정의를 내려야 한다. 그 후로 몇 주에서 몇 개월간은 제품의 첫 번째 버전(MVP)을 개발해서 출시를 준비해야 한다. 초기 목표는 가치 전달을 입증하기 위해 내달리는 것이다. 즉 고객이 원하는 제품을 개발한 것이 맞는지 판단해야 한다. 그러려면 고객들에게 끊임없이 피드백을 받는 반복 과정을 통해 제품을 지속적으로 개선해야 한다.

여기서 직관을 거스르는 통찰은, **사용자가 많지 않아도 비즈니스 모델에서 반복성을 확보할 수 있다는** 것이다.

비즈니스 모델에서 반복성을 높이는 것이 이 단계의 핵심 성과물이다. 그리고 하키스틱 곡선의 변곡점을 넘어 3단계 진입을 준비하기 위한 성장 가속 목표를 정하기 시작해야 한다.

제품/시장 적합성 달성에는 보통 18~24개월이 걸린다. 제품/시장 적합성 달성을 위한 자세한 단계는 12~14장에서 다룬다.

4.2.3 3단계: 이후—확장

제품/시장 적합성을 달성하고 나면 어느 정도 성공이 보장된다. 문제는 그게 어느 정도인가이다. 확장 단계에서는 적절한 제품을 개발하는 것에서 성장을 추구하는 방향으로 전략에 대대적인 변화가 생긴다. 이 단계에서는 몇 가지 최적화 실험을 통해 여러 가지 가능성 있는 성장 전략과 캠페인을 테스트한다.

여기서 직관을 거스르는 통찰은, **이 단계에서도 모든 것을 빠르게 진행하는 것이야말로 더 빨리 실패하는 지름길**이라는 것이다. **한 번에 성장 엔진 하나에만 집중하자.**

이 책을 쓰는 목적은 독자 여러분이 콘셉트에서 출발한 여정을 제품/시장 적합성 너머까지 이어가는 데 도움이 되는 것이다. 제품/시장 적합성 이후의 성장 추구와 수명에 대한 대략적인 방향성은 14장에서 제시한다.

4.3 스티브, 적절한 시기와 적절한 행동에 대한 교훈을 얻다

메리는 타코 식당에서 마지막 남은 테이블을 잡고 스티브에게 신호를 보냈다. 스티브는 의자를 당겨 앉아 점심을 내려놓더니 한숨을 내쉬었다.

"와, 저 줄 좀 봐요. 이제 겨우 11시 45분인데 벌써 문밖에 모퉁이 너머까지 줄이 있잖아요. 우리는 시간을 잘 맞춰 왔네요."

"그러게 말이에요. 몇 군데 맛집으로 소개된 다음부터는 매일 이래요."

메리는 스티브가 숨 돌리기를 기다리며 물었다.

"어제 드린 과제는 어떻게 했어요? 처음으로 식당을 하는 사람이 마주하는 위험한 가정은 뭐라고 생각해요?"

"흠, 여기를 보세요. 물론 상품과 위치가 좋아야 하죠. 부동산에서 항상 그러잖아요. 위치가 진리라고."

"정말 초보 식당 사장님에게 좋은 위치에서 시작하는 게 현명한 생각일까요? 목 좋은 곳에는 웃돈이 따르기 때문에, 식당을 성공시키기 위한 활주로가 훨씬 짧고 판돈은 훨씬 커져요."

메리는 스티브가 고개를 끄덕일 때까지 기다렸다가 말을 이었다.

"위치만 좋다고 성공이 보장되지도 않죠. 물론 위치는 좋은데 맛은 형편없는 식당도 있고, 위치는 별로지만 맛은 좋은 곳도 있잖아요."

"위치는 중요하지 않다는 말씀인가요?"

"맞아요. 위치가 좋으면 성장에 도움이 되지만, 그건 확장할 때의 위험이지 시작할 때의 위험이 아니에요. 우리가 이야기하는 시점에서 식당 주인은 검증되지 않은 제품을 가지고 있어요. 그러니까 성장 가속화가 아니라 가치 제공을 중심으로 시작에 따른 위험을 다뤄야 합니다."

메리는 스티브에게 생각할 시간을 주고 말을 이었다.

"제가 이 집에 오자고 했던 건 물론 타코가 맛있기도 하지만, 지금은 핵심 지역에 지점도 몇 개 거느리고 정신 없이 성장 중이라도 시작할 땐 그렇지 않았기 때문이에요. 이 집이 어떻게 시작했는지 아세요?"

스티브는 고개를 저었다.

"창업자가 잭이라는 사람인데, 동부권에서 푸드트럭으로 시작했어요. 푸드트럭이 최고의 부동산 입지라고 볼 순 없죠."

스티브가 끼어들었다.

"그 이야기를 봤던 기억이 나요. 푸드트럭은 일반 식당을 여는 것보다 훨씬 빠르고 저렴하게 시작할 수 있어서, 음식 콘셉트를 훨씬 빠르게 테스트해 볼 수 있었던 것 같네요. 그 푸드트럭이 할 수 있게 해줬다고 생각합니다. 푸드트럭이 이 식당의 MVP였던 건가요?"

메리는 고개를 끄덕였다.

"바로 그거예요. 성급한 최적화의 함정에 빠지는 기업가가 참 많아요. 완성된 제품을 사용자 수만 명이 사용하는 미래를 상상하면서 그걸 현실로 이루려고 노력하죠. 그러면 잘못된 위험 요소부터 챙기게 돼서, 오히려 잘못된 시기에 잘못된 행동을 하게 돼요. 아이디어 초기 단계에서는 사용자가 많이 필요하지 않습니다. 선각 수용자가 되어줄 좋은 고객 몇 명만 있으면 되죠."

"그러면 그 창업자가 푸드트럭을 시작하면서 생각했던 최대 위험 요인은 무엇이었을까요? 음식?"

"어떻게 보면 그렇지만 그냥 요리를 하고 시내를 돌아다니면서 파는 게 전부는 아닙니다. 모든 제품의 첫 번째 전투는 고객의 관심 끌기예요. 혁신가의 선물 기억하세요? 혁신의 본질은 전환을 일으키는 거죠. 이 동네에는 점심을 먹을 수 있는 곳이 반경 5km 안에 100군데도 넘어요. 그런데 누가 굳이 푸드트럭에 가겠어요?"

"입소문?"

"소문은 나중 일입니다. 먼저 고유의 가치 제안을 통해 첫 고객들(선각 수용자)의 관심을 끌어야 하죠. 그들이 관심을 보이기 시작하면 새롭고 놀라운 무언가를 제공해야 해요. 그걸 해 내면 입소문이 나는 거고요."

"네, 맞는 말이네요. 하지만 고객들을 어떻게 푸드트럭으로 데려가죠? 창업자가 대대적인 광고에 투자하거나 원래부터 SNS에 팔로워가 많았나요?"

"아니요, 제가 보여줄게요."

메리는 핸드폰에서 푸드트럭의 초기 사진을 찾아 스티브에게 보여주었다.

"제일 먼저 뭐가 보여요?"

스티브가 사진을 보니 푸드트럭 윗부분에 커다란 배너가 걸려있었다.

"불고기 타코?"

"맞아요. 이름도 아니고, 로고도 아니고, 심지어 식당 홍보 문구도 아니에요. 우리가 제품을 만들 때 사람들이 푹 빠져주기를 바라는 거 있잖아요. 그게 뭐였죠?"

"고유의 가치 제안?"

"맞았어요. 텍사스에서는 BBQ나 타코를 맛있게 하면 미식가들, 그러니까 선각 수용자들의 관심을 끌 수 있죠. 둘 다 잘하면 더 좋겠지만 그런 맛집은 이미 많아요. 하지만 한국식 불고기 타코라는 새로움을 가미하면 독특한 메뉴로 눈길을 끌 수 있죠. 미식가나 인플루언서들은 그런 걸 제일 먼저 먹어 보고 다른 사람들에게 후기를 전하고 싶어 합니다."

메리는 잠시 목을 축이고 말을 이었다.

"자, 이제 정리해 봅시다. 처음 식당을 여는 사람에게 시작 단계의 가장 큰 성공요인은 고객의 관심이에요. 가장 먼저 내 제품의 고유의 가치 제안이 무엇인지 생각해야 합니다. 무엇을 위한, 누구를 위한 제품이죠? 이 식당의 경우 창업자는 미식가들을 공략하기로 하고 푸드트럭을 선택했어요. (말 그대로) 대상에게 다가가서, 훨씬 저렴한 비용으로 자신의 콘셉트를 빠르게 테스트해 볼 수 있으니까요. 그게 이 창업자의 '현재' 계획이었고, 그걸 몇 주나 몇 달이 아닌 며칠 만에 실행에 옮겼어요."

"그 분도 다음 계획과 이후 계획도 함께 구상했나요?"

"네, 그랬어요. 하지만 꽤 대략적인 계획이었죠. 다음 계획으로는 시내 여기저기에 식당을 여는 상상을 항상 해왔고, 이후 계획의 일환으로 다른 도시로 진출해서 전국적인 프랜차이즈를 만든다는 포부가 있었어요."

"그래서 푸드트럭은 얼마나 오래 운영했나요?"

"그다지 오래 하지 않았어요. 놀랄 것도 없이, 이 분도 처음 콘셉트를 실행한 게 아니라 푸드트럭 초창기에 작은 시도를 수십 번 반복하면서 가능성 있는 콘셉트를 찾았어요. 훌륭한 메뉴 몇 가지를 성공시키니 입소문을 탔고, 푸드트럭 개시 4주 만에 점심 영업을 시작하기도 전에 트럭 앞에 줄이 생기기 시작했어요."

"그렇게 빨리요?"

"네, 정신없이 일해야 했죠. 매일 품절이 되니 몇몇 음식 평론가들이 관심을 가졌어요. 그들이 푸드트럭을 취재해서 기사를 쓰고 나니 줄은 더 길어졌고요. 창업자가 그 많은 손님을 전부 소화할 방법을 찾다 보니 '이후의 계획'을 실행하게 된 거예요."

"푸드트럭을 하나 더 여는 거였죠!"

"맞아요. 우리가 지금 있는 곳 아주 가까이에 푸드트럭을 하나 더 열었어요. 여전히 시장에 진입하기에는 푸드트럭이 저렴한 방법이었으니까요. 이 동네 임대료가 저렴하지 않잖아요. 그 푸드트럭도 품절되기 시작했고, 이것이 투자를 받기 위한 초기의 매력적인 견인 스토리가 되었어요. 첫 푸드트럭을 시작한 지 9개월도 되지 않아서 그는 두 군데를 모두 정식 식당으로 변신시켰어요. 앞으로도 지점이 3개는 더 나올걸요? 나머지는 말 안 해도 알겠죠."

스티브가 끼어들었다.

"투자자들은 창업자가 사업을 확장하지 못할까 봐 걱정하지 않았나요? 푸드트럭 하나를 운영하는 것과 정식 식당 여러 군데를 운영하는 건 다른 일이잖아요. 전국 규모의 프랜차이즈는 말할 것도 없고요."

"물론 그렇겠지만 그런 게 바로 투자자들이 관여하기 좋아하는 종류의 위험이에요. 확장에 있어서의 위험이냐, 시작에 있어서의 위험이냐죠. 모든 제품의 초기 과제는 수요를 해결하는 것입니다. 수요만 충분히 창출할 수 있으면 공급 측면은 대개 해결할 수 있어요."

"공급 측면이라는 건 제품 개발이요?"

"네, 맞아요. 이걸 다르게 표현하자면, 수요 측면의 위험은 고객(욕구 충족) 및 시장(실행 가능성) 위험과 관련 있는 반면, 공급 측면의 위험은 보통 제품(실현 가능성)에 관련한 위험입니다."

"네, 맞는 말이죠."

"창업자는 분명 푸드트럭 두 대에서 지점이 열 곳도 넘는 식당으로 사업을 성장시키면서 온갖 확장 위험을 겪었을 거예요. 직원 채용, 교육, 브랜딩까지 말이죠. 하지만 핵심이 검증된 우수한 제품만 있으면 이런 문제는 위험도가 낮고 해결 가능성이 높은 걸림돌 정도가 돼요. 메타, 유튜브, 엑스의 초창기를 생각해 보세요. 열정적인 선각 수용자 수천 명에서 사용자 수억 명으로 성장하기까지 이 기업들은 모두 엄청난 확장 위험을 겪었지만 모두 극복했어요. 엑스의 트위터 시절 오류가 생겼을 때 나오던 고래 그림 아시죠?"

이 말을 들은 스티브의 눈이 휘둥그레졌다.

"성급한 최적화를 피하라… 배울 점이 너무 많은 이야기이긴 하지만 이걸 제 제품에 어떻게 적용해야 할지는 아직 모르겠어요."

"이런 사례 연구를 볼 때 중요한 건 전술과 원칙을 분리하는 거예요. 식당 사업을 성장시키는 건 소프트웨어 사업을 성장시키는 것과 전술적으로 상당히 다를 수 있지만, 그 전술의 기저를 이루는 원칙은 보편적이라서 어떤 종류의 제품에나 적용할 수 있어요."

"하지만 이런 원칙들이 정말 보편적일까요? 식당에 맞는 원칙이었던 건 알겠지만 음식의 MVP는 몇 시간 만에 하는 요리잖아요. 하지만 제품 개발에는 몇 개월이 걸릴 수도, 몇 년이 걸릴 수도 있는데 어떻게 해야 할까요?"

메리는 웃었다.

"스티브 님은 항상 가장 설득하기 어려운 팀원이었어요. 하지만 맞는 말이에요. 그러니까 한 단계 끌어올려서 개발에 몇 년이 걸리는 제품을 생각해 보죠. 전기차 아시죠? 테슬라 말이에요. 만약 스티브 님이 일론 머스크이고 2006년에 최초의 저렴한 전기 자동차를 만들겠다는 비전을 가지고 있었다면, 현재-다음-이후 상품 출시 계획을 어떻게 세웠을까요?"

바로 그때 메리의 전화가 울렸다.

"점심시간이 끝났네요. 이 원칙을 테슬라 출시에 적용해 보고 내일 만나서 커피 마시면서 이야기해요."

그리고 메리는 식당을 나섰다.

4.4 스티브, 오즈의 마법사 MVP에 대해 배우다

"그래서, 테슬라 출시 계획은 어떻게 세웠어요?"

메리는 다음날 스티브를 만나 커피 마시며 물었다.

"테슬라 출시 이야기 몇 가지를 이미 알고 있어서 조각들을 맞춰볼 수 있었어요."

"한번 들어봅시다."

"우선 어제의 대화를 하지 않고 이 질문을 하셨다면 저는 아마 신생 자동차 회사, 특히 창업자가 자동차 제조 경험이 없는 인물이라고 할 때 가장 위험한 요인 가정으로 기술, 설계, 제조, 충전 인프라, 브랜드를 꼽았을 거예요. 하지만 이 위험들은 전부 수요가 아닌 공급 측의 위험이라는 걸 알 수 있었죠. 그래서 혁신가의 선물을 적용해서 이렇게 생각해 보았어요. '사람들이 자동차를 전기차로 바꾸려고 하는 이유는 무엇일까?'"

메리는 스티브에게 계속 이야기하라는 신호를 보냈다.

"연료비를 아끼고 싶은 사람도 있고, 탄소 발자국을 줄이고 싶은 사람도 있겠죠."

"훌륭한 대답이에요. 2006년에 일론 머스크는 분명 두 가지 계기를 봤어요. 기후 변화에 대한 인식 향상과 연료비 상승이었죠. 이미 특정한 차량 구매자 하위집단(일론 머스크의 잠재적 선각 수용자)은 이러한 전환 계기로 인해 이미 종래의 화석 연료 자동차에서 하이브리드 차량으로 갈아타는 전환 행동을 보이고 있었어요. 하지만 하이브리드는 아직 부분적으로라도 화석 연료에 의존한다는 문제가 있죠. 화석 연료로부터 완전히 독립하거나 무탄소 배출을 실현한다는 것이 저렴한 전기 자동차의 약속이었어요."

"네, 전환 계기를 훨씬 큰 비전의 일부가 되게 하시는 방식이 좋네요. 그래서 당시 테슬라의 사업 최우선 과제는 고유의 가치 제안을 테스트하는 것이었어요. 일론 머스크는 충분히 많은 사람에게 무탄소 배출이라는 자신의 비전을 제시해서 그들을 설레게 하고 관심을 가지게 하는 방법으로 이 테스트를 하지 않았을까요?"

"맞아요. 한술 더 떠서 데모-판매-개발 방식으로 개발하지도 않은 채로, 첫 번째 전기차의 선주문을 받았어요."

"그 부분은 이해가 안 가요. 데모-판매-개발을 요식업에 적용하는 건 이해하지만 자동차, 심지어 아직 발명되지도 않은 기술에 의존하는 전기 자동차라면 개발에 몇 년은 걸리잖아요. 그런 걸 어떻게 신속하게 반복 개발하고 테스트하죠?"

"아… 하지만 테슬라가 자동차 전체를 한번에 개발했을까요?"

스티브는 어리둥절한 표정을 지었다.

"로드스터 말인가요?"

"네. 테슬라가 처음 출시했던 테슬라 로드스터는 차량 전체를 직접 개발한 것도 아니었어요. 테슬라 로드스터에는 테슬라 엠블럼이 들어갔지만 디자인과 섀시는 로터스 모터스라는 다른 자동차 회사에서 라이선스를 받았죠. 자, 테슬라는 왜 그런 선택을 했을까요?"

"차를 더 빨리 출시하려고요?"

"바로 그거죠. 대부분의 자동차 회사가 콘셉트 구상을 시작으로 신차를 출시하기까지 10년이 걸리는 반면 테슬라는 겨우 2년 반이 걸렸어요. 자동차 업계에서는 빛의 속도라고 할 수 있는 수준이죠. 저는 학습 속도가 중요하긴 하지만 그 역시 상대적인 속도라는 것을 알려준다는 점에서 이 테슬라 사례를 좋아해요. 경쟁사보다 빨리 배우기만 하면 경쟁에서 이길 수 있죠."

"그거 좋네요."

"하지만 이 이야기는 제품 출시 속도에서 끝나지 않아요. 자동차 전체를 설계, 개발, 생산할 필요가 없어진 테슬라는 그다음으로 위험한 가정을 테스트하는 데 집중하고 나머지는 무시했어요. 그게 뭐였는지 짐작 가세요?"

"전기 배터리요?"

"맞았어요. 자동차를 처음부터 설계, 개발, 생산하는 것은 산더미 같은 일이기는 해도 극복할 수 없는 위험은 아니었어요. 양산이 가능한 자동차를 만들 줄 아는 자동차 회사는 많지만, 그중에서 양산이 가능한 전기 자동차를 만들 줄 아는 회사는 없었거든요. 그게 우선시할 가치가 있는 차별점이었죠."

"그래서 기존 자동차의 라이선스를 사고 그 안에 테슬라의 배터리를 넣어서 이미 방법이 알려진 작업 대부분을 건너뛰고 방법이 알려지지 않은 작업을 우선시했네요. 자동차 엔지니어를 고용하거나 큰 공장을 지을 필요 없이 전기 배터리 개발에 집중하고, 그걸 기존 차량에 꽂아서 판매할 수 있었어요. 제가 단순화시켜서 말하고 있는 건 알지만 정말 천재적이네요."

"네, 그게 테슬라의 현재 계획이었어요. 그나저나 MVP에 기존 대안을 결합하는 이 방식은 지속적인 혁신 프레임워크continuous innovation framework(CIF)에서 흔히 사용하는, '오즈의 마법사 MVP'라고 하는 검증 레시피예요. 린 스타트업 운동 초창기에 처음 대중화되고 패턴이 정착되었죠.

"오즈의 마법사요? 영화 제목 맞죠?"

"맞아요. 이 검증 패턴은 기본적으로 '될 때까지 준비된 척이라도 하자'는 거예요. 다시 말해 모든 것을 처음부터 개발하려고 하는 대신 기존 대안들을 합쳐서 초기 MVP의 범위를 좁히라는 거죠."

"기존 대안들을 짜깁기하듯 결합해도 괜찮을까요?"

"우리의 목표는 여전히 고유의 가치 제안이에요. 그 고유한 가치는 기존 대안들을 참신한 방식으로 조립해서 구성 요소들의 총합보다 거대한 결과물을 만드는 것일 수도 있고, 조립된 솔루션에 들어갈 참신한 구성 요소를 제시하는 것일 수도 있죠. 테슬라는 후자였고요. 테슬라는 독자적인 배터리 기술을 활용해 기존 자동차를 전기차로 변신시켜서 고객이 원하는 새로운 UVP를 제공했어요."

메리는 멍한 얼굴을 한 스티브의 주의를 끌기 위해 말을 멈췄다.

"미안해요. 제가 생각이 많아졌어요. 저도 오즈의 마법사 패턴을 적용해서 출시 속도를 높여볼 수 있을 것 같아요. 좀 더 고민해 봐야죠. 하지만 테슬라가 어떻게 고객 수요와 기술적 위험의 균형을 맞출 수 있었는지 여전히 아리송하네요. 아직 발명되지도 않은 기술에 의존하는 자동차의 선주문을 받고 있었잖아요. 고객의 요구에 압도돼서 지킬 수 없는 약속을 할 위험이 어마어마하지 않나요?"

"네, 테슬라가 현재-다음-이후의 단계를 바탕으로 진행한 출시 계획에는 분명 위험이 있었죠."

메리는 혼란에 빠진 스티브의 얼굴을 보면서 자세한 설명을 이어갔다.

"일론 머스크는 2006년에 저렴한 전기차를 출시하겠다고 전 세계를 향해 약속했지만 테슬라가 처음 출시한 자동차 로드스터는 시작 가격이 10만 달러가 넘었어요. 약속과는 정반대였죠. 이론적으로는 어떤 차에나 배터리를 넣을 수 있었는데 왜 테슬라는 좀 더 저렴한 기아, 폭스바겐, 포드 머스탱이 아니라 값비싼 스포츠카를 택했을까요?"

"흠… 브랜드를 고급화하려고 했다거나 이윤을 추구했다고 말하고 싶지만 분명 다른 이유가 있겠죠?"

메리가 웃었다.

"당연하죠. 이 모든 것은 철저하게 계획된 3단계 출시 계획의 일환이었어요. 적절한 때에 적절한 위험을 우선적으로 해결하기 위한 설계를 통해 각기 다른 세 가지 차종을 선보였죠. 일론 머스크는 2006년에 블로그에서 이 출시 계획을 '비밀 종합 계획'이라고 모호하게 설명했어요. 모델 3 출시 발표 자리에서도 이 종합 계획을 추가로 설명했고요. 인터넷에서 발표 영상을 찾아볼 수 있을 거예요. 제 기억이 맞으면 3분 정도 지점에서 이 계획을 이야기했어요."

스티브는 메리가 설명하는 동안 스티브는 영상을 다시 보기 위해 메모를 했다.

"첫 번째 자동차의 가장 큰 위험은 전기화였어요. 그리고 자동차를 새로 개발하지 않고 기존 차의 라이선스를 사는 것이 1단계 또는 '현재' 계획의 첫 번째 핵심 요소였어요. 그다음 핵심 요소는 적절한 차를 선택하는 것이었고요. 왜 다른 차가 아니라 2인승 로터스 엘리스 로드스터였을까요? 시작 가격을 3배 높게 매기면 제품 수요는 어떻게 될까요?"

"줄어들겠죠?"

"바로 그거예요. 프리미엄 스포츠카 브랜드를 이용해 첫 차를 출시해서, 누구나 보고 선망하지만 아무나 가질 수는 없는 아주 매력적인 차를 만들고 있었지요."

"그럼 첫 번째 차로는 주류 시장에 진입할 계획이 전혀 없었던 거네요?"

"그래요. 혁신 종형 곡선의 확산을 기억하세요. 테슬라는 선각 수용자 시장 공략에만 집중했고, 높은 가격대를 활용해서 하키스틱을 아주 효과적으로 그려냈어요. 로드스터는 가격이 비싸고 물량은 적었죠. 몇 년 동안 1년에 500대씩만 팔고 단종시켰어요."

"그럼 그게 학습 MVP였던 거죠?"

 "맞아요. 1단계는 그들의 MVP를 테스트하는 것이 전부였어요. 테슬라는 스포츠카 껍데기 속에 배터리를 장착했고요."

"이제 알겠어요. 몇백만 달러짜리 차를 살 여유가 있는 사람이라면 이미 소유하고 있는 차가 여러 대 있어서, 평상시에 테슬라의 차에 의존할 필요가 없을 가능성이 높아요. 차가 출고될 때까지 2년까지도 기다려줄 수 있고, 주류 고객과는 차를 모는 방식이 아주 다르겠죠."

 "바로 그거예요. 고객 수가 적으면 대리점, 충전소, 서비스 센터 같은 인프라 확장에 집중력을 분산시킬 필요도 없고요. 테슬라는 그런 가치 제공 측면을 '컨시어지화'했어요."

"배터리 관련 위험을 웬만큼 해결한 다음에는 2단계로 진입해서 모델 S로 고급 세단 시장에 진출한 거죠?"

 "맞아요. 가격이 덜 비싼 중형차였지만 여전히 선주문을 통해 점진적으로 출시했어요. 모델 S를 출시하는 동안에는 자체적으로 차량을 생산하고 충전소, 매장, 그 밖의 기반 시설을 구축하는 새로운 위험들에 대응했어요."

"그리고 모델 3이 3단계였나 보네요. 주류 시장을 위한 저렴한 전기차요."

"잘 아시네요. 테슬라는 모델 3을 발표할 때, 주류 시장에 진출하기 위한 기반 시설을 상당수 갖춰 놓은 상태였어요. 무엇보다도 주류 시장 고객들이 전기차를 실제로 살 수 있도록, 전기차라는 개념에 대한 위험을 충분히 해결한 상태였죠. 모델3 출시는 2주 만에 선주문이 25만 건이나 들어온 최대 규모의 제품 출시였어요.

"저도 관련 기사를 읽었던 기억이 나요. 그래서 처음에는 일부러 저속을 유지하면서 틈을 메운 덕분에 이후에 훨씬 빠르게 갈 수 있었던 거네요. 이제 하키스틱을 따라간다는 게 무슨 뜻인지 알겠어요. 이 단계들도 10배 견인 모델을 따랐나요?"

"그랬죠. 일론 머스크는 지수 내지는 10배를 추구하는 사람으로 유명하잖아요. 이 출시 과정은 10배 공식의 교과서였어요. 10년에 걸쳐 모델 3을 50만 대 판매한다는 테슬라의 견인 로드맵 예측을 설명하는 도표들이 아직 인터넷에 있을 거예요."

"10년이요? 제가 구상하고 있는 3년보다 훨씬 길잖아요."

"물론이죠. 자동차나 화성으로 가는 로켓을 만들려면 아무래도 일정을 조정해야겠죠. 실현에 10년이 걸릴 수도 있는 거대한 비전을 가지는 건 잘못된 게 아니에요. 스티브 님의 메타버스 비전도 다르지 않고요. 하지만 그 비전을 실행 가능하게 만들려면 더 작은 시계들로 여정을 나눠야 해요. 테슬라는 신제품 발표 몇 주 만에 선주문을 받을 수 있었다는 점을 잊지 마세요. 아직은 제품을 개발하는 단계가 아니니까, 제품 종류에 관계없이 3개월이라는 권장 기간 안에 문제/솔루션의 적합성에 도달하는 걸 목표로 삼아야 해요."

"알겠어요. 그리고 개발 단계에서도 테슬라는 오즈의 마법사 방식으로 시간을 훨씬 단축시켰어요."

 "맞아요. 훈련을 받고 약간의 창의력을 발휘하면 대부분 초기 MVP의 범위를 줄일 수 있어요. 때가 되면 또 논의할 부분이 많을 것 같네요."

"맞는 말씀이지만 문제/솔루션 적합성에 대한 견인 로드맵을 1년 시점에서 3개월로 추정하는 이유는 아직 모르겠어요. 그때까지 판매할 제품이 준비되지 않았다면 더더욱 그렇고요. 항상 선주문을 받아야 하나요?"

 "정말 좋은 질문이네요. 고객 유치에 최대한 가까워지는 것이 목표이고, 선주문으로 선금을 받는 것은 문제/솔루션 적합성에 도달하는 것과 거의 비슷해요. 즉 모든 제품과 고객의 관계가 선주문에 도움이 되는 것은 아니죠. 이 경우 테스트 버전이나 평가판을 시작하거나 잠재 고객을 확보하는 것처럼 고객 공장에서 초기 '고객 만들기' 작업에 착수하는 것도 얼마든지 가능해요."

"네, 고객 공장이요… 정말 말이 되네요. 페르미 추정치를 통해 도출한 고객 전환율 추정치를 사용해서 이 수치를 파악하면 될까요?"

메리는 고개를 끄덕였다.

 "제대로 이해했네요."

"뿌듯하네요. 이제 그만 가셔야 하는 시간이죠? 테슬라는 자극이 많이 되는 사례 연구였어요. 아직 머리가 좀 어지럽지만요. 저는 오후에 사무실에서 현재-다음-이후 계획을 짜려고요."

메리가 웃었다.

"저도 뿌듯하네요. 어떻게 진행되는지 계속 알려주세요."

4.5 스티브, 현재-다음-이후 계획을 세우다

사무실로 돌아온 스티브는 자신의 현재-다음-이후 계획에 대해 곰곰이 생각해보기 시작했다. 그가 우선적으로 할 일은 1년에 걸쳐 고객을 17명 확보하려던 계획을 3개월로 단축시킬 방안을 추정해서 문제/솔루션 적합성의 성공 기준을 정하는 것이었다.

그는 처음 계산했던 페르미 추정치를 꺼내고 계산을 시작했다.

- 최소 성공 기준: 3년 안에 천만 달러
- 가격 책정 모델: 월 500달러
- 고객 생애: 4년
- 고객 확보 전환 비율: 1%
  - 사용자 확보 전환 비율(시험 사용): 10%
  - 시험 사용에서 유료 서비스로의 전환 비율(업그레이드): 10%
- 추천: 20%

계산이 복잡해지지 않도록, 수평에 가까운 1차 경사로는 곧은 선 형태로 그리기로 했다. 그리고 추정을 통해 도출한 전환율 가정을 사용해서 [그림 4-6]의 그래프를 그렸다.

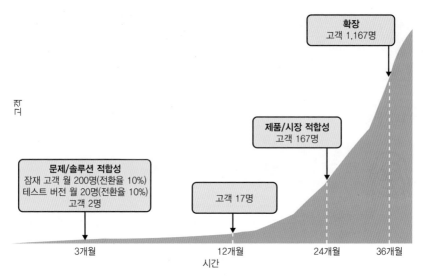

그림 4-6 스티브의 문제/솔루션 적합성 성공 기준

스티브는 자신의 계획을 곰곰이 따져 보았다. 3개월 시점까지 다음 중 하나는 달성해야 했다.

- 유료 고객 월 2명씩 확보(반올림)
- 테스트 버전 사용 월 20건씩 개시
- 잠재 고객 월 200명 확보

그는 이미 30일 테스트 버전을 제공하는 구독 모델로 마음이 기울었기 때문에 테스트 버전 지표를 문제/솔루션 적합성 판단 기준으로 사용하기로 했다. 그렇게 해서 1년 차 목표를 달성하려면 소프트웨어 회사 20곳이 월 500달러짜리 제품의 30일 테스트 버전을 사용하기 시작하게 하고, 그 후로도 매달 새로운 소프트웨어 회사 20곳이 테스트 버전에 가입하게 만들어야 했다.

이 계획을 성공시키려면 MVP의 범위를 크게 줄여야 했지만, 오즈의 마법사 MVP 패턴에 대해 배우고 나니 낙관적인 생각이 들었다. 이미 소프트웨어 회사 수천 곳이 이용하는 인기 플랫폼에 등록된 플러그인 형태로 출발하면, 플랫폼 전체를 직접 구축할 필요 없이 속도를 높여서 고유하고 가치 있는 제품을 개발할 수 있다고 믿었다. 이것이 그의 1단계(현재) 계획이었다.

스티브도 언젠가는 테슬라처럼 자신의 UVP를 확장해서 사람들을 자체 플랫폼으로 끌어들일 계획이다(2단계). 거대한 메타버스 비전을 실현하는 것은 3단계이다. 그는 3단계를 실현하는 공상에 빠졌다가 마음을 다잡곤 했다.

스티브는 자신의 현재–다음–이후 계획을 정리해서 메리에게 이메일을 보냈다. 몇 시간 뒤 문자 메시지가 왔다.

"견인 로드맵과 현재-다음-이후 계획을 잘 세웠어요. 조언을 줄 수 있는 사람들과 우호적인 투자자 몇 명에게 비즈니스 모델을 보내서 의견을 구해 보면 어때요?"

"그러기엔 너무 이르지 않나요?"

"이르지 않아요. 의견을 구하라고 했지, 투자를 받으라고는 안 했잖아요. 초기 창업자들은 자신의 아이디어를 다른 사람들에게 간단명료하게 전하지 못하는 경우가 많아요. 피드백을 받는 것으로 처음 대화의 틀을 잡으면 사업을 설명하는 연습을 하고, 관계를 맺고, 피치를 설득력 있게 발전시키기 좋아요."

"제 예전 피치는 별로 훌륭하지 않았어요. 대화가 겉돌기만 했죠. 제가 자꾸 방어적으로 나가면서 모두들 시간만 낭비하게 했던 것 같아요."

"자책하지 마세요. 사업을 시작할 때 자신의 비전을 다른 사람에게 이해시키지 못해서 고군분투하는 창업자가 얼마나 많은데요. 이제 스토리가 훨씬 명확해졌으니, 비즈니스 모델을 더 정교하게 다듬을 땐 다른 사람들에게 보여주기 시작하는 것처럼 좋은 방법도 없어요."

"처음에 대화의 틀을 잡을 때 도움이 될 만한 팁이 있을까요?"

"그럼요 :) 이메일에서 아이디어를 간단명료하게 전달하기를 찾아보세요."

아이디어를 간단명료하게
전달하기

스타트업이 실패하는 가장 큰 이유는 아무도 원하지 않는 제품을 만들기 때문이다. 제품이 실패하는 두 번째 이유는 핵심 이해관계자들로부터 제대로 지지를 받지 못했기 때문이다.

> **NOTE** 핵심 이해관계자는 창업 구성원, 초기 고객, 자문가, 투자자 등이다.

대기업에서는 아이디어를 구체화할 때 5개년 재무 전망과 18개월 제품 로드맵이 담긴 60쪽 분량의 사업 계획서 같은 것을 작성해야 하는 경우가 많다. 하지만 새롭고 혁신적인 아이디어를 구상하고 있다면 초기에는 이런 예측이 전혀 가능하지 않다. 그래서 이런 아이디어가 번번이 좌절된다.

스타트업(또는 혁신이 필수인 혁신팀)에서는 시작이 좀 더 수월하다. 린 캔버스를 스케치하고 최소 성공 기준을 세우고, 문제를 파악하며 고객을 세분화할 수 있다. 그러나 제품과 팀을 성장시키기 위한 자원을 추가 확보하는 단계에서 길이 막히고 만다. 다른 사람이 당신의 비전을 정확하게 바라보고, 당신의 세계관에 공감하고, 당신의 사명에 동참해서 자신의 시간, 돈, 노력을 투자하게 만들려면 아이디어를 설득력 있게 제시해야 한다.

우리는 자신의 아이디어를 다른 사람들에게 정확하게 보여주기 위한 스티브의 고군분투를 지켜보았다. 그는 처음에 다른 사람들(투자자나 창업자)에게 자신의 비전을 설득시키지 못하면서 진퇴양난에 빠졌었다. 투자를 받지 않고 자력으로 프로젝트를 진행 중이라도 결국 아이디어를 키우려면 공동 창업자, 장비 등의 추가 자원이 필요하다.

설득은 모든 기업가에게 필요한 핵심 기술이다. 설득은 투자자에게만 하는 것이 아니다. 고객, 공동 창업자, 자문가를 끌어들이기 위해서도 설득이 필요하다. 이번 장에서는 자신의 아이디어를 다른 사람에게 간단명료하게 전달해서 의견을 구하고 지지를 받는 방법을 배운다(그림 5–1).

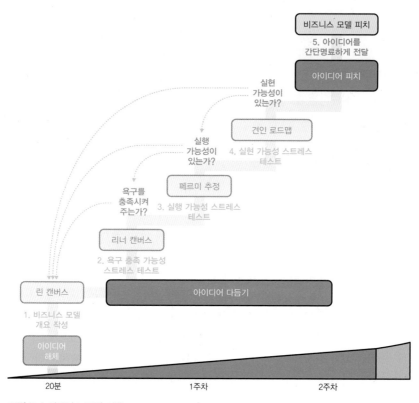

그림 5-1 비즈니스 모델 설득

5.1 엘리베이터 피치란?

엘리베이터 피치elevator pitch란 잠재 투자자나 고객과 같은 엘리베이터에 타게 됐을 때 단 30초 만에 그들을 설득할 수 있을 정도로 아이디어를 간략하게 설명하는 행위다. 기업가들이 설득 문구를 만들 때 가장 먼저 시도하는 것이 엘리베이터 피치이며, 우리도 마찬가지다. 다만 엘리베이터 피치는 대부분 다음과 같이 들린다는 점이 문제이다.

우리는 기계 학습과 인공 지능을 통해 작동하는 블록체인 기반 물류 엔진을 개발해서, 운송 업자들의 최종 수익 극대화에 기여한다.

그럴싸한 용어들만 남발해서 이 회사가 실제로 무슨 일을 한다는 건지 알 수 없는 경우이다. 정반대로 이런 경우도 많다.

우리는 광선검을 개발한다.

우리는 제다이를 훈련한다.

우리는 제다이가 악의 제국과 싸우는 데 도움을 준다.

이런 엘리베이터 피치들은 유행하는 용어가 범벅되어 있지 않아 명확하지만 설득력은 전혀 없다. 왜 그럴까? 너무 많은 것을 가정하고 솔루션에 중점을 두기 때문이다. **30초 길이 안에 솔루션을 쑤셔 넣어서 설명**하려는 실수를 저지르는 기업이 많다. 이는 엘리베이터 피치의 목적이 아니다. 엘리베이터 피치의 목적은 흥미 유발이다. 흥미 유발에 성공해서, 상대방이 나에게 더 많은 물어 보도록 유도하는 것이다(상대방이 자리를 뜰 핑계를 찾게 만들지 말자).

상대방의 호기심을 자극하려면 솔루션이 아니라, 당신의 제품이 존재해야 하는 이유를 보여주는 욕구 충족 이야기(2장 참조)를 들려주어야 한다.

욕구 충족 이야기를 바탕으로 엘리베이터 피치를 만들기 위한 양식을 다음 장에서 소개한다.

5.1.1 엘리베이터 피치 개요 짜기

다음 양식을 사용해서 고객에 대한 이야기를 들려주는 엘리베이터 피치의 개요를 짜보자.

[고객]에게 [계기가 되는 사건]이 생기면,
이들은 [원하는 결과]를 이루기 위해 [수행해야 할 일]을 한다.

보통은 [기존 대안]을 사용하겠지만,
[계기가 되는 사건]으로 인해 [이 문제]가 생겨서 이러한 [기존 대안]은 쓸모없어지고 말았다. 이 문제를 해결하지 않고 방치하면 [곤란한 일]이 생긴다.

그래서 우리가 [고객]을 도와주는 솔루션을 마련했다.

그들이 [원하는 결과]를 이루게 해 줄 [고유의 가치 제안]을 제공한다.

필자의 제품을 소개하는 엘리베이터 피치의 예로 소개한다.

기업가는 유망한 아이디어가 떠올랐을 때 그 아이디어를 실현하기 위해 자금을 마련해야하는 경우가 많다.

보통은 40쪽짜리 사업 계획서를 쓰겠지만, 최근 전 세계 스타트업 수가 폭발적으로 늘어서(세계적인 창업 르네상스) 이제 사업 계획서를 읽는 사람이 없다. 현대 사회에는 관심을 끌기 위해 경쟁하는 아이디어가 너무나도 많다. 요즘 투자자들은 사업 계획서를 읽어 보고 투자를 결정하는 대신, 견인이 있는 스타트업을 찾는다. 스타트업은 투자자들의 관심을 끌지 못하면 아이디어를 발전시키는 데 필요한 자원을 얻지 못한 채 쓰러지고만다.

그래서 우리는 기업가가 20분 안에 자신의 아이디어를 간단명료하게 전달하고 핵심 이해관계자들에게 지지를 받을 수 있도록 도와주는 솔루션을 구축했다. 이를 통해 기업가는 사업 계획보다 제품 개발에 시간을 더 할애할 수 있다.

이 엘리베이터 피치에는 제품 이름이 전혀 언급되어 있지 않다. 그 제품의 이름은 바로 '**린 캔버스**'이다.

엘리베이터 피치를 잘하면 더 긴 시간을 두고 설득할 수 있는 기회가 주어진다. 다음 단계에서 해야 하는 말은 상대방의 세계관에 따라 달라져야 한다.

5.2 하나의 아이디어에 대한 여러 가지 세계관

세스 고딘의 획기적인 저서 『All Marketers Tell Stories』(Penguin Publishing Group, 2012)에서 말하는 '세계관worldview'은 사람들이 어떤 상황에 적용하는 규칙, 가치, 신념, 편견의 집합이다. 좋은 마케팅은 한 사람의 세계관을 바꾸는 것이 아니라, 그들이 이미 가지고 있는 세계관의 틀에 자신의 이야기를 맞춰 넣는 것이다.

기업가도 마찬가지이다. 기업가라면 누구나 비즈니스 모델에 대해 이야기하지만, 설득을 잘하려면 상대방에게 자신의 솔루션을 강요하지 말고 비즈니스 모델/제품 이야기를 상대방이 이미 가지고 있는 세계관의 틀에 맞춰야 한다. 이 경우 상대방은 투자자, 고객, 자문가가 된다.

효과적인 엘리베이터 피치를 개발하려면 상대방이 저마다 가진 세계관부터 이해해야 한다.

5.2.1 투자자의 세계관

투자자가 관심을 두는 것은 여러분의 솔루션이 아니라, 정해진 기간 동안의 투자 수익을 약속하는 비즈니스 모델 이야기이다. 투자할 곳을 찾는 이들에게는 보통 기존 대안(다른 스타트업, 주식, 암호화폐 등)이 있다. 그렇다면 왜 이들이 여러분의 비즈니스 모델을 선택해야 할까?

투자자의 진짜 관심사는 이렇다.

- 시장 기회가 얼마나 큰가? 고객이 **누구**인지가 아니라 **얼마나 많은지**, 즉 **시장 규모**에 주목한다.

- 여러분이 어떻게 돈을 벌 것인가? 여러분의 비용 구조와 수익원, 즉 **수익성 내지는 성장 잠재력**의 교차 지점을 알고 싶어 한다.

- 경쟁사를 어떻게 막을 것인가? 여러분이 사업에 성공하면 시장에서 따라올 모방 업체와 경쟁사로부터 스스로를 어떻게 방어할 것인지, 즉 어떤 **일방적 경쟁 우위**가 있는지 알고 싶어 한다.

하지만 앞서 이야기한 것처럼, 뭐니 뭐니 해도 투자자의 관심을 끄는 것은 **견인**이다. 하키스틱 곡선의 시작 지점에서 투자자 사무실을 방문하면 그들은 파블로프의 개처럼 여러분을 반기면서 자리에 앉아 여러분의 비즈니스 모델 이야기를 이해하려 귀를 기울일 것이다.

투자자의 세계관을 가진 사람에게 아이디어를 설득하려면 린 캔버스에서 이런 부분에 집중해야 한다(그림 5-2).

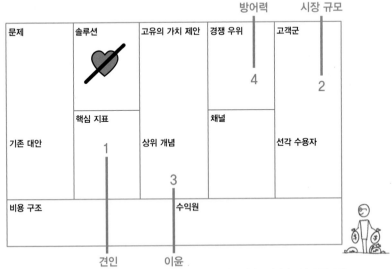

린 캔버스는 비즈니스 모델 캔버스를 응용한 형태이며, 크리에이티브 커먼즈 저작자 표시-동일 조건 변경 허락 3.0 Unported 라이선스를 받았다.

그림 5-2 투자자 세계관

실제 견인 대신, 현재–다음–이후 계획이 있는 견인 로드맵은 비즈니스 모델 이야기를 정의하고 평가해서 투자자에게 전달하기 위한 차선책이다.

5.2.2 고객의 세계관

여러분의 솔루션에 관심이 없기는 고객도 마찬가지이다. 지금까지 살펴본 것처럼, 고객의 관심은 자신이 원하는 결과를 달성하거나 일을 수행하지 못하게 가로막는 문제(또는 걸림돌)를 향해 있다. 투자자와 마찬가지로, 보통 고객에게는 어떤 일을 수행하기 위해 선택할 수 있는 기존 대안이 많다. 그렇다면 왜 이들이 여러분의 제품을 새롭게 선택해야 할까?

3장에서 이야기한 것처럼 고객의 관심을 끄는 것은 첫 번째 전투이다. 이 전투에 나설 주인공은 여러분이 내세우는 고유의 가치 제안이다. 고객이 이 고유의 가치 제안에 공감하면, 여러분은 그 고객에게 솔루션에 대해 더 많이 설명할 권한을 가지게 된다(보통 **데모**를 통해).

데모는 고객이 A 지점(문제가 산적한 상태)에서 B 지점(여러분의 솔루션을 통해 문제가 해결된 상태)으로 이동하는 과정을 상상할 수 있게끔 치밀하게 작성한 서사이다. 설득력 있는 데모를 제시한 다음에는 여러분이 그 대가로 무엇을 원하는지, 즉 수익원을 위한 화폐 교환을 이야기해야 한다. 직접 비즈니스 모델에서는 돈을 직접 교환하겠지만 다면적 모델에서는 (관심 등의) 파생 화폐를 받고, (광고주와의) 2차 거래를 통해 이 화폐를 실제 돈으로 변환할 수 있다.

[그림 5-3]은 고객을 설득할 때 린 캔버스에서 집중할 부분을 보여준다.

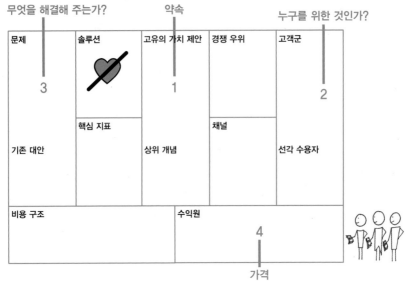

무엇을 해결해 주는가?　　약속　　누구를 위한 것인가?

문제	솔루션	고유의 가치 제안	경쟁 우위	고객군
3		1		2
	핵심 지표		채널	
기존 대안		상위 개념		선각 수용자
비용 구조		수익원		
		4		

가격

린 캔버스는 비즈니스 모델 캔버스를 응용한 형태이며, 크리에이티브 커먼즈 저작자 표시-동일 조건 변경 허락 3.0 Unported 라이선스를 받았다.

그림 5-3 고객의 세계관

5.2.3 자문가의 세계관

우리에게는 길을 안내해 주고, 쓴소리도 마다하지 않으면서 방향을 잡아 주는 자문가가 필요하다.

자문가 역시 대화를 할 때 자기만의 세계관을 적용하지만, 자문가의 경우 자신의 고유한 과거 경험과 관심사가 중심이 된다. 그래서 서로를 보완해 주는 자문가들을 주변에 두고 그들에게 최대한 솔직하고 열려있는 태도를 보이는 것이 중요하다.

자문가들과 함께 '행복 회로'만 돌리다 보면(좋은 소식만 들려주면서) 칭찬을 받아 기분이 좋을 수는 있어도 어마어마한 학습 기회를 날리게 된다. 자문가들과 효과적으로 소통하려면 설득이 아닌 학습의 틀을 사용해야 한다.

그렇다면 어디서부터 시작할까? 설득은 결국 두 가지로 나뉜다.

- 투자자의 세계관에 맞는 설득
- 고객의 세계관에 맞는 설득

투자자들은 견인을 가장 중요하게 생각하며 그 견인은 고객에게서 나오기 때문에, 투자자보다는 고객 설득을 우선시해야 한다. 하지만 설득을 말하기 전에 더 우선해야 할 것은 자문가의 세계관에 맞춰 방향을 잡기 시작하는 것이다.

설득이 아닌 학습에 방향을 맞춰 출발하면 누구에게나 접근해서(잠재적 투자자, 선각 수용자, 실제 자문가) 비즈니스 모델을 소개하고 의견을 구할 수 있다. 학습의 관점에서 다가가면 상대방을 무장 해제시키고 위험을 낮춰서 학습을 하고, 관심도를 측정하고, 신뢰를 쌓고, 반복 과정을 통해 설득을 전개할 수 있다.

5.3 비즈니스 모델 피치

여느 기술이 그렇듯 피치도 연습을 통해 실력을 키울 수 있다. 지금부터 피치가 아닌 학습이라는 대화의 틀을 활용해 초기 비즈니스 모델 스토리를 전하는 몇 가지 방법을 알아보자.

대상 선정

대략적으로 '자문가'라는 정의에 해당하는 사람을 공략한다. 잠재적인 공동 창업자, 동료 기업가, 같은 분야의 우호적인 전문가, 잠재적인 초기 단계 투자자, 스타트업 코치/멘토 등을 생각할 수 있다. 하지만 고객은 해당되지 않는다. 고객은 여러분의 전반적인 비즈니스 모델이 어떻든, 자신과 관계된 부분에만 관심을 가지기 때문이다. 고객을 대상으로 하는 피치 스크립트는 10장에 따로 준비되어 있다.

충분한 시간 요청

피치 뒤 의견을 물을 수 있도록 30분 정도를 요청하는 것이 좋다.

슬라이드 및 유인물을 함께 활용

린 캔버스와 견인 로드맵을 활용한 유인물을 나눠주면 10쪽 분량의 슬라이드 덱을 끊김이 없이 발표할 수 있다. 슬라이드 덱 양식은 다음 절에서 볼 수 있다.

20/80 규칙 활용

주어진 시간의 20%(5분)는 피치에 쓰고, 나머지 시간은 의견을 구하는 데 쓴다.

청중에게 5분 동안 여러분의 비즈니스 모델에 대해 설명한다. 이 피치의 목표는 비즈니스 모델을 깊이 파고드는 것이 아니라 간단명료하게 설명하는 것이다.

그다음은 경청의 시간이다. 5분간 간단히 설명을 한 다음에는 의견을 구하고 청중의 말에 귀를 기울인다. 청중이 여러분의 비즈니스 모델을 이해할 수 있었는지 확인하자. 청중이 헷갈려 하며 설명을 요구하는 부분이 있으면 그들의 질문에 답하고, 피치를 개선할 수 있도록 메모해 둔다.

자문가의 역설을 경계하라

10명에게 자문을 구하면 그 10명이 서로 다른 처방을 내릴 수 있고, 심지어 그 처방들이 상충할 수 있다. 액셀러레이터에서 항상 볼 수 있는 풍경이다. 여러분은 모든 자문가의 조언을 그대로 따르는 것이 아니라 그 조언을 완전히 내 것으로 만들고 종합해서 적용하는 것이다.

> **NOTE** 멍석만 깔아 주면 누구든 비평가가 될 수 있다.

여러분에게 지나치게 지시적인 솔루션을 주는 사람이 있다면 그 조언의 기저에 있는 일련의 믿음이 무엇인지 생각해 보자. 그 조언의 기반은 맹신일까, 일화적 근거일까, 심층 학습일까?

좋은 자문가 찾기

좋은 코치/멘토는 적절한 솔루션을 제시하려고 하기보다 적절한 질문을 하는 데 집중해야 한다. 그런 자문가를 발견한다면 항상 곁에 두도록 하자. 사업이라는 여정에는 함께하는 사람들이 있는 것이 가장 바람직하다.

5.4 슬라이드 10쪽 분량의 비즈니스 모델 피치 덱

지금부터 살펴볼 슬라이드 덱 양식은 비즈니스 모델의 스트레스 테스트에 사용하는 양식과 같은 순서를 따른다. 아이디어의 욕구 충족 가능성, 실행 가능성, 실현 가능성 순서로 초점을 맞춘다. 각 슬라이드에서 무슨 내용을 다뤄야 하는지 지금부터 설명한다.

5.4.1 욕구 충족 가능성

전반부에서 다룰 주제는 다음과 같다.

슬라이드 1: 왜 지금인가(계기가 되는 사건)

세상이 어떻게 달라졌기에, 지금이 여러분의 아이디어를 실행할 적기라고 생각하는가? 보통 기후 변화, 인터넷 발명, 세계적인 감염병 유행처럼 잘 알려진 거시적인 변화 또는 세계적 추세를 설명한다. 이러한 추세는 기존 대안에 지장을 주거나 이를 파괴할 잠재력이 있는 변화들이다.

슬라이드 2: 무엇이 위험에 처하는가(시장 기회)

지금 상황이 유지되면(아무것도 하지 않음) 무엇이 위험에 처하는가? 고통(위기/실패) 또는 이득(희망/승리)의 관점에서 기회의 틀을 짠다.

슬라이드 3: 무엇이 문제가 되었나(문제)

여기서는 기존 대안을 소개하고, 왜 이 대안들이 계기가 되는 사건에 제대로 적응할 수 없는지 간략하게 설명한다. 여러분은 기존 대안이 생존 가능한 솔루션이 아님을 알려야 한다.

슬라이드 4: 솔루션(여러분의 해결책)

이제 여러분의 혁신적인 아이디어를 제시한다. 이 문제를 어떤 다른 방식으로 해결해서(솔루션) 고객이 원하는 결과(여러분의 고유의 가치 제안)를 얻도록 도와주는지 설명한다.

5.4.2 실행 가능성

중반부에 들어가야 하는 내용은 다음과 같다.

슬라이드 5: 여러분의 철옹성(일방적 경쟁 우위)

여러분이 제시한 솔루션의 맥락을 파악하고 고유의 가치 제안을 이해한 투자자는, 모방과 경쟁사로부터 사업을 방어할 방안도 알고 싶어 할 것이므로 다음의 내용을 설명한다.

- 일방적 경쟁 우위가 이미 있다면 언급한다.
- 일방적 경쟁 우위를 만들기 위해 노력 중이라면 관련 이야기를 들려준다.
- 일방적 경쟁 우위가 없지만 찾는 중이라고 솔직하게 이야기한다.

슬라이드 6: 돈 버는 방안(수익원)

다음으로 비즈니스 모델이 작동하는 방식을 설명한다. 고객이 누구인지(비즈니스 모델의 행위자가 여러 명인 경우)와 수익 창출 가능한 가치를 포착하는 방법(수익원)을 제시하면 된다.

슬라이드 7: 주요 마일스톤(핵심 지표)

견인을 어떻게 만들지 보여준다. 견인 로드맵을 사용하여 3개년 최소 성공 기준 목표를 정하고 그 과정에서의 주요 마일스톤을 강조한다.

5.4.3 실현 가능성

후반부에서는 다음의 주제를 다룬다.

슬라이드 8: 진행 현황(출시 계획)

견인 로드맵에서의 현재 위치를 보여주고 현재-다음-이후 출시 계획을 설명한다. 이제 막 시작하는 단계라면 견인 로드맵의 출발선에 있는 것이다.

슬라이드 9: 성공 방안(팀)

여러분이 원래 어떤 일을 했는지 설명하면서 창업 구성원들을 소개하기 좋은 시점이다. 아직 팀이 없으면 장차 창업팀을 꾸릴 때 제품을 성공시키기 위해 필요한 핵심 역량들을 이야기한다.

슬라이드 10: 행동 요청(묻기)

이 슬라이드에 넣을 내용은 피치 대상과 여러분의 목표에 따라 결정된다. 조언을 구하는 경우 의견을 묻고, 지지를 원하는 경우 다음에 무엇이 필요한지 확실하게 밝힌다.

5.5 스티브, 다른 사람들에게 비즈니스 모델 피치를 하다

"정말 밤낮 없이 일했어요."

스티브는 메리에게 비즈니스 모델 피칭을 어떻게 진행 중인지 전했다.

"작년에 제가 동업이나 투자를 제안했던 사람들에게 연락했어요. 가르쳐 주신 대로 피치가 아닌 학습에 초점을 두고 대화에 접근하고, 이메일에 대략적인 엘리베이터 피치도 첨부했어요."

 "그래서 어떻게 됐어요?"

"다들 금방 답장을 해줘서 모두와 대화를 나누게 됐어요. 지난번과 다르게 제 피치를 멍하게 보는 게 아니라 고개를 끄덕이더라고요. 이렇게 반응이 달라진 비결은 두 가지라고 생각해요. 첫 번째는 엘리베이터 피치를 미리 보낸 거죠. 지난번에 제가 기술 플랫폼을 만든다고 설명했을 때에는 공략 대상이 명확하지 않았던 것 같아요. 그분들을 만난 자리에서도 함께 고객 세분화와 이용 사례를 브레인스토밍하면서 제자리만 맴돌았는데, 이번에는 모두 전후 상황을 명확하게 파악한 상태로 미팅 자리에 나오니까 바로 뛰어들고 싶어 하시더라고요."

"좋은 소식이네요. 두 번째는 뭐죠?"

"두 번째는 견인 로드맵과 현재-다음-이후 계획을 결합한 겁니다. 지난번에는 거대한 비전(내지는 3단계)을 제시하면서도, 그 비전을 어떻게 실현할지에 대한 명확한 로드맵은 없었어요. 사람들이 왜 점들을 연결할 수 없었는지 알겠더라고요. 솔직히 말하면 저 자신도 점들을 이렇게 명확하게 본 적이 없었는 걸요!"

"대단해요. 그래서 대화 마무리는 어떻게 지었나요?"

"마무리가 최고였어요. 제가 이야기를 나눈 사람들 중 두 분은 작년에 투자를 거절하면서 사업을 더 발전시킨 다음에 연락을 달라고 했던 엔젤투자자였어요. 이번에는 두 분 모두 제가 문제/솔루션 적합성 성공 기준에 도달했다고 보면서 투자를 약속하셨죠."

"와, 정말 좋은 소식이네요. 당연한 결과죠. 엔젤투자자들은 단계 기반의 투자를 좋아하는데 견인 로드맵은 이러한 단계를 정량화하는 완벽한 도구이거든요. 앞으로 비즈니스 모델 스토리 피치를 투자자 대상 피치로 발전시키는 방법도 함께 이야기해 봐요."

"좋아요. 그리고 지난번 스타트업에서 함께 일했던 리사 님과 조시 님이 공동 창업자로 합류하는 데 관심을 보였어요."

"정말 멋진데요? 저는 조시 님은 휴식기를 가지고 있고, 리사 님은 대기업에 마케팅 책임자로 들어갔다고 들었었어요."

"네, 작년에도 두 사람에게 공동 창업을 제안했었지만 시큰둥했어요. 하지만 이번에는 제가 관심을 끈 것 같아요. 아시다시피 조시 님은 UX 디자인 실력이 정말 좋잖아요. 미팅 자리에서도 그에게 이미 몇 가지 아이디어를 들었는데 어서 구현하고 싶어요. 그리고 리사 님은 영업과 마케팅의 귀재예요. 둘 다 저에게는 취약한 부분인데 말이에요. 두 사람 모두 파트타임으로 시작했다가 적절한 시기에 정식 합류하는 방향을 논의하고 싶어 해요."

"정말 일취월장하고 있어요. 특히 리사 님과 조시 님이 창업팀에 합류할 수도 있다는 게 특히 흐뭇하네요. 두 사람 모두 실력이 출중하고 스티브 님의 역량을 완벽하게 보완해 줄 거예요. 비즈니스 모델 설계에서 비즈니스 모델 검증으로 넘어갈 준비가 되었으니 시기 상으로도 완벽하고요."

"저도 정말 기뻐요. 혼자 일하는 데 익숙해지긴 했지만 어서 더 높은 단계로 올라가고 싶어요. 이미 관심을 가져야 하는 부문들에 대해 논의하기 시작했고, 세 명이 모이면 일을 분담해서 훨씬 많은 일을 해낼 수 있어요."

"흠… 이론적으로는 좋을 것만 같지만, 실제로는 팀원들이 여러 가지 일을 따로 하기보다, 일의 가짓수를 줄일 때 생산성이 더 높아져요."

스티브는 어안이 벙벙해졌다.

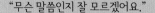

"무슨 말씀인지 잘 모르겠어요."

"특히 스타트업 초기 단계에서 분할 정복 방식을 취하면 가뜩이나 한정된 자원을 더 얇게 분배하게 돼요. 서로 다른 세 가지 문제를 따로 다루는 대신, 문제들의 우선순위를 정해 두고 팀원 전체가 차례차례 함께 해결하는 편이 훨씬 효과적일 거예요."

"맞는 말씀이네요. 하지만 스타트업에는 해결해야 할 문제가 수백 개씩 쌓여 있지 않나요? 최우선으로 해결할 문제를 어떻게 파악하죠?"

 "시스템적 사고를 적용해 봐요. 비즈니스 모델은 시스템이에요. 모든 시스템에는 생산성을 저해하는 제약이나 가장 약한 고리가 하나씩 있어요. 모든 단계를 최적화하려고 하는 것은 낭비예요. 가장 속도가 처지는 단계로 인해 전체 생산량이 줄어들 수밖에 없으니까요. 생산량을 늘리려면 가장 느린 단계만 수정하고, 그다음으로 느린 단계를 찾아보세요."

"그거 혹시 엘리야후 골드렛Eliyahu Goldratt의 제약 이론theory of constraints (TOC)[1] 아닌가요?"

 "맞았어요. 이 이론은 고객 공장에도 똑같이 적용되죠. 어느 시점에나 생산량(또는 견인)을 늘리는 것이 목표입니다. 고객 공장에서 생산량이 한정된 단계 내지는 제약을 찾아서 고쳐야 하죠. 지표를 보면서 제약을 찾아내는 건 쉬워도 그 제약을 없애는 건 쉽지 않아요. 이 지점에서 팀의 잠재력을 최대한 활용할 수 있죠. 물론 다른 일들도 있겠지만, 항상 제약 해결에 자원의 80%를 투자하도록 노력하세요."

"제가 아는 시스템 이론에 따르면 이런 제약들은 시간이 지나면서 달라지지 않나요?"

메리가 웃으며 대답했다.

----

1 옮긴이_ 시스템의 효율성을 저해하는 제약을 찾아내서 극복하기 위한 시스템 개선 방법

"맞아요. 예상할 수도 없을 정도죠. 가입자를 충분히 확보하고 나면, 지표와 분석 없이는 다음 제약이 어디에서 튀어나올지 예측하는 게 불가능해요. 아무 데이터도 없이 공장에서 가장 느리게 처리되는 공정을 찾아낸다고 상상해 보세요."

"물론이죠. 그렇게 말씀하실 줄 알았어요. 제약은 얼마나 자주 재평가해야 하나요?"

"모든 시스템에는 지연이 있기 때문에 주 단위로 지표를 모니터링하는 게 이상적이에요. 하지만 중대한 비즈니스 모델을 결정하기에 앞서, 고객 공장에서 문제를 해결할 시간을 충분히 확보해야 해요. 지속적인 혁신 프레임워크에서는 이런 대대적인 비즈니스 모델 관련 결정을 내릴 때 90일 주기를 사용할 것을 제안해요. 90일은 제법 중대한 견인 목표를 달성하기에 충분한 시간이면서도 그 과정에서 방향을 수정할 수 있을 정도로 짧은 기간이거든요."

"저는 이미 이 프로젝트를 시작한 지 18개월이 됐는데 정말 시간이 눈 깜짝할 사이에 가는 것 같아요. 보나마나 석 달은 순식간에 지나가겠죠."

"정말 그렇죠. 90일 주기를 2주 스프린트 6개로 쪼개기까지 했으니 시간이 더 금세 지나갈 수밖에요."

"스프린트 sprint[2]요? 스크럼 scrum[3]/애자일 agile[4]처럼요?"

----

2 옮긴이_ 사전적으로는 단거리 전력 질주를 뜻하는 단어이다. 애자일 방법론에서는 특정한 과업을 완수하기 위해 구성원들이 짧은 기간(주로 5일)을 정해두고 해당 업무에만 몰두하는 방법을 말한다.

3 옮긴이_ 팀이 가치, 원칙, 수행 방식을 설정해 체계적으로 업무를 수행하기 위한 프로젝트 관리 프레임워크를 말한다.

4 옮긴이_ '민첩한', '날렵한'이라는 단어 뜻과 마찬가지로 프로젝트를 진행함에 있어 정해진 계획만을 고수하지 않고 변화에 민첩하게 대응하는 방식이다.

"네, 하지만 애자일++에 더 가까워요. 지속적인 혁신 프레임워크에서는 비즈니스 모델이 제품이라는 점을 기억하세요. 그러니까 스프린트 각각에서 개발 속도보다는 견인 속도를 진행률의 척도로 사용해요."

"흥미롭네요… 그래서 제가 뭘 여쭤보려고 하는지 아시죠?"

메리가 웃었다.

"네, 아마도요. 90일 주기 실행에 대한 이메일을 오늘 중으로 보낼게요."

"고마워요, 메리 님!"

Part 2

검증

2012년 1월의 어느 추운 아침, 린 캔버스를 온라인 도구로 출시한 지 4개월가량이 된 무렵이었다. 필자는 여느 월요일 아침에 한 손에 커피를 쥐고 주간 제품 지표를 검토하고 있었다.

또 시작이다.

필자는 4주 내리 불안불안한 추세를 추적하고 있었다. 제품의 활성도가 점점 떨어지고 있었던 것이다.

우리 팀은 초기 린 캔버스를 완료하는 사용자를 '**활성화**'되었다고 정의했다. 이는 지속적인 참여를 예고하는 선행 지표 역할을 한다는 점에서 중요한 마일스톤 지표이다. 서비스를 사용하기 시작한 지 일주일 안에 린 캔버스를 완료하는 사용자는 대개 서비스로 돌아와서 제품을 더 상세하게 탐색한다. 일주일 안에 린 캔버스를 완료하지 않는 사용자는 대부분 돌아오지 않는다.

그날 제품의 활성화율은 출시 직후의 최고치인 80%에서 하락한 35% 근처를 맴돌고 있었다. 신규 가입자 100명 중 65명은 영영 우리 서비스로 돌아오지 않으리라는 뜻이었다!

더 걱정되는 점은 팀원 모두가 이 문제를 몇 주 전부터 인지하고 있었고, 마냥 손을 놓고 있지도 않았다는 것이었다. 필자는 4주 전부터 디자이너에게 가장 큰 하락 폭을 보인 활성화 흐름 단계들에 관련하여 사용성을 몇 군데 개선하도록 요청해 두었다.

하지만 차도가 보이기는커녕 상황은 점점 나빠지고만 있었다. 아무리 애를 써도 정해진 성취의 천장을 뚫을 수는 없는 것 같았다(그림 II-1).

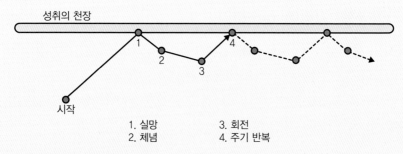

그림 II-1 실험의 전형적인 생명 주기

영화 〈사랑의 블랙홀〉(빌 머레이 주연)에서 주인공이 자신의 속내를 털어놓기 전까지 계속 똑같은 하루가 반복되는 상황에 갇혀 있던, 바로 그 장면에 들어와 있는 기분이었다.

다른 팀원들은 제품의 다른 측면을 성장시키느라 여념이 없었다. 팀원끼리 각자 영역을 정해 두고 집중하기로 했기 때문이었다.

- 필자는 콘텐츠와 워크숍을 통해 신규 가입을 유도했다.
- 다른 개발자들은 린 캔버스를 보완하는 다른 도구를 몇 가지 개발하고 있었다.
- 디자이너는 위의 두 업무를 지원하면서 많은 일을 처리했다.

그 순간, 필자는 이런 분할 정복 방식이 먹히지 않는다는 것을 깨달았다. 각자 할 일은 많아졌지만, 어느새 팀원들이 활성도를 바로잡는다는 진짜 과제에 집중하지 않고 너무 넓고 얕게 분산되어 있었다.

이제는 접근법을 완전히 뒤바꿀 차례였다.

가장 약한 고리에 집중하라

필자는 팀 회의를 열고 **팀원 전체**가 활성화 문제에 집중해야 한다고 제안했다. 우리의 비즈니스 모델에서는 활성화가 병목 현상(핵심 제약)을 겪고 있었기 때문이다(그림 II-2). 다른 영역에 너무 집중하는 것이 생산적이지 않았던 이유는 다음과 같다.

- 가입자를 더 많이 확보하더라도 첫 주가 지나면 어차피 65%를 잃어버린다.
- 도구를 더 많이 개발하더라도 사용자의 65%는 어차피 사용하지 않을 것이다.

그래서 활성화 문제부터 해결해야 했다.

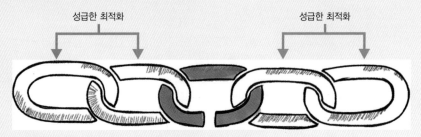

그림 II-2 가장 약한 고리부터 손보는 것이 유일한 솔루션이다.

팀원들은 필자의 주장이 타당하다고 생각하면서도 다른 업무들의 우선순위를 어떻게 정할지 물었다. 우리는 다른 모든 일을 그르칠 수는 없다는 생각에, **집중력의 80%는 핵심 제약 해결에, 나머지 20%는 다른 모든 업무에 쏟기로** 합의했다.

전문화의 저주를 피하라

그다음으로 어떤 솔루션이 있을지 논의했더니 놀라운 일이 벌어졌다.

- 개발자들은 개발을 통한 솔루션을 제안하기 시작했다.
- 디자이너는 디자인에 치중한 솔루션을 제안하기 시작했다.
- 마케터는 마케팅을 늘리고 싶어 했다.

이것은 우리의 숙적인 '혁신가의 편견'의 변종인 전문화의 저주curse of specialization다.

> **NOTE** 망치 다루는 솜씨가 좋아지면 모든 것이 못으로 보인다.

제자리를 맴돌기만 하는 상황에서 필자는 회의를 짧게 마치고, 다 같이 머리를 맞대는 대신 며칠간 흩어져서 이 제약을 타파하기 위한 제안을 각자 준비해오자고 제안했다.

문제 파악

모두가 떠나기 전, 필자는 우리가 한 번에 한두 가지 캠페인만 진행할 수 있는 작은 팀이라는 사실을 강조하면서, 투표를 통해 가장 가능성 있는 제안을 선택하자고 했다.

캠페인이 선택되려면 실현 가능성 테스트를 통과하고, 솔루션 제안을 통해 해결할 문제에 대해 탄탄한 근거를 기반으로 논거를 제시해야 한다.

팀은 그렇게 금요일에 다시 모이기로 했다.

가능성 있는 솔루션들의 다양한 집합 만들기

아직 이 문제에 대해 가능성 있는 솔루션들을 도출한 사람은 필자뿐이었고, 그 솔루션들은 분명 효과가 없었다. 필자는 좀 더 광범위하게 아이디어를 내야 한다는 것을 알기에 회의를 열었다. 하지만 단체로 하는 브레인스토밍은 답이 아니었다. 단체 브레인스토밍은 순식간에 집단사고로 발전하거나 히포에게 쏠리기 십상이다.

그 회의의 히포는 필자였다. 그래서 아이디어가 몇 가지 더 있었지만 이야기하지 않고 다른 사람들처럼 투표에 부치기로 했다.

업무 전문화를 저주에서 축복으로 바꾸려면 수렴-분산 과정을 활용해 아이디어를 다양화해야 한다(그림 II-3). 이때 회의는 의견 합일과 의사결정을 위해서만 진행하고, 자유로운 형식으로 토론하거나 단체 브레인스토밍을 하지는 않는다.

그래서 모두가 솔루션을 조사하고 구상하기 위해 떠났다.

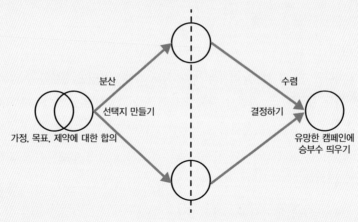

그림 II-3 수렴-분산 과정

유망한 캠페인에 승부수 띄우기

금요일에 다시 만난 팀원들은 열 몇 가지 제안을 가져왔다.

이전과 다르게 모두 자신의 방안을 내세우는 대신, 각자 파악한 문제에 대한 근거부터 제시하고 솔루션이 왜 적합한지 입증해야 했다.

효율적이고 신속한 검토 과정을 거쳐, 디자이너가 제안한 '빈칸의 린 캔버스 제안'이 만장일치로 선택되었다.

그는 지난 며칠 동안 신규 사용자들을 대상으로 간단한 사용성 테스트를 진행했다. 겨우 7번째 테스트에서 그는, 거의 모든 사용자가 린 캔버스 칸을 채울 때 망설인다는 사실을 눈치챘다. 대부분 참고할 만한 설명이나 예시가 있는지 물었다.

물론 테스트를 더 해 봐야 하겠지만 우리는 이 핵심적인 통찰을 바탕으로 다음 이론을 상정했다.

출시 직후 활성도가 훨씬 높았던 이유는 그 사용자들이 선각 수용자였기 때문이다. 이미 당신의 블로그, 워크숍, 책에서 린 캔버스를 익히 봐왔기에 별도의 도움 없이도 린 캔버스를 작성할 수 있는 사람들이었다. 그러나 시간이 흐를수록 사용자 기반이 넓어지면서 사전 지식이 없는 사용자층이 생겼다. 그들은 진도를 나가지 못하고 빈칸만 응시하고 있었다.

우선 문제에 대한 논지가 생기고 나니 솔루션이 명확하고 단순해졌다. 이제 신규 사용자가 도움말 콘텐츠를 참고해 첫 번째 린 캔버스를 작성할 수 있게 도와줄 방안을 찾아야 했다.

테스트, 테스트, 테스트

캠페인을 선택한 다음에는 이를 테스트해 볼 가장 빠른 방안을 논의했다. 예를 들면 툴팁을 활용해서 사용자가 린 캔버스 책 발췌본을 내려받을 수 있게 해야 할까, 아니면 영상을 활용하는 게 나을까?

우리 팀은 신규 사용자가 첫 캔버스를 작성할 수 있도록 필자가 진행하는 워크숍의 슬라이드와 콘텐츠를 사용해 안내 영상을 하나 만들기로 결정했다.

기간은 2주로 정하고 일에 착수했다.

이틀 만에 영상을 완성하고, 신규 사용자 중 일부에게만 이 영상을 보여주는 분할 테스트를 진행했다. 가입자 중 절반만 안내 영상을 보고 나머지 절반은 보지 못한 것이다. 이렇게 하면 문제/솔루션의 효과를 쉽게 고립시켜서 측정할 수 있었다.

다음 조치 결정

2주가 끝날 무렵 우리 팀은 결과를 검토하기 위해 모였다.

영상을 본 가입자들이 바람직한 참여 행태를 보이면서 활성화 수치가 눈에 띄게 올랐다. 이 실험을 통해 상황이 확연하게 개선되었다는 것은 이 캠페인을 반복해도 좋다는 강력한 초기 신호였다.

다음 조치로는 캠페인 기간을 90일로 연장하고 모든 사용자에게 안내 영상을 공개했다. 규모를 키워서 결과를 검증하기 위해 지표를 계속 측정했다. 영상은 계속 효과를 보였다. 사용자들은 이 영상을 공유하고 링크를 걸었으며, 이 기간 조회수는 수십만 건을 기록했다. 영상 캠페인의 효과를 확인한 우리는 영상 콘텐츠 제작을 늘리고 코스 전체를 다루는 영상도 몇 개 제작했다.

지속적인 혁신 프레임워크(CIF)가 형태를 갖추기 시작한 것이다.

2부에서는 90일 주기를 사용해 CIF를 실행하기 위한 실질적 단계를 설명하고 첫 번째 중요한 검증 마일스톤인 문제/솔루션 적합성에 도달하는 방법을 보여준다. 이를 통해 배울 수 있는 내용은 다음과 같다.

- 90일 주기를 활용해 아이디어 검증하기(6장).
- 첫 90일 주기 시작하기(7장).
- 고객을 고객 본인보다 더 잘 이해하라(8장).

- 전환을 일으킬 솔루션을 설계하라(9장).
- 고객이 거부할 수 없는 마피아 제안을 하라(10장).
- 90일 주기 검토하기(11장).

90일 주기를 활용해
아이디어 검증하기

아이디어를 분해해 비즈니스 모델로 만들면 견고한 기반을 다질 수 있지만, 제아무리 매력적인 비즈니스 모델 스토리 피치라도 기저에는 결국 검증되지 않은 가정이 깔려 있다.

자신이 **설계한** 비즈니스 모델(A안)을 **유효한** 비즈니스 모델로 만들기 위해서는 비즈니스 모델을 검증해야 한다.

팀원 개개인의 강점에 따라 주력해야 할 영역을 나누는 비즈니스 모델 검증에 대한 분할 정복 방식이 솔깃하게 느껴질 수는 있지만 2부의 사례에서 알 수 있듯 저마다 다른 업무를 우선순위에 두는 것은 자원을 너무 얇게 분산시킨다는 점에서 이상적인 방법이 아니다. 팀의 잠재력을 최대한으로 활용하는 가장 좋은 방법은, 바로 지금의 시점에 비즈니스 모델에서 가장 위험한 요소(사업에 한계를 부여하는 제약이나 가장 약한 연결 고리)에 모두가 함께 집중하도록 하는 것이다.

최고 위험 요인이 무엇인지 정확하게 파악하는 방법은 무엇일까? 위험성이 가장 클 것 같은 요인들을 어림잡아 나열하고 직감에 판단을 맡기거나 다른 '전문가'에게 조언을 구하는 기업가가 굉장히 많다. 하지만 이런 방식은 몹시 주관적이고 본인이나 다른 구성원, 조언자가 지닌 편견에 휘둘리기 쉽다.

> **NOTE** 위험에 대한 우선순위를 잘못 잡는 것은 결정적인 낭비의 원인 중 하나다.

그러면 더 나은 방법이 있을까? 물론이다. 시스템, 구체적으로 말하자면 제약 이론을 적용하면 된다. 제약 이론은 엘리야후 골드랫이 『더 골』(동양북스, 2015)을 통해 고안한 제약 중심의 시스템 최적화 방식이다.

제약 이론의 기본 전제는, 시스템에는 항상 발전을 제한하는 제약이나 가장 약한 연결 고리가 하나씩 있다는 것이다. 어느 공장에서 생산량을 개선하는 임무를 맡았다고 상상해 보자. 생산 노동자나 관리자와 인터뷰하면서 이야기를 듣는다면 각종 문제점과 솔루션만 잔뜩 나올 가능성이 높다. 이렇게 나온 여러 보기 중 무엇을 연구하겠는가?

그보다는 공장의 생산량을 공정별로 정리하는 데서 출발하는 것이 좋다. 생산 라인에서 가장 느린 기계를 파악하는 것이 목표다. 가장 느린 기계가 바로, 현재 시스템을 제한하는 제약이다. 어떤 상황에서나 가장 느린 기계는 있기 마련이며, 최고 위험 요소도 이것이라고 가정해 볼 수 있다.

시스템의 생산량을 제한하는 것은 가장 느린 기계이기 때문에, 다른 공정을 개선하더라도 생산량이 높아지지는 않는다. 다른 공정을 개선해 보려고 하는 것은 성급한 최적화의 함정이다.

제약을 파악한 다음에는 자원을 늘려서(공장 근로자 채용 확대, 기계 추가 구입 등) 그 제약을 극복하려 하는 경우가 많다. 이렇게 해서도 제약을 해소할 수는 있지만 그 과정에서 불필요한 낭비가 생길 수도 있다. 그 대신 훈련을 통해 지금 있는 직원들의 역량을 키우거나, 가장 느린 기계를 수리해서 제약을 극복하는 건 어떨까?

마인드셋 #6

제약은 선물이다.

시스템의 관점에서 제약은 선물이자 '적시에 적절한 조치'를 취하게 해 주는 열쇠이다.

- 시스템을 공정별로 정리하면 발전을 제한하는 제약을 파악하는 데 도움이 된다.
- 제약을 정확하게 파악하면 집중할 영역을 찾을 수 있다.
- 발전을 제한하는 제약의 근본 원인에 다가가면 그 제약을 없애고 시스템의 생산량을 높일 방안을 모색할 수 있다.

비즈니스 모델에서 최고 위험 요인을 찾을 때도 이와 같은 제약 기반 접근법을 취할 수 있다.

여기서 한 단계 나아가, 시스템에서 발전을 제한하는 제약을 해결하고 나면, 시스템의 (대부분 예측 불가능한) 다른 부분으로 제약이 옮겨간다. 이때 방심하고 변화를 감지하지 못하면 최적화의 함정에 빠지기 쉽고, 결과적으로 최적화를 위한 노력의 결실까지 줄어들 수 있다.

또한 비즈니스 모델은 시간이 지남에 따라 달라질 수밖에 없다. 비즈니스 모델상의 최고 위험 요인도 마찬가지다. 그래서 체계적으로 사업을 최적화하고 성장시켜 구성원들과 함께 비즈니스 모델의 목표, 가정, 제약을 지속적으로 검토하는 주기적인 흐름을 만들어야 한다.

마인드셋 #7
대외적으로 책임 있는 태도를 가진다.

이럴 때 알아야 할 것이 90일 주기이다.

6.1 90일 주기

90일은 우리 스스로와 팀, 비즈니스 모델을 대외적으로 책임감 있게 꾸려가기에 적절한 주기이다. 의미 있는 일을 시작해서 상당한 진전을 이루기에(견인을 달성하기에) 충분한 시간이면서도 시급성을 가질 수 있을 정도의 짧은 시간이기 때문이다.

90일 주기를 사용하면 MSC 목표 달성을 위한 3개년 여정을 90일 주기 12개로 나눌 수 있다(그림 6-1). 90일 주기 각각은 견인 목표의 틀 안에서, 견인 로드맵에서 추론한 목표와 핵심결과objectives and key results(OKR) 형태로 구성되어 있다. 명확한 목표를 가지고 비즈니스 모델 및 측정 기준을 마련하면 구성원들이 공통의 임무에 뜻을 함께하면서도 목표 달성을 위한 여러 방안을 모색하고, 이 방안들을 한 가지 또는 여러 가지 캠페인으로 담아낸다.

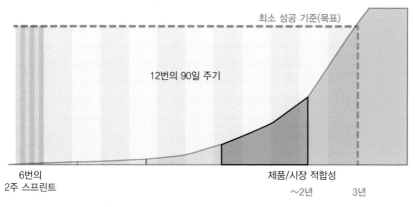

그림 6-1 목표, 주기, 스프린트

> **NOTE** 캠페인은 90일 주기의 OKR을 달성하거나 달성에 가까워질 수 있는 방법을 제안하는 것이다.

캠페인 하나만으로는 목표를 달성하기 어려울 수도 있다. 그래서 90일 주기 안에서 여러 캠페인을 동시에 또는 중첩되게 진행할 때가 많다. 각 캠페인은 다시 2주 단위의 스프린트 시간으로 나뉜다. 스프린트는 구조를 더 명확하게 잡아 주고, 작고 빠른 실험을 사용해 캠페인을 반복적으로 테스트할 때 피드백을 더 금방금방 받아볼 수 있게 제공한다.

- 목표는 임무를 정의한다.
- 캠페인은 목표 달성을 위한 전략을 정의한다.
- 스프린트는 이 전략들을 테스트한다.

6.1.1 일반적인 90일 주기

일반적인 90일 주기는 모델 구현, 우선순위 설정, 테스트의 세 단계로 구성된다
(그림 6-2). 90일 주기의 첫 2주는 모델 구현과 우선순위 설정에 할애해서, 구
성원들에게 공통의 90일 OKR을 부여하고 가장 유망한 캠페인들을 간추린다. 90
일 주기에서 나머지 10주는 캠페인을 테스트하는 시간이다.

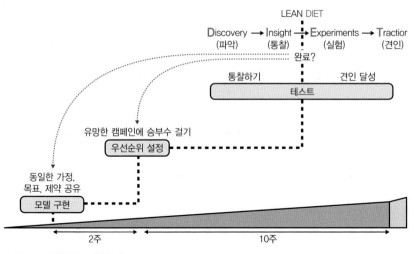

그림 6-2 전형적인 90일 주기

90일 주기의 마지막은, 주기를 돌아보면서 무엇을 하고 무엇을 배웠는지 되새기
고, 다음 90일 주기에 무엇을 할지 정하는 90일 주기 검토 과정이다.

이 검토 과정을 더 자세히 살펴보자.

| 모델 구현 |

모델 구현 단계에서는 구성원들이 공통의 핵심 목표, 가정, 제약을 가지도록 조율한다. 새 주기를 시작할 때마다 90일 주기 개시 미팅을 열어서 이번 주기의 OKR을 구체화한다. 이것은 수렴-발산 과정 중 수렴 단계에 해당한다.

비즈니스 모델 설계 단계에서 만들었던 모델이 출발점이다. 이 모델들은 시간이 흐를수록 진화하기 때문에, 주기를 진행하면서 주기적으로 모델을 업데이트하는 것이 중요하다. 경영 사례, 예측 스프레드시트, 제품 로드맵 같은 묵직한 계획과 달리, 이러한 모델은 비교적 쉽고 빠르게 최신 상태를 유지할 수 있도록 가볍게 설계되어 있다.

모델을 최신 상태로 유지하는 것과 더불어, 지표를 사용해 비즈니스 모델 벤치마킹을 시작해야 한다. 새 아이디어를 시작하는 초기에 모든 지표는 0에서 시작한다. 첫 번째 목표는 고객 공장을 가동하는 것이다. 그러면 다음의 일반적인 고객 생애 주기 단계와 일치하게, 어느 정도 예측 가능한 순서에 따라 제약이 따를 것이다.

1. 확보
2. 활성화
3. 유지
4. 매출
5. 추천

그러나 고객 공장 가동이 시작되고 나면(고객과 상호 작용하기 시작하면) 제약이 예측 불가능하게 움직이기 시작할 것이다. 제약(그리고 최고 위험 요인 가정)을 확실하게 파악하는 유일한 방법은 현재의 지표를 체계적으로 분석하는 것이다. 최고 위험 요인을 멋대로 추측하면 편견이 개입되며 잘못된 진단은 낭비를 야기한다는 사실을 잊지 말자. 이 장의 뒷부분에서는 몇 가지 지표 측정 방법을 다룬다.

| 우선순위 설정하기 |

다음 단계는 우선순위 설정으로, 가장 유망한 캠페인에 승부수를 거는 시간이다. 90일 주기를 개시하고 나면 구성원들이 개별적으로 제약을 분석하고 이번 주기의 목표를 달성하기 위한 캠페인 제안을 만든다.

그다음에는 모두가 모인 90일 주기 계획 회의에서 각자 캠페인 제안을 발표한다. 이 발표에서 다룰 내용은 다음과 같다.

- 제약의 원인 추정
- 근본적인 문제 요약 및 근거 제시
- 솔루션 제안
- 예상되는 결과 제시

보통 구성원이 제안한 캠페인을 전부 실시하기는 불가능하므로 90일 주기를 시작할 때마다 가장 유망한 캠페인을 투표로 정해서 진행한다.

마인드셋 #8

작은 수를 여러 번 던져라.

앞서 이야기한 이유로, 캠페인은 너무 많이 선택하는 것보다 적게 선택하는 편이 훨씬 낫다. 주어진 90일 주기 동안 캠페인을 몇 개나 진행할지 정할 때는 구성원 수는 2로 나누는 방법이 좋다. 예를 들어 다섯 명이 모인 팀이라면 한 주기에 캠페인을 2개까지 진행하는 목표를 세우고, 3개는 넘기지 않는 것이 좋다.

기존의 제품 계획 방식과는 달리, 여기서는 완벽한 계획을 세우기보다 어느 캠페인들이 가장 유망한지 파악해서 나란히 두고 평가한다.

90일 주기의 나머지 시간은(10주) 5개의 2주 단위의 스프린트 기간 5개로 나눠서, 앞서 선정한 캠페인들을 추가로 테스트하고 고도화한다.

마인드셋 #9

근거를 기반으로 결정을 내린다.

| 테스트하기 |

캠페인을 선택한 다음에는 테스트 단계로 넘어간다. 캠페인을 제안했던 사람이 실험을 설계하고, 하위 팀을 꾸려서 작업을 배분한다. 그런 다음 정식으로 첫 번째 스프린트에 돌입한다.

테스트라고 하면 평가적 실험만 생각하는 경우가 많다. 이것은 'X를 하면 Y가 나올 것으로 예상된다'와 같이 투입 가정(또는 가설)을 테스트해서 그 결과를 예상했던 결과와 비교해 보는 실험이다. 예를 들어 보자.

1. 만약 내 제품을 출시한다면, 신규 유료 고객을 100명 확보할 것이다.
2. 만약 이 광고를 실행하면 가입자가 1,000명 생길 것이다.
3. 이 기능을 개발하면 이탈률이 40% 줄어들 것이다.

평가적 실험은 예상되는 결과를 고객 공장의 다섯 단계 중 하나에 연결하는 견인 실험이다(AARRR; 3장 참조). 그러나 평가적 실험을 서두르는 것은 최적의 접근법이 아닐 때가 많다. 이 실험에서 얻은 결과가 쓸모 있으려면 양질의 가설을 투입해야 하기 때문이다. 그러니까 쓰레기를 넣으면 쓰레기가 나온다는 뜻이다. 이쯤에서 질문이 떠오른다. 어떻게 해야 더 수준 높은 가정이나 가설에서 출발할 수 있을까?

이때 필요한 것이 생성적 실험이다. 생성적 실험은 새로운 핵심을 통찰하거나 비밀을 알아내도록 도와주는 탐색 실험이다. 이러한 통찰은 처음에는 명확하게 드러나지 않는 경우가 많으며, 돌파구를 마련하고 견인을 달성하기 위한 핵심 요소이다.

뜻밖의 성과를 내야 돌파구가 나온다.

생성적 실험 내지는 탐색 실험을 하면 더 나은 가설을 만들기 위한 핵심을 간파할 수 있다. 그렇게 도출한 가설을 평가성 실험 또는 견인 실험으로 검증한다. 나는 견인 실험에 앞서 이 발견 지점을 이해하는 데 도움이 되는 간단한 연상 장치 D-ARRRR-T를 고안했다.

바람직한 검증 캠페인은 솔루션, 파악(D), 견인(T)이 아닌 문제를 출발점에 두어야 한다. 모든 캠페인의 궁극적인 목표는 견인(T)을 높이는 것이므로 캠페인에서는 항상 결과가 고객 공장 지표(AARRR) 하나 이상과 연계되어야 하는 것이 당연하다.

캠페인을 설계할 때 다음 일곱 개의 질문을 생각해 보자.

1. **파악**(Discovery): 해결할 가치가 있는 근본적인 문제가 있는가?
2. **확보**(Acquisition): 관심을 가진/영향을 받는 인원이 충분한가?
3. **활성화**(Activation): 가치를 전하는가?
4. **유지**(Retention): 사람들이 돌아오는가?
5. **매출**(Revenue): 결과가 어떠한가(수익이나 다른 의미 있는 지표 기준)?
6. **추천**(Referral): 사람들이 다른 사람에게 이야기하는가?
7. **견인**(Traction): 견인이 증가했는가?

2주간의 스프린트 한 번으로 일곱 질문에 모두 답하기는 불가능에 가깝기 때문에 보통은 스프린트 몇 차례에 걸쳐 캠페인을 테스트한다. 다음 장에서는 캠페인의 각 스프린트에서 테스트할 내용을 설계할 때 유용한 D-AARRR-T 양식을 제공한다.

6.2 첫 90일 주기 준비하기

이제 90일 주기의 작동 방식을 알아보았으니, 이 주기를 효과적으로 진행하기 위한 전제 조건을 짚고 넘어가자.

6.2.1 적절한 팀 꾸리기

혼자서 제품 개발을 시작할 수는 있다. 하지만 보통은 한정된 시간(하루는 누구에게나 24시간뿐이다), 역량(전문화의 폐해), 세계를 보는 관점(편견) 탓에 한계에 부딪히는 시점이 오기 마련임을 인지해야 한다.

그래서 다양한 기술과 역량, 종합적인 관점이 섞인 팀 구성을 우선으로 생각해야한다. 서로 다른 특성의 사람들과 함께하면, 주기적으로 현실 점검을 할 때도 도움이 된다. 나와 다른 사람이 공동 창업자라면 가장 좋겠지만 자문가, 투자자, 그도 아니면 다른 스타트업 창업자들로 구성된 임시 이사회가 이 역할을 할 수 있다.

> **NOTE** 초기 단계를 성공으로 이끄는 것은 좋은 아이디어가 아닌 좋은 팀이다.

좋은 팀은 나쁜 아이디어를 금방 인지해서 제거하고 결국은 좋은 아이디어를 찾는다. 나쁜 팀은 좋은 아이디어와 나쁜 아이디어를 구분하지 못하고 나쁜 아이디어를 너무 오랫동안 붙잡고 있거나 좋은 아이디어를 두고도 대책 없이 헛발질이나 한다.

좋은 팀을 꾸리려면 생각보다 시간이 오래 걸리기 마련이므로 스티브가 그랬던것처럼 함께하면 좋을 만한 후보자들에게 비즈니스 모델 스토리 피치를 들려주면서 가능하면 빨리 행동에 나서는 것이 좋다.

팀을 구성할 때 고려해야 하는 사항이 몇 가지 더 있다.

| 기존의 회사 부서에 얽매이지 말자 |

초기 단계의 스타트업에서는 '엔지니어링', 'QA', '마케팅' 같은 전형적인 부서의 이름표가 오히려 불필요한 갈등 요인이 될 수 있다. 그리고 내부에서 각기 다른 KPI(핵심 성과 지표)를 가지고 서로 고립된 환경에서 상품을 만들면, 국부적인 지표들을 높인다는 명목 아래 회사 전체의 생산량이 주저앉는 문제가 생길 수 있다. 예를 들어 영업팀은 주로 학습이나 탐색이 아닌 거래 성사율을 기준으로 상여금을 받는다.

견인 목표 달성이라는 공통의 임무를 수행하는 단일 창업팀을 만드는 것이 가장 좋다.

| 최소 실행 가능팀으로 시작하라 |

프로젝트팀을 꾸리는 데 있어서는 '의사소통 시스템의 가치는 시스템 사용자 수의 제곱으로 증가한다'는 메트칼프의 법칙을 반대로 생각해야 한다.

팀의 효율성은 구성원 수의 역제곱에 가깝다.

— 마크Marc Hedlund, 위사비Wesabe 최고 제품 책임자

팀의 규모가 커지면 의사소통이 단절되고 집단사고에 의존하게 된다. 최소한의 팀원으로 최소 실행 가능 제품을 구축해야 하는 이유를 알아보자.

- 의사소통이 쉬워진다.
- 개발해야 하는 양이 줄어든다.
- 비용을 낮게 유지한다.

바람직한 팀 규모를 어림잡는 방법으로는 피자 2판 원칙이 있다.

모든 팀은 피자 2판으로 배를 채울 수 있을 만큼 작아야 한다.

— 제프 베조스, 아마존 창업자

실제로 새 프로젝트를 시작할 때는 2~3명으로 구성된 최소 실행 가능팀으로 출발해 5~7명 규모의 핵심팀으로 성장하는 경우가 많다. 이 이상으로 조직이 커지

면 소규모의 완전한 팀들을 새로 만드는 식으로 인력을 분리하는 것이 좋다. 이렇게 신설한 팀들도 모두 견인 달성이라는 공통의 임무를 중심으로 조직한다.

| 좋은 팀은 완전하다 |

구성원이 몇 명인지보다 중요한 것은 팀 안에서 반복 작업을 빠르게 수행할 수 있도록 역량과 세계관을 다양하게 갖추는 것이다. 다른 조직과 공유하는 외부 자원에 의존해야 업무를 처리할 수 있다면 학습 속도가 떨어지게 된다.

필자가 생각하는 완전한 팀은 해커, 디자이너, 허슬러로 구성되어 있다. 이 명칭이 마음에 들지 않는 사람들을 위한 대안도 있다.

- 해커, 힙스터, 허슬러
- 개발자, 디자이너, 해결사
- 제작자, 디자이너, 마케터
- 직접 명칭을 만들어 보자

세 사람이 모이지 않아도 최소 실행 가능 팀을 구성할 수 있다. 두 사람이 이 역할들을 분담할 수도 있고 한 명이 도맡을 수도 있다.

이 책에서는 위의 역할들을 이렇게 정의한다.

해커(개발자)

제품을 개발하려면 제품 개발 실력이 뛰어난 팀원이 필요하다. 기존 개발 경력, 당신이 사용할 특정 기술에 대한 전문 지식이 필수이다.

힙스터(디자이너)

디자인에서는 심미성과 사용성이 모두 중요하다. 새로운 시장에서는 형태보다 기능을 중시할 수도 있지만, 이 세상은 점점 '디자인을 중시'하는 방향으로 흘러가고 있어 형태를 무시할 수 없다. 그리고 제품은 기능들이 아닌 사용자 흐름의 집합이다. 그러므로 고객의 세계관에 부합하는 경험을 제공할 수 있는 팀원이 필요하다.

허슬러(마케터)

나머지는 전부 마케팅(그리고 영업)이다. 마케팅은 바깥세상이 제품을 인지할 수 있게 하는 기능이며, 고객의 입장에서 생각할 수 있는 사람이 필요하다. 작문과 홍보 실력이 꼭 필요하고 지표, 가격 정책, 포지셔닝을 이해할 수 있어야 한다.

| 좋은 팀은 역량이 중첩된다 |

완전한 팀은 해커, 힙스터, 허슬러의 역량이 적절하게 중첩되어야 한다(그림 6-3).

이를 위해서는 구성원들에게 각자의 1순위, 2순위 역량을 대라고 한다. 예를 들어 나의 1순위 역량이 허슬러, 2순위 역량이 해커라면 나는 허슬러 겸 해커라고 할 수 있다. 여기서 공동 창업자를 영입하려면 해커 겸 힙스터 또는 힙스터 겸 해커를 물색해서 팀을 완전하게 구성하는 것이 좋다.

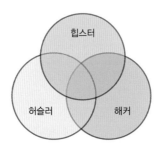

그림 6-3 핵심팀

| 핵심 역량 위탁에 주의하라 |

필자는 이 세 가지 영역 중 하나 이상을 외부에 위탁하려고 하는 팀을 늘 마주하는데, 대개는 좋지 못한 생각이다. 초기 프로토타입이나 데모는 외주를 줄 수도 있지만 다른 사람의 일정에 얽매이면 반복 작업과 학습을 빠르게 수행하기 힘들어진다는 점에 주의하자.

> **TIP** 학습만은 절대 외부에 위탁하면 안 된다.

| 좋은 팀은 대외적으로 책임감 있는 태도를 보인다 |

핵심팀에게는 목표를 달성하기 위해 필요한 일을 무엇이든 할 수 있는 권한이 있어야 한다. 이들이 아이디어를 테스트할 때마다 결재를 받아야 한다면 속도가 저하될 수밖에 없다. 하지만 이와 반대로 팀의 모든 일을 자율에 맡긴 채 보고 의무를 없애 버리는 것도 위험하다. 이것은 막대한 예산을 맡기고 '혁신'을 요구하는, 소규모 연구 개발 조직을 운영하는 전형적인 모델이다. 다른 건 몰라도 예산이 바닥나리라는 것 하나는 장담할 수 있다.

이런 팀은 기존 사업과는 다른 방식으로 생각할 여지를 찾기 위해 더 창의적인 외부 공간을 마련하는 경우가 많다. 원칙적으로 바람직한 일이지만 이런 식으로 자율성과 함께 팀을 방치하면 개인의 열정(또는 편견)이 못된 심보를 드러내기 시작한다.

머나먼 우주와 내재적 기업가 정신

내재적 기업가 정신을 우주 탐사선 발사라고 생각해 보자. 너무 멀리 쏘면 길을 잃고 자원은 고갈되어 조용히 죽음을 맞이한다.

무사히 돌아오더라도 먼 우주에서 가지고 온 것은 너무 이질적이라서 기존의 핵심 사업과 어우러지지 않는다. 그래서 어느 임원이 단칼에 퇴짜를 놓는다.

성공의 핵심은 너무 먼 우주가 아니라 특정한 표적(명확하지 않더라도)의 궤도로 돌면서 본부에 있는 경영진과 주기적으로 소통하는 것이다.

표적이 있으면 달성할 가치가 있는 목표가 생긴다. 주기적으로 소통하고 대외적으로 책임감 있는 태도를 보일 때 기대치를 관리하고 수익을 보장할 수 있다.

델의 초기 사내 기업가 마니쉬 메타Manish Mehta와의 대화 각색

적절한 균형점은 제한적인 자율성이다. 즉, 팀에 문제/솔루션 탐색을 위한 자율성을 부여하면서도 특정한 핵심 비즈니스 모델 제약과 목표를 충실히 지키게 해서 대외적인 책임 체계를 구축하는 것이다.

지속적인 혁신 프레임워크를 구현하는 동시에 내·외부 이해관계자들이 참여하는 것이 핵심이다. 스타트업에서는 외부 고문이나 투자자가 이런 이해관계자가 될 수 있다. 일반 기업에는 해당 주제의 전문가나 프로젝트를 지원하는 경영진이 있다. 독립적인 스타트업이라도 이런 목적으로 일종의 임시 자문단을 구성하기를 적극 권장한다.

| **좋은 팀은 좋은 코치를 활용한다** |

지속적인 혁신 프레임워크를 처음 도입하는 팀이라면 이해관계자와 더불어, 핵심 팀이나 주요 이해관계자가 아닌 외부 코치/조력자를 유용하게 활용할 수 있다. 이해관계자나 특정 분야 전문가(고문)와 달리, 코치는 **정답을 제시하기보다 올바른 질문을 하는 데 집중한다.** 편견을 예방하고 해결해야 할 제약을 정확하게 찾아내기 위해서는 코치가 꼭 필요하다. 스티브 잡스, 래리 페이지, 에릭 슈미트조차 코치를 곁에 두었다.[1]

스크럼, 애자일, 린 식스 시그마 등 오늘날 주류가 된 모든 방법론은 수많은 코치의 노력을 통해 확산되고 발전되어 왔다. 지속적인 혁신 프레임워크도 다르지 않다.

적절한 팀 구성으로 첫 단추를 잘 끼웠다면, 그다음은 주기적인 보고 흐름 설정이다.

6.2.2 주기적인 보고 흐름 만들기

린 캔버스와 견인 로드맵은 비즈니스 모델 진행 상황을 정의, 평가, 소통하고 외부에 설명하기에 완벽할 만큼 가벼운 모델이다. 하지만 비즈니스 모델을 자진해서 주기적으로 돌아보는 경우에만 효과를 발휘한다.

그게 문제다. 자발성만으로는 충분치 않다. 제품에 완전히 몰입하고 나면 시간 감각을 잃고 흐름에 몸을 맡기는 상태에 이르는 경우가 상당히 많다. 스티브의 사례

----

1 『빌 캠벨, 실리콘밸리의 위대한 코치』(김영사, 2020)의 주인공 빌 캠벨(Bill Campbell)은 전직 풋볼 선수이자 코치이다. 구글, 애플, 인튜이트 등 실리콘 밸리에서 내로라하는 기업들의 성장을 도왔다.

처럼 몇 주가 몇 달이 되고, 또 몇 년이 된다.

그래서 자발성에만 의존하지 않고 비즈니스 모델을 돌아보도록 강제하는 기능이 필요하다. 90일 주기를 진행하는 동안 의례를 치르듯 정기적인 보고 흐름을 만드는 것이다.

의례라는 개념은 새롭지 않다. 애자일, 스크럼, 디자인 사고 방법론에서도 팀의 소통을 촉진하고 책임감을 높이기 위해 이 방법을 널리 사용한다. 이미 이러한 방법론을 따르고 있다면 90일 주기에서 사용하는 요소를 포함시켜 기존 의례를 조정하기만 하면 된다. 아직 팀에서 진행하는 의례가 없다면 바로 지금이 이러한 구조를 만들 시기이다.

90일 주기에는 6가지 의례가 있다(그림 6-4).

90일 주기 개시 회의
팀에게 공통의 핵심 목표, 가정, 제약을 제시한다.

90일 주기 계획 회의
가장 유망한 캠페인을 선정한다.

스프린트 계획 회의
실험을 정의하고 다가오는 스프린트를 위한 과제를 할당한다.

일간 스탠드업 미팅
매일의 과제와 관련한 최신 소식을 팀원들에게 전달하고 주의를 기울여야 할 방해물에 대해 알리는 간단한 점검 시간이다.

스프린트 검토 회의
스프린트를 통해 배운 핵심 사항을 공유한다.

90일 주기 검토 회의
90일 주기 경과를 보고하고 다음 조치(방향 전환, 지속, 잠시 멈춤)를 결정한다.

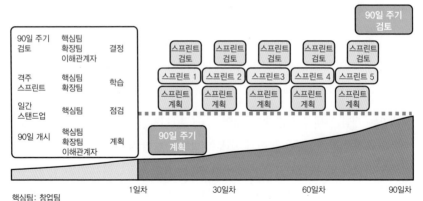

핵심팀: 창업팀
확장팀: 코치, 자문가, 도메인 전문가
이해관계자: 투자자, 경영진

그림 6-4 90일 보고 흐름

6.3 효과적인 실험을 위한 일곱 가지 습관

비즈니스 모델 설계 단계에서는 사고 실험을 통해 아이디어를 구체화했다. 비즈니스 모델 검증 단계부터는 고객과 함께 실제로 실험을 해 보면서 아이디어를 구체화한다.

지금부터 실험을 잘 설계하고 실행하기 위한 기본 규칙을 알아보자. 하지만 시작하기에 앞서, 과학 실험과 사업 실험의 차이부터 비교해 보려고 한다.

첫째, 목표가 다르다. 과학자는 우주의 신비를 밝히기 위해 불변의 진리를 추구하는 반면, 기업가는 비즈니스 모델을 작동하게 만드는 비밀(통찰)을 밝히기 위해 세속적 진리를 추구한다.

둘째, 일정이 다르다. 기업가에게는 시간이 한정되어 있어, 무엇보다도 학습 속도를 우선시해야 한다.

이러한 이유로 과학 연구에서의 엄격한 잣대를 사업적 탐구에 들이대면 여기저기서 과잉이 발생한다. 기업가가 지식을 습득하는 것은 배움 그 자체가 아니라 성과(견인)를 내기 위해서이다. 우리의 목표는 잡음 속에서 올바른 신호를 빠르게 포착한 다음 그 신호에 전념하는 것이다.

직감(또는 예감)에 따라 선택한 지름길 몇 가지를 테스트해 보는 것이 잡음 속에서 신호를 찾는 가장 빠른 방법일 때도 있다. 이러한 속도와 학습 사이의 모순 사이에서 어떻게 균형을 잡아야 할까? 사업 실험의 효과성을 끌어올리기 위하여 응축한 일곱 가지 습관을 도입하면 된다.

| 1. 기대하는 결과를 미리 선언하라 |

그냥 어떻게 되나 보는 것이 계획이라면 그 계획은 무조건 성공이다. 결과는 어떻게든 나오게 되어 있기 때문이다.

— 에릭 리스, 『린 스타트업』(인사이트, 2012)

과학자는 실험실에 들어가서 그저 '어떻게 되나 보기' 위해 화학 약품들을 섞지 않는다. 우리도 기대하는 결과를 생각해 두지 않고 실험실에 들어갈 수는 없다.

이 지점에서 편견이 슬금슬금 고개를 든다. 여름철에 제품을 출시했는데 반응이 시원치 않다면 그건 모두 휴가를 떠났기 때문일 것이다. 가을이 되어도 팔리지 않는다면 모두 휴가에서 갓 돌아와 아직 돈을 쓸 여력이 없어서일 것이다. 이런 식이라면, 적어도 미국에서는 할로윈, 추수감사절, 크리스마스가 여러분의 매출을 떨어뜨리기 위해 음모를 꾸미면서 줄줄이 기다리고 있다. 이 논리에 따르면 무언가를 팔기에 좋은 시기는 결코 오지 않는다.

> **NOTE** 어느 정도 명석한 사람은 무엇이든 합리화할 수 있다. 그중에서도 기업가는 합리화 능력이 유독 뛰어나다.

이런 합리화의 함정을 피하려면 좀 더 경험에 근거하는 접근 방식을 취해야 한다. 마냥 기다리면서 일이 어떻게 되는지 지켜보는 대신, 기대하는 결과와 계절성 등의 요인을 솔직하게 선언해야 한다. 실제로 이렇게 하기는 말처럼 쉽지 않다. 예상 결과를 미리 선언하지 않으려는 심리를 더 깊이 파고 들어가면 두 가지 이유가 나온다.

- 틀렸음이 드러나는 것은 질색이다.
- 모르는 것에 대해서는 경험에 의거한 추측을 하기 어렵다.

지금부터 소개할 두 습관을 들이면 이러한 이유를 극복할 수 있다.

| 2. 결과 선언을 팀 활동으로 |

회사 창업자나 CEO는 모르는 것 없이 모든 상황을 꿰뚫고 있는 것처럼 보이고 싶은 마음에, 예상 결과를 대담하게 발표하기를 꺼릴 수도 있다. 비단 CEO만이 아니다. 디자이너도 새로운 디자인을 제안할 때 구체적인 전환율 상승 예상치를 제시했다가 틀렸음이 증명되는 위험을 감수하기보다는 예상 결과에 대해 애매한 입장을 취하는 편이 훨씬 안전하다.

미리 결과를 선언하기가 꺼려지는 근본적인 이유는 우리의 일에 자아를 투영하기 때문이다. 주인 의식을 가지고 일하기에는 자아가 유용하지만 경험을 통해 학습을 하기에는 그렇지 않다.

물론 제품에서 자아를 의식적으로 분리하기는 쉽지 않다. 깨어 있는 시간 대부분을 쏟아부어서 만든 제품이니 말이다. 하지만 내가 항상 옳은 사람이 되기보다 옳은 제품을 만드는 것이 더 중요하다는 것을 언젠가는 깨달아야 한다. 이렇게 마인드셋을 바꿔야 건강한 실험 문화를 구축할 수 있다.

결과 선언에 대한 두려움을 다른 방식으로 표출할 수도 있다. 안전한 선언만 하는 것이다. 하지만 안전한 길만 택해서는 돌파구를 찾을 수 없다. 사람들이 강한 의견, 엉뚱한 직감, 이상한 본능을 가지고 철저하게 테스트해 볼 수 있는 문화를 조성해야 한다.

필자가 제안하는 방법은, 예상 결과를 선언하는 부담을 한 사람에게 모두 지우지 말라는 것이다. 팀이 모여서 결과를 예상하게 하되 약간의 변화를 가한다.

너무 일찍부터 구성원들의 합의를 끌어 내면 집단사고를 유도할 수 있다. 예상 결과 선언은 특히나 무리 속 히포(HIPPO)에 의해 좌우되기 쉽다.

그러니 구성원들이 먼저 개별적으로 예상치를 발표하게 하고 서로 비교해 보게 하는 편이 훨씬 낫다.

새로운 랜딩 페이지를 제안하는 디자이너를 예로 들면 먼저 디자이너가 팀에게 제안을 설명하고, 모든 구성원이 개별적으로 전환율의 처리량 상승치를 예상해 본다. 그런 다음 모두의 추정치를 비교해 보면서 각자 그 수치를 도출한 근거를 논의한다.

실험을 진행한 다음 팀 단위로 이와 비슷한 설문을 해서, 이 수치를 결과가 나온 뒤의 실제 수치와 비교해 보기를 추천한다. 재미를 가미하고 싶다면 이 활동을 게임으로 만들어서 실제 값을 가장 비슷하게 맞힌 사람에게 작은 상을 줄 수도 있다. 중요한 것은 맞고 틀리고가 아니라, 팀이 예상 결과를 편안한 마음으로 선언하게 만드는 것이다. 이 연습만 해도 시간이 지날수록 구성원들의 판단력이 일취월장한다.

1인 기업가에게는 실험에 앞서 자신의 예상 결과를 적어 내려가는 것이 더더욱 중요하다.

| 3. 정확하지 않은 예상값임을 강조하라 |

예상 결과를 선언하기 꺼려지는 또 다른 이유는 의미 있는 예측을 하기에 정보가 너무 부족하다는 기분이 들어서다. 아이폰 애플리케이션을 출시해 본 적이 없으면서, 어떻게 다운로드율을 예측할 수 있겠는가?

하지만 완벽한 정보는 결코 확보할 수 없고, 그럼에도 이런 예측을 해야 한다는 사실을 받아들여야 한다.

세 가지 예측 방법을 소개한다.

유사 사례 연구

이상적인 세상에서는 어떤 지표에 대해서든 전환율 예상치를 찾을 수 있을 것이다. 그러나 기업들은 대부분 경쟁을 이유로 고객 공장에서 일어나는 일들을 비밀로 유지한다.

이 중 몇 가지 수치는 3장의 페르미 추정 연습에서와 마찬가지로 약간의 연구를 통해 짜 맞출 수 있다. 그러나 가장 정확한 추정치는 스스로의 판단력을 높이기 위해 꾸준히 노력할 때 찾아온다. 자신이 보유한 고객들의 행동 패턴을 꿰뚫는 전문가가 되어야 한다. 이를 위한 유일한 방법은 예상 결과를 미리 선언해 두고 결과가 나올 때마다 점진적으로 배우는 것이다.

예상 결과 선언이 처음이라면 수치가 어긋나는 것은 각오하자. 예를 들어 아이폰 애플리케이션을 출시하고 하루에 다운로드 100회를 예상했는데 실제 수치는 10회밖에 되지 않을 수도 있다. 처음에는 지나치게 희망에 부푼 추측을 할 수도 있지만, 10배씩 틀린 수치를 연거푸 예측하다 보면 자연스럽게 기대치를 현실적으로 조정하게 된다.

견인 로드맵과 고객 공장 모델 활용

'하루 다운로드 100회' 같은 식으로 뜬금없는 숫자를 선택하는 것은 아니다. 견인 로드맵과 고객 공장 모델에서 숫자를 가져와야 한다. 애초에 모델을 만드는 건 고객이 어떻게 행동해야 내가 사업을 영위하는지(즉, 결과를 계산) 예측하기 위해서이다. 그런 다음 실험을 통해 예측의 정확성을 검증할 수 있다.

딱 떨어지는 값이 아닌 대략적인 범위에서 출발

정확한 값을 내야 한다는 부담도 예측을 주저하게 만드는 원인이다.

> **TIP** 추정을 하지 않는 것보다는 어떤 값이라도 추정하는 게 낫다.

더글러스 허바드Douglas Hubbard가 제안한 또 다른 추정 기법을 알아보자. 이는 불확실성을 평가하는 것은 눈에 띄는 실력 향상을 기대할 수 있는 일반적인 기술이라는 연구를 기반으로 한다. 허바드의 기법은 완전한 값이 아닌 대략적 범위 안에서 값을 예측한다. 그가 이 기술을 설명하면서 활용한 다음 쪽의 추정 연습은 나 역시 워크숍에서 꽤 효과적으로 사용해왔다.

연습 문제: 보잉 747기의 날개 길이는?

항공 업계 종사자가 아닌 이상 이런 질문에는 곧장 손사래를 칠 것이다. 그러니 단 하나의 값을 구하는 대신 상한 범위를 신뢰 구간 90%로 잡고, 그다음에는 하한 범위를 동일하게 잡아서 문제를 둘로 나눠보자.

비행기 날개 길이가 6미터 이하일 수 있는가?

아니다. 너무 짧을 것 같다.

여기에 대해 100% 확신한다.

9미터는 어떨까?

마음이 불편하지 않은 선에서 계속 값을 높인다. 신뢰도 90%를 목표로 한다.

이 번호를 적는다. 같은 방법으로 상한선을 구한다.

날개 길이는 152m 이상일까?

아니다. 그건 너무 길다.

여기에 대해서도 100% 확신한다.

91미터는 어떨까? 축구장의 길이이다.

마음이 불편하지 않은 선에서 계속 값을 내린다. 이번에도 신뢰도 90%를 목표로 하고 이 숫자를 적는다.

추정 결과가 어떤가?

정답은 64m이다.

워크숍에서 이 문제를 내보면 학생들은 전혀 감이 잡히지 않는다고 막막해하다가도 1.5~6m 범위에서 정답을 맞힌다. 생산량 실험에도 바로 이 기술을 적용할 수 있다. 전환율의 하한 및 상한 범위에는 이미 천장과 바닥이 정해져 있다. 확보율, 즉 가입률을 예로 들어 보자. 가입률이 100%가 될 수 없는 것은 안다. 그건 불가능의 영역이다. 그렇다고 0%가 될 수도 없다. 그러면 실험하는 의미가 없다. 상한 및 하한 범위를 점진적으로 조정하다 보면 가입률 20~40%의 90% 신뢰 구간을 생성할 수 있다.

이 과정을 거치면 시간이 지날수록 신뢰도는 높아지고 추정 범위는 좁아질 것이다.

| 4. 말이 아닌 행동을 측정하기 |

모든 평가성 실험을 하려면 하나 이상의 고객 공장 조치(AARRR) 측면에서 예상 결과를 정의해야 한다. 그러나 정성적 학습은 주관적일 수 있기 때문에 탐색 실험은 더 까다로워진다. 아무 기업가나 붙잡고 고객과의 전화 통화 내용이 어땠는지 물어보면 대개는 긍정적이었다고 답한다. 이것은 우리가 기존의 세계관과 일치하는 것만 선택적으로 유지하고 나머지는 무시하는 확증 편향이 작용한 결과이다. 사용자가 하는 말을 정성적으로 판단하기보다는 그들의 (현재 또는 과거의) 행동을 평가하자.

| 5. 가정을 반증 가능한 가설로 전환하기 |

예상 결과를 선언하는 것으로는 충분하지 않다. 반증 가능하게, 즉 틀림을 증명할 수 있게 만들어야 한다. 이 책에서 과학적 방법을 논의할 때 언급했던 내용이다. 모호한 이론이 유효하지 않음을 입증하는 것은 굉장히 어렵다. 정보를 충분히 모은 다음 자신이 옳았다고 스스로를 설득하는 귀납의 함정에 빠지지 않으려면 반증 가능성을 갖춰야 한다. 이 함정은 '흰 백조'의 예로 유명하다. 당신이 지금까지 본 백조가 전부 흰색이었다면 모든 백조는 하얗다고 선언하기 쉽다. 하지만 검은 백조가 단 한 마리만 있으면 이 이론이 틀렸음이 입증된다.

'나는 전문가라고 간주되므로 선각 수용자들이 내 제품에 주목하리라 믿는다.'라는 비즈니스 모델 가정에서 이 문제가 어떻게 발생하는지 살펴보자. 이 명제를 테스트하려면 대화 중 자신의 제품을 언급하거나, 엑스에 링크를 올리거나, 블로그에 글을 쓰면 된다. 이 모든 활동이 가입을 촉진할 수 있다. 하지만 어느 시점에 이 명제가 유효하다고 선언해야 할까? 가입자가 10명, 100명, 1000명일 때? 결과 예상치가 모호하다.

이 방식의 또 다른 문제는, 여러 활동을 뒤섞으면 활동과 인과 관계 사이를 구분하기 힘들다는 것이다. 회원 가입이 모든 활동에서 동등하게 기인했다고 할 수 있을까? 아니면 가입자 대부분을 유인하는 활동이 따로 있는가?

앞의 명제는 '맹신'을 통과하긴 하지만 반증 가능한 가설은 아니다. 좀 더 구체적으로 검증할 수 있도록 다듬어야 한다. 이렇게 정리하면 훨씬 낫다.

- 블로그에 글을 하나 올리면 가입자가 100명 이상 생길 것이다.

이제는 실험을 진행해서 통과 여부를 명확하게 측정할 수 있다. 이때 회원 가입자 100명이라는 숫자는 아무렇게나 뽑는 것이 아니라 견인 로드맵과 고객 공장 모델에서 가져와야 한다. 이때, 린 캔버스에 적은 가정은 보통 반증 가능한 가설이 아닌 맹신에서 시작된다는 것을 깨닫는 것이 핵심이다. 맹신을 반증 가능한 가설로 바꾸려면 다음과 같이 문장을 써야 한다.

- [테스트 가능한 구체적 조치]가 [예상되는 측정 가능한 결과]를 주도할 것이다.

이렇게 해서 실험을 효과적으로 진행하기 위해 길러야 하는 습관을 두 가지 다뤘다. 예상 결과를 미리 선언하는 것, 이 예상치를 반증 가능하게 만드는 것이다. 하지만 예상 결과 명제에는 여전히 무언가 빠져있다. 도대체 무엇일까?

| 6. 실험 기간 정하기 |

실험을 진행하고 일주일 후에 결과를 확인하기로 했다고 하자. 일주일 뒤 가입자는 20명이 생겼다. 출발이 순조롭다고 생각하며 실험을 일주일 연장할 수 있다. 이제 가입자는 목표치인 100명의 절반인 50명이다. 그러면 이제 무엇을 해야 할까?

이때 지나치게 낙관적인 기업가들은 더 좋은 결과를 얻으려는 마음에 실험을 '아주 조금만 더' 연장하는 함정에 빠진다. 여기서 실험 결과를 확인하지 않고 방치하다 보면 몇 주는 금세 몇 달이 된다.

조급하게 성공을 선언하게 하는 귀납의 함정과 마찬가지로, 기간을 제대로 정해두지 않으면 실험이 무기한 연장될 수도 있다. 우리에게 가장 희소한 자원은 돈이나 사람이 아닌 시간이다. 실험 기간을 고정시켜 두면 이 문제가 해결된다. 결과 예상치를 다음과 같이 수정해 보자.

- 블로그에 글을 하나 올리면 2주 안에 가입자가 100명 이상 생길 것이다.

이렇게 기간을 정해 두면 결과가 어떻든 팀과 미래에 대해 논의할 수 있는, 협상 불가능한 인계선이 생긴다(물론 세상이 끝나지 않은 경우에 한해).

필자는 기간 설정에서 한 단계 더 나아가기를 추천한다. 특정 유형의 실험 진행에 걸리는 시간을 추정하기보다, 모든 실험을 단일한 시간 간격에 맞춰 제한하는 것이다. 다시 말해, 유형을 불문하고 모든 실험이 완료되어야 하는 기간을 정한다. 이 기간에 맞춰 목표치를 낮추는 것은 얼마든지 할 수 있다. 예를 들어 2주 안에 가입자 100명을 넘기기는 힘들 것 같지만 4주 안에는 가능할 것 같다면, 실험을 다음과 같이 2개로 나눠보자.

- 실험 1: 블로그에 글을 하나 올리면 첫 2주 동안 가입자가 50명 이상 생길 것이다.
- 실험 2: 해당 블로그 글이 다음 2주 동안 가입자를 50명 이상 끌어들일 것이다.

첫 2주간의 실험 결과 가입자가 10명뿐이라면, 상황을 바로잡는 조치를 취하지 않는 이상 다음 2주 동안 판도가 바뀔 가능성은 낮다. 기간을 고정한다는 것을, 실험 회차들을 더 잘게 쪼개서 밀어 넣는 개념이라고 생각해 보자. 실험 회차가 작을수록 피드백 크기를 더 작게 만드는 방법으로 생각해 보자. 회차의 규모가 작을수록 실험의 피드백 루프가 빠르다.

필자는 이 시간 제약 기법을 능률이 동일한 소규모 팀과 대규모 팀에 모두 적용했다. 기간을 고정시키는 제약을 가하기 전까지 작은 실험은 2주, 큰 실험은 몇 달 정도로 실험 범위를 정해왔다. 이보다 긴 실험에서 유일하게 진행 상황을 보여주는 요소는 팀의 개발 속도였는데, 이는 앞서 알아본 것처럼 신뢰할 수 없는 진행 상황 지표이다.

우리는 실험 기간을 2주로 고정하고 프로젝트 감독관들과 함께하는 진행 상황 업데이트 회의를 미리 잡았다. 다시 말해 2주마다 사업 결과를 구축, 측정, 학습하고 이에 대해 이야기할 준비를 해야 했다. 우리 팀은 마치 마법처럼 '큰' 실험을 더 작은 실험들로 쪼개는 창의적인 방법을 찾기 위해 나섰다. 이렇게 피드백 루프의 속도를 높이니 몇 가지 대규모 계획이 효과적이지 않음을 조기에 확인하고 다른 계획에 대한 신뢰를 높일 수 있었다. 이러한 두 결과를 모두 진전이라고 볼 수 있다.

| 7. 항상 대조군 활용하기 |

진행 상황은 상대적이다. 어떤 실험이 효과를 보이고 있는지 확인하려면 이전 상태를 기준점으로 활용할 수 있어야 한다. 과학 실험에서 대조군을 만드는 것과 마찬가지이다.

이 책 후반에서는 고객 공장을 주 단위(또는 동일집단) 기준점으로 삼는 방법을 단계별로 설명한다. 이 방식은 대조 기준선을 정하기 위한 합리적인 출발점이다. 우리가 실험에서 능가하고자 하는 기준점을 만들어주기 때문이다. 이것은 일종의 직렬 분기 테스트이며, 아직 사용자가 많지 않거나 중복되는 실험을 동시에 실행하지 않고 있을 때 가능하다.

즉, 대조군을 만드는 최적의 표준은 병렬 분기 테스트를 이용하는 것이다. 병렬 분기 테스트에서는 사용자 모집단의 일부만 선택해서 실험에 노출시키고, A 그룹을 모집단의 나머지 사용자(대조군)와 비교하여 진척(또는 후퇴) 상황을 판단한다. 이러한 분기 테스트를 A/B 테스트라고도 한다.

마지막으로, 테스트할 사용자 수가 충분하고 상충할 수 있는 솔루션을 하나 이상 테스트하려고 한다면 A/B/C 테스트를 통해 여러 아이디어를 비교할 수 있다.

6.4 스티브, 서로에게 책임감을 가지는 체계를 세우다

스티브는 조시와 리사가 자신의 스타트업에서 주 20시간씩 근무하도록 설득하는데 성공했다. 그는 이 소식을 메리에게 전했다.

"수고했어요. 저도 오랜만에 두 분 모두 보고 싶네요."

"그러면 우리가 만날 때 함께 와도 괜찮을까요?"

"당연하죠. 저는 심지어 두 분도 함께해야 계속 자문을 할 수 있다고 말하려던 참이었는걸요."

그리고 메리는 잠시 생각에 잠겼다.

"창업팀은 특히 마인드셋 면에서 100% 단결해야 합니다. 스티브 님은 몇 주 만에 제품 개발보다 견인을 우선시하는 방향으로 마인드셋을 바꾸는 데 많은 진전을 이뤘어요. 그런데 구성원들이 스티브 님을 옛날 방식으로 되돌려 놓아서는 안 되잖아요."

"네, 메리 님이 가르쳐 주신 진도를 두 사람이 어떻게 따라잡게 할지 고민이었어요."

"이 모델들은 이해하기 쉽다는 것이 장점이에요. 평소에 실천하게 하는 게 어려워서 그렇죠. 구성원들이 지금까지 배운 내용을 따라잡게 만드는 가장 좋은 방법은 직접 해 보는 겁니다. 90일 주기를 정식으로 시작해서 의례를 위한 일정을 정해 두고 체계적인 절차를 따라보면 좋겠어요. 두 사람 모두 아주 명석하기 때문에 이런 업무 방식을 금세 받아들일 거예요."

"정말 단순한 모델이 맞는 것 같아요. 제가 비즈니스 모델을 설명했을 때 두 사람 모두 이야기를 끊지 않았거든요. 바로 이해하고, 조시 님은 오늘 아침에 저에게 린 캔버스와 견인 로드맵을 보내달라고까지 하더라고요."

"잘됐네요. 하지만 이제는 일정을 꼭 고정해야 해요. 좋은 이야기를 할 때만 다 같이 모이는 기업이 참 많지만, 가장 큰 돌파구는 보통 나쁜 이야기를 하는 과정에서 나와요. 이제 슬슬 일이 흥미로워질 테니까 분발하세요."

스티브는 메리와 헤어진 뒤 조시, 리사와 함께 모든 일정을 위한 날짜와 시간을 정했다.

첫 90일 주기 시작하기

지난 장에서 설명했듯 90일 주기의 첫 2주는 모델 구현과 우선순위 설정을 위한 시간이다. 주기를 시작하면 가장 먼저 모델들을 순서대로 정리하고, 90일 주기를 개시하는 회의를 열어서 구성원들이 같은 목표를 가지고 동일한 가정, 제약을 이해하게 한다(그림 7-1).

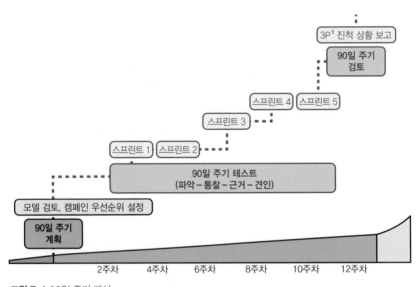

그림 7-1 90일 주기 개시

---

1 옮긴이_ 이 책에서는 Preserve(보유), Pivot(방향 전환), Pause(정지)를 합쳐서 3P라고 일컫는다.

7.1 스티브, 90일 주기 개시 회의를 열다

스티브는 이미 비즈니스 모델들을 발전시키고 있었기 때문에 조시와 리사에게도 금방 최신 상태를 공유할 수 있었다. 그는 90일 주기 개시 회의를 열어서, 주요 고객 영역인 소프트웨어 개발자와 건축가를 대상으로 하는 린 캔버스와 견인 로드맵의 최신 버전을 조시, 리사, 메리에게 간단하게 설명했다.

"이전에 우리는 소프트웨어 개발자 모델을 주로 논의했었는데 달라진 것은 없네요. 하지만 이제 건축가 모델에 훨씬 관심이 많아 보여요. 자세히 설명해 줄 수 있어요?"

"소프트웨어 개발자 모델을 유지한 것은 제가 가장 잘 아는 분야이기도 하고, 우리가 접근해 볼 수 있는 기업들도 알고 있다는 이유가 컸습니다. 하지만 건축가 모델에 타당한 가격을 매기기 위해 혁신가의 선물을 적용하기 시작했더니, 현재의 3D 렌더링 솔루션 비용을 기준으로 훨씬 높은 액수를 청구할 수 있다는 것이 확실하더라고요."

"건축가의 시간당 비용을 기준으로 가격을 매기기 때문인가요?"

[리사]

스티브는 그렇다고 대답했다.

"우리 서비스를 이용할 선각 수용자는 보통 시간당 비용으로 고객에게 250 달러를 청구하고, 고객에게 3D 렌더링을 제공해야 하는 맞춤형 주택 건축가일 것이라고 생각했어요. 렌더링을 하나 하려면 적어도 12시간은 걸리고, 그러면 비용은 3,000달러가 되죠. 이런 렌더링을 한 달에 한 번 이상은 할 텐데, 그러면 매월 3~5천 달러는 청구할 수 있어요. 훨씬 짧은 시간에 훨씬 나은 결과물(AR/VR)을 만들어줄 수 있으니까요."

[조시]

"설계에는 보통 석 달 정도가 걸리는데, 건축가들이 그 뒤에도 이런 모델을 사용하는지 잘 모르겠어요. 렌더링을 고객당 몇 개 정도 하는지도 모르고요. 이런 수치가 우리의 생애 가치 가정에 영향을 미칠 거예요."

"흠… 맞는 말씀이에요. 건축가 한 명당 1년에 고객이 6명이고 모든 고객을 위해 렌더링을 한다고 가정하고, 이들에게 렌더링당 1,000달러를 청구할 수 있다고 하면 1년에 6천 달러 내지는 한 달에 500달러가 돼요. 얄궂게도 소프트웨어 기업 고객과 같은 값이네요."

"현재로서는 두 영역 모두 월 500달러로 목표 가격을 유지하는 게 좋겠어요. 견인 로드맵을 제대로 작동시키기 위한 최저가이고, 가격을 높일 수 있으면 언제든 로드맵을 조정하면 되죠."

스티브는 회의 안건으로 돌아왔다.

"좋아요. 우리는 이 린 캔버스를 바탕으로 사업 시작을 위한 가정을 모두 명확하게 이해해야 해요. 90일 OKR의 핵심 목표는 1단계(문제/솔루션 적합성)를 완료하는 것이고, 우리는 두 영역에서 같은 가격을 목표로 하고 있으니 1단계가 끝날 때까지 월 500달러의 평가판 2가지를 완성해야 해요."

"명확하고 좋은 생각이네요. 제약은 어떻죠? 어떻게들 생각해요?"

리사와 조시가 잠시 눈빛을 주고받더니 메리에게로 고개를 돌렸다.

"여러분이 말해 봐요."

"우리 미팅에서 메리 님이 지표가 있으면 파악하기 쉬울 거라고 했잖아요. 그래서 먼저 지표 몇 가지를 확보해야 결정을 내릴 수 있다고 생각했어요. 그건 최소 기능 제품을 출시한 다음 일 아닌가요?"

"제품을 출시하지 않고도 지표 수집을 시작할 수 있어요. 데모 - 판매 - 개발 과정을 기억해 봐요. 첫 단계가 뭐였죠?"

"맞아요. 우리의 고객 공장은 아직 가동을 시작하지 않았기 때문에 첫 번째 단계는 이 공장에 잠재 고객을 공급하는 거예요. 그러면 확보가 제한 요인이 될까요?"

"정확해요. 확보 내지는 수요 창출이 지금의 제한 요인이에요. 잠재 고객을 확보하고, 나아가 판매 흐름까지 만들어 내지 않으면 다른 단계들을 최적화하는 게 아무 소용이 없습니다. 제품부터 개발할 필요 없이 고객부터 충분히 확보할 수 있어야 한다는 점을 기억하세요."

조시가 어안이 벙벙한 얼굴로 물었다.

"어떻게 제품도 없이 고객을 창출하죠?"

스티브와 메리는 서로를 바라보았고, 메리는 스티브에게 설명을 하라고 손짓했다. 스티브는 15분을 들여서 개발-데모-판매가 아닌 데모-판매-개발 프로세스를 사용하는 논리가 무엇인지 이야기했다. 설명을 위해 메리와 이전에 이야기했던 푸드 트럭과 테슬라 사례 연구까지 꺼내 들었다.

"데모-판매-개발. 저는 이 단순함이 좋아요. 데모도 팔리지 않으면 제품을 개발해야 할 이유가 있나요?"

"그러면 다음 순서는 데모를 개발하고 전화를 돌릴 준비를 하는 거겠네요."

"랜딩 페이지도 만들고 광고를 해서 방문을 좀 유도해 볼 수도 있겠어요."

"여러분, 이 회의는 방향을 조정하는 시간이지 브레인스토밍이나 솔루션 설계를 하는 시간은 아니에요. 모두 제약에 동의했으면 이쯤에서 회의를 끝내는 게 좋겠어요. 이제 며칠 동안은 각자 떨어져서 90일간의 OKR을 달성하기 위한 캠페인 제안을 개별적으로 정리해 보세요. 주말쯤 다시 모여서 어떤 제안이 나왔는지 검토하고, 그중 가장 유망한 캠페인을 시도해 보기로 합시다. 문제/솔루션 적합성 프로세스에 대한 정보를 추가로 보낼게요."

그렇게 회의가 끝났다.

7.2 문제/솔루션 적합성 전술

제품 수명 주기의 첫 단계(4장에서 설명한 현재―다음―이후 출시 계획에서 '지금')는 문제/솔루션 적합성 달성이다. 이 단계에서는 제품을 **개발하기에 앞서**, 이 제품에 대한 수요가 충분하다는 것을 증명한다.

제품을 개발하지도 않고 어떻게 유료 고객을 확보할 수 있을까? 이것이 추진을 위한 핵심 질문이며, 그 답에 따라 제품 타임라인이 몇 달은 줄어들 수 있다. 게다가 이 단계가 끝날 때쯤이면 그저 고객이 제품을 원해 주기를 바라기만 하는 것이 아니라, 고객이 이 제품을 원하리라는 확신을 얻을 수 있다.

7.2.1 고객이 구매하는 건 제품이 아니라 무언가 나아진다는 약속

아이폰처럼 거대한 신제품 출시를 생각해 보자. 맨 처음 아이폰을 살 때에는 맹신이 필요했다. 듣도 보도 못한 물건이었기 때문이다. 처음 나온 아이폰을 사기 위해 줄을 서서 기다려 본 선각 수용자들에게는 시범 사용을 해 볼 기회가 없었다. 무대에서 스티브 잡스가 제품을 시연하면서 제시한 **약속에 홀딱 반해서 그 제품을 사기로 마음먹었을** 가능성이 높다.

그렇다면 고객이 실제로 구매하는 것은 제품 자체가 아니라 무언가 나아진다는 약속이라는 결론이 나온다. 무언가 나아진다는 약속을 하기 위해서는 실제로 작동하는 제품이 꼭 필요하지 않다. 대신 제안을 해야 한다.

제안은 3가지 요소로 이루어져 있다.

- 고유의 가치 제안
- 데모
- 행동 유도call to action (CTA)

앞서 설명한 것처럼 고객의 관심을 끄는 것이 첫 번째 전투이다. 이 전투를 치르는 역할을 맡은 고유의 가치 제안은 이 제품이 기존 대안보다 어떻게 더 좋은지 주장해야 한다.

고객의 관심을 끈 다음에는, 그렇게 약속한 고유의 가치 제안을 실제로 이행할 수 있다는 점을 고객에게 설득시킨다. 이 지점은 직관을 거스른다. 설득을 위해 사용하는 것이 실제 작동하는 제품이 아닌 데모이기 때문이다. 데모는 고객에게 최소한만을 보여주면서 고유의 가치 제안을 제공할 수 있다고 고객을 설득하고, 그들이 비용을 지불하게 하는 것이다.

고객이 데모를 구입하면 마지막 단계는 고객에게서 바라는 특정 행동을 유도하는 것이다. 이때 돈을 지불하는 고객에게 최대한 가까이 접근하는 것이 목표이다.

고객이 구매하는 것은 실제로 작동하는 제품이 아닌 제안이다. 이 점을 간파해야 제품 없이도 고객을 확보할 수 있다. 그러면 데모-판매-개발 전략을 구사할 여지가 생긴다.

아직 확신이 서지 않는가?

- 크라우드펀딩 캠페인을 후원해 본 적이 있다면, 당신이 구매한 것은 완제품이 아닌 제안 이었다.
- 완제품이 아닌 제안을 판매하는 것은 휴대폰처럼 작은 물건에만 국한되지 않는다. 테슬 라는 초기에 제안을 하면서 계약금 5천 달러를 내고, 열흘 안에 4만 5천 달러를 입금해 야 제품을 예약할 수 있게 했다.
- 제안을 판매하는 것은 B2C 제품에만 있지 않다. 대규모 B2B 거래를 당장 성사시키고 싶은 마음이 굴뚝 같겠지만, 판매가 복잡할수록 판매 과정도 복잡해진다. 처음에는 고유 의 가치 제안을, 그다음에는 데모를 여러 대상에게 판매하고, 마지막으로 적합한 구매자 와 가격을 논의해야 한다. 이 과정은 몇 주가 될 수도, 몇 달이 될 수도 있다. 어떻게든 제 안을 판매하지 못하면 절대로 제품이 시범 단계에 이를 수 없다.

일반적인 믿음과는 반대로, 선각 수용자와의 판매를 성사시키는 과정에는 완제품 이 전혀 필요하지 않다. 제품의 기술적 위험 수준(실현 가능성)에 따라 실제 작동 하는 프로토타입을 데모에 넣어야 하는 경우는 있지만, 고객이 특별히 요청하지 않는 이상 이런 프로토타입을 넣지 말자.

7.2.2 약속의 수준 높이기

제안을 조합해서 테스트할 때 흔하게 사용하는 제안 캠페인 레시피를 몇 가지 소 개한다.

스모크 테스트

예고 페이지를 만들어서 이메일 주소를 수집한다.

랜딩 페이지

제안 페이지를 만들어서 특정한 행동을 유도한다(회원 가입 등).

웨비나

서비스 설명 웨비나를 진행해서 인지도를 높인다.

선주문

선주문 캠페인을 통해 서비스 예매를 유도한다.

크라우드펀딩

킥스타터 같은 크라우드펀딩 플랫폼을 이용해서 사업 자금을 마련한다.

직접 판매

잠재 고객-데모-판매 성사 과정을 이용해서 판매를 유도한다.

마피아 제안

치밀하게 기획한 고객 인터뷰를 통해 문제를 파악하고, 솔루션을 설계하고, 고객이 거부할 수 없는 제안을 구성한다.

다음은 필자의 경험을 바탕으로 구성한 각 캠페인의 효과를 정리한 도표이다. 확장성과 도달률을 전환율과 비교했다(그림 7-2).

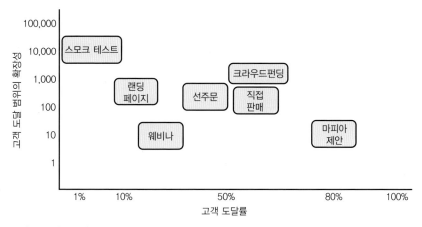

그림 7-2 다양한 캠페인 레시피의 효과성

90일 OKR을 바탕으로 캠페인을 하나만 고르거나 여러 개를 시도할 수 있다.

7.2.3 문제/솔루션 적합성은 언제 끝이 날까?

1단계가 끝나고 나면 비즈니스 모델의 2단계(제품/시장 적합성) 진행 여부를 근거 기반으로 결정할 수 있어야 한다.

이 단계까지 발전한 고객 공장은 다음 사항을 소화할 수 있어야 한다.

- 선각 수용자를 반복적으로 유혹 및 활성화하여 전환시킬 수 있어야 한다(욕구 충족 가능성).
- 견인 로드맵에 정의된 것처럼 선각 수용자로부터 실체가 있는 약속(사전 결제, 가계약 등)을 확보한다(실현 가능성).
- 선각 수용자에게 가치를 제공하기 위해 개발해야 하는 최소한의 요건(최소 기능 제품)을 명확하게 정의한다.

문제/솔루션 적합성 달성에는 보통 90일 주기 한두 번(3~6개월)이 필요하다.

7.3 스티브, 90일 주기 계획 회의를 열다

스티브의 팀은 주말에 모여서 제안 캠페인 방안들을 검토한다. 조시와 리사는 직접 판매 방식을 원하지만 스티브는 랜딩 페이지를 통해 평가판 고객을 모으고자 한다.

'최대한 빠르게 제안부터 보여주는 것은 최소 기능 제품부터 만드는 것보다 빠르고 나은 방법인 건 맞지만, 지금 이 프로젝트의 상태를 고려할 때 다음 단계로써 최적의 선택은 아니'라고 메리가 이야기하자 모두 어리둥절해졌다.

"지난번 회의에서는 제안부터 시작하라고 하지 않으셨어요?"

"네, 제안부터 시작하라고 했죠. 하지만 다음 단계에서 가장 효과적으로 할 수 있는 일은 제안 피치가 아니라, 적절한 제안을 구성하는 방법부터 배우는 거예요."

그래도 모두의 얼굴에서 혼란이 가시질 않자 메리는 말을 이어갔다.

"랜딩 페이지 캠페인부터 살펴보죠. 물론 광고를 해서 페이지 방문을 유도할 수는 있지만, 아무도 가입하지 않으면 어쩌죠? 뭘 고쳐야 할지 어떻게 알 수 있을까요? 랜딩 페이지에는 헤드라인, 시각 요소, 문구, 가격, 디자인 등 실패 요소가 다양하게 있을 수 있어요. 고객의 피드백이 없으면 변수가 많은 최적화 문제가 되고 제자리만 맴돌게 됩니다."

"최소 기능 제품 개발을 서두르다 보면 개발 함정에 빠질 수 있었던 것처럼요?"

"바로 그거예요. 제안은 최소 기능 제품보다 빨리 보여줄 수 있으면서도 여러분의 문제/솔루션을 대변한다는 점을 기억하세요. 덮어놓고 추측만 하면 낭패를 볼 가능성이 높아요. 게다가 고객의 피드백이 없으면 최적화 함정에 빠지기까지 할 수 있죠."

"직접 판매는 어때요? 현장에서 고객에게 피드백을 받을 수 있지 않을까요?"

"네, 그렇죠. 사람에게 직접 피치를 해서 잘 되면 훌륭하지만, 무미건조한 피치는 보통 금세 어색해지고 아무런 결실도 맺지 못해요. 지금 여러분이 가진 건 어떻게 해야 설득력 있는 피치가 되리라는 이론뿐입니다. 여전히 검증되지 않은, 맹신이라고 할 수 있는 가정을 기반에 두고 있죠. 예를 들어 현재 소프트웨어 기업들이 AR/VR 프로젝트를 얼마나 많이 진행하는지, 3D 렌더링, 더 구체적으로 AR/VR이 주택 건축 공간에 어떤 영향을 미칠 수 있는지 모르는 상태입니다. 고객이 겪는 문제, 기존 대안 등에 대한 근본적인 가정 중에 오류가 하나라도 있는 상태에서 피치를 하면, 꼭 필요한 필수품이 아니라 있으면 좋은 제품으로써 입지가 약해집니다."

"맞는 말씀이에요, 하지만 피치에 잘못된 부분이 있어도 잠재 고객으로부터 몰랐던 것을 배우고 과정을 반복하면서 개선할 수 있지 않을까요?"

"어쩌면 그렇죠. 그건 과거에 잠재 고객과 어떤 관계를 구축해왔고, 대화의 틀을 어떻게 형성하는지에 달려 있습니다. 여러분을 모르고, 좋아하거나 신뢰하지 않는 잠재 고객이라면 자신의 카드를 좀처럼 꺼내 보이지 않겠죠. 대부분의 경우 그 제안이 정답이 아니라는 것 정도밖에 배우지 못합니다. 더 나은 쪽으로 방향을 전환할 수 있을 정도로 깊이 파고들어서 충분한 학습을 하기는 어렵습니다. 진전은 없는 채로 잠재 고객들에게 시간을 내주어서 고맙다고 인사하며 정중하게 대화를 마치겠죠. 그러면 배움의 기회를 놓치는 겁니다."

"흠… 무슨 말씀인지 알겠어요. 우리는 아직 이 분야에 아는 사람이 없으니 어려운 피치를 해야 할 거예요. 그러면 어떻게 하는 게 최선일까요?"

"피치하기 전에 학습을 해야죠. 설득력 있는 피치를 하려면 먼저 고객의 문제를 깊이 이해하는 데 시간을 들여야 해요. 좀 이상하게 들릴 수도 있지만 고객이 겪는 문제를 고객 본인보다 잘 이해할 수도 있습니다. 이러한 이해를 바탕에 두면 올바른 솔루션을 설계하고 설득력 있는 피치를 구성할 수 있는 최적의 환경이 조성됩니다. 고객이 해결하고 싶어 하는 게 확실한 문제를 다루기 때문에, 피치가 적중할 확률이 훨씬 높아져요."

"이 '고객에 대해 배우기'가 제안 캠페인을 진행하기 전에 해야 하는 일이라고 보내주셨던 건가요?"

"아니요, 그 목록에 있던 캠페인 유형 중 하나에 이 단계들이 전부 들어있어요. 바로 마피아 제안이죠."

"메리 님이 전에도 마피아 제안을 언급한 적이 있어서, 저도 처음에는 마피아 제안 캠페인에 끌렸어요. 하지만 제안 유형들을 통틀어서 확장성이 가장 낮더라고요. 그래서 우리가 확보해야 할 고객 수를 고려할 때 더 적합한 방안을 선택했습니다."

"네, 마피아 제안 캠페인은 확장성이 가장 낮지만 단위 시간당 학습량이 가장 많습니다. 또한 잠재 고객에게 1대1로 제공하기 때문에 모든 유형 중 전환율이 가장 높아요. 다른 캠페인 유형보다 시간이 오래 걸리는 것처럼 보이는 건 맞지만, 제 경험에 따르면 재구매율을 높이는 가장 빠른 방법이었어요. 10명에게라도 제품을 재판매할 수 있으면 그때부터는 훨씬 명확하게 확장 방법을 찾을 수 있습니다."

"이건 직접 판매와 어떻게 다른가요?"

"마피아 제안 캠페인은 피치를 시작한 뒤에는 직접 판매와 꽤 비슷하지만, 피치를 시작하기 전의 학습을 위한 인터뷰를 훨씬 전술적으로 활용한다는 점이 다릅니다. 선각 수용자의 기준을 알아내고, 진짜 경쟁 상대가 무엇인지 파악하고, 문제를 깊이 이해하기 전까지는 어떤 피치도 하지 않아요. 혁신가의 선물 기억하시죠? 비즈니스 모델 설계 단계에서 혁신가의 선물을 활용하는 사고 실험을 통해 비즈니스 모델에 대한 스트레스 테스트를 했잖아요. 이번에는 실제 탐색을 위한 실험을 진행해서 통찰을 얻고 그 내용을 검증합니다."

"논리적으로는 전부 맞는 말씀이지만, 피치를 하지도 않는데 어떻게 사람들이 우리에게 마음을 열고 모든 정보를 내어줄지 확신이 서지 않네요."

"그런 생각이 들 수 있어요. 창업을 하다 보면 초기 탐구 전략을 세우다가 실수하는 경우가 많거든요. 이런 대화를 준비해서 인터뷰를 진행하고 핵심을 간파하는 방법에 대한 정보가 있으니 보낼게요. 며칠 시간을 내서 살펴본 다음에 다시 만나서 첫 스프린트를 시작합시다."

7.4 마피아 제안 캠페인

마피아 제안mafia offer이란 고객이 거부할 수 없는 제안을 말한다. 여러분이 고객을 협박해서가 아니라 너무나도 매력적인 제안을 해서 거부할 수 없는 것이다.

- 고객의 가장 큰 문제를 다룬다.
- 그 문제를 해결할 솔루션을 입증한다.
- 고객이 시작할 수 있는 명확한 방법을 제시한다.

7.4.1 마피아 제안 구성하기

피치나 랜딩 페이지를 다급하게 만드는 것은 마피아 제안 구성의 좋지 않은 차선책이 될 수 있다. 이런 제안은 보통 검증되지 않은 가정(추측)을 전제로 해서 형편없는 전환율로 이어진다. 게다가 고객이 구매하지 않을 제안에서 문제를 뜯어 고치려고 하면 변수가 많아진다. 고객이 떠나는 원인이 고유의 가치 제안, 데모, 가격, 디자인, 홍보 문구 중 어디에 있다고 볼 수 있을까?

그래서 이 책에서는 [그림 7-3]과 같이 체계적인 3단계 접근법을 권장한다.

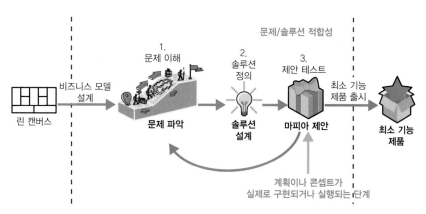

그림 7-3 마피아 제안 구성 3단계

이 단계들을 찬찬히 살펴보자.

| 1. 문제 파악하기 |

초기에 린 캔버스에 작성하는 고객/문제 가정은 추측을 넘어설 수 없으며 수박 겉 핥기식으로 문제를 건드리는 정도에 그치는 경우가 많다. 그래서 마피아 제안 구성은 고객이 겪는 문제를 더 깊이 이해하는 것에서부터 시작된다.

고객을 깊이 이해하는 가장 빠른 방법은 랜딩 페이지 만들기, 코드 공개, 분석 데이터 수집이 아니라 고객을 직접 만나서 인터뷰하고 사람들과 대화하는 것이다.

문제 파악의 목표는 현재 상태(기존 대안)에서 해결할 가치가 있는 문제를 파악하는 것이다. 당장 솔루션을 제시하는 것이 아니라, 현재 사람들이 기존 대안을 사용하여 어떻게 작업을 수행하고 있는지 연구하는 것이다(그림 7-4).

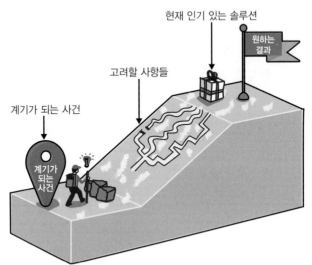

고객이 현재 선택하고 있는 기존 대안과 그 **이유는 무엇인가?**

그림 7-4 1단계: 문제 파악

| 2. 솔루션 설계하기 |

문제 정의만 잘해도 반은 해결된다.

— 찰스 케터링Charles Kettering, 미국 발명가

고객의 현재 작업 흐름(현재 상태)에서 충분히 큰 어려움을 찾을 수 있다면 여기에서 전환을 일으키는 기회를 찾을 수 있다(해결할 가치가 있는 문제). 다음 단계는 이 상황에 적합하면서 전환을 일으킬 제품을 설계하거나 다듬는 것이다(그림 7-5).

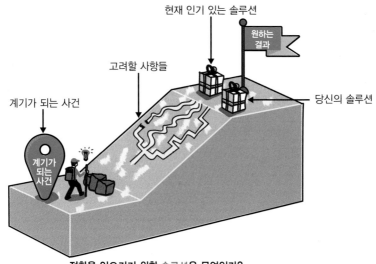

그림 7-5 2단계: 솔루션 설계

| 3. 마피아 제안하기 |

마지막 단계는 솔루션을 조립한 다음 피치의 형태로 고객에게 제공해서 반복적으로 테스트하는 것이다. 이제부터는 실전이다.

여러분의 제안에 설득된 고객을 충분히 확보했으면 문제/솔루션 적합성에 도달한 것이 된다. 이제 최소 기능 제품 개발 과정을 시작할 차례다. 얼마나 고객이 많아야 '충분'할까? 이 숫자는 견인 로드맵에 따라 결정한다.

7.4.2 마피아 제안 캠페인 진행하기

마피아 제안 캠페인은 90일 주기 안에 들어가도록 설계된다. 이것이 가능한 이유는 이 단계에서 **실제 작동하는 제품**(최소 기능 제품)을 개발하는 대신 **제안**을 준비해서, 제품에 대한 수요를 훨씬 빠르게 검증하기 때문이다.

[그림 7-6]은 90일 주기 안에 들어가는 전형적인 마피아 제안 캠페인의 모습이다. 문제 파악을 위한 스프린트는 2회 이하, 솔루션 설계를 위한 스프린트는

1회, 제안 전달을 위한 스프린트는 2회 이하로 구성한다. 하지만 이는 방향을 제시하는 것일 뿐이고, 제품과 고객 부문의 특성에 맞춰 활용 방식을 조정할 수 있다.

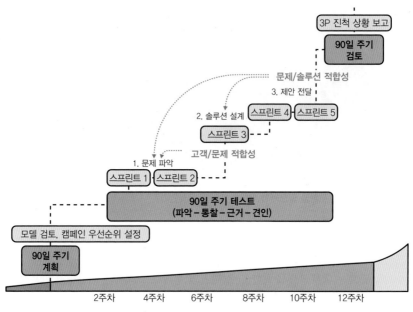

그림 7-6 마피아 제안을 이용해 문제/솔루션 적합성에 도달하기 위한 전형적인 90일 주기

7.4.3 마피아 제안 캠페인을 활용하는 시점

이러한 캠페인 유형을 구현하려면 밀접 교류가 필요하다 보니 크라우드 펀딩, 랜딩 페이지를 통한 방문 유도처럼 확장성 있어 보이는 다른 캠페인으로 눈을 돌리고 싶은 유혹이 생긴다.

이렇게 하면 앞서 설명한 이유로 최선의 결과를 얻지 못하는 일이 종종 있다. 우리의 직관과는 다르게, 처음에 속도를 늦추고 올바른 영역에 초점을 맞추면 시작은 느려도 나중에는 속도가 빨라진다.

마피아 제안 캠페인은 비록 확장성이 최고로 뛰어나지는 않을지라도 학습을 가장 많이 할 수 있는 캠페인이다. 이러한 학습은 곧 가장 높은 전환율로 이어진다.

> **NOTE** 마피아 제안을 하면 적격 잠재 고객에서 유료 고객으로의 전환율이 60~80% 가량 된다.

이러한 이유로 이 책에서는 제품 유형과 관계없이 마피아 제안 캠페인을 적극 추천한다. 이를 통해 얻는 통찰을 활용하면 앞으로 크라우드 펀딩, 랜딩 페이지, 영업 인력 고용 등 더 확장성 좋은 제안을 늘릴 수 있다.

예를 들어 필자는 2010년에 이 책의 초판(자가 출판)을 내기 위해 마피아 제안 캠페인을 이용했다. 초기 MSC 목표는 3년 안에 1만 부를 판매하는 것이었다. 10 배 성장률을 사용하여 책 백 부를 판매하거나, 책 구매에 관심 있는 사람(적격 잠재 고객) 천 명의 이메일 주소를 확보하는 것을 문제/솔루션 적합성 달성이라고 해석했다.

필자가 책 출간을 위해 제안을 쌓아 올린 방식은 이렇다.

- 마피아 제안 캠페인을 사용해 25부 판매 확보하기(4주).
- 마피아 제안에서 학습한 바를 활용해, 예고 페이지를 공개하는 스모크 테스트 제안 캠페인으로 적격 잠재 고객 천 명의 이메일 주소 수집하기(8주).

문제/솔루션 적합성 기준에 도달한 다음에는 책 집필을 시작했다. 완성에 9개월이 걸렸다. 그 과정에서도 다음과 같이 여러 캠페인을 진행하면서 이 책에 대한 견인을 강화했다.

워크숍 캠페인

책에 나오는 개념을 가르치고, 티켓에 앞으로 나올 책을 판매한다.

강연 캠페인

강연을 열고, 모든 참석자에게 앞으로 나올 책을 함께 판매한다.

선주문 캠페인

선각 수용자가 책을 구매해서 집필된 원고를 조금씩 받아볼 수 있게 한다.

이렇게 선각 수용자들과 캠페인을 반복하면서 책을 집필하고 출간할 수 있었다.

그 결과 독자들이 원하는 책이 나오고, 필자의 견인 로드맵을 능가하는 부수가 판매되었다. 프로젝트를 시작하고 18개월 만에 1만 부를 판매했으며 MSC 목표를 10만 부 판매로 높일 수 있었다.

7.5 스티브, 지름길을 두고 고민하다

스티브는 메리가 보내준 마피아 제안 캠페인 자료를 검토했다.

고객을 깊이 이해하는 가장 빠른 방법은 대면 인터뷰이다.

'대면 인터뷰? 그게 시간을 얼마나 잡아먹는데!' 스티브는 혼자 이렇게 생각하면서 인터뷰 대신 설문조사를 진행하기로 했다.

스티브는 특정 대상을 공략해서 요금을 부과할 수 있는 온라인 서비스를 찾은 다음 설문조사를 구성했다. 그리고 다음 날 이 설문을 돌렸다.

결과가 거의 바로 쏟아지기 시작했고, 다음 날에는 깔끔하게 정리된 답변 100건 이상과 근사한 차트가 생겼다. 자신이 제시한 문제를 '필수품'으로 꼽았다는 결과를 보니 웃음이 절로 나왔다.

그리고 메리에게 바로 이메일을 썼다.

> 문제 파악 단계에는 4주까지 할애할 수 있다고 하신 건 알지만, 속도를 높이려고 설문을 진행했더니 제 문제가 유효하다는 강력한 신호(85/100)가 나왔어요. 제가 뭔가 놓치고 있는 걸까요? 아니면 솔루션 설계 단계로 넘어가도 될까요?

이메일을 보내고 2분 뒤 문자로 답장이 왔다.

 "지금 바로 얘기 좀 해요. 저는 30분 뒤에 시간이 있으니까 항상 만나던 카페에서 봐요."

7.5.1 메리, 스티브의 거품을 (또) 터뜨리다

 "스티브 님의 엔지니어로서의 자아가 효율성을 갈망하는 건 알아요. 저도 그랬거든요. 하지만 설문은 문제 파악을 위해 옳은 방법이 아닙니다."

 "어째서요?"

 "몇 가지 이유가 있죠. 우선, 설문조사는 무슨 질문을 해야 하는지 바르게 알고 있다는 걸 전제로 해요. 그리고 문항이 객관식이기 때문에 보기에 무엇을 넣어야 하는지도 정확하게 알아야 하죠. 하지만 프로젝트 초기 단계에서는 자신이 뭘 모르는지조차 몰라요."

메리는 잠시 멈췄다가 말을 이었다.

 "물론 검증해야 하는 질문과 답을 정확하게 알고 있으면 문제 검증을 위해 설문을 활용할 수 있어요. 하지만 문제 파악 도구로써 효과적이진 않죠."

"이 단계의 목표는 린 캔버스에서 가정한 문제를 검증하는 것 아니었나요?"

 "네, 하지만 기업가들이 초반에 캔버스에 적어 넣는 문제들은 알고 보면 적절하지 않은 경우가 거의 대부분이거든요."

"왜 그럴까요?"

"기업가는 대부분 이미 염두에 둔 솔루션이 있어서 무작정 옆을 순 없으니까요. 그래서 '내 고객이 겪고 있는 가장 중요한 문제'가 아니라 '내 솔루션을 통해 해결할 수 있는 가장 중요한 문제'가 무엇일지 고민하는 경우가 많아요."

혼란이 가득해진 스티브를 보며 메리는 말을 이었다.

"이미 망치를 만들겠다고 결정해 놓으면 세상 모든 게 못처럼 보이기 시작하고, 망치라는 솔루션을 정당화하기 위해 캔버스에 적어 넣었던 문제들을 속이게 되는 겁니다. 설문조사에서 똑같은 문제들을 보여주면서 순위를 매겨 달라고 하면, 응답자들이야 당연히 설문에 있는 다른 선택지들과 비교해서 순위를 매길 수 있죠. 하지만 응답자가 겪는 가장 중요한 문제가 선택지 중에 없으면 그걸 기업에 알려줄 방법은 없고, 결국 기업도 그 문제가 무엇인지 절대 알아내지 못하죠."

메리는 스티브에게 이해할 시간을 주면서 덧붙였다.

"응답자들에게서 문제를 겪고 있다는 답을 끌어 내더라도, 설문으로는 진짜 '왜'를 밝혀내지 못합니다. 진짜 '왜'는 보통 몇 개 층 깊이 숨어 있고, 그걸 끌어 내는 방법은 대화뿐입니다. 지금까지 응답자가 무엇을 시도해 봤고 왜 실패했는지 등을 기업은 몰라요. 이런 세세한 이야기를 알아야만 나중에 마피아 제안을 구성할 수 있어요."

"무슨 말씀인지 알겠어요… 그럼 린 캔버스로 시작하는 이유는 뭐죠?"

"자신의 비즈니스 모델을 간략하게 설명하고 의견으로부터 사실을 도출하는 것이 관건입니다. 비즈니스 모델 스토리가 아무리 매력적이라도 가정을 뒷받침할 근거가 없으면 의견에 불과합니다. 모든 비즈니스 모델을 시작할 때 가장 위험한 요인은 고객과 문제를 넘겨짚는 것이에요.

이 부분을 틀리면 캔버스의 나머지 부분까지 무너지기 쉽죠. 그래서 문제/솔루션 적합성 도달 과정 첫 단계가 문제 파악인 겁니다"

"그래서 자신의 솔루션에 스스로 가지는 편견을 보게 하는 것이 중요한가요?"

메리가 웃었다.

"어떻게 보면 그렇죠. 혁신가의 편견과 혁신가의 선물 같은 개념은 이해하기 쉽고 상식적인 것 같지만, 실제로는 냉철한 자기 인식이 있어야 도달할 수 있어요. 인지편향은 자기도 모르는 사이에 교묘하게 작용하기 때문에 이런 자기 인식 능력을 꾸준히 갈고닦아야 해요. 그 과정에서 혁신가의 편견이 계속 못난 얼굴로 고개를 들 거라고 장담해요."

이 말을 들은 스티브가 웃는 동안에도 메리는 설명을 이어갔다.

"이 단계에서는 고객의 고통에서 수익을 창출할 수 있다는 근거를 찾는 것이 최우선 과제이고, 이 과제를 완수하기 위한 최선은 일대일로 문제에 대해 인터뷰하는 거예요. 일대일 인터뷰가 효율적이지 못한 것처럼 보일지 몰라도, 다른 어떤 활동보다도 단위 시간당 많은 것을 배울 수 있다는 걸 직접 경험해 보면 알 거예요. 그리고 생각만큼 데이터 포인트가 많지 않아도 실행 가능한 패턴을 찾기 시작할 수 있습니다."

"인터뷰는 보통 얼마나 하는 게 적당한가요?"

"5~10명 정도 해 보면 패턴이 보이기 시작하지만, 너무 성급하게 결론을 내리지 않으려면 지나치다 싶을 만큼 하는 게 나아요. 사람들이 입을 열기도 전에 무슨 말을 할지 예측할 수 있어지면 인터뷰를 그만 해도 됩니다. 저는 20명 정도 인터뷰를 했을 때 그 수준에 도달했고요."

스티브가 고개를 끄덕이며 말했다.

"좋아요. 약속할게요. 더 이상의 지름길은 없어요. 마피아 제안 캠페인에 대해 보내주신 자료를 모두 읽고 팀을 하나로 모아 첫 스프린트를 시작하겠습니다."

7.6 설문조사나 관심 집단은 제발 그만

고객에게서 배우기 위해 가장 작은 일을 해 보라고 하면, 설문조사나 관심 집단부터 떠올리는 창업자가 많다. 설문조사와 관심 집단 운영은 고객 인터뷰보다 효율적으로 느껴질 수 있지만, 이를 출발점으로 삼는 것은 대개 바람직하지 않다. 왜 그럴까?

설문조사는 무슨 질문을 해야 하는지 알고 있다는 가정에서 이루어진다

적절한 질문들을 빠짐없이 넣어서 설문조사를 만들기는 불가능에 가깝다. 아직 무슨 질문이 필요한지 모르기 때문이다. 고객 인터뷰를 진행하면서 명확한 설명을 부탁하고, 처음에 생각했던 영역 너머를 탐색할 수 있다.

> **NOTE** 고객 파악은 자신이 무엇을 모르는지 탐색하는 과정이다.

심지어 설문조사는 자신이 정답을 알고 있다는 가정에서 이루어진다

설문조사에서는 적절한 질문을 하는 것과 더불어, 고객에게 적절한 보기를 제시해야 한다. 가장 정확한 답변이 '기타 등등'인 설문조사를 모두 겪어 보지 않았는가?

> **TIP** 초기 학습을 가장 잘하려면 '열린' 질문을 해야 한다.

설문조사 중에는 고객을 볼 수 없다

문제/솔루션 적합성에 도달하기 위해 답변 자체만큼 중요하게 봐야 하는 것이 몸짓언어를 통한 신호이다.

관심 집단은 처음부터 글렀다

관심 집단의 문제는 금세 집단 사고에 빠지고, 집단 전체를 대표하지 않는 목소리 큰 소수의 의견만 드러낸다는 것이다.

7.6.1 설문조사가 쓸모가 있긴 할까?

초기 학습에는 설문조사가 바람직하지 않지만 고객 인터뷰에서 배운 내용을 검증하는 데는 상당히 효과적일 수 있다. 고객 인터뷰는 '합리적'인 소규모 표본 크기를 사용하여 가설에 부합하거나 반대되는 강력한 신호를 찾아내는 데 유용한 정성적 검증 형태의 하나이다. 가설에 대한 예비 검증을 마친 다음 배운 내용을 활용해 설문조사를 만들면 결과를 정량적으로 검증할 수 있다. 설문조사의 목표는 학습이 아니라 결과의 확장성(또는 통계적 의의) 입증이다

7.6.2 대체 왜 내가 고객 인터뷰를 해야 하지?

'고객과 대화하라'는 말은 '사람들이 원하는 것을 개발하라'는 말만큼이나 유용하다. 고객 인터뷰를 해야 하지만 고객에게 제품을 홍보할 수는 없다면 고객과 대화하기가 특히나 어렵다.

- 누구를 공략하는가?
- 그들에게 무슨 말을 하는가?
- 구체적으로 무엇을 배우려고 하는가?

다음 장에서는 이런 질문을 다루려고 하며, 그에 앞서 고객 인터뷰에 대해 일반적으로 보이는 거부 반응부터 말끔히 해소할 수 있도록 소개하려고 한다.

고객은 자신이 무엇을 원하는지 모른다

'내가 사람들에게 무엇을 원하냐고 물었다면 더 빠른 말을 가지고 싶다고 했을 것이다'라는 헨리 포드의 말을 주로 인용하면서 고객과의 대화에는 희망이 없다고 단정 짓는 사람이 많다. 하지만 그의 말에는 고객이 겪는 문제가 서술되어 있다. 고객이 '더 빠른 말'이라고 했다는 것은 기존 대안보다 빠른 무언가를 요구했다는 뜻이고, 어쩌다 보니 기존 대안이 말이었던 것뿐이다.

적절한 맥락이 주어지면 고객은 자신의 문제를 명확하게 표현할 수 있지만, 솔루션 구상은 기업가의 몫이다. 스티브 잡스의 말을 빌리자면, "고객이 무엇을 원하는지 알아내는 것은 고객이 할 일이 아니다."

20명과 대화하는 것은 통계적으로 의미가 없다

스타트업은 이 세상에 신선하고 대담한 무언가를 선보인다. 초기에 가장 큰 도전은 누구라도 관심을 가지게 하는 것이다.

10명 중 10명이 당신의 제품을 원치 않는다고 한다면 통계적으로 의의가 있다.

— 에릭 리스

반복적으로 긍정적 대답을 하는 사람 10명을 확보하고 나면, 당장 통계적 의의가 있다고 할 순 없을지라도, 긍정적 답변과 부정적 답변을 하는 사람들 사이에서 공통된 패턴(통찰)을 찾음으로써 통계적 의의를 향해 갈 수 있다. 그런 다음 추가 데이터를 사용하는 검증을 목표로 후속 스프린트를 진행해서 이러한 통찰을 테스트할 수 있다.

나는 정량적 지표에만 의존한다

흔히 사용하는 또 다른 전술은 가만히 앉아서 정량적 지표에만 의존하는 것이다. 이 방식의 첫 번째 문제는 초기에 방문자가 충분하지 않거나, 충분한 인원을 확보할 수 없다는 것이다. 그러나 더 중요한 것은, 지표는 방문자가 무슨 행동을 하는지(또는 하지 않는지) 알려줄 뿐 왜 그런 행동을 하는지(또는 하지 않는지)는 설명하지 않는다는 것이다. 방문자가 떠난 이유는 형편없는 광고 문구, 디자인, 가격, 또는 다른 요인이었을까? 솔루션들을 끝도 없이 조합해 보는 방법도 있고, 그냥 고객에게 물어보는 방법도 있다.

내가 나의 고객이기 때문에 다른 사람과 이야기할 필요가 없다

자신의 가려운 곳을 긁어주는 아이디어 구상을 시작하기 좋은 방법이다. 필자가 직접 개발한 제품들(린 캔버스 등)도 이런 식으로 시작된 경우가 많다. 하지만 이것이 고객과 이야기하지 않기 위한 핑계가 될 수는 없다. 다른 건 다 차치해도, 당신이 기업가와 고객 역할을 모두 맡고 있다면 고객으로서 겪는 문제와 가격을 정말 객관적으로 바라볼 수 있는가?

내 친구들은 아이디어가 좋다고 했다

처음에 누구와든 이야기하기를 적극 추천하지만 친구나 가족은 창업에 대한 직업적 인식에 따라 미래를 더 장밋빛으로(또는 흙빛으로) 바라볼 수 있다는 점에 주의하자. 그 대신 친구들에게는 스크립트를 연습하기 위해 더 많은 인터뷰 대상을 모집할 때 도움을 요청하자.

하루 이틀이면 개발을 할 수 있는데 왜 고객과 대화하느라 몇 주를 허비해야 하나?

몇 년 전에는 피드백을 빨리 얻기 위해 '일찍, 자주 출시'하는 것이 소프트웨어 개발자들이 외우는 주문이었다. 하지만 아무리 '작은' 출시를 위해서라도 인터뷰 없이 개발에만 시간을 들이는 것은 낭비일 수 있다.

첫째, 이렇게 '작은' 출시가 실제로 '작은' 경우는 거의 없다. 그리고 이미 이야기했던 것처럼 솔루션을 완성하지 않았더라도 인터뷰는 가능하다.

문제가 명백하기 때문에 검증할 필요가 없다

다음의 합리적인(일 때도 있는) 경우에 해당한다면 문제를 명백하게 안다고 할 수도 있다.

- 해당 영역에 대해 이미 방대한 지식을 보유했다.
- 매출 증대, 랜딩 페이지에서의 전환율 향상 등 일반적으로 알려진 문제를 해결하고 있다.

- 암 치료제 개발, 빈곤 퇴치 등 잘 알려진 만큼 어려운 문제를 해결하고 있다.

이 경우에는 문제를 **검증**하는 것보다 문제를 **이해**하는 것(어느 고객이 가장 큰 영향을 받는지—선각 수용자, 지금은 이 문제를 어떻게 해결하는지—기존 대안, 어떤 남다른 제안을 할 것인지—고유의 가치 제안)이 더 큰 위험일 것이다. 하지만 이런 경우라도 문제 파악 인터뷰를 몇 차례 가지면서 자신이 문제를 정확하게 이해했는지 검증한 다음에 솔루션 정의/검증 단계로 넘어가길 권장한다.

문제가 명백하지 않아서 검증할 수 없다

비디오게임, 단편 영화, 소설처럼 문제 해결이 목적이 아닌 제품을 설계하고 있을 수도 있다. 이런 경우라도 기저에 깔린 문제(고통 유발보다는 욕망에 가까울지라도)가 있다고 할 수 있다. 고객에게 문제에 대해 묻기보다, 이들이 완수하려고 노력 중인 더 큰 과제에 초점을 맞추고 그들을 가로막는 방해물이나 난관을 찾아보자. 다음 장에서 더 자세히 설명한다.

사람들이 내 아이디어를 훔쳐 갈 것이다

초기 인터뷰는 전적으로 문제에 초점을 맞춘다. 이미 고객들을 괴롭히고 있는 문제의 실체를 밝혀야 한다. 그러므로 사람들이 당신에게서 훔쳐 갈 거리가 없다. 제품 피치를 시작한 다음에도, 자신이 직접 제품을 개발하기보다 당신이 만들어 둔 제품을 구매하고 싶어 할 적격 선각 수용자에게 고유의 가치 제안과 데모(비밀이 아니다)만 공개하는 것이다.

CHAPTER 8

고객을 고객 본인보다
더 잘 이해하라

고객이 겪는 문제를 고객 본인보다 잘 설명할 수 있을 때, 고객은 여러분이 자신의 문제를 해결해 줄 수 있다고 확신하기 시작하며 전문 지식이 자동으로 이전된다. 마케터 제이 아브라함Jay Abraham은 이 현상을 '우위 전략Strategy of Preeminence'이라고 부른다.

보통 병원에 가서 진찰을 받고 나면, 의사가 기적을 발휘해서 당신의 병명을 알아내고 처방전을 썼다고 믿게 된다. 사실 그 의사는 학교에서 배운 추측 방법을 사용해서 증상을 분석하는 체계적인 제거 절차를 따르고 있을 뿐인데 말이다.

> **NOTE** 고객이 겪는 문제를 이해하는 자, 초능력을 얻는다.

이 장에서는 문제 파악 스프린트를 이용하여 고객을 깊이 이해하는 방법을 알아본다(그림 8-1).

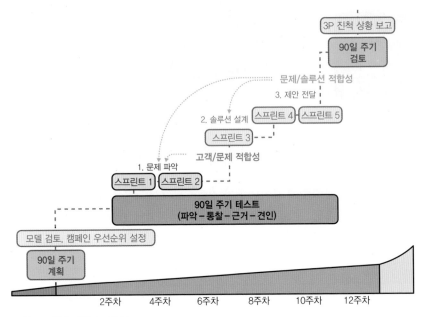

그림 8-1 문제 파악 스프린트

8.1 문제는 뭐가 문제일까

고객과의 대화를 통해 문제를 파악한다는 개념은 간단하지만 이를 효과적으로 실행하는 것은 상당히 어려울 수 있다. 고객에게 무턱대고 가장 중요한 문제들을 적어 달라고 할 수 없는 이유는 이렇다.

고객 본인도 자신을 모를 수도 있다

심리 상담사가 괜히 있는 게 아니다. 문제의 껍데기를 벗겨내고 근본적인 원인에 도달하려면 보통 타인의 도움이 필요하다.

당신에게 말하기를 꺼릴 수 있다

자신이 잘 알고, 좋아하고, 믿지 않는 사람에게 자신이 겪는 문제를 인정하면 취약해지는 기분이 들고 마음이 불편해질 수 있다. 이 경우 고객은 문제가 있다는 사실을 부인할 것이다.

당신이 고객의 반응에 편견을 가지게 된다

문제를 중심에 두면 특정 사안에 주목하게 되고, 그러다 보면 고객의 반응을 과대 해석하기 쉽다. 나무를 보느라 숲을 놓치기 쉽다.

고객이 문제가 아닌 솔루션을 이야기할 수도 있다

고객 역시 혁신가의 편견에 빠질 수 있다는 점을 명심하자. 어떤 문제에 관한 질문을 받으면, 그 문제 자체를 총체적으로 탐구하기보다 자신이 생각하는 해결 방법을 이야기하는 경우가 많다. 여기서 오진을 하면 혼돈이 찾아온다.

이러한 이유로 문제 파악 인터뷰에서는 '문제'라는 단어를 꺼내지 않는 것이 좋다. 이 대화의 목표는 문제 **검증**이 아니라 문제 **파악**이다. 고객에게 문제에 대해서 묻는 대신, 고객이 기존 대안을 어떻게 사용하고 있는지 물어야 한다. 그들의 이야기에서 마찰점(애로사항, 회피책, 불만)을 찾거나, 그들이 원하는 결과와 현실의 간극을 찾아야 해결할 가치가 있는 문제를 파악할 수 있다.

문제 파악 스프린트 실행 방법을 알아보기에 앞서, 사례 연구를 통해 문제 파악 과정을 살펴보자.

8.1.1 사례 연구: 문제 파악 인터뷰를 활용해 주택 판매 주도하기

어떤 주택 건설업자가 매출 향상을 위해 광고 게재를 생각하고 있다고 하자. 주택 광고를 내기에 가장 안 좋은 시기는 일 년 중 언제일까?

연말(10~12월)에는 집을 보러 다니느라 진을 빼고 싶지 않다고 말하는 사람이 많을 것이다. 연말에 집을 보러 다니는 사람이 얼마 없다면 굳이 광고를 할 필요가 있을까? 광고 예산을 새해까지 아껴 두는 게 낫지 않을까? 종류는 좀 다르지만 연말이 광고를 내기 좋은 시기라고 한다면 어떨까?

어떤 주택 건설업자는 문제 파악 인터뷰를 효과적으로 활용하여 적격 잠재 고객 파이프라인을 안정적으로 구축하기 위한 핵심을 간파했다. 그는 먼저 주택 매매가 가장 많은 시기를 파악하고(3~5월), 그 기간에 거래를 체결한 사람을 인터뷰 대상으로 삼았다. 그는 이 사람들에게 자신이 판매하는 집을 홍보하려는 게 아니라(이제 막 집을 산 사람들이다), 인터뷰 대상들로부터 배움을 얻으려고 했다. 구체적으로 그는 인터뷰 대상들이 집을 매입하게 만든 일련의 사건들을 이해하고자 했다. 계기가 되는 사건부터 시작하다 보니 연말까지 거슬러 올라가게 되었다.

몇 가지 이야기를 접하다 보니 유독 눈에 띄는 집들이 있었다. 인터뷰 대상 중에는 명절(추수감사절 등)을 맞이해 집으로 사람들을 초대한 다음 날 집을 새로 장만하고 싶다고 **처음** 생각했다는 경우가 꽤 있었다. 명절 모임 다음 날 아침, 엉망이 된 집을 보면서 어느 부부는 집을 넓혀서 이사 가면 어떨까 이야기했다. 모임이 있기 바로 전날만 해도 멀쩡해 보이던 집이 이제는 너무 좁게만 느껴졌다(기대 배반). 두 사람은 가족이 점점 늘어나니 앞으로 가족 모임을 더 자주 하면 좋겠다고 이야기했는데, 그러려면 거실이 더 넓어야 했다.

명절 모임이 **계기**가 되어서 파티는 그들의 기존 대안(현재의 집)에서 새집을 수동적으로 찾게 만들었다. 건축업자는 계기가 된 사건을 활용해 대화의 발판을 마련한 다음, 이 매입자들에게 새집을 조사하고, 찾고, 매입하고, 입주하기까지의 과정을 자세히 설명해 달라고 부탁했다. 그리고 이들에게서 들은 방대한 이야기를 기록해 뒀다가 나중에 다시 다듬어서 실행 가능한 혜안을 얻었다.

그다음 연말에 건설업자는 콘텐츠 마케팅 캠페인을 준비했다. 인터뷰 대상들이 주택 매입 과정에서 가장 궁금해하는 내용(마찰점)을 알려주는 유용한 글을 썼다. 대출 이자가 저렴한 은행 찾는 법, 자녀가 학생인 가정이 살기 좋은 동네, 이사 업체 고를 때 조심할 사항, 요즘 유행하는 디자인 등의 내용을 담았다.

그는 이 글들을 연말에 진행한 동네 광고와 연계시켜서 큰 효과를 보았다. 1월 초에 접어들어 경쟁사들은 새 잠재 고객을 유치하기 위해 광고비 지출을 늘릴 때, 그는 이미 적격 잠재 고객들로 이루어진 안정적인 파이프라인을 구축한 상태였다.

8.2 더 큰 맥락에 집중하라: 수행할 과제

2장에서 이야기한 것처럼, 서로 다른 범주의 제품들이 동일한 과제를 위해 경쟁할 때 제품들은 더 큰 맥락에서 경쟁한다. 고객 인터뷰 과정에서 이렇게 더 큰 맥락을 파악하는 것은, 해결할 가치가 있는 문제를 파악하기 위한 열쇠이다. 이번에는 다른 사례를 통해, 이런 열쇠를 어떻게 찾아내는지 알아보자.

8.2.1 사례 연구: 문제 파악 인터뷰를 활용해 드릴 비트 개선하기

사람들이 원하는 건 6mm짜리 드릴 비트가 아니라 6mm짜리 구멍이다.

— 테오도르 레빗Theodore Levitt

하버드 대학교 교수 테오도르 레빗은 기능보다 완결된 이점에 초점을 맞춰야 한다고 주장했다. 다시 말해 고객이 정말로 원하는 것은 당신의 솔루션 자체가 아니라, 그 솔루션이 자신을 위해 과제를 수행하거나 결과를 만들어주는 것이다.

어떤 드릴 비트 제조사에서 드릴 비트의 품질을 높이려고 한다고 상상해 보자. 이회사는 아무 기능이나 개선해 보는 대신 사람들이 드릴 비트를 사용하는 방식을 조사해 보기로 했다. 그래서 드릴 비트가 자주 깨지는 것이 치명적인 문제임을 알게 되었고, '40% 높아진 내구성'이라는 고유의 가치 제안을 내세운 새로운 티타늄 코팅 드릴 비트를 선보였다.

한동안은 판매가 호조를 보였지만, 어느 날 이 드릴 비트 옆 철물 코너에 신제품이 나타났다. 그 제품은 철물 코너에 어울리지도 않았건만 고객들이 몰려들면서 우리의 티타늄 드릴 비트 매출이 떨어지기 시작했다. 이 문제의 신제품은 구멍을 뚫지 않고도 벽에 무언가를 걸 수 있게 해 주는 3M 코맨드 스트립[1]이었다.

이게 도대체 무슨 일인가?

레빗의 혜안은 기능이 아닌 결과에 주목하는 방향으로 근본적인 관점의 변화를

---

1 옮긴이_ 액자부착 테이프

이끌었지만 그의 예시에는 부족함이 있었다. 6mm 구멍은 우리가 원하는 과제를 수행하기 위해 필요로 하는 기능적인 결과를 나타낼 뿐, 진정으로 원하는 결과물을 의미하지는 않는다. '6mm짜리 구멍' 자체는 사실 원하는 결과물이 아니라는 것을 알아차려야 그 차이를 알 수 있다. 우리가 원하는 것은 6mm짜리 구멍이 아니라 그 구멍 다음에 오는 무언가이다. 바로 그 지점에 원하는 결과, 더 큰 맥락이 존재한다.

> **NOTE** 기능은 제품의 맥락에 존재하고, 결과와 과제는 더 큰 맥락 안에 있다.

더 큰 맥락에 도달하려면 먼저 초점 범위를 좁혀야 한다. 레빗의 명언은 일반적인 의미로 사람을 이야기하지만 이는 너무 광범위하다. 가정집에서 드릴 비트를 사는 것과 건설 노동자가 드릴 비트를 사는 것은 구매 이유가 전혀 다르다.

따라서 첫 번째 단계는 대상 고객을 '가정집'과 '건설 노동자'라는 구체적인 기준으로 분류하는 것이다. 그런 다음 이전과 마찬가지로 이 고객군들이 드릴 비트를 어떤 식으로 사용하는지 연구한다. 그러나 6mm 구멍을 원하는 결과라고 확정하는 대신, 원하는 결과에 더 가까이 다가가기 위한 6mm 구멍 너머의 더 큰 맥락을 조사한다.

> **TIP** 원하는 결과를 따라가다 보면 제품 맥락을 벗어나서 더 큰 맥락을 볼 수 있다.

가정집에서 원하는 결과 중 하나는 그림을 거는 것일 수 있다. 액자걸이를 고정하기 위해 구멍을 뚫으려고 한다. '벽에 그림 걸기'는 분명 '벽에 구멍 내기'보다 원하는 결과에 가깝다.

그러면 이제 더 흥미롭고 혁신적인 질문이 나온다. 고객이 원치 않는 단계(구멍 뚫기, 걸이 사용 등) 없이도 과제를 수행하게(액자 걸기) 하려면 어떻게 도와야 할까? 3M 코맨드 스트립은 바로 그 답을 제시한다. 이 솔루션은 드릴이 필요하지 않아서 벽에 구멍이나 지저분한 자국이 남지 않으며, 다른 대안보다 쉽고 저렴하게 액자를 걸게 해 준다.

드릴 비트 제조사가 6mm 구멍에 초점을 맞추면 기존 드릴 비트의 품질을 높여서 다른 드릴 비트 제조사와의 전투에서 이길 수도 있다. 그러나 이렇게 더 큰 맥락의 전쟁터에서 발발한 전쟁에서는 맥을 못 출 수 있다.

8.2.2 더 큰 맥락 찾기

더 큰 맥락으로 빠르게 이동하려면 캐시 시에라$^{Kathy\ Sierra}$의 실습을 적용해 보자.

- 더 좋은 (x)를 개발하지 말라. 더 좋은 (x) 사용자를 개발하라.

예시
- 더 좋은 (카메라)를 개발하지 말라. 더 좋은 (사진작가)를 개발하라.
- 더 좋은 (비즈니스 모델 캔버스)를 개발하지 말라. 더 좋은 (기업가)를 개발하라.
- 더 좋은 (드릴 비트)을 개발하지 말라. 더 좋은 (셀프 인테리어족)을 개발하라.

솔루션을 발전시키기보다 고객을 발전시키는 데 초점을 맞추는 것이 제품 너머의 맥락을 보는 방법 중 하나이다. 제품의 즉각적인 기능과 이점을 넘어서 고객이 원하는 결과나 수행해야 하는 과제에 집중한다. 이렇게 관점을 넓힐 때 부딪히는 난관은, 당신이 합리적으로 감당할 수 있는 것보다 고객의 수행 과제를 훨씬 많이 파악하게 된다는 것이다. 어디에 초점을 맞출까? 기업가 대부분은 자신의 제품 맥락에 갇혀서 과업이나 기능 이상을 절대 생각하지 않는 것이 현실이다.

그건 실수다.

> **TIP** 잡초에 파묻혀 있기보다는 한계선 밖으로 나갈 가능성이 생길 때까지 계속 다음 단계로 올라가는 게 낫다.

과제의 범위를 너무 좁히면 더 큰 범위의 과제를 더 잘 다루는 경쟁사에 자리를 뺏길 위험이 있다. 그렇다고 과제의 범위를 계속 넓히면 무리하게 된다. 그러면 적절한 과제의 범위는 어떻게 정해야 할까?

8.2.3 더 큰 맥락의 범위 잡기

적절한 과제 범위는 솔루션의 직접적인 기능적 이점과 고객을 발전시키는 것 사이의 어느 지점에 있다.

1. 당신의 솔루션을 사용한 고객이 직접적으로 얻는 기능적 이점이나 결과에서 출발한다.
2. 이 결과가 당신의 솔루션 영역 안에 있거나 아직 매력적이지 않다면, 그 결과 다음에는 무엇이 있는지 찾아서 다음 단계로 전진한다.
3. 답이 한계선을 벗어나면 멈춘다.

이 순서를 6mm 드릴 비트 생산에 적용해 보자(그림 8-2).

1. 셀프 인테리어족은 왜 6mm 드릴 비트를 구매하는가?
   6mm 구멍을 뚫기 위해(기능 단계, 아직 매력적이지 않음).
2. 왜 6mm 구멍을 원하는가?
   걸이를 고정하기 위해(기능 단계, 아직 매력적이지 않음)
3. 왜 걸이를 고정하려고 하는가?
   그림을 걸기 위해(과제, 매력적).
4. 왜 그림을 걸려고 하는가?
5. 집을 꾸미려고(과제, 매력적).
6. 왜 집을 꾸미려고 하는가?
7. 자신을 표현하기 위해(과제, 매력적).
8. 왜 자신을 표현하려고 하는가?
   형이상학적으로 흘러가기 시작한다.

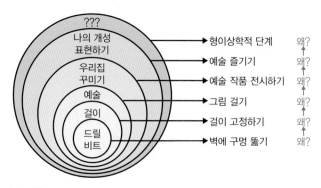

그림 8-2 더 큰 맥락

NOTE 더 큰 맥락 안에 혁신의 여지가 있다.

8.2.4 더 크고 구체적인 맥락으로 뛰어들기

중첩되는 더 큰 맥락을 파악했으면 그중 하나를 골라서 자세히 살펴보자. 이때 자신의 프로젝트에 구체적으로 적용되는 실행 가능성, 실현 가능성 제약에 부합하는 맥락을 선택하는 것이 좋다.

비즈니스 모델을 작동시키기 위해 얼마나 큰 문제를 파악해야 하는지라는 측면에서 실현 가능성 제약을 정의한다. 이는 견인 로드맵에서 나왔던 내용이다. '벽에 그림 걸기' 맥락은 10~20달러 규모의 문제이지만, 일단 예술의 맥락이나 집을 꾸미는 맥락으로 넘어가면, 잠재적으로 수천 달러 규모의 문제들을 찾아낼 수도 있다.

핵심 역량 제약의 관점에서 실현 가능성 제약을 정의하자. 다시 말해, 들어가서 경쟁하고 싶지 않은 영역이 있는가? 예를 들어 드릴 비트 제조사일 경우 접착제 사업에 뛰어들고 싶겠는가?

더 큰 맥락을 알맞게 정의한 다음에는 더 깊이 들어가서 과제가 어떻게 수행되는지 탐구하고 애로사항을 찾아본다(해결할 가치가 있는 문제).

8.3 문제 파악 스프린트 진행하기

문제 파악 스프린트는 2주로 기간을 한정해서 진행하며, 일대일 인터뷰를 통해 고객이 과제를 완수하기 위해 기존 대안을 선택하는 이유와 방식을 이해하는 것이 목적이다.

인터뷰를 하는 동안에는 기자나 탐정이 되었다는 마음으로 진심에서 우러나온 호기심을 가지는 것이 좋다. 인터뷰 대상이 기존 대안을 찾아서 선택하는 계기가 된 사건부터, 기존 대안을 가장 최근에 이용한 이야기까지 알아내야 한다.

인터뷰가 끝날 때마다 새로 통찰한 내용을 고객 작용력 캔버스에 작성한다. 그 방법은 이 장 뒷부분에서 설명한다.

일반적 믿음과 달리, 인터뷰를 많이 하지 않아도 패턴은 모습을 드러낸다. 10~15명만 집중적으로 인터뷰해도 필요한 혜안의 80%는 얻을 수 있다. 앞 장에서 메리가 스티브에게 설명한 것처럼 새로운 상대를 인터뷰해도 새로 배우는 것이 없다면, 다시 말해 질문을 몇 개만 해 보고 상대가 대답을 하기도 전에 답을 정확하게 맞출 수 있다면 이제 됐다는 것을 알 수 있다.

8.3.1 문제 파악 스프린트 상대의 범위를 넓힐까, 좁힐까

인터뷰할 선각 수용자를 직접적으로 공략하고 싶은 마음도 들겠지만, 너무 빨리 범위를 좁히면 국지적 최댓값 함정(1장에서 설명)의 희생양이 될 위험이 있다. 그보다는 범위를 넓힌 문제 파악 스프린트와 범위를 좁힌 문제 파악 스프린트, 이렇게 스프린트를 2회 진행하면서 두 차례에 걸쳐 인터뷰를 하는 것이 더 효과적이다.

범위를 넓힌 문제 파악 스프린트는 기존 대안을 최근 구입하거나 사용한 사람을 대상으로 한다. 앞서 살펴본 사례에서, 주택 건설업자가 처음에 자신의 선각 수용자가 아니라 최근 집을 산 사람들을 대상으로 했던 것이 이 경우이다.

범위를 넓힌 문제 파악 스프린트를 통한 초기 학습을 마친 다음에는 자신이 이상적이라고 생각하는 선각 수용자에게 더 집중할 수 있다. 이것이 바로 범위를 좁혀서 통찰한 내용을 검증하는 문제 파악 스프린트 단계이다.

경험에 비추어 볼 때 문제 파악 스프린트를 2회(범위를 넓혀서 1회, 좁혀서 1회) 진행하면서 4주 동안 20~30명을 인터뷰할 준비를 하는 것이 좋다. 그러면 일주일에 5~8명을 인터뷰하고 학습 내용을 소화할 시간이 확보된다.

문제 파악 스프린트를 마치면 근거를 제시하면서 고객/문제 적합성을 입증할 수 있어야 한다. 해결할 가치가 있고 **충분히 중요한** 고객 문제를 파악했으면 고객/문제 적합성에 도달했다고 할 수 있다. 고객/문제 적합성을 판단하는 기준은 이 장 끝부분에서 더 자세히 다룬다.

문제 파악 스프린트(범위를 넓혀서, 좁혀서) 진행 순서는 아래와 같다.

- 후보자 찾기.
- 인터뷰 진행하기.
- 통찰하기.

이제 각 단계를 자세히 살펴보자.

8.3.2 후보자 찾기

문제 파악의 목표는 현재 사람들이 기존 대안을 사용해 과제를 어떻게 수행하는지 이해하는 것이다. 따라서 린 캔버스에 기입했던 인기 있는 기존 대안 중 하나 이상을 최근 사용하고자 했던 사람을 대상으로 한다. 고객이 어느 기존 대안을 사용하는지 잘 모른다면 계기가 된 사건에 초점을 맞춘다.

- 고객이 [계기가 되는 사건]를 마주할 때 [선택 가능한 기존 대안을 사용]한다.
- 예시: 기업가는 아이디어가 막히면 스타트업 전용 모임에 나간다.

이렇게 연습하다 보면 간접적이고 상호 보완적인 솔루션들이 나올 때까지 시간이 좀 들 수 있는데 그래도 괜찮다. 이 접근 방식을 사용하면 인터뷰 후보자를 찾고, 인터뷰를 통해 여러분이 구상하는 제품과 직접 경쟁할 실제 기존 대안이 무엇인지 알아낼 수 있다.

인터뷰 후보를 탐색할 때 명심할 사항을 몇 가지 더 소개한다.

기존 대안으로 바꾸거나 기존 대안을 사용한 게 얼마나 최근인지를 바탕으로 후보자를 공략한다.

기억은 금세 흐려지기 때문에 기존 대안을 구입하거나 사용한 지 90일을 넘기지 않은 사람을 공략하는 것이 가장 좋다. 90일은 너무 길지 않아서 중요한 내용을 기억할 수 있으면서도, 기존 대안을 충분히 사용해 보고 만족스러운지 평가하기에 넉넉한 시간이다.

피치가 아닌 학습을 중심으로 인터뷰의 틀을 구성한다

피치를 하면 여러분이 일방적으로 많은 말을 하기 때문에, 고객 입장에서는 그 말에 동의하는 척하거나 새빨간 거짓말을 하는 것이 매우 쉽다. 피치로 시작하는 것은 고객이 정말 원하는 제품이 무엇인지 알고 있다는 전제로 이루어진다는 점이 문제이다. 솔루션을 '올바르게' 제시하려면 고객이 겪는 문제부터 '올바르게' 이해해야 한다.

학습을 중심으로 대화의 틀을 짜면 역할이 뒤바뀐다. 배경 설정은 여러분이 하지만 말은 고객이 대부분 한다. 여러분은 답을 전부 알지 않아도 되고, 고객과의 모든 대화는 학습의 기회가 된다. 학습의 틀을 사용해서 아무 제품도 판매하지 않고 조언만 구하는 것은, 잠재 고객이 경계를 늦추고 더 자유롭게 이야기하게 만드는 효과적인 무장 해제 기술이기도 하다.

아는 사람으로 시작한다

처음에는 인터뷰 대상을 찾기가 어려울 수 있다. 아는 사람 중 당신이 공략하는 고객 프로필과 일치하는 사람들에서 출발하자. 가까운 사람들이 주는 의견에는 편견이 들어갈 수 있다고 경계하는 사람들도 있지만, 아무에게도 말하지 않는 것보다는 누구에게라도 말하는 편이 낫다는 것이 필자의 생각이다. 그리고 이들을 이용해서 두세 다리 건너 아는 다른 인터뷰 대상을 물색한다. 이렇게 하면 인터뷰를 연습하면서 스크립트에 익숙해지는 것은 물론, 다른 후보자들을 소개받을 수도 있다.

소개를 부탁한다

다음 단계는 여러분이 직접 아는 '1단계 지인'에게 여러분의 공략하는 프로필에 부합하는 지인을 소개해 달라고 요청하는 것이다. 지인들이 다른 지인을 소개해 줄 때 시간을 절약할 수 있도록 간단히 복사해서 붙여 넣을 만한 메시지 양식을 제공하면 좋다. 아래는 필자가 사용했던 양식이다.

> [friend] 님, 안녕하세요?
>
> 잘 지내시죠? 다름 아니라 제가 간단하게 부탁을 드리고 싶어서 메시지를 보냅니다.
>
> 제가 요즘 제품 아이디어를 구상 중인데, 이 아이디어를 검증하기 위해 웨딩 사진작가 여러분의 도움을 받고 싶습니다. 국내 사진작가 여러분과 대화를 나누면서 그 세계를 좀 더 깊이 이해하고, 이 제품을 개발할 가치가 있을지 평가하는 것이 제 목표입니다.
>
> 이 조건에 부합하는 지인이 있으시면 아래 메시지를 복사해서 보내주시면 정말 감사하겠습니다.
>
> (원하시면 내용을 살짝 바꾸셔도 좋습니다.)
>
> ---
>
> 안녕하세요,
>
> 저희는 오스틴에 기반을 둔 소프트웨어 회사이고, 현재 사진작가들이 온라인에서 작품을 전시하고 판매하는 과정을 쉽게 만들어주는 새 서비스를 개발 중입니다. 특히 더 빠르고 편리한 온라인 교정, 아카이빙, 판매 도구에 중점을 두고 있습니다.
>
> 30분만 시간을 내주셔서 현재 어떤 식으로 일을 하시는지 이야기를 들려주시면 정말 감사하겠습니다. 제품 판매는 전혀 하지 않으며 조언만 구하고 있습니다.
>
> 감사합니다,
>
> 애시

지연의 정을 활용하자

사람들은 보통 동질감이 느껴지는 상대를 기꺼이 만나고자 한다. 이메일에서는 '오스틴'을 강조해서, 오스틴 지역 사진작가들을 만나는 데 효과를 톡톡히 봤다.

무언가를 돌려주자

인터뷰를 '실제 인터뷰'로 바꿔서 기사, 팟캐스트, 블로그 게시물, 영상 출연을 맞제안하자. 이렇게 하면 상대방도 여러분과 대화하는 대가로 또 다른 통찰이나 사람들의 관심을 얻을 수 있으니, 인터뷰를 위한 장려책으로 활용하기 좋다.

후보자에게 인터뷰 대가를 지불해도 괜찮다

문제 파악 인터뷰에서는 사실 정보 수집에만 초점을 맞추고 솔루션을 홍보하지 않을 것이므로, 인터뷰 대상을 수월하게 모집하기 위해 보상을 제안해도 좋다. 공략하는 고객 영역에 따라 3~7만 원 상당의 상품권 정도면 30~45분의 면접 시간에 대한 합리적인 보상이 될 수 있을 것이나.

8.3.3 스티브, 첫 번째 문제 파악 스프린트 개시 회의를 열다

스티브는 메리, 리사, 조시를 불러 스프린트 개시 회의를 열었다. 모두 마피아 제안 캠페인을 시작으로 함께 일하고 있다. 이들은 다음 스프린트에서 비즈니스 모델 응용형인 소프트웨어 개발자 영역과 건축가 영역에서 10명을 대상으로 문제 파악 인터뷰를 할 계획이다.

"누구를 공략할지 어떻게 알 수 있을까요?"

"'소프트웨어 개발자'는 쉬워요. 제가 AR/VR 작업을 하는 개발자와 대행사를 여럿 알거든요. 우호적인 분위기에서 인터뷰를 해 줄 사람 10명은 쉽게 찾을 수 있어요. 문제는 건축가예요. 우리가 이야기해 볼 만한 건축가를 아시는 분 있나요?"

"직접 아는 사람은 없지만 주변에 물어볼 수는 있어요. 그렇게 해서도 안 되면 무작정 연락해 본 적도 많아요."

"주택 건축에 대해서는 두 갈래로 접근하는 게 좋을 수도 있어요. 건축가들과 만나보고 싶기도 하겠지만, 저라면 모르는 사람들에게 무작정 연락하기보다 아는 사람에게 소개받는 걸 우선으로 하겠어요. 그리고 제 생각에 이 건축가들의 고객, 즉 얼마 전에 집을 지은 사람들을 대상으로 하는 게 훨씬 쉽고 유익할 것 같아요."

"그것도 흥미로운 생각이네요. 최종 고객의 관점을 파악하기 위한 건가요?"

"바로 그거예요. 아이디어를 다양한 관점에서 볼 필요가 있고, 저는 항상 최종 사용자에게 최대한 가까이 다가갔다가 역방향으로 일을 하려고 하거든요. 건축가가 맞춤형 주택을 짓는 과정에서 겪는 문제는 주택 소유주들의 관점과 전혀 다를 거라고 장담해요."

"정말 그렇겠네요. 건축가는 효율성과 절차만 생각하겠지만 주택 소유주는 감성적 에너지가 더 많고, 맥락도 더 커지겠죠."

"저도 그 접근 방식이 마음에 들어요. 메리 님, 왜 주택 소유주와 이야기하는 게 훨씬 더 쉬울 거라고 말씀하셨어요?"

"사람은 누구든 자기 얘기하기를 좋아하니까요. 하물며 자랑스러운 무언가를 지금 막 지었다면 특히 입이 근질근질하겠죠. 혹시 집 공사를 마친 지 얼마 안 된 친구나 친구의 친구가 있으시면 그런 지인들부터 포섭해 봐요. 그다음에 건축가들의 웹사이트에 가서 최근 완공한 주택들을 찾아보고, 주택 소유주들에게 직접 연락해 봅시다. 그야말로 문을 두드리는 거죠. 그들의 집에 대해 칭찬하고, 신규 주택 건설에 대한 마케팅 조사를 하고 있다고 알려주기만 하면 됩니다. 시간을 30~45분만 내달라고 부탁하고 5~7만 원 상당의 상품권을 선물해요. 그 정도면 될 거예요."

"그렇게 말씀하시니까 정말 쉽게 들리네요."

"사람들을 인터뷰하는 건 간단한 일인데 우리가 대화에 대해 생각을 너무 많이 해서 스스로를 힘들게 해요. 이 인터뷰는 피지가 아니라는 설 기억해요. 편안하게 느껴지는 영역을 살짝 벗어나서 진심으로 호기심을 가지고 상대방이 말을 하게 하세요. 사람들이 일단 말을 시작하면 오히려 이야기를 멈추게 하는 게 얼마나 힘든지 깜짝 놀랄걸요?"

"좋아요. 그 말을 믿어야죠. 그래서 세 가지 집단을 인터뷰하려고 해요. 소프트웨어 개발자, 건축가, 셀프 인테리어족이요. 원래는 이분들을 둘씩 짝지어서 인터뷰를 5회씩 진행할 계획이었는데, 모두 여전히 동의하시나요?"

조시와 리사는 동의의 의미로 고개를 끄덕였다.

8.3.4 인터뷰 진행하기

가치 있는 기술을 훈련할 때는 어색한 시간이 따르기 마련이다. 인터뷰 진행 기술도 그렇다. 하지만 조금만 연습해서(그리고 약간의 지침을 따라서) 인터뷰 기술을 익히면 제품 수명 주기 내내 유용하게 활용할 수 있다. 지속적인 혁신을 위해서는 고객과 함께하는 지속적인 학습 루프를 구축해야 하며, 가장 효과적인 학습 방법은 고객과 대화하는 법을 아는 것이다.

인터뷰를 시작하기 위한 몇 가지 지침을 소개한다.

가급적 대면 인터뷰를 시도하자

몸짓언어에서 실마리를 얻는 것 외에도, 사람을 직접 만나면 전화 통화로는 절대 느낄 수 없는 친밀감이 생긴다. 이는 고객 관계 구축에 매우 중요하다. 대면 인터뷰를 할 수 없다면 영상 통화라도 시도하자

중립적인 장소를 선정하자

필자는 부담 없는 분위기를 조성하기 위해 첫 인터뷰는 커피숍에서 하는 것을 선호한다. 잠재 고객의 사무실에서 인터뷰를 하면 '업무' 같은 느낌이 들어서 영업 피치 같은 느낌이 들 수 있다. 그러면 안 된다. 하지만 인터뷰 대상이 원하는 장소라면 어디든 괜찮다.

충분한 시간을 요청하자

문제 파악 인터뷰는 보통 45분 정도 진행하며, 서두르는 느낌이 들지 않게 한다. 1시간 정도를 할애하도록 요청했다가 인터뷰가 더 빨리 진행되면 일찍 끝내기를 추천한다.

인터뷰 일정 조정은 외주를 맡기자

이 기간에 자원을 낭비시키는 가장 큰 요인은 기다림이다. 사람들의 답장을 기다리고, 일정을 맞추고, 여러 시간대를 오가는 등이다. 약간의 준비 작업만 해 두면 온라인 비서나 일정 예약 프로그램에 나머지 일을 맡길 수 있다.

예를 들면 이런 식이다.

- 인터뷰 요청 이메일을 전부 작성한다.
- 인터뷰 일정을 잡을 수 있도록 오후 일정을 비워 둔다.
- 필요할 때 대화에 참여할 수 있도록 모든 이메일에 본인을 참조로 넣는다.

짝을 지어 인터뷰를 진행하자

다른 팀원이 있으면 언제나 두 명씩 함께 인터뷰를 하는 것이 좋다. 이렇게 하면 두 사람이 번갈아 가면서 질문을 하고, 한 사람은 대답을 받아 적으면서 추가 질문을 구상할 수 있다. 나중에 서로의 필기를 비교해 보는 것도 확증 편향을 예방하는 좋은 방법이다.

주장하지 말고 질문하자

이 인터뷰를 하는 목적은 학습이지 피치가 아니다. 기업가가 입술을 움직이고 있다는 것은 곧 피치를 하고 있다는 뜻이다. 이 함정을 피하려면 인터뷰를 하는 동안 말을 줄이고 더 많이 들어야 한다. 인터뷰를 시작하고 나면 모든 문장을 질문으로 시작하거나 끝맺는 것도 좋은 기술이다.

- 그 부분을 더 자세히 말씀해 주실 수 있나요?
- 어떤 결과를 기대하셨나요?
- 그날이 언제였나요?

가정이 아닌 사실에 주목하자

문제 파악 인터뷰에서는 고객이 앞으로 무엇을 할 수 있는지(또는 하지 않을 수 있는지)보다 과거에 실제로 무엇을 했는지에 초점을 맞추는 것이 기본이다.

이런 질문은 하지 말자.

- Y의 상황이었다면 X를 하셨을까요?
- 앞으로 X를 사시겠어요?
- 앞으로 Y를 하시겠어요?

스스로 기자가 되었다고 생각해 보자. 당신의 일은 정제되지 않은 이야기를 찾아내서 허구가 아닌 사실을 포착하는 것이다.

고객에게 문제에 대해 묻지 말자

고객에게 문제에 대한 질문을 하지 말아야 하는 이유는 앞에서 이미 설명했다. 수박 겉핥기식으로 문제에 대한 설명을 듣거나 엉뚱한 문제들만 나열하게 되기 쉽기 때문이다. 대신 고객이 기존 대안을 사용하는 방식에 귀를 기울이면서 마찰점을 찾아보자. 예를 들어 15년 전 사람들에게 택시의 문제가 무엇인지 물어봤다면 '기사가 무례하다', '차량이 더럽다' 등의 답이 나왔을 것이다. 하지만 이런 답변을 가지고는 차량 공유 서비스를 발명할 수 없었을 것이다.

그 대신 사람들이 택시를 **이용**하는 방식에 집중하면, 사람들이 비행기를 타야 할 때 이렇게 행동하는 것을 알 수 있었을 것이다.

- 비행기를 타기 전날 밤에 택시를 예약한다.
- 택시가 늦을 것에 대비해서 도착해야 하는 시간보다 2시간 일찍 예약한다(그리고 기상한다).
- 택시 회사에 여러 번 전화해서 택시가 오고 있는지 확인한다.

이런 불만 거리와 회피책에 주목하면 해결할 가치가 있는 문제를 찾을 수 있었을 것이다.

깊이 파고들고 호기심을 가지자

고객을 인터뷰하다 보면, 어색한 분위기가 가시기 전까지는 짧은 수박 겉핥기식 대답밖에 들을 수 없는 경우가 많다. 깊이 파고들려면 자연스럽게 호기심을 가지고, 아무것도 넘겨짚지 말아야 한다. 답변의 범위를 한정 지으면서도 열린 질문을 하자.

- 그걸 어떻게 하셨나요?
- X라는 말은 무슨 뜻으로 하신 말씀이죠?
- 제가 살짝 헷갈려서 그런데… Y에 대해 천천히 말씀해 주실 수 있나요?

더 큰 맥락을 따라가자

이 장 앞부분에서 이야기한 것처럼, 제품 맥락을 벗어나 '수행해야 하는 과제' 가 존재하는 더 큰 맥락으로 들어가려면 원하는 결과가 무엇인지 찾아야 한다.

인터뷰를 녹음하자(가능하면)

상대방이 동의하는 경우 인터뷰를 녹음하면 반복해서 들을 수 있고 동료들과 공유도 가능하고, 후처리를 통해 글로도 볼 수 있으므로 아주 유용하게 활용할 수 있다.

사건 타임라인을 다시 만들어 보자

연구 중인 기존 대안의 선택/구매 사건을 대화의 중심에 두고 인터뷰를 시작하는 것이 좋다. 그런 다음 기존 대안을 선택하게 만든 일련의 계기가 된 사건을 거꾸로 되짚어간다. 마지막으로 타임라인을 정방향으로 따라가면서 기존 대안을 사용한 최근 시점까지 탐색한다.

[그림 8-3]은 최근 체육관에 등록한 사람을 인터뷰한 타임라인 예시다.

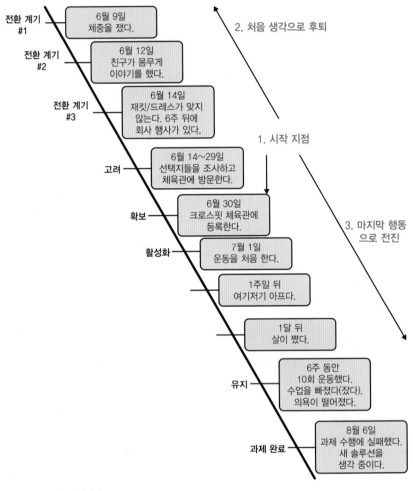

그림 8-3 고객 타임라인

메타스크립트를 사용하자

인터뷰 시간은 한정되어 있으므로 핵심 목표에 집중해야 최대한으로 학습할 수 있다. 이럴 때 메타스크립트가 유용하다.

문제 파악 인터뷰 메타스크립트(30~45분)

환영(인터뷰 진행 방식 소개)
(2분)

인터뷰 진행을 위해 간략하게 진행 방식을 소개한다.

오늘 저희를 위해 시간을 내주셔서 정말 감사합니다.

저희는 사람들이 [수행해야 할 과제]를 언제 어떻게 하는지에 대한 초기 조사를 하고 있습니다. 절대 제품 홍보를 위한 자리가 아니라는 점을 분명히 말씀드립니다. 저희는 고객님으로부터 배움을 얻고자 하며, 제품 판매나 홍보는 일절 하지 않습니다.

이 인터뷰에는 틀린 답이 없습니다. 저희는 여러분의 꾸밈없이 생생한 이야기를 듣고 싶습니다. 다큐멘터리 영화를 찍는다고 생각해 주시면 좋겠습니다. 저희는 제작자이자 감독으로서 줄거리를 채우기 위한 정보를 빠짐없이 알고 싶은 것입니다.

인터뷰를 진행해도 괜찮을까요?

나머지 스크립트는 메타스크립트처럼 활용하자. 문제 파악을 위해서는 스크립트를 사용하지 않는 것이 가장 좋지만 몇 가지 질문은 준비해 두면 유용하다. 호기심을 가지고, 답변에 제약이 없는 형태의 짧은 질문을 하자.

기존 대안이나 과제를 수행한/수행하려고 한 최근 사례를 중심에 둔다(대화의 중심 설정)
(5분)

인터뷰 대상이 제품을 구매하거나 서비스를 이용한 사건으로 돌아갈 수 있게 구체적인 질문을 한다.

[기존 대안]에 언제 가입하셨나요?
[기존 대안]을 언제 마지막으로 사용하셨나요?

기억은 금세 흐릿해지므로 구체적인 정보를 물어서 상대방의 기억력을 되살려주자. 이렇게 하면 상대방이 심리적 벽을 허물고 여러분의 질문에 마음을 열게 하는 효과도 있다.

그날이 어느 요일이었는지 기억하세요?
혼자 계셨나요, 다른 사람과 함께 계셨나요?
인터넷에서 찾아봤다고 하셨는데 뭐라고 검색했었는지 기억나시나요?

계기가 된 사건 찾기(전환을 이끈 첫 번째 생각)
(5분)

타임라인의 앞부분으로 거슬러 올라가 인터뷰 대상이 특정 기존 대안을 선택하게 만든 일련의 계기가 무엇이었는지 판단해 본다.

네, [요일]에 그 제품을 사셨군요. 무엇 때문에 구매를 해야겠다는 마음이 드셨는지 기억하시나요?
그다음엔 무엇을 하셨나요?
새 [제품]이 필요하다고 처음 인식하신 것은 언제였나요?
그때 아무것도 하지 않으셨다면 어떻게 되었을까요?
더 나은 제품을 원했다고 하셨는데, 당시 생각하신 더 좋은 제품이란 무엇이었나요?

선택 과정 탐구(확보)
(5분)

기존 대안을 어떻게 선택했는지 심층적으로 탐구하고 이해한다.

그다음에는 어떻게 되었나요? 선택 과정을 쭉 설명해 주실 수 있나요?
함께 고려하신 후보 제품은 무엇이었나요?
[기존 대안]에 대해 어디에서 들으셨나요?
[선택한 기존 대안]을 고르신 이유는 무엇이었나요?
[선택한 기존 대안]에 얼마를 지불하셨는지 알려주실 수 있나요?

모호한 단어가 나오면 인터뷰 대상에게 명확한 설명을 요청한다.

간편하다는 게 어떤 의미로 하신 말씀인가요?
건전한 대안이었다는 말씀을 하셨는데, 건전한 것의 기준이 무엇이라고 생각하는지 설명해 주실 수 있나요?

초기 사용 탐구(활성화)

(5분)

제품 선택 직후의 시점으로 이동해, 제품을 처음 사용하면서 어떤 인상을 받았는지 묻는다. 애로사항이나 마찰 가능성이 있는 이야기가 나오면 더 깊이 들어간다.

[기존 대안] 가입/수령 직후의 시점으로 돌아가 보고 싶습니다. 제품을 처음 꺼내 본 과정이 어땠는지 설명해 주세요.
설치하시는 데 시간이 얼마나 걸렸나요?
그다음에는 무엇을 하셨나요?
제품이 작동하고 있다는 걸 어떻게 알 수 있으셨나요?

반복 사용 탐구(유지), 해당하는 경우

(5분)

현재의 사용 방식을 탐구하고 애로사항/마찰 요인을 찾아본다.

[선택한 기존 대안]을 얼마나 자주 사용하시나요?
[선택한 기존 대안]을 언제 마지막으로 사용하셨나요?

그다음은?(다음 정점)

(5분)

과제가 성공적으로 수행되었는지 판단하고 인터뷰 대상에게 다음에 대해 묻는다.

처음에는 [원하는 결과]를 위한 제품을 원하셨죠. [선택한 기존 대안]은 어떤 결과를 보여주었나요?
그다음은 무엇인가요?

마무리(다음 단계)

(3분)

인터뷰 대상에게 감사 인사를 한다. 떠나기 전에 해야 할 일 하나, 물어봐야 할 질문 두 개가 더 있을 수 있다.

아직 여러분이 구상한 솔루션에 대해 이야기할 준비가 되지 않았더라도, 인터뷰 대상이 선각 수용자 후보의 기준에 맞는다면 그들의 관심을 유지하기 위한 미끼를 던져야 한다. 이때 고수 준 콘셉트 피치나 고유의 가치 제안을 하면 좋다.

그런 다음 후속 연락을 해도 되는지 허락을 구한다. 마지막으로 다른 인터뷰 대상 추천을 부탁한다.

> 처음에 말씀드렸다시피 아직은 초기 연구 단계이지만, 답변해 주신 내용으로 미루어 볼 때 저희가 개발 중인 제품을 유용하게 사용하실 수 있을 것 같습니다. 저희 제품은 [고유의 가치 제안]을 목표로 합니다.
>
> 몇 주 안에 다시 연락드려서 데모를 보여드려도 괜찮을까요?
>
> 그리고 저희가 개발 초기 단계라서 최대한 많은 분과 대화를 나누면서 배우려고 합니다. [본인과 비슷한 사람들]을 더 소개해 주실 수 있을까요?

8.3.5 스티브, 인터뷰를 위한 메타스크립트를 만들다

스티브는 이런 인터뷰를 해 본 적이 없으므로 주택 소유주 인터뷰에 사용할 메타 스크립트를 써 보기로 했다. 질문을 빠짐없이 적어 내려가기보다는, 인터뷰 흐름을 정리하고 진행 중 참고할 학습용 질문을 몇 가지 적어 보기로 했다.

> **환영(인터뷰 진행 방식 소개)**
>
> (2분)
>
> 오늘 시간을 내주셔서 감사합니다. 저희는 이 지역의 대형 건축 회사를 위한 초기 마케팅 조사를 하면서 맞춤형 주택 설계 과정을 연구하고 있습니다. [건축가의 웹사이트]에 소개된 귀하의 집을 보았는데 정말 아름다웠습니다. 그래서 설계 경험에 대해 말씀해 주실 수 있는지 궁금합니다.
>
> 인터뷰에 걸리는 시간은 45분 정도입니다. 얼마나 귀한 시간을 내주셨는지 알기 때문에, 감사의 뜻으로 75달러 상당의 상품권을 준비했습니다.

진행해도 된다면:

절대 제품 홍보를 위한 자리가 아니라는 점을 분명히 말씀드립니다. 저희는 이 인터뷰를 통해 배움을 얻고자 하며, 제품 판매나 홍보는 일절 하지 않습니다.

이 인터뷰에는 틀린 답이 없습니다. 저희는 여러분의 꾸밈없이 생생한 이야기를 듣고 싶습니다.

다큐멘터리 영화를 찍는다고 생각해 주시면 좋겠습니다. 저희는 제작자이자 감독으로서 줄거리를 채우기 위한 정보를 빠짐없이 알고 싶은 것입니다.

인터뷰를 진행해도 괜찮을까요?

기존 대안이나 과제를 수행한/수행하려고 한 최근 사례를 중심에 둔다(대화의 중심 설정)

(5분)

집을 언제 완공하셨나요?
언제 입주하셨나요?
주택을 맞춤 설계하신 건 이번이 처음이었나요?
공사 기간은 어느 정도였나요?

계기가 된 사건 찾기(전환을 이끈 첫 번째 생각)

(5분)

공사에 [이 기간]이 걸렸다고 하셨는데, 처음 맞춤형 주택을 짓겠다고 생각하셨을 당시 그런 생각을 하게 된 계기는 무엇이었나요?

주택을 구매하지 않고 짓고 싶다고 생각하신 이유는 무엇인가요?

무엇을 얻거나 달성하고 싶으셨나요?

선택 과정 탐구(확보)

(5분)

그다음에는 어떻게 되었나요? 선택 과정을 쭉 설명해 주실 수 있나요?
건축가를 어떻게 고르셨나요?
그 밖에는 무엇을 고려하셨나요?

초기 사용 탐구(활성화)

(5분)

건축가를 정하신 다음 단계는 무엇이었나요?
설계 기간은 어느 정도였나요?
설계안을 선택할 때 어떤 물품을 사용하셨나요?

반복 사용 탐구(유지), 해당하는 경우

(5분)

자재는 어떻게 선정하셨나요?
시간이 얼마나 걸렸나요?
공사비는 얼마나 나왔나요? 언제 공사를 하셨나요?
설계와 예산 사이를 오가면서 조정하셨다면, 그 과정이 어땠나요?

그다음은?(다음 정점)

(5분)

앞서 꿈에 그리던 집을 짓고 싶었다고 하셨는데, 그 결과가 어땠다고 생각하시나요?
집을 개조하거나 수리할 계획이 있으신가요?

마무리(다음 단계)

(3분)

시간을 내주셔서 정말 감사드리며, 여기 상품권을 준비했습니다. 성의의 표시가 크지 않은 것은 알지만 이렇게 아름다운 집으로 초대해 주셔서 정말 감사드립니다.

마지막으로, 혹시 주변에 맞춤형 주택을 지은 분이 또 있으신가요? 저희는 최대한 많은 분과 이야기를 나누고 싶어서 혹시 소개해 주실 수 있다면 정말 큰 도움이 될 것입니다.

8.3.6 통찰하기

인터뷰가 끝날 때마다 날것의 정보가 잔뜩 생겨서 따라잡기가 버거울 수 있다. 인터뷰를 하면 할수록 부담은 가중된다.

이러한 인터뷰의 최종 목표는 20쪽 분량의 고객 조사 보고서를 작성하는 게 아니라, 배운 내용을 통찰해서 실행 가능한 방식으로 요약하고, 이를 통해 가장 일반적인 고객 여정 사례를 설명하는 것이다. 고객 여정 사례가 무한하게 많은 시장은 존재하지는 않는다. 패턴은 금방 모습을 드러내며, 대부분의 시장에서는 3~5가지 사례가 반복적으로 생겨난다.

이 패턴은 어떻게 찾아야 할까? 우선 우리의 뇌가 본능적으로 패턴을 찾으면서 인터뷰 전체에서 비슷한 점들을 자동으로 찾을 것이다. 다만, 뇌는 속이기가 쉽다.

절대 스스로를 속이면 안 된다는 것이 첫 번째 원칙이다. 당신은 속아 넘어가기 가장 쉬운 사람이다.

— 리처드 파인만Richard P. Feynman, 미국 이론 물리학자

이는 우리의 인지적 편향 작용을 통해 일어난다. 흔히 나타나는 편향 중 특히 주의할 것은 확증 편향confirmation bias과 최근성 편향recency bias이다.

확증 편향은 우리가 자신의 세계관에 부합하는 이야기(자신의 솔루션을 정당화해 주는 문제)에 더 관심을 기울이고, 이와 어긋나는 것은 상대적으로 등한시하는 경향이다.

최근성 편향은 최근 일어난 일에 더 가중치를 두는 경향(특정 문제에 대해 3번 연속으로 듣는 등)이다. 하지만 이러한 일은 전체적인 관점에서 보면 일반적 패턴이 아닌 특잇값일 수 있다.

이러한 편향을 피하는 방법은 고객 작용력 캔버스를 보면서 경험에 근거해 핵심을 간파하고 순위를 매기는 것이다(그림 8-4).

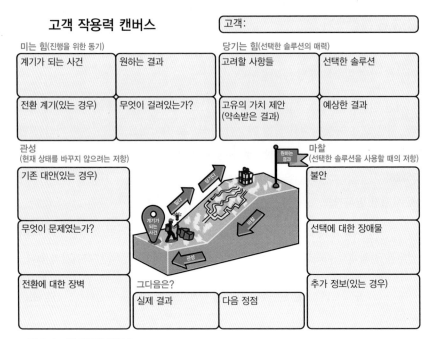

고객 작용력 캔버스

고객 작용력 캔버스

고객:

미는 힘(진행을 위한 동기)

계기가 되는 사건	원하는 결과
전환 계기(있는 경우)	무엇이 걸려있는가?

당기는 힘(선택한 솔루션의 매력)

고려할 사항들	선택한 솔루션
고유의 가치 제안 (약속받은 결과)	예상한 결과

관성 (현재 상태를 바꾸지 않으려는 저항)

원하는 결과

마찰 (선택한 솔루션을 사용할 때의 저항)

기존 대안(있는 경우)		불안
무엇이 문제였는가?		선택에 대한 장애물
전환에 대한 장벽	그다음은?	추가 정보(있는 경우)

실제 결과	다음 정점

그림 8-4 고객 작용력 캔버스

인터뷰를 효과적으로 통찰하는 몇 가지 방법을 소개한다.

인터뷰가 끝날 때마다 바로바로 통찰한 내용을 요약하자

항상 인터뷰 뒤에 5~10분씩 시간을 비워 두고, 정제되지 않은 필기 내용을 고객 작용력 캔버스에 정리한다. 필자는 보통 고객 인터뷰에 1시간을 할애해서 45분 동안 인터뷰를 하고, 15분 동안 내용을 정리한다.

집단 사고를 피하라

2명이 함께 인터뷰를 진행한다면, 고객의 이야기를 두 사람이 각자 기록한 다음 서로 내용을 비교해 보아야 집단 사고를 피할 수 있다.

고객 작용력 캔버스를 시간순으로 작성하자

문제 파악 인터뷰는 사건 발생순으로 진행되지 않을 가능성이 높지만, 우리는 고객 스토리를 시간순으로 구성된 일련의 인과적 사건들로 재배치해야 한다.

인터뷰에서 통찰한 내용을 다음 지금부터 살펴볼 순서대로 고객 작용력 캔버스에 요약한다. 이는 10장에서 다룰 고객 스토리 피치 개발에 유용한 방법이다.

고객 작용력 캔버스 작성하기

미는 힘(나아가려는 동기)
인터뷰 대상의 환경에서 무엇이 변화하여 과제를 수행하도록 독려했는지 확인한다.

계기가 되는 사건
그들이 처음 했던 생각, 이후 아무것도 하지 않다가 수동적으로 둘러보고 능동적으로 솔루션을 찾게 만든 사건들부터 확인한다.

전환 계기(있는 경우)
그 사람이 기존 대안을 새로운 솔루션으로 전환했다면, 전환을 유발한 인과적 사건을 강조한다. 이러한 원인이 있을 수 있다.
- 기존 대안에서 안 좋은 경험
- 환경 변화
- 매년 하는 건강검진에서 고혈압 진단을 받는 등 문제를 자각하는 사건

원하는 결과
여정을 시작할 때 원했던 결과는 무엇이었나? 성공을 측정하기 위해 구체적으로 무슨 지표를 사용할까?

무엇이 걸려있는가
계기가 되는 사건을 무시하고 아무런 조치도 취하지 않았을 때의 결과는 무엇인가?
고유의 가치 제안(약속받은 결과) 위에 내용 추가 부탁드립니다.

당기는 힘(선택한 솔루션의 매력)
선택한 솔루션의 매력을 파악한다.

고려할 사항들
해당 업무에 대해 기존의 고려된 다른 대안이 있는가?

선택한 솔루션
해당 업무에 선택된 솔루션들을 나열한다. 선택한 솔루션을 어디서 찾았는지(채널), 지불한 금액은 얼마인지(해당되는 경우) 기록한다.

고유의 가치 제안(약속받은 결과)
선택된 솔루션의 매력은 구체적으로 무엇이었는가? 다시 말해, 그들은 왜 다른 대안을 놔두고 이 솔루션을 선택했는가?

예상한 결과
그들은 선택된 솔루션을 통해 무엇을 달성하리라 예상했는가? 그들이 성공의 척도로 삼은 구체적인 기준은 무엇이었는가?

관성(현재 상태를 바꾸지 않으려는 저항)
기존 대안의 전환에 대한 저항을 유발하는 힘들을 나열한다. 그들이 과제 수행을 위해 이미 사용하고 있는 기존 대안에서 비롯된 관성일 수 있고, 인터뷰 대상이 이 과제를 처음 수행한다면 기존 습관이 발목을 잡고 있을 수도 있다.

기존 대안(있는 경우)
과제 수행에 솔루션(기존 대안)을 사용하고 있다면 여기에 나열한다.
아니면 칸을 비워둔다.

무엇이 문제였는가?
그들의 기존 대안에 구체적으로 어떤 문제가 생겨서 전환 계기가 생기게 되었는가?

전환에 대한 장벽
그들이 솔루션을 바꾸지 못하게 걸림돌이 될 기존 습관이나 전환 비용을 확인한다.

마찰(새로운 솔루션 사용에 대한 저항)
인터뷰 대상이 선택한 솔루션을 사용하는 데 방해가 되는 저항력들을 나열해 본다. 보통 변화에 대한 두려움, 그 밖에 사용성 문제에 대한 장벽에서 기인한다.

불안
새로운 솔루션을 사용하기 시작하면서 가진 불안이나 걱정들을 나열한다.

선택에 대한 장애물
새로운 솔루션을 사용하면서 마주한 어려움을 나열한다.

추가 정보(있는 경우)
새로운 솔루션에 대해 추가로 통찰한 내용을 적는다.

그다음은?
인터뷰 대상이 현재 상태를 요약한다.

실제 결과
새로운 솔루션을 사용한 후 인터뷰 대상이 실제로 얻은 결과는 무엇이었는가?

다음 정점
인터뷰 대상이 다음으로 한 조치는 무엇인가? 과제가 충분히 잘 수행되었는가? 이 사람은 새로운 솔루션을 계속 사용하려고 하는가? 또는 다른 솔루션을 고려하는가?

고객 여정 사례 요약 연습

고객 작용력 캔버스를 작성했으면, 다음 구조를 사용해서 인터뷰 각각에서 통찰한 핵심을 말로 표현해 보자.

- 고객은 기대가 어긋났을 때 전환 계기를 마주했다(무엇이 걸려있는가).
- 그래서 새 문제/솔루션을 고려하기 시작했다(고려할 사항들).
- 그리고 (고유의 가치 제안)때문에 새 솔루션을 선택했다.
- 전환을 가로막은 요소(관성)
- 전환을 끌어당긴 요소(견인)
- 그들이 가진 불안(마찰)
- 현재 상태(다음 정점)

고객 작용력 캔버스를 과제 기반의 고객 분류들로 나눠보자.

고객 작용력 캔버스 하나를 완성할 때마다 계기가 된 사건, 원하는 결과, 기존 대안을 중심으로 일반적인 패턴을 찾아보고, 하나 이상의 바구니를 만들어 과제 기반의 고객을 분류한다(그림 8-5).

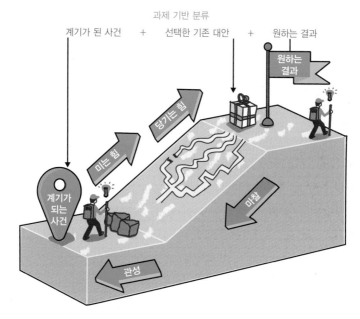

그림 8-5 과제 기반 분류 기준

계기가 된 사건, 원하는 결과, 기존 대안이 비슷한 사람들끼리는 더 비슷하게 행동하는 경향이 있으며 이 사람들을 하나의 군집으로 분류할 수 있다(그림 8-6).

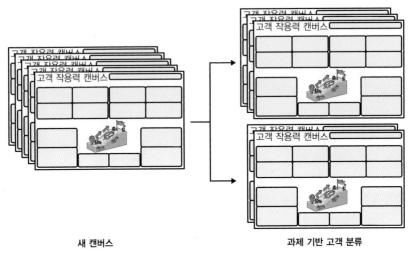

새 캔버스　　　　　　　　　　　　　과제 기반 고객 분류

그림 8-6 과제 기반 고객 분류 만들기

예를 들어, 앞서 살펴본 주택 건설업자 사례에서는 [표 8-1]과 같이 고객 스토리들을 분류할 수 있었다.

표 8-1 주택 건설업자 사례 연구에서 도출한 주요 고객 스토리 분류

전환 계기	원하는 결과	선택한 솔루션
명절 모임	거실이 더 넓고 큰 집(가족이 늘어남)	300m^2 넓이의 단독 주택 선택
명절 모임	이제 파티를 열지 않을 것이므로 더 작은 집(자녀가 독립)	100m^2 넓이의 콘도 선택
자녀 생김	방 2개와 뒷마당	교외로 이사
이직을 위해 이사	직장에서 가까운 집	회사에서 8km 이내의 집 선택

8.4 스티브, 범위를 넓힌 문제 파악 스프린트의 결과를 검토하다

다시 회의가 시작됐다.

"고객 인터뷰가 이렇게 재미있을 줄 누가 알았나요? 이렇게 고객 작용력 측면에서 제품을 생각해 보는 게 결정타였어요! 제 자신이 제품을 어떤 식으로 구매하는지까지 더 잘 인식하게 되었고요."

"무대 공포증을 빨리 극복한 것 같네요."

"네, 메타스크립트가 있다고 생각하니 마음이 든든하기도 했고 일단 대화를 시작하고 나면 상대방이 이야기를 이어가게 만드는 게 별로 어렵지 않았어요. 제가 잠시 헷갈리는 부분을 생각하느라 머뭇거리는 동안에도 사람들은 말을 쉬지 않던걸요?"

"하하, 고급 인터뷰 전술을 하나 건지셨네요. 협상 전술을 공부하면 인터뷰 요령을 많이 배울 수 있어요. 크리스 보스가 쓴 『우리는 어떻게 마음을 움직이는가』(프롬북스, 2016)라는 책을 꼭 읽어 보셨으면 좋겠어요. 그래서 인터뷰를 하면서 무엇을 배웠나요?"

---

2 https://runlean.ly/resources

조시는 스티브에게 이야기를 하라고 손짓했다.

"소프트웨어 개발자 모델은 막다른 골목인 것 같아요. 아직까지도 AR/VR 애플리케이션 수요가 크지 않습니다. 대행사 다섯 군데와 대화를 해 봤는데 그중 최근에 미디어 기업의 발주를 받아 대형 VR 프로젝트를 완수한 회사는 단 한 곳이었어요. 이 분야는 가능성이 많지만 아직은 기술을 건드려보는 수준이지, 브랜드를 걸고 주류 애플리케이션을 만드는 위험을 감수할 정도로 확신을 가진 고객사는 많지 않다고 해요. 업계에서 획기적인 애플리케이션이 나와야 다른 기업들도 따라갈 것 같습니다."

"이렇게 근본적인 차이를 불러오는 신기술에는 그런 경우가 많죠. 그럼 주택 건설 분야는요? 그쪽과의 인터뷰는 어땠나요?"

"그게 제법 흥미로웠어요. 하지만 아직 모든 스토리를 확보하지는 못한 것 같아요. 이쪽 분야에 서로 전혀 다른 두 관점이 있다고 하신 메리 님 말씀이 맞았어요. 건축 회사는 세 곳밖에 인터뷰하지 못했는데 모두 관련이 있었습니다. 모두 고급 주택을 설계할 때 3D 렌더링을 패키지의 일부로 제공해서 고객이 공간을 상상해 볼 수 있게 도와주었어요. 다른 고객들은 추가 요금을 내고 렌더링을 요청할 수 있는데, 우리가 예상한 3~5천 달러와 거의 비슷한 금액이었어요. 그런데 재미있는 점은 고객이 사무실에 방문했을 때만 컴퓨터로 3D 렌더링을 보여주고, 고객 자택으로는 컬러 인쇄물 몇 장만 보낸다는 겁니다. 고객은 3D 모델을 절대 손에 넣을 수가 없어요."

"그중에 AR/VR을 사용하는 회사가 있던가요?"

"아니요. 콘퍼런스에서 데모를 본 적이 있다고 언급한 회사가 한 군데 있었고, 가능성이 많은 기술이긴 하지만 너무 비싸고 복잡하다고 말했습니다. 데모를 보여주고 싶어서 손이 근질근질했는데 조시 님이 책상 밑에서 제 발을 걷어차는 거 있죠?"

조시가 웃으면서 스티브의 등을 툭툭 쳤다.

"솔루션에 대한 이야기는 하면 안됐으니까요. 저도 작업 과정이 간단해지면 렌더링을 더 많이 할 의향이 있는지 묻고 싶은 걸 간신히 참았어요."

메리가 웃으며 말했다.

"두 분 다 옳은 결정이었어요. 그러면 건축주들의 이야기는 어땠나요?"

"그쪽에서 에너지를 많이 얻었어요. 건축주 다섯 분과 이야기를 나눴는데, 그중 세 분은 표준 패키지를 통해 렌더링을 받았고 다른 한 분은 추가 요금을 냈다고 해요. 모두 렌더링을 처음 본 순간, '도면으로만 존재하던 집이 현실이 되는' 것을 봤다고, 토씨 하나 틀리지 않고 얘기했어요."

"네, 그분들의 설렘이 느껴지더라고요. 렌더링 인쇄본을 아직도 가지고 계신 분들도 있었다니까요. 주택 소유주가 자신의 공간을 시각적으로 상상할 수 있게 되자 수정 요청을 더 많이 하게 되었고, 그러면서 설계 완성이 못해도 2주는 당겨졌다는 점이 흥미로웠어요. 석 달 만에 설계가 끝난 경우도 있더라고요."

"설계안이 수정될 때마다 주택 소유주가 수정된 렌더링을 받아보았나요?" 메리가 물었다.

"모든 경우가 그렇진 않지만 불만스러운 부분인 건 확실했죠. 한 분은 모델 파일을 요청해서 직접 렌더링을 해 보기까지 했었어요."

"그거 흥미롭네요. 그분은 건축가나 디자이너였나요?"

"그런 건 아닌데 기술에 굉장히 관심이 많은 분이었어요. 소프트웨어로 모델링하는 방법을 직접 배우고, 렌더링을 해서 수정을 해 보려고 프로그램까지 구매하셨던 것 같았어요."

"정말 좋은 징조네요. 그다음에는 어떻게 됐죠?"

스티브는 조시와 잠시 눈빛을 교환하더니 입을 열었다.

"대화가 그렇게 끝났어요. 설계를 의뢰한 주택 소유주가 휴대폰으로 집을 시각화해 볼 수 있는 애플리케이션을 개발하면 설계 속도가 고객이 전화기에서 집을 시각화해 주는 애플리케이션을 개발하면 설계 작업이 훨씬 빨리 끝날 거예요."

"물론 그럴 수도 있지만, 주택 소유주가 그런 모델을 설계가 끝난 다음에도 사용할 수 있을 때 어떤 영향이 있을지도 알아보면 좋겠어요. 비용, 자재나 가구 선정에 3D 모델이 영향을 미쳤는지, 영향이 있었다면 어떤 식이었는지 같은 거요."

리사가 마침내 입을 열었다.

"주택 소유주 한 분이 인터뷰가 끝날 때쯤 이케아 가구를 구입할 때 평면도를 이용했다고 짧게 언급했어요. 이케아가 평면도를 이용해서 가구 구성을 제안하는 종합 디자인 서비스를 제공하는 것 같더라고요."

"다음 단계로 범위를 좁힌 인터뷰를 진행할 때 바로 이런 부분을 탐구해야 합니다. 이 건축 모델의 더 큰 맥락을 알아내야 하죠. 이런 모델이 여러 과제에 사용될 것 같다는 느낌이 들어요."

8.5 문제 파악은 언제 끝이 날까?

문제 파악 스프린트가 한번 끝날 때마다 과제 기반의 고객 작용력 캔버스 군집을 검토해서, 주요 고객 여정 스토리를 전부 파악했는지부터 확인한다.

앞서 설명한 것처럼 어떤 고객 분류를 조사하든 주요 스토리가 3~5개는 나오기 마련이다. 아직 인터뷰를 할 때마다 새로운 정보가 나오고 있다면 인터뷰를 한 세트 더 계획해서 문제 파악 스프린트를 추가로 진행하자.

이와 반대로 최근 인터뷰에서 이전 인터뷰들과 비슷한 대답이 나오고 몇 가지 패턴이 선명하게 드러난다면 주요 스토리를 전부 알아냈을 가능성이 높다. 그럼 이제 고객/문제 적합성에 도달했는지 알아보기 위해 주요 스토리 군집을 검증해 보자. 즉, 인터뷰를 통해 파악한 문제가 해결할 가치가 있을 정도로 중요한 것이 맞는지 확인하는 것이다.

고객/문제 적합성을 검증하기 위해서 다음의 두 질문을 한다.

기존 대안에서 전환을 유발할 정도로 큰 문제를 발견하셨나요?

기존 대안에 대한 마찰이나 불만이 충분히 있다는 근거를 찾는다. 이런 요소는 짜증, 회피책, 사용성 문제, 요구 또는 욕구 충족 실패, 원하는/약속된 결과와 실제 결과 사이의 간극으로 나타날 수 있다.

기존 대안에 충분한 시간, 돈, 노력이 쓰이고 있는가?

앞서 파악한 문제가 해결할 가치가 있는 것인지 테스트하는 단계이다. 견인 로드맵에서 페르미 추정치(가격 책정과 고객 생애)와 비교해 보자.

두 질문에 대한 대답이 모두 긍정적이라면 솔루션 설계 스프린트로 넘어가서, 전환을 유발할 문제/솔루션을 설계할 차례이다.

8.6 알트버스팀, 수행할 과제들을 추가로 발견하다

이들은 좁은 범위의 문제 파악 스프린트를 마치고 배운 내용을 돌아보기 위해 다시 모였다.

"기술에 관심이 많던 주택 소유주분을 다시 뵈었는데, 이분이 무려 지난주에 사무실 가구를 배치하려고 3D 모델을 사용하셨어요. 그 모델을 우리에게도 보여주셨죠. 조경사와 함께 정원을 꾸밀 때도 이 그 모델을 사용하셨대요. 솜씨가 서툴다고 하시면서도 그 모델을 여러 작업에 활용하셨어요."

"얼마 전에 주택 소유주 10분과 추가로 이야기를 나눴더니 패턴이 드러나기 시작했어요. 설계 주기 시간에 관련해 큰 불만이 있었습니다. 설계가 3개월 만에 완성되기를 바랐는데 1차 콘셉트는 금방 나왔지만 최종 설계도는 예산에 포함되어 있는데도 시간이 두 배나 걸렸다는 이야기가 많았어요."

"이 부분은 건축가들에게 예민한 요소이기도 했어요. 설계료가 정찰제이기 때문에 설계 기간이 두 배로 늘어나면 최종 수익이 직접적으로 타격을 받거든요."

"그래서 쌍방에서 도면을 시각화할 수 있으면 설계가 더 빨리 끝날 거라고 생각하시나요?"

"솔루션에 대해 생각하면 안 된다는 건 알지만, 시각화 수준을 높이는 것 외에도 3D 모델에서 자재를 선택할 수 있으니까 대략적인 견적을 실시간으로 계산하게 할 수도 있을 거예요."

"그거 재미있는 생각이에요. 그리고 이렇게 새로운 과제에 대한 솔루션을 생각하는 건 전혀 잘못된 게 아닙니다. 아직 제품 개발을 서두르지 않길 바랄 뿐이에요. 그렇지만 여기서 수행 과제를 3개는 찾은 것 같네요. 설계도 시각화, 설계료 책정, 공간 배치 말이죠. 여기에 해결할 가치가 있는 중요한 문제가 있을 것 같아요. 그게 고객/문제 적합성을 테스트하는 리트머스지가 되죠."

"좋아요. 그럼 다음 단계는 뭐죠?"

"이제 솔루션 설계 스프린트를 진행할 차례예요. 전환을 일으킬 수 있는 최소 기능 제품을 설계하는 단계입니다."

전환을 일으킬 솔루션을 설계하라

누군가 당신의 제품을 쓰기 위해서는 기존의 제품을 떠나보내야 한다.

－클레이튼 크리스텐슨, 하버드 대학교수

문제 파악 스프린트를 끝냈으면 해결할 가치가 있는 고객의 문제를 대변하는 고객 스토리 군집이 하나 이상 나와 있어야 한다. 이제는 시간, 돈, 노력을 충분히 들이면 웬만한 제품은 하루 만에 만들 수도 있지만, 물론 그 셋 중 어느 것 하나 충분하지 않은 것이 대부분의 현실이다. 그래도 우리는 놀라운 무언가를 재빠르게 개발해야 한다. 이제는 학습 속도가 새로운 일방적 경쟁 우위라는 것을 기억하자. 이제는 최소 기능 문제를 생각할 차례이다.

> **NOTE** 최소 기능 제품은 전환을 일으키는 최소한의 솔루션을 빠르게 제공하는 것이 관건이다.

문제 파악 단계에서 찾아낸 모든 문제를 해결하고 싶은 마음은 정상이지만, 그러다 보면 무분별한 범위 확대 현상이 따르기 쉽다. 최소 기능 제품에 모든 것을 담아야 한다고 으레 생각하지 말고, 깨끗한 도화지 상태에서 앞으로 2주간의 스프린트를 통해 전환을 일으키는 문제/솔루션을 설계하자(그림 9-1).

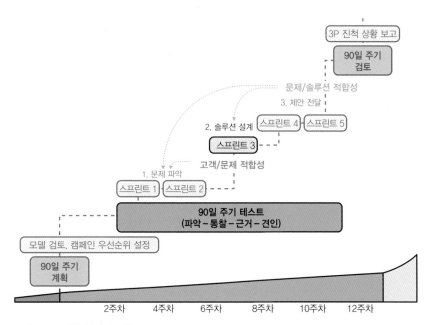

그림 9-1 솔루션 설계 스프린트

9.1 스티브, 컨시어지 MVP에 대해 배우다

"주택 건설 사용 사례에 필요할 최소 기능 세트를 구성했어요. 평면 형태의 설계도를 인식해서 실감 나는 3D 모델을 5분 만에 렌더링할 수 있을 겁니다. 그러면 건축가는 카탈로그에 있는 자재를 지정해서 렌더링할 수 있어요. 카탈로그에는 흔히 사용하는 자재를 몇 가지 심어 두겠지만, 누구나 자재 실물을 휴대폰 사진으로 찍어서 추가할 수 있어요. 완성한 모델은 휴대폰이나 태블릿에서 볼 수 있습니다. 물론 기능을 더 많이 추가해야 하겠지만, 이게 시작을 위한 최소한의 기능이 될 거예요."

"꽤 괜찮게 들리는데요? 개발에는 얼마나 걸릴까요?"

스티브는 한숨을 내쉬었다.

"기능이 실행되는 데모 버전은 2~3주면 만들 수 있지만 실제로 작동하는 최소 기능 제품을 완성하면 빨라도 4~6개월은 걸려요."

 "6개월이라! 해외 개발자를 구하면 속도가 좀 빨라질까요?"

"글쎄요. 새로운 개념이 많은 제품이라서 다른 사람은 속도를 내는 데만 3개월이 걸릴 수 있어요. 핵심 코드를 외부인에게 공유하고 싶지도 않고요."

 "두 분 의견에 모두 동의해요. 이런 프로젝트를 외주하는 건 효과도 떨어지고, 6개월은 너무 길기도 하죠. 두 달 안에 실행되는 제품을 만들 방법을 찾아야 해요."

"그건 불가능하다고요!"

스티브는 고개를 내저었지만 메리는 말을 이었다.

 "잠시만요… 좀 전에 뭐라고 했죠? 기능이 실행되는 데모는 2~3주면 만들 수 있다고 했죠? 그럼 그걸 최소 기능 제품으로 만들면 안 되는 건가요?"

"핵심 렌더링 엔진은 준비되어 있는데 사용자 인터페이스가 없어요. 데모용으로 모델을 렌더링할 수는 있지만 명령줄에서 스크립트를 사용해서 모든 작업을 처리해야 해요. 저는 이 단계를 자동화할 방안을 찾으면서 오즈의 마법사 MVP를 개발할 수 있을지 보고 있는데, 아직 수동으로 처리해야 하는 단계가 너무 많아요. 적절한 사용자 경험을 바탕으로 사용자 인터페이스를 구축하는 건 조시 님의 담당입니다. 그리고 엔진을 실제로 제품화하려면 사용자 역할과 권한 같은 여러 요소를 구축해야 해요."

스티브가 설명하는 중 메리가 다시 끼어들었다.

"모델 렌더링 작업이 수동으로 진행된다면, 휴대폰으로 보는 기능은 어떤가요?"

"그건 완성됐어요. 제가 맨 처음에 보여드렸던 바로 그 애플리케이션이었어요."

"제가 보기에는 지금도 MVP를 출시할 수 있어요. 스티브 님 자신이 제품이에요."

스티브의 얼굴에 혼란이 번졌다.

"지금이 컨시어지 MVP 레시피를 적용하기 딱 좋은 시점이에요. 린 스타트업 운동을 통해 대중화된 또 다른 검증 방식이죠. 아마 마누엘 로쏘Manuel Rosso가 자신이 세운 푸드 온 더 테이블Food on the Table이라는 스타트업에 이 방식을 적용한 다음에 이런 명칭도 만들었을 거예요."

"그건 어떤 방식인가요?"

"결국 고객이 원하는 건 제품 자체가 아닌 결과예요. 컨시어지 MVP 개념의 기본 개념은 서비스나 컨설팅 모델을 사용해서 고객에게 가치를 제공하는 겁니다. 제가 반한 무언가를 놓친 게 아니라면, 이미 우리는 AR/VR

모델을 렌더링해서 볼 수 있는 모든 요소를 가지고 있어요. 최종 사용자 제품 패키지만 제외하고요. 패키징은 가장 위험한 요소가 아니니까 우선은 넘어가고, 모델을 서비스 형태로 제공하세요."

"맞는 말씀이네요. 어차피 지금은 건축가가 3D 모델을 만드는 데 며칠이 걸려요. 그래서 그들도 완전히 자동화된 제품을 기대하지는 않으니 괜찮을 겁니다."

"그 방법은 분명 괜찮을 것 같지만 확장성은 없을 거예요. 제가 모델 하나를 만드는 데 반나절 정도, 좀 복잡한 모델에는 하루 정도가 걸릴 겁니다."

"스티브 님이 만든 견인 로드맵에 따르면 한 달에 고객을 두 명만 확보하면 돼요. 한동안은 괜찮을 것 같은데요?"

메리의 말에 스티브도 고개를 끄덕였다.

"그럼요. 그건 쉬워요."

"그리고 컨시어지 MVP는 최종 제품이 아니라는 걸 잊지 마세요. 이건 가치를 빠르게 전달해서, 우리가 추정한 최대 위험 요소를 검증하는 전술입니다. 이 과정에서 우리의 목표는, 전형적인 컨설팅 회사와 달리 우리 자신을 확장성 있고 자동화된 제품으로 대체하는 거예요. 그러려면 점진적인 투자를 통해 효율성을 높이는 게 가장 좋아요. 모델 렌더링 시간을 하루에서 5분으로 줄이는 게 목표입니다."

스티브는 머리가 맑아진 기분이었다.

"이제 제대로 이해가 돼요. 이것도 하키스틱을 다루면서 끌어당기는 힘을 단계적으로 높이는 방법이네요."

 "맞았어요."

"또 다른 MVP 레시피도 있나요?"

 "있어요. 여기에도 몇 가지 더 적용할 수 있지만 스티브 님이 제품을 빨리 선보이는 방법은 컨시어지인 것 같아요."

 "컨시어지 MVP의 가격은 어떻게 책정해야 할까요? 사람들은 소프트웨어 보다 서비스에 더 큰 돈을 쓰는 데 익숙한데, 지금은 더 많은 비용을 청구하고 나중에 가격을 인하하는 건가요? "

 "좋은 질문이에요. 우선 우리가 제공할 수 있는 가치를 기준으로 타당한 제품 가격을 정해야 하죠. 컨시어지 MVP를 사용하면 지금은 컨설팅 요금을 부과하다가 시간이 지나서 제품화가 끝난 뒤 가격을 낮출 수 있습니다. 처음부터 제품 기준으로 가격을 책정할 수도 있고요. 고객이 누구인지에 따라 선택이 달라지죠. 예를 들어 기업 고객은 일반 고객보다 높은 서비스 비용을 지불하는 데 익숙합니다."

"맞는 말씀이에요. 타당한 가격을 책정하는 방법에 대한 방향을 알려주실 수 있을까요?"

"네, 바로 솔루션 설계 스프린트에서 그 작업을 해야 합니다. 우리가 방금 이야기한 실현 가능성 제약 외에도 욕구 충족 가능성과 실현 가능성을 해결해야 해요. 관련 자료를 다음에 보내드릴게요."

9.2 솔루션 설계 스프린트 진행하기

솔루션 설계 스프린트는 2주로 기간을 정해 두고 진행하며, 문제 파악 스프린트에서 통찰한 내용을 바탕으로 전환을 일으키는 솔루션의 첫 번째 버전(최소 기능 제품)을 설계하는 과정이다.

최소 기능 제품(MVP)은 실행 가능성만을 강조한다. 아마도 실행 가능성은 제품을 설계할 때 가장 많이 간과하는 요소이기 때문일 것이다. 하지만 전환을 일으켜서 비즈니스 모델이 작동하게 하려면 욕구 충족 가능성, 실행 가능성, 실현 가능성이 균형을 이루는 문제/솔루션을 만들어야 한다.

지금부터는 문제 파악 과정에서 얻은 통찰을 욕구 충족 가능성, 실행 가능성, 실현 가능성 관점에서 단계별로 검토해 본다. 관점이 달라지면 프로젝트를 진행하는 방향도 달라진다는 점을 명심하자. 3가지 관점이 교차하는 적절한 균형점을 찾는 것이 관건이다. 이를 위해서는 여러 단계의 작업을 거쳐야 한다.

9.2.1 욕구 충족 가능성 채우기

전환을 일으킨다는 맥락에서 욕구 충족 가능성은 **문제**와 **약속**으로 귀결된다. 약속은 곧 고유의 가치 제안을 뜻한다. 매력적인 고유 가치를 제안하는 최고의 방법은, 고객들이 익히 알고 있는 문제를 해결하는 것이다.

> **NOTE** 전환을 일으키는 제품은 고객이 현재 겪고 있는 문제를 유발하지 않으면서 과제를 수행하는 더 좋은 솔루션을 약속한다.

그리고 앞서 설명한 것처럼, 전환을 일으키려면 기존 대안보다 훨씬 나은 약속을 해야 한다. 20~30%의 점진적인 개선을 약속하는 수준으로는 충분하지 않다. 3~10배는 향상되어야 한다.

최소 기능 제품의 목표는 빠르게 가치를 제공하는 것이므로, 최소 기능 제품은 고객이 겪는 문제 중 가장 사소한 부분을 다루면서도 그런 부분이 해결되었을 때 전환이 이뤄질 만큼 중요한 약속을 이뤄줘야 한다.

이제부터 이 과정에 대해 생각하는 방법을 알아보자.

| 1단계: 주요 애로사항 파악하기 |

고객 여정의 어느 지점에서나 문제가 발생할 수 있지만, 고객 작용력 캔버스를 검토하면서 좀 더 구체적인 주요 애로사항이 무엇인지 알아본다.

일반적인 애로사항은 다음과 같다.

- 불만족(과제가 제대로 완수되지 않음)
- 선택한 솔루션 사용 중 마찰
- 솔루션 선택 과정에서 마찰

제품을 통해 다룰 주요 애로사항 파악:

불만 찾아보기

수행해야 할 모든 과제는 계기가 되는 사건, 즉 필요나 욕구 충족 실패에서 시작된다. 즉, 현재 결과와 원하는 결과에 차이가 생기는 것이다. 가장 먼저 고객이 원하는 결과와 실제 결과가 얼마나 크게 벌어져 있는지 평가해야 한다. 다시 말해 과제가 제대로 수행되었는지부터 확인한다.

과제가 제대로 수행되지 않았고 원하는 결과와 실제 결과 사이의 간극이 크다면 이를 고유의 가치 제안의 기반으로 삼을 수 있다. 더 나은 결과를 약속하고 제공할 수 있다면, 원하는 결과 충족 실패는 가장 효과적인 종류의 전환 계기가 된다.

조사 결과 과제 수행이 원활하게 이뤄지고 있더라도 실망하지 말자. 더 나은 결과를 제공하는 대신 과제 수행 방식을 더 쉽게 만들어서 전환을 일으키는 제품도 많다. 다음 순서에서는 이러한 부분에 집중한다.

사용 중 생기는 마찰 찾아보기

사용 중 생기는 마찰은 대화 중 나오는 불만, 회피책, 사용성 문제의 형태로 드러난다. 이러한 문제 유형도 효과적으로 전환을 일으킬 수 있으니 절대 과소평가하지 말자.

예시

- 우버를 탄다고 공항에 더 빨리 도착하리라는 보장은 없다. 우버는 택시 호출 과정을 훨씬 간단하게 만드는 것에서 출발해 탑승과 결제 경험 등으로 넘어갔다.
- 음악을 CD로 듣는다고 음악이 훨씬 선명하게 들리는 것은 아니었다. 하지만 CD를 사용하면 원하는 노래를 바로 재생할 수 있었다.

선택 과정에서의 마찰 찾아보기

솔루션 선택 과정에서 어려움을 겪는 사람들이 있다는 것은 비소비 시장이 있을 수 있다는 뜻이다. 사람들이 과제 수행에 알맞은 솔루션을 찾지 못하는 이유는 제품의 비용, 복잡성, 포지셔닝 등일 수 있다.

예시

- 2020년에 코로나19가 세계적으로 유행하면서 화상 회의 소프트웨어 사용이 폭발적으로 늘었고, 이제 우리는 화상 회의를 당연하게 받아들인다. 그런데 화상 회의 기술의 역사는 사실 1870년으로 거슬러 올라간다. 그 뒤로 100년이 지나서야 AT&T가 최초의 상업용 화상 회의 전화기를 선보였는데, 이용료가 30분 통화에 160달러(현재 물가로 950달러 상당)에 1분당 0.25달러가 추가되었다. 이후 수십 년에 걸쳐 기술이 발전하고, 공공 인터넷이 개발되었으며, 비용이 내려가면서 대중화되었다. 이 과정에서 화상 회의 기능에 관심이 있었지만 비용 때문에 좌절했을 수 있는 수많은 고객 부류를 확인할 수 있었다.
- 2001년에 호주의 한 와인 회사는 최초의 저가 와인 옐로 테일Yellow Tail을 출시하면서 업계 최고 수준의 수익을 올리는 브랜드로 성장했다. 이는 『블루오션 전략』(교보문고,

2005)에서 소개하는 전형적인 블루오션 전략 사례이며, 선정 과정의 마찰도 함께 소화한다. 이 사례 속 와인 회사는 포도, 빈티지, 가격에 관해 복잡한 규칙 탓에 와인을 사려고 하다가 선택 과정에서 좌절하는 고객층이 많다는 것을 발견했다. 그래서 선택하기 쉽고(레드 와인 또는 화이트 와인) 마시기 쉬우며(코르크 마개뽑이가 필요 없고, 뚜껑을 따고 바로 마셔도 맛있는), 가격이 10달러 미만인 와인을 출시했다(고급 와인이 아니라 맥주 6캔들이와 경쟁하는 가격대).

| 2단계: 매력적인 약속 만들기 |

주요 애로사항을 파악한 다음에는 아래의 설명에 따라 기존 대안과는 다른, 더 나은 약속을 만든다.

기능 개선에만 매달리지 않는다

감성은 '더 아는 것'을 인지하고 가중치를 두는 데 큰 역할을 한다. 그러므로 **원하는** 결과에 초점을 맞추고, 고객에게 필요가 아닌 욕구에 맞춰 더 큰 맥락을 추구해야 한다.

개선을 위한 축을 정한다

앞서 파악한 문제나 애로사항을 바탕으로, 앞으로 개선할 핵심 속성을 파악한다. 2x2표를 그려서 당신의 제품을 대안 제품과 비교해 본다면 x축과 y축에는 무엇을 적어 넣어야 할까(속도와 품질 등)?

다음 항목들을 참고해 x축과 y축을 생각해 보자. 이 외에도 다른 항목들이 있을 수 있다.

- 속도
- 단순성
- 안전
- 배타성

- 성능
- 확장성
- 경향

- 건전성
- 유기성
- 사생활 보호

- 지속 가능성
- 실용성
- 전문성

예시

a. 린스택: 단순성, 실용성(현실이 이론을 능가)

b. 테슬라: 지속 가능성, 성능

c. 아이폰: 스마트(물리적 키보드 없음), 쉬운 사용성

극단을 추구한다

개선을 위한 축은 인기 있는 항목으로 정하고 싶은 마음이 들겠지만, 인기가 있는 영역은 붐비기 마련이다. 우리는 우위를 점하는 방향으로 가야 한다.

자신의 목적에 부합해야 한다

축을 정하는 것은 한번 해 두고 잊어버리는 포지셔닝 작업처럼 생각하지 말자. 오른쪽 축도 자신의 가치와 목적에 맞게 조정해야 한다. 무엇을 하든 두 축이 제시하는 방향을 따라야 한다. 그래야 시간의 흐름에 따라 지속적으로 차별화를 꾀할 수 있다.

추측하지 말자

마지막으로, 축^{axes}을 지어 내지 말자. 개선을 위한 축은 고객 파악 인터뷰에서 도출해야 하며, 고객이 진심으로 관심을 가지는 항목이어야 한다. 주로 고객이 원하는 결과, 기존 대안에서의 절충점을 생각해 보면 축을 정하는 데 도움이 된다.

9.2.2 실행 가능성 채우기

우리는 전환을 일으키는 것에서 나아가, 추구할 가치가 있는 비즈니스 모델 기회를 대변하는 문제를 찾아야 한다. 결국은 **가격**과 **사람**을 생각해야 한다. 이 두 요소는 앞서 살펴본 바와 같이 서로 관련이 있다. 가격이 고객을 결정하고, 고객이 가격을 결정하는 것이다.

비즈니스 모델의 실행 가능성은 이미 MSC 목표와 페르미 추정의 제약을 받으므로(3장 참조), 문제와 UVP에 이러한 제약을 부여하는 것부터 시작하자.

특히, 주어진 MSC 목표를 생각할 때 실행 가능성을 높이기 위해 가장 실현 가능성이 높은 수단은 사용자당 연 평균 반복 매출$^{average\ revenue\ per\ user}$(ARPU)이다. 이제 자신의 목표 ARPU를 다시 살펴보고, 어느 스토리 군집을 통해 이 목표를 달성할 수 있을지 알아볼 차례이다.

| 1단계: 타당한 가격 책정하기 |

이전과 마찬가지로, 최적의 가격이 아니라 기존 대안과 자신의 고유의 가치 제안을 기준으로 타당한 가격을 책정해야 한다. 가격을 책정할 때 명심해야 하는 사항을 소개한다.

기존 대안을 정확하게 선택한다

보통은 기존 대안이 가격 책정의 기준이 되므로, 가능하면 더 비싼 대안을 대체하는 것을 목표로 삼자. 다음 장에서는 가격 기준을 효과적으로 설정해서 피치를 더 효과적으로 제시하는 방법을 알아본다. 여러 대안을 더 넓은 범주 하나로 묶는 것도 훌륭하다.

더 나아진 요소에 가격을 매긴다

어떤 문제를 해결해서 수익을 낼 수 있음을 보여주는 가장 좋은 근거는, 사람들이 이미 그 문제에 돈을 쓰고 있다는 것이다. 그리고 돈과 노력을 얼마나 들이고 있는지 기록하면, 자신의 고유의 가치 제안에 가격을 매길 때 이 정보를 활용할 수 있다. 자신이 약속하는 개선 사항을 바탕으로 가격을 높이거나 낮춘다.

유지율을 잊지 않는다

ARPU는 가격과 사용 빈도로 이루어진 함수이다. 계기 사건이 발생하는 빈도를 살펴보자. 한 달에 한 번 이상 반복되는 계기 사건을 다룬다면 구독 서비스가 적합하며, 이는 여러분의 제품을 현재 상태로 자리 잡게 만들기 위한 훌륭한 전술이다.

페르미 추정과 비교한다

가격과 사용 빈도를 입력해서 ARPU 예상치를 계산한다. 이 값이 페르미 추정치를 통해 목표로 잡았던 ARPU와 일치하지 않으면, 문제를 다시 검토해서 더 큰 약속을 목표로 해야 한다.

| 2단계: 이상적인 선각 수용자 파악하기 |

기존의 대안과 페르미 추정 제약을 적용하면 생존 가능한 고객 스토리 군집을 좁혀서, 선각 수용자 선택 기준을 더욱 세분화할 수 있다.

문제 파악 단계에서는 선각 수용자가 아니라 활성 고객(기존 대안 사용자)을 공략해야 한다. 이상적인 선각 수용자는 이 활성 고객 분류에 속해 있을 수도 있지만, 이러한 활성 고객의 과거 또는 미래 상태일 수도 있다.

> **NOTE** 이상적인 선각 수용자를 파악하려면 상대가 '누구'인지보다 '어느 시점'에 있는지를 인식하는 것이 관건이다.

타임라인의 어느 시점에 있는 고객이 당신의 제품으로의 전환을 고려할 가능성이 가장 높은가? 이것이 당신의 이상적인 진입점이다.

> **TIP** 진통제를 내미는 가장 좋은 시점은 고객이 아플 때이다.

고객이 가장 심각한 어려움에 처해있을 때, 즉 주요 애로사항이 나타나는 시점이 가장 명백한 진입 지점이라고 넘겨짚을 수 있다. 물론 그럴 때도 있지만, 이러한 시점은 보통 외부에서 감지하기 어려워서 공략하기 힘들다. 예를 들어 택시에 탔다가 불쾌한 경험을 하는 고객은 어떻게 공략할까? 또는 고객이 기존 대안을 아예 마주하지 않도록 조기에 방향을 전환시킬 수도 있다. 주택 건설업체가 명절에 잠재 고객을 공략하는 것이 그 예다.

이러한 이유로 타임라인에서 주요 애로사항이 나타나기 전이나 후 등 다른 진입점을 고려해야 하는 경우가 많다.

진입점에 대해 생각하는 방법을 알아보자.

선각 수용자는 전환을 향해 마음이 열려있다

타임라인에서 처음으로 나타나는 중요 사건이 전환 계기이다. 이는 고객이 현재 상태를 지키려는 관성에서 벗어나 '고려' 단계로 나아가는 시점이다(새로운 문제/솔루션을 수동적으로 모색). 수행해야 하는 과제가 새로운 무언가라면 아무것도 하지 않는 것이 현재 상태가 되고, 되풀이되는 과제라면 동일한 제품을 다시 사용하는 것이 현재 상태가 된다.

어떤 사람이 새로운 과제를 고려하고 있다고 할 때, 그 사람을 압박하는 상황이 관성보다 크지 않은 이상 그는 아무 조치도 취하지 않을 것이다. 열망이 담긴 목표가 그렇다. 많은 사람이 더 건강하고, 더 부유하고, 더 지혜로워지고 싶어 하며, 변화를 위해 구체적인 목표를 정하기도 하지만 실제 행동에 옮기지는 않는다. 이런 사람은 선각 수용자가 아니다.

선각 수용자를 찾으려면 무엇보다도, 전환 계기를 경험했을 때 조치를 취한 사람을 찾아야 한다.

이상적인 선각 수용자가 어디에서 전환을 하는지 명확하게 이해한다

앞 단계에서는 대체하고자 하는 기존 대안을 파악해야 했다. 그다음으로는 사람들이 기존 대안으로부터 우리의 제품으로 전환하게 만드는 것이 더 쉬운지, 아니면 그 기존 대안 이전에 사용했던 것(없을 수 있다)으로부터 우리의 제품으로 전환하게 만드는 것이 더 쉬운지 알아본다. 주요 애로사항이 어느 지점에 있는지에 따라 답이 달라진다.

전환 계기를 정의한다

2장에서 설명했던 세 가지 전환 계기는 다음과 같다.

1. (기존 대안에 대한) 나쁜 경험
2. 환경 변화
3. 문제나 더 나은 방식을 새롭게 인지

사람들이 일단 기존의 대안을 사용해 보아야 겪을 수 있는 문제(사용 중의 불만족이나 마찰)를 전제로 고유의 가치 제안을 도출했다면 이는 '나쁜 경험' 전환 계기에 해당한다. 그러면 기존 대안의 활성 고객이 선각 수용자가 될 가능성이 높다. 고객이 기존 대안을 얼마나 오랫동안 사용한 뒤 이 문제를 깨닫는지 알아보자.

그러면 이상적인 진입점을 이렇게 정리할 수 있다.

- [x주] 전에 [기존 대안]을 사용하기 시작한 [고객 분류]

다음은 필자가 2010년에 출시한 유저싸이클USERcycle이라는 분석 제품의 예이다. 이 제품의 고유의 가치 제안은, 숫자를 더 보여주는 대신 실행 가능한 지표를 제공한다는 것이었다. 우리는 스타트업 창업자들이 실행 불가능한 데이터의 바다에 빠져 허우적대기를 멈추고 실행 가능한 지표 몇 개만 이용하여 전환율을 더 효과적으로 높일 수 있도록 도왔다.

문제 파악 인터뷰를 통해 알아낸 내용을 정리하면 이렇다.

- 대부분의 창업자가 분석보다 제품 출시를 우선시해서 지표 없이 출발했다.
- 첫 번째 계기 사건은 주로 창업자가 제품을 출시하고 30일이 지나, 전환율이 예상치를 밑돌 때 발생했다.
- 그들이 가장 먼저 찾은 기존 대안은 구글 애널리틱스나 다른 유무료 결합 분석 제품이었다. 아직은 '지표에 빠져 허우적'거리는 문제를 경험하지 못한 터라 우리의 선각 수용자를 대변하지 않는 상태였다.
- 제품을 출시한 지 두세 달째부터는 각종 숫자에 치여서 전환율을 높이지 못했다.
- 이때가 바로 우리의 이상적인 진입점이었다.

반면 새로운 과제를 처음으로 수행해 보는 사람, 의식을 일깨워준 사건으로 인해 현재의 과제 수행 방식을 개선하고자 하는 사람을 공략하는 고유 가치를 제안한다면 전환 계기를 경험한 사람이 선각 수용자가 될 가능성이 높다. 그러면 이상적인 진입점을 이렇게 정리할 수 있다.

- [x일] 전에 [전환 계기]를 겪은 [고객 분류]

예시
- 갓 태어난 아기를 돌보는 초보 아빠
- 콜레스테롤 수치가 높다는 진단을 받아서 더 건강한 대안을 고려하도록 권장받은 사람

9.2.3 실현 가능성 채우기

욕구 충족 가능성을 채우고 제약을 정했으면, 전환을 일으키고 당신의 비즈니스 모델을 작동시킬 최소 기능 제품에 대해 기초적인 정의라도 내려놓은 상태여야 한다. 다음 할 일은 이 제품을 선각 수용자들에게 충분히 빨리 전달할 수 있게 하는 것이다. 얼마나 빨라야 빠른 걸까? 두 달은 어떨까?

그렇다면 왜 두 달일까? 고객 대부분이 당신의 제안에 설득된 순간부터(제안 제공은 다음 장에서 다룬다), 다른 대안으로 넘어가지 않고 기다려줄 수 있는 시간은 길어야 2개월이다. 제품 개발과 출시에 걸리는 시간이 그보다 길다면, 그사이에 많은 것이 바뀔 수 있어 문제 파악 스프린트를 한 번 더 진행해야 할 가능성이 높다.

> **NOTE** 여기서 말하는 2개월이란 지금부터 MVP 구축에 걸리는 기간이 아니라, 문제/솔루션 적합성에 도달한 시점부터 MVP 구축에 걸리는 기간을 말한다. 그래도 제안 전달 스프린트를 진행해서 최소 기능 제품이 제시하는 약속을 정의하고 검증해야 한다. 빨리 전달할 수 없는 제품을 고객에게 약속하는 것은 바람직하지 못하므로, 살짝 앞을 내다보면서 개발 시간 제약을 해결해야 한다.

이제 다음 단계로 나아가기 위한 질문을 해 보자. 2개월 안에 개발해서 출시할 수 있는 솔루션을 설계할 수 있는가?

고정관념에서 벗어나 약간의 창의력을 발휘하면 웬만한 종류의 MVP는 이 기간에 출시할 수 있다. 그렇다면 선각 수용자에게 가치를 전달하기 위한 MVP를 어떤 식으로 제시할 것인가가 문제이다.

이런 방법을 생각해 보자.

작게 시작해서 단계별로 확장하기를 허락한다

단계적 출시 방식의 기저에 깔린 전략은, 초기에는 이상적인 선각 수용자를 공략하는 소규모로 제품 출시 범위를 제한하는 것이다. 이상적인 선각 수용자 열 명을 결승선까지 데려갈 수 없다면 무슨 수로 고객 수백 명, 수천 명을 결승선에 데려갈 수 있겠는가?

작게 시작해서 단계적으로 확장하면 더 빠르게 갈 수 있다. 확장성 있는 채널이나 기반을 갖출 필요 없이, 고객에게 가치를 전하는 일에만 집중할 수 있다.

선각 수용자에 대해 다시 생각한다

더 작은 MVP로도 시작할 수 있는 하위 분류의 선각 수용자가 있다면 그렇게 시작해 보는 것도 좋다. 그런 다음 적시 접근 방식을 통해 MVP를 발전시키고, 시간을 두고 나머지 선각 수용자들이 동참하게 한다.

또는 완전히 다른 선각 수용자 분류를 향해 MVP의 방향을 틀어서 솔루션 (MVP)의 위험을 줄인 다음, 나중에 처음의 선각 수용자 분류로 돌아갈 수도 있다. 예를 들어 필자는 여성용 고효능 칼슘 영양제 개발팀을 지도한 적이 있다. 그들은 제품을 완성해 놓고도 출시에 필요한 승인이 모두 날 때까지 6~9개월을 기다려야 했다. 그래서 추세를 유지하기 위해 규제 요건이 덜 까다로운 다른 선각 수용자 분류였던 반려동물 부문으로 방향을 틀었다.

비전통적 MVP를 생각한다

MVP를 구축하는 가장 흔한 방법은 범위를 줄이고 고유의 가치 제안을 실현하는 최소한의 기능 세트를 개발하는 것이다. 이것은 출시 1.0 MVP 검증 방법이다. 이번에는 종래의 방식보다 속도를 크게 높일 수 있는 세 가지 검증 방법을 소개한다.

컨시어지 MVP

처음에는 당신 자체가 제품으로써 기능하다가 이후 이 자리에서 물러난다. 서비스 모델을 사용하여 고객에게 가치를 제공하는 동시에, 가치 전달에서 가장 비효율적인 측면을 점진적으로 자동화하여 결국에는 확장 가능한 제품으로 교체하는 방식이다. 필자 역시 린 캔버스를 만들 때, 이 책을 저술할 때는 물론 다양한 제품을 개발할 때 컨시어지 MVP 방식을 취했다. 워크숍을 열어서 먼저 가르치고(그리고 배우고), 그다음에 더 확장성 있는 제품을 내놓았다.

오즈의 마법사 MVP

제품이 준비될 때까지 속임수를 쓴다. 처음부터 모든 것을 개발하지 않고, 기존 문제/솔루션들을 끼워 맞춰서 초기 MVP의 범위를 줄인다. 앞서 테슬라에서 이런 예를 보았다. 고유의 가치 제안은 **기존 대안들을 새로운 솔루션으로 조립**해서 부분들의 합보다 전체 값이 커지게 하는 것, 또는 당신이 조립해서 제공하는 솔루션에 **새로운 구성 요소**를 제공하는 것에서 나올 수 있다.

FITD(foot in the door) MVP

고객의 세계에 들어가기 위해 최소한으로 필요한 고유 가치를 제공한다. 제품을 개발할 때 고객의 환경을 단번에 송두리째 바꿔 놓는 스위스 만능칼식 접근법을 취하는 기업이 많다. 하지만 만능칼을 이루는 도구들 각각은, 스위스 만능칼이 대중화되기 전부터 널리 사용되어 오고 있었다는 점을 명심해야 한다. 당신의 제품도 그렇게 대중화된 상태가 아니라면, 한 번에 하나의 요소에 대해서만 전환이 일어나도록 초점을 맞추자.

9.3 MVP의 5P

MVP의 5P는 MVP를 정의하는 핵심 요소이며 문제Problem, 약속Promise, 가격Price, 사람People, 포장Packaging으로 구성된다. 문제/솔루션 설계를 마쳤으면 다음 질문들을 통해 모든 기본을 갖췄는지 확인한다.

문제

전환을 일으키고(욕구 충족 가능성) 비즈니스 모델을 작동시키기 위해(생존 가능성) 가장 작은 단위의 문제를 해결(실현 가능성)하고 있는가?

약속

당신의 고유의 가치 제안은 남들과 다르고 눈길을 끄는가(욕구 충족 가능성)? 가치를 전달하는가(실행 가능성)? 구체적이고 측정 가능한 정도의 짧은 기간인가(실현 가능성)?

가격

기존 대안(실현 가능성), 고유의 가치 제안(욕구 충족 가능성)을 기준으로, 제품에 타당하면서 비즈니스 모델을 작동시킬 수 있는(실행 가능성) 가격을 매겼는가?

사람

평균 이상의 전환 동기(욕구 충족 가능성)를 가지고 있고, 당신이 실제로 다가갈 수 있고(실현 가능성), 현재 해당 문제에 시간, 돈, 노력을 충분히 들이고 있는(실행 가능성) 이상적인 선각 수용자를 식별했는가?

포장

전환을 일으킬 수 있고(욕구 충족 가능성) 비즈니스 모델을 작동시킬 수 있는(실행 가능성) MVP를 빨리 개발해서 출시할 수 있는가(실현 가능성)?

9.4 스티브, MVP의 5P에 도전하다

5P의 각 항목에 대해 스티브는 다음과 같이 생각을 정리해 보았다.

문제

자신의 집을 맞춤형 주택으로 처음 지어 보는 사람에게는 설계도를 보고 집 전체를 상상해 보는 게 어렵다.

- 2D 평면도에서는 입체감을 느낄 수 없다.
- 현재의 3D 솔루션은 비싸고, 복잡하고, 실물처럼 생생하지 않다(비디오게임 수준의 렌더링).

약속

고객이 자신이 꿈꾸는 집을 더 빨리 설계, 건축해서 사랑에 빠지도록 도와준다.

- 2D 평면도를 몰입감 있는 가상 현실로 몇 분 만에 바꿔낸다.
- 사용자가 모델링에 사진 수준의 자료를 활용해서 할리우드 수준의 렌더링을 한다.

- 설계 주기를 반으로 줄인다(6개월에서 3개월로).

가격

현재의 대안으로는 모델 하나를 만드는 데 대략 3~5천 달러가 든다.

- 소프트웨어: 2천 달러
- 모델링 소요 시간: 10~20시간

모델 하나당 1천 달러, 월 500달러 선에서 서비스 형태로 모델링을 제공할 수 있다.

이 중 고객이 어느 가격 모델을 선택하는지 테스트해 봐야 한다… 내 생각에 는 첫 번째일 것 같다.

사람

선각 수용자: 맞춤형 주택 건축가

포장

컨시어지 MVP

- 4주 안에 출시할 수 있다(속도).
- 고객 교육/지도가 필요하지 않다(간단).
- 고객이 원하는 결과를 제공할 수 있다(원하는 결과).

그날 저녁, 스티브는 리사와 조시에게 제품 설계에 대해 설명했다.

"설계도 시각화 외에도, 설계나 가구 설치 요금 계산, 소매 가구 비즈니스 모델과 연계하는 등 우리가 할 수 있는 일이 몇 가지 더 있는 게 확실해요. 그리고 최소 공통분모는 새로 집을 지을 사람과 설계 단계부터 함께하는 것이라고 생각합니다. 건축가는 이를 위한 완벽한 진입 경로이죠."

"저도 같은 생각이에요. 건축가 없이 건축주에게 모델을 만들게 하면 일이 복잡해질 수 있죠. 그러면 여기서 우리 고객은 건축가인가요, 건축주인가요?"

"건축주가 다른 과제에도 모델을 사용하면 시간이 흐르면서 더 큰 비즈니스 모델이 전개될 거예요. 건축주를 우리 고객으로 만들면서도, 그들에게 알트버스를 내세우는 수단으로 건축가를 활용할 방안을 생각해 보고 있어요. 모든 서비스를 클라우드에서 호스팅하고 건축가와 건축주 모두에게 계정을 제공하면서, 건축주가 모델을 소유하게 하는 방법이 간단하죠."

"간단한 방법이긴 한데 건축가들이 어떻게 받아들이는지 봐야 할 것 같아요. 이미 클라우드 서비스를 여러 가지 쓰고 있을 테니까 문제가 되지는 않을 것 같지만요."

"건축가들이 이 렌더링을 사용해서 자신의 공사 포트폴리오를 쉽게 보여주고, 계속해서 명부나 마켓플레이스를 구축할 수 있게 해 주는 건 어떨까요?"

"그거 좋은 생각이네요. 모델 제작 수가 티핑 포인트에 도달하면 흥미로운 길이 많이 생길 것 같아요. 그리고 건축주가 모델을 소유하게 하는 것도 좋다고 생각해요."

"좋아요, 그렇게 하죠. 이런 식으로 애플리케이션을 구성하면 시간이 그렇게 오래 걸리지 않을 거예요. 2주면 준비할 수 있습니다."

"그럼 그때까지 우리는 뭘 하죠? 인터뷰를 더 할까요?"

"인터뷰가 아닌 피치를 준비해야죠. 이제 판매할 준비가 되었으니까 마피아 제안을 준비할 차례예요."

고객이 거부할 수 없는
마피아 제안을 하라

그들이 거절하지 못할 제안을 하라…

– 영화 〈대부〉 속 대사 각색

문제 파악과 솔루션 설계 스프린트가 끝나면 매력적인 마피아 제안을 조립하기 위해 필요한 재료를 전부 모은 것이다.

이제부터는 두 번의 스프린트를 통해([그림 10-1]), 지금까지 공들여 통찰한 내용을 테스트한다. 이제 진정으로 시험대에 오를 시간이다. 최소 기능 제품 개발을 정당화할 수 있도록, 선각 수용자들로부터 구체적인 약속을 충분히 확보하는 것이 목표다.

마피아 제안 전달 스프린트를 시작하기에 앞서, 실제 마피아 제안이 어떤 모습을 띠는지 알아보자.

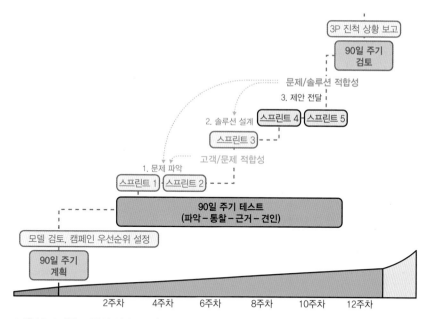

그림 10-1 제안 조립 및 전달 스프린트

10.1 사례 연구: 아이패드 마피아 제안

2007년에 스티브 잡스가 첫 아이폰을 공개했던 때는 아직도 머리에 생생하게 남아있다. 그는 기조연설을 시작하면서 애플이 음악 재생 기기, PDA, 전화기를 하나로 묶은 혁명적인 장치를 선보이면서 스마트폰 시장에 진출한다고 발표했다. 그다음으로는 기존 스마트폰의 문제점을 간단하게 지적했다. 플라스틱 키보드가 휴대폰 기기의 40%를 차지하며(스마트하지 않음) 사용하기가 아주 쉽지 않다. 그는 아이폰을 보여주기에 앞서 자신의 UVP가 굉장한 효과를 낼 것임을 암시했다. 전체가 화면으로 된 휴대폰이 있다면 어떨까? 그리고 스타일러스 대신 손가락으로 그 휴대폰을 제어한다면? 즉각적으로 다름을 보여주고 관심을 끄는 이야기였다. 그의 시연은 마술처럼 신기했고, 그런 사용자 인터페이스는 지금껏 본 적 없었다. 필자는 바로 반해버렸고, 아이폰이 정식 발매되었을 때 구매를 위해 줄을 서기까지 했다.

그로부터 3년 뒤, 애플이 아이패드라는 새로운 태블릿 기기를 공개할 것이라는 소문이 돌았다. 하지만 이번에 필자는 심드렁했다. 아이패드 이전에 선각 수용자를 자처하며 여러 태블릿을 써 봤지만 썩 마음에 들지 않았기 때문이다. 미심쩍은 마음을 품고 아이패드 발표 행사를 보았고 결국은 구매에 이르렀다. 이제 우리 집에는 사람보다 아이패드가 더 많다. 이렇게 따지면 아이패드가 아이폰보다 훨씬 성공적이었다고 주장할 수 있다. 그게 어떻게 가능했을까? 스티브 잡스의 아이패드 피치가 기억나는가? 기조연설을 생방송으로 보지 않았더라도 추측할 수 있는가?

그는 무대에 올라서서 이렇게 말했을 수도 있다. "우리는 애플이고 쉽게 사용할 수 있는 훌륭한 제품을 만듭니다. 우리가 세계 최고의 태블릿을 개발했으니까 하나 사세요." 물론, 당시에는 소수의 혁신가와 초기 전도사 이외에는 아무도 태블릿을 사용하지 않는 것이 문제였다. 아직 카테고리가 존재하지 않는 제품을 정의하고 새로운 카테고리에 대해 설득하는 방법은 무엇일까? 정답은 카테고리를 **초월**해서, 수행해야 하는 과제가 살아 숨 쉬는 더 큰 맥락으로 들어가는 것이다.

잡스는 아이패드 기조연설을 시작하면서, 이미 모두가 노트북과 스마트폰을 사용하고 있다는 이야기를 하며 중간에 무언가 들어갈 여지가 있을지 고민했다. 이 제품이 성공하려면 특정한 핵심적 활동을 노트북보다도, 스마트폰보다도 훨씬 잘 수행해야 할 것이다. 그는 인터넷 검색, 이메일, 사진, 영상, 음악, 전자책 독서 등의 활동을 줄줄이 읊었다. 그리고 아이폰 발표 때와 마찬가지로 아이패드를 통해 대체하고자 하는 기존 대안을 재빨리 호명했다. 바로 '넷북'이었다. 기억이 나지 않는 독자 여러분을 위해 설명하자면 넷북은 작고 저렴한 노트북을 일컫는 마케팅 용어였다. 그는 넷북의 문제를 설명하기 시작했다. "넷북은 저렴한 노트북일 뿐 더 나은 구석은 전혀 없습니다. 느리고, 화면은 선명하지 않고, PC 소프트웨어는 투박합니다." 이제 아이패드를 소개할 준비가 끝났다.

여기서 잡스가 무엇을 했는지 눈치챘는가? 그는 기존 대안들이 제대로 수행하지 못하고 있는 몇 가지 수행 과제를 제시하고, 새로운 과제가 아니라 사람들이 이미 기존 대안을 가지고 해오던 과제들에 초점을 맞추면서 아이패드가 있으면 그 일들을 더 잘 할 수 있다고 장담했다. 이것이 혁신가의 선물이다.

그는 아이패드 시연을 시작하면서 이런 비교를 했다. "아이패드는 노트북보다 훨씬 친밀하고 스마트폰보다 훨씬 능력 있습니다." 데모의 역할은 고객에게 제품 사용법을 가르치는 것이 아니라, 무엇이 다르고 더 좋은지 보여주는 것이다. 데모를 다양한 과제를 쭉 보여주면서 아이패드가 그 과제들을 더 잘 수행한다는 것을 보여주었다. 이 지점에서 감성적 구매가 발생한다. 고객이 원하는 결과를 더 좋은, 새로운 솔루션으로 달성하는 상상을 시작한다. 하지만 이것이 마피아 제안이 되는 것은 그다음 설명 때문이다.

잡스는 가격을 이야기할 차례가 되자 화면에 999달러라는 큰 숫자를 띄웠다. 그런 다음 청중에게, 전문가들이 생각한 아이패드의 최대 경쟁자는 넷북이었으므로 아이패드의 가격은 넷북과 비슷하게 '천 달러 밑'으로 책정해야 한다고 생각했음을 상기시켰다. 그러더니 애플은 전문가들의 말을 듣지 않고 아이패드 시작 가격을 999달러가 아닌 499달러로 선보이기 위해 정말 열심히 노력했다고 안심시켰다. 500달러짜리 기기를 살 수 있다는 사실에 온 청중이 박수갈채를 터뜨렸다.

이것이 고객들에게 높은 가격으로 밑밥을 던진 다음 더 낮은 가격을 공개하는 가격 기준점 제시 전략이었다고 생각했을 수도 있다. 하지만 스티브 잡스가 실제로 한 일은 가격 기준점을 한 단계 끌어올린 것이었다. 그는 청중에게 마음의 준비를 시키기 위해 높은 숫자를 아무렇게나 부르는 대신, 신중하게 선택한 기존 대안인 넷북의 가격을 활용했다. 그는 앞서 30분에 걸쳐 아이패드가 넷북보다 몇 가지 과제에 더 뛰어나다고 설득해 둔 터였다. 아이패드의 시작 가격을 넷북의 절반 수준으로 정하자, 아이패드 구매는 더 이상 생각할 필요가 없는 **합리적인** 선택이 되었다.

그래서 고객이 거부할 수 없는 제안, 마피아 제안이 된 것이다.

10.2 제안 전달 스프린트 진행하기

제안 전달 스프린트는 2주 동안 진행하며, 제품을 조립한 다음 적격 선각 수용자 잠재 고객에게 일대일로 전달한다.

제품을 홍보할 때 경쟁자 이야기를 꺼내는 기업가는 드물다. 경쟁 상대가 없다고 생각하거나, 고객에게 경쟁자의 존재를 일깨워주기 싫기 때문이겠지만 이는 실수다. 안목 있는 고객들은 어차피 다른 선택지들을 둘러볼 것이기 때문이다. 고객이 다른 곳에 가서 당신을 경쟁자들과 비교하면 좋겠는가? 당신은 발언권도 없는 그런 상황에서?

> **NOTE** 경쟁자는 금기시되는 대상이다. 그 금기를 꺼내고 분산시키는 것이 당신의 역할이다.

바람직한 제품 피치에서는 대중적인 기존 대안(진정한 경쟁 제품)을 인정하고 자신의 솔루션이 어떻게 더 나은지 보여준다. 스티브 잡스는 아이폰과 아이패드 피치에서 모두 초반부터 이 일을 해냈다. 경쟁 상대의 존재와 문제점을 언급하면 당신의 솔루션이 빛을 발할 무대가 마련된다.

스티브 잡스는 훌륭한 이야기꾼이었다. 여러분도 어떻게 해야 잡스처럼 자연스럽게 피치를 할 수 있을지 궁금할 것이다. 핵심은 준비와 연습이다.

좋은 피치를 조립하는 첫 번째 열쇠는 좋은 고객 스토리 피치 양식을 사용하는 것이다. 양식을 사용할 때 흔히 걱정하는 부분은 피치가 강압적으로 들릴 수 있다는 점이지만, 그런 걱정은 하지 말자. 사람들은 자연스럽게 이야기에 열중하게 되며, 좋은 이야기의 도입부를 접하면 빠져들 수밖에 없다. 다음 절에서는 인류 역사에서 가장 인기 있는 이야기 전개 방식을 바탕에 둔 효과적인 스토리 피치 양식을 살펴본다.

스토리 피치를 조립한 다음에는 연습이 핵심이다. 스티브 잡스처럼 타고난 이야기꾼마저, 피치를 할 때마다 무대에 오르기 전까지 수백 시간을 연습에 쏟았다. 그래도 앞장들의 과정을 따라왔다면 고객 스토리 피치 템플릿을 부분적으로 연습해 왔다고 볼 수 있다.

피치는 목표가 중심이 되는 특성상 패턴이 금방 나타난다. 순조롭게 풀리고 있는지 꼬여가고 있는지를 거의 단번에 알 수 있다. 그래도 계속 배운다는 마인드셋을 유지해야 한다. 이 피치를 하는 목적은 그저 고객을 몇 명 확보하는 것이 아니라 반복 가능한 영업 절차를 구축하는 데 있다.

반복 가능한 영업을 위해서는 경청과 지속적인 테스트를 통해, 고객이 구매를 하게 만드는 핵심적인 인과 관계를 통찰하고 신중하게 분석해야 한다. 피치가 뜻대로 풀릴 때는 두 배로 매진하고, 잘 풀리지 않을 때는 무엇이 문제인지 깊이 파고들어서 잘못된 부분을 수정한다.

경험에 비춰보면 제안 전달 스프린트를 2회 진행한 뒤 4주 동안 20~30명에게 제품을 홍보한다. 학습한 내용을 처리할 시간을 확보한 상태에서 일주일에 5~8명 정도에 홍보하는 정도의 분량이다.

제안 전달 스프린트가 끝날 무렵에는 마피아 제안을 최적화해서, 적격 잠재 고객이 실제 고객으로 바꾸는 전환율을 60~80% 이상으로 끌어올려야 한다. 그러려면 반복적인 테스트가 필요하며, 이를 위해 제안 전달 스프린트를 한두 차례 진행하는 것이 가장 좋다. 이 단계에서 의도적으로 속도를 늦추고 핵심적인 견해를 철저하게 테스트해 두면 나중에 훨씬 빠르게 일을 진행할 수 있다.

90일 견인 로드맵 목표에 따라 문제/솔루션 적합성을 달성하려면 마피아 제안 캠페인 이상으로 규모를 키워야 할 수도 있다. 이 부분은 뒤에서 다시 설명한다.

제안 전달 스프린트를 진행하는 세 단계는 다음과 같다.

- 제안 조립하기.
- 제안 전달하기.
- 제안 최적화하기.

지금부터 하나씩 살펴보자.

10.3 제안 조립하기

이 절에서는 조셉 캠벨Joseph Campbell의 저서 『천의 얼굴을 가진 영웅』(1999, 민음사)을 통해 유명해진 가장 인기 있는 이야기 전개 방식을 사용해 피치의 윤곽을 잡는 방법을 알아본다.

이 이야기 전개 방식은 역사를 불문하고 모든 종류의 서사시에 등장하며, 오늘날 대부분의 할리우드 블록버스터에도 사용된다. 스타워즈와 해리포터, 신데렐라 모두 마찬가지이다. 매력적인 제품 피치를 위해서도 이 이야기 전개 방식을 활용할 수 있다.

이야기를 만들 때 가장 먼저 할 일은 등장인물을 정의하는 것이다.

10.3.1 고객 스토리 피치의 등장인물 정의하기

모든 이야기에는 등장인물이 필요하다. 영웅의 여정을 그리는 이야기에 꼭 필요한 등장인물은 누구일까? 그러다. 영웅과 악당이다. 이 질문에 답해 보자.

내 이야기의 영웅은 누구일까?

의외라고 생각할 수도 있지만, 제품 피치의 영웅은 **당신** 자신도, 당신의 제품도 아니다. 당신의 제품을 사용해 줄 선각 수용자가 바로 영웅이다.

당신은 사실 이 이야기의 영웅이 될 이유가 없다. 해리포터나 스타워즈 같은 영화를 생각해 보라. 영웅의 여정 이야기는, 고군분투하던 주인공이 영웅이 되라는 부름에 마지못해 응하는 것으로 시작되는 변신 서사이다.

악당은 누구일까?

이건 쉽다. 악당은 당신의 진정한 경쟁 상대이다. 당신의 제품을 통해 대체하고자 하는 기존 대안들이 진정한 경쟁상대이다.

- 아이패드 이야기의 악당은 노트북(넷북)
- 아이폰 이야기의 악당은 다른 스마트폰들
- 아이팟 이야기의 악당은 다른 MP3 플레이어, 휴대용 음악 재생 기기

진정한 경쟁상대는 기능 비교는 물론 가격 책정에도 기준점을 제시하므로 신중하게 선택해야 한다.

당신은 어디에 속하는가?

당신은 평범한 사람이던 주인공이 영웅으로 변신하게 도와주는 안내자 역할이다. 스타워즈의 오비완, 해리포터의 덤블도어, 신데렐라의 대모 요정이라고 볼 수 있다.

제품은 어디에 속하는가?

제품은 당신이 영웅에게 주는 선물로, 이러한 변신을 가능하게 만들어준다.

영화 스타워즈 시리즈에서 영웅의 여정이 어떻게 전개되는지 살펴보자.

스타워즈 스토리 피치

우리의 영웅 루크를 소개한다. 그는 은하계의 외딴 행성에서 무료하게 지내는 평범한 청년으로 나온다(**현재 상태**).

무슨 일이 생기면서 모든 것이 달라진다(**전환 계기**).

레아 공주가 드로이드(R2-D2) 안에 비밀 설계도를 숨겨두었고, 이 드로이드는 앞서 루크가 사는 행성에서 모습을 보였다. 제국군이 이 설계도를 찾아 루크가 사는 마을에 도착했을 때 루크는 다행히 심부름을 가고 없었지만, 그의 큰아버지와 큰어머니는 불행히도 목숨을 잃었다.

이 설계도는 죽음의 별이라는 거대한 무기 제작을 막기 위한 열쇠이다. 무기가 완성되면 은하계 전체가 사악한 제국의 지배를 받을 수 있다(**위험 요소**).

루크는 이 무기를 파괴하는 데 힘을 보태고 싶어 하지만(**원하는 결과**), 특별한 힘이 없고 사악한 제국을 지휘하는 막강한 어둠의 군주 다스 베이더를 이길 수 없다(**문제/걸림돌**).

이때 안내자인 오비완(**바로 당신**)이 우리의 영웅에게 광선검(**제품**)이라는 선물을 준다.

우리의 영웅은 마지못해 행동 요청을 받아들인다. 여러 번 좌절을 겪으면서도 결국 강력한 제다이로 변신한다. 이 선물과 제다이 훈련(**고유의 가치 제안**)이 있었기에 영웅이 죽음의 별을 파괴하고 승리한다.

이 이야기 전개가 기억나는가? 고객 작용력 모델도 이 영웅의 여정 전개 방식을 따른다. 고객 작용력 모델에 대한 스토리 피치는 [그림 10-2]와 같이 표현할 수 있다.

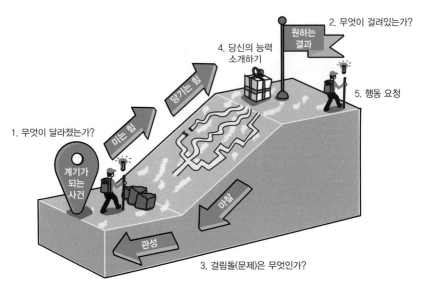

그림 10-2 고객 스토리 피치 양식

10.3.2 고객 스토리 피치 구조 윤곽 잡기

시나리오 작가들은 이야기의 시작, 중간, 끝을 구성할 때 아리스토텔레스 시대부터 널리 사용되어온 3막 구조를 사용한다. 보통 **설정, 대립, 해결**로 구성되는 구조이다.

고객 스토리 피치도 같은 방식으로 정리하자. 그리고 우리는 마지막에 전환을 일으키고자 하므로, **행동 요청**이라는 네 번째 막을 추가한다.

- 1막: 설정(더 큰 맥락 소개)
- 2막: 대립(기존 대안 타파)
- 3막: 해결(당신이 새로 제시하는 더 나은 솔루션 시연)
- 4막: 행동 요청(전환 요청)

다음으로는 세 가지 제품 피치를 통해, 고객 스토리 피치의 각 부분을 조립하는 단계를 설명한다.

- 지속적인 혁신 프레임워크 CIF
- 테슬라 파워월 배터리
- 아이패드

| 1막: 설정(더 큰 맥락 소개) |

1막에서는 피치를 위한 더 큰 맥락을 제시한다. 고객을 주인공으로 설정하고, 크고 의미 있는 변화(전환 계기)를 지정한다. 이 변화는 위험을 높이면서 원하는 결과를 쟁취해야 한다는 절박감을 유발해야 한다. 이 부분에서는 다음 사항들을 고려하자.

왜 바로 문제를 다루지 않는가?

문제 파악 인터뷰를 할 때 고객에게 문제에 대해 직접 물어보지 않는 것과 같은 이유이다. 고객은 자신의 문제를 충분히 이해하지 못하거나, 당신에게 호감과 신뢰를 가지기 전까지는 자신에게 문제가 있음을 인정하고 싶어 하지 않는다. 대기업의 혁신 책임자에게 CIF에 대한 피치를 한다고 할 때, 당신이 그 기업의 현행 제품 개발 방식부터 공격하면서 들어가면 그들은 뚫고 들어가기 어렵게 방어 태세를 취할 것이다.

문제보다 더 큰 맥락에서 이야기를 시작하는 또 다른 이유는, 고객이 훨씬 더 큰 범위에서 더 나아진 결과를 상상하도록 영감을 줄 수 있기 때문이다. 다음 절에서는 일론 머스크가 그저 성능이 더 뛰어난 배터리에 대해 이야기하는 대신, 청정에너지라는 훨씬 더 큰 비전이 그려지도록 파워월 배터리 피치를 재구성한 예를 알아본다.

마지막으로, 더 큰 맥락은 제품 범주를 뛰어넘어 수행 과제가 존재하는 영역이다. 특히 아이패드처럼 새롭게 카테고리를 정의하는 제품을 홍보한다면, 스티브 잡스가 그랬던 것처럼 더 큰 맥락에서 출발하는 것이 도움이 된다.

외부적 전환 계기를 고른다

가장 좋은 전환 계기는 여러분이 개인적으로 일으키려고 하는 변화보다는(이 기적으로 보일 수 있다), 세상에서 일어나는 **명백한 외적 변화**에서 나온다.

- CIF의 외부적 전환 계기는 전 세계에서 기업가가 늘고 있는 추세이다. 현재 제품 개발이 그 어느 때보다도 쉽고 저렴하다. 그래서 전 세계적으로 스타트업을 세우는 사람이 점점 늘어나고 있다. 어딜 가나 기업가가 있다.
- 일론 머스크는 파워월 피치를 위한 더 큰 맥락을 설정할 때, 기후 변화를 크고 의미 있는 변화로 제시했다.
- 스티브 잡스는 아이패드 피치에서 전환 계기를 명료하게 제시할 필요가 없었다. 몇 년 전에 아이폰을 출시한 뒤 포스트 PC 시대의 시작이라고 이름을 지어두었었기 때문이다. 애플이 회사 이름에서 '컴퓨터'라는 단어를 빼고 'Apple Inc.'로 바꾼 것도 이때였다.

위험을 높인다

행동경제학자 아모스 트버스키Amos Tversky와 대니얼 카너먼Daniel Kahneman은 손실 회피loss aversion라는 현상을 정의했다. 사람들이 이익을 얻는 것보다 같은 양의 손실을 피하는 것을 선호하는 현상이다. 다시 말해, 그저 새로운 솔루션을 사용하면 더 나은 결과가 나온다는 약속만으로는 충분하지 않다. 전환 계기가 효과적으로 작동하려면 기존 대안(현재 상태)을 고수할 때의 부정적인 영향(위기)도 함께 전해야 한다.

- 전 세계 기업가들의 부흥을 기회 측면에서 보면, 이제 누구든 어디서나 창업을 할 수 있게 되었다. 그러나 고객에게 선택지가 되는 제품이 늘어나니 경쟁이 더 심해진다. 이렇게 경쟁이 치열한 와중에 아무것도 하지 않고 있으면 순식간에 비즈니스 모델이 도태된다. 이것이 위기 측면이다.
- 일론 머스크는 공장의 굴뚝 사진과 3,000년까지 이산화탄소 배출량이 기하급수적으로 늘어날 것임을 보여주는 도표를 통해 기후 변화의 위기 측면을 전했다.

승자와 패자를 보여준다

위험을 주장할 때, 새로운 솔루션으로 바꾼 덕분에 크게 이긴 승자와 현재 상태를 유지하다가 진 패자의 예시를 근거로 들 수도 있다.

CIF 피치에서 승자로 예를 들 기업으로는 에어비앤비, 드롭박스, 구글, 메타, 넷플릭스, 아마존 등이 있다. 하나같이 지속적인 혁신의 문화를 받아들인 기업이다. 패자로는 블록버스터, 코닥, 노키아, 라디오섹, 타워레코드가 있을 수 있다. 현재 상태만 지키려다가 좌초되었기 때문이다.

당신의 약속을 슬쩍 보여준다

피치의 1막 끝에는, 전환 계기로 인해 생긴 걸림돌을 극복하기 위해 고객이 확보해야 할 능력을 슬쩍 보여준다.

- CIF 능력: 이제는 학습 속도가 일방적 경쟁 우위다. 경쟁사보다 잘 배우는 기업이 이긴다.
- 일론 머스크는 하늘에 있는 거대한 핵융합로, 즉 태양을 동력으로 삼는 탄소 무배출 문명을 가까운 미래의 모습으로 묘사했다.
- 스티브 잡스는 아이폰을 소개할 때 3가지 기기를 하나로 결합한 혁명적인 기기라는 약속을 슬쩍 보여주었고, 스마트폰과 노트북을 모두 뛰어넘으며 새로운 카테고리를 정의하는 제품이라고 아이패드에 대한 약속을 제시했다.

| 2막: 대립(기존 대안 타파) |

2막에서는 자신이 대체하고 싶은 특정한 기존 대안(진정한 경쟁자)을 지정하고, 기존 대안이 부족한 이유(문제)를 설명하며, 고객이 선택 가능한 대안으로 제시한다. 다음 방식을 따라보자.

진정한 경쟁자 지정

당신이 솔루션을 통해 대체하고자 하는 기존 대안이 바로 당신의 진정한 경쟁자이다. 고객 스토리 피치에서의 악당이기도 하다.

- CIF 피치에서는 실행 중심 마인드셋(분석-계획-실행 순서의 제품 개발 방식).
- 파워월 피치에서는 기존 배터리
- 아이패드 피치에서는 노트북(넷북)

진정한 경쟁자가 유발하는 문제들을 지적한다

이 지점에서, 전환 계기로 인해 악화된 기존 대안 관련 문제들을 설명한다. 이를 고객이 원하는 결과를 달성하지 못하게 방해하는 걸림돌로 설명한다.

여기에 익숙한 불만이나 고객이 이미 알고 있는 회피책에, 당신을 전문가처럼 보이게 만들어줄 더 깊은 문제들도 있다면 섞여 있어야 한다.

- 기존 제품 개발 방식(실행 중심 마인드셋)의 문제점: 출시에 시간이 너무 오래 걸리고, 허상의 계획을 세우고, 큰 모험 대신 안전한 선택만 하고, 아무도 원하지 않는 제품을 만들게 된다.
- 일론 머스크가 지적한 기존 배터리의 문제점 7가지: 비쌈, 신뢰할 수 없음, 통합 수준 낮음, 수명 짧음, 효율 낮음, 확장 불가, 매력적이지 않음.
- 스티브 잡스는 넷북이 느리고, 화질이 떨어지고, PC 소프트웨어가 투박하다고 설명했다.

기존 대안을 타파한다

2막 끝에는 기존 대안은 고객에게 생존 가능한 대안이 아님을 제시해야 한다. 다음과 같이 이유를 요약하자.

- 실행 중심의 업무 방식은 속도와 지속적인 혁신을 기할 수 있도록 설계되어 있지 않다.
- 일론 머스크는 기존 배터리가 '딱 별로다'고 말하면서 이 절을 마무리했다.
- 스티브 잡스는 넷북을 '저렴한 노트북일 뿐 어떤 면에서도 노트북보다 나을 것이 없다'고 일축하면서 이 절을 마무리했다.

| 3막: 해결(당신이 새로 제시하는 더 나은 솔루션 시연) |

3막에서는 당신의 선물(새로운 솔루션)을 공개하고, 고객이 앞서 이야기한 걸림돌을 극복하고 원하는 결과를 달성하는 데 있어 그 선물이 어떤 도움을 주는지 시연한다. 이것이 데모의 역할이다. 이 지점에서 감성적 구매가 발생한다는 것을 명심하자.

데모는 한낱 예쁜 스크린숏이나 움직이는 프로토타입 모음이 아니라, 잠재 고객이 고유의 가치 제안을 구체적으로 상상하고 당신이 해낼 거라고 믿을 수 있도록 **신중하게 작성된 서사**이다.

지금의 현실(고객의 기존 대안에서 비롯된 기존 문제로 가득 찬)에서 당신이 구상한 미래의 현실(당신의 솔루션 덕분에 이 문제들이 해결된 현실)로 고객을 이끄는 이야기여야 한다.

효과적인 데모를 만드는 방법은 다음과 같다.

데모를 실제로 구현해야 한다

필자의 친구들이 있는 디자인 스튜디오에는 초기 사용자 데모 개발만 전담하는 특별팀이 있다. 이러한 데모는 판매 절차에서 큰 부분을 차지하며 중요하게 생각하는 요소이지만, 최종 제품 개발에는 사용하지 않는 기술에 의존하는 경우가 많다. 이런 데모는 판매에는 제법 효과적이라도, '화려한' 요소는 재현하기 힘들거나 불가능한 경우가 많아 구현팀을 난감하게 만들곤 한다. 그러면 고객에게 약속한 것(과 판매한 것)이 최종적으로 고객에게 납품하는 제품과 달라지게 된다.

데모는 진짜처럼 보여야 한다

데모를 실제로 구현해야 한다고 해서 뼈대밖에 없는 와이어프레임이나 스케치에만 의존하는 것도 바람직하지 않다. 이렇게 하면 요소들을 더 빨리 조립할 수는 있지만, 고객은 완성된 제품을 덮어놓고 믿어야 한다. 이런 상황은 피하는 것이 좋다.

'데모'가 실제처럼 보일수록 솔루션을 정확하게 테스트할 수 있다.

데모에 대한 반복 작업이 빠르게 이루어져야 한다

제안 전달 인터뷰를 하다 보면 사용성에 대해 귀한 의견을 듣게 될 것이고, 그런 의견은 재빨리 반영해서 다음 인터뷰에서 테스트해 보아야 한다. 데모 개발을 외주로 해결하면, 반복 작업의 일정을 외부팀에 맞춰야 하는 경우 타격이 있을 수 있다.

데모에는 낭비를 최소화해야 한다

납품할 제품에 사용할 최종 기술 이외의 다른 기술로 데모를 개발하면 낭비가 생긴다. 개인적으로는 데모를 만들 때 종이에 그리거나 포토샵, 일러스트레이터에서 빠르게 프로토타이핑을 시작하지만, 어느 시점에는 HTML/CSS로 변환하여 장기적으로 낭비를 줄인다.

데모에는 실제 같은 데이터를 사용해야 한다

더미 데이터(예, loremipsum) 대신, 화면 레이아웃에도 활용하고 문제/솔루션의 서사도 뒷받침해 주는 '실제 같은' 데이터를 사용해 보자. 웹진 〈어 리스트 어파트A List Apart〉를 창간한 제프리 젤드먼Jeffrey Zeldman은 이렇게 말했다. "디자인보다 콘텐츠가 우선이다. 콘텐츠 없는 디자인은 디자인이 아니라 장식이다."

완벽한 전후 비교 광고를 상상한다

고객 스토리의 전과 후를 비교해서 보여주는 30초짜리 짧은 광고를 제작한다고 상상하며 다음 질문에 대답해 보자.

- 등장인물은 누구인가?
- 이야기가 어떻게 시작하는가?
- 등장인물은 무슨 문제에 부딪히는가?
- 그들은 문제를 어떻게 해결하는가?

짧게, 하지만 너무 짧지는 않게

좋은 데모는 필수적인 맥락을 설정하면서 결정적인 한 방(고유의 가치 제안)에 빠르게 도달해야 한다. 데모는 5~10분 안에 전달하는 것을 목표로 한다.

데모에 가장 좋은 형식을 고른다

데모를 만드는 것은 **최소한의 제품**을 통해 고유의 가치 제안을 보여줘서 학습 속도를 극대화하기 위함이다. 기능이 작동하는 프로토타입을 바로 만들려고 하는 대신 무엇이 가장 좋은 형식일지 생각해 본다. 다음은 여러 형식을 선호도 순으로 정리한 것이다.

- **디지털 제품**
  - 음성 데모
  - 스크린숏이나 목업
  - 클릭 가능한 프로토타입

- 작동하는 프로토타입
- **실물 제품**
  - 음성 데모
  - 스케치나 CAD 다이어그램
  - 실물 모형
  - 작동하는 모형
- **서비스 제품**
  - 음성 데모
  - 작동 방식을 보여주는 절차 다이어그램
  - 상품 견본(예를 들어 보고서)

예시

- CIF 데모는 슬라이드 발표 형식으로 전달할 수 있다.
- 일론 머스크는 지금 청중과 함께 있는 발표장에 배터리로 전력을 공급하고 있음을 보여주는 현장 시연을 했다.
- 스티브 잡스는 슬라이드와 아이패드 실물 시연을 조합해서 특정 과제를 노트북보다 잘 수행한다는 것을 보여주었다.

| 4막: 행동 요청(전환 요청) |

4막에서는 고객이 취해야 할 다음 조치를 구체적으로 명확하게 설명한다. 이 단계를 제대로 수행하지 않고 말로만 약속을 하고 마는 기업이 많다. 그게 더 쉽기 때문이다. 이 단계에서는 '가입 마찰을 줄이기' 위한 마인드셋이 작동한다. 고객이 제품을 사용해 보겠다는 선택을 가능한 한 쉽게 할 수 있도록 만들면서, 우리가 앞으로 전달할 가치를 통해 이 고객과의 거래를 이어갈 수 있기를 바라야 한다.

구두 약속은 약속을 하기도 쉽고 어기기도 그만큼 쉽다는 것이 문제다. 이 방식은 제안을 승낙하기 너무 쉬워서 검증이 지연될 뿐만 아니라 고객에게 강한 '약속'을 충분히 받지 못하면 학습을 최적화하기도 힘들어진다. 그래서 이번에는 행동 요청 방법을 알아본다.

가입 마찰을 낮추지 말고 높인다

이 시점에서 당신이 할 일은, 당신이 해결하려는 문제에 대해 당신만큼이나 열정적인 선각 수용자를 찾는 것이다. 그러려면 가입 마찰을 낮추는 것이 아니라 높여야 한다.

MVP를 상품으로 내세운다

자사의 MVP를 내세우기 민망해하며 알파, 베타 같은 이름을 쓰는 기업이 너무 많다. 알파, 베타 같은 꼬리표는 완벽한 제품이 아니라는 인식을 심어주면서 아직 제품을 사용해 보지도 못한 고객에게 용서부터 구하는 이름이다.

앞 장에서의 과정을 따르며 철저한 연구를 통해 정의한 MVP는 민망해할 것이 아니라 자랑스러워해야 할 대상이다. 고객 스토리 피치에서 MVP는, 고객이 걸림돌을 처리하고 원하는 결과를 얻을 수 있도록 여러분이 내미는 선물이다. 그런 선물로써 MVP의 위치를 잡아야 한다.

알파, 베타 버전이라는 용어보다는 MVP가 엄선된 소수에게만 허락된 보물이라는 의미가 담긴 '얼리 액세스'라는 용어를 추천한다. 얼리 액세스라는 용어는 희소성을 내포하기도 해서, 특히 선각 수용자들의 욕망을 자극하는 효과도 있다.

1일째부터 요금을 부과한다

직접적인 비즈니스 모델(구매자를 직접 상대하는 경우)에서는 항상 행동 요청에 가격 모델을 함께 넣어야 한다. 그 이유는 앞에서도 설명한 것처럼 다음과 같다.

- 가격도 제품의 일부이다.
- 가격이 고객을 결정한다.
- 가격은 상대적으로 위험도가 높은 가정 중 하나이다.

> **TIP** 무료 테스트 버전이나 시범 사용 기간을 제공하기로 했더라도 가격을 미리 논의해야 한다.

구매자를 직접 상대하지 않는 좀 더 복잡한 영업의 경우, 잠재 고객에게 구매자를 소개해 달라고 부탁한다. 그들이 구매자를 소개하더라도 당신에게 지불하는 것은 금융 자본이 아닌 사회적 자본이다.

고객에게 얼마를 지불할 의사가 있냐고 묻지 않는다

스티브 잡스가 아이패드 출시를 앞두고 당신에게 얼마까지 돈을 낼 뜻이 있냐고 물어보는 모습을 상상할 수 있는가? 말도 안 되는 이야기 아닌가? 하지만 당신은 어느 시점에서 고객에게 '대략적인 가격'을 물어보았을 수 있다.

그건 뒷걸음질이다. 잠시 생각해 보자. 고객 입장에서는 경제적 관점에서 후려친 액수를 제시하지 않을 이유가 없다. 솔직히 뭐라고 대답해야 할지도 모를 것이고, 그저 질문이 불편하게만 느껴질 것이다.

고객에게 있지도 않은 문제를 있다고 설득할 수는 없지만(그래서도 안 된다), 고객에게 제품에 대한 '타당한' 가격을 지불하라고 설득할 수는 있다(그래야 한다). 그 가격은 보통 당신 자신과 고객이 생각하는 액수보다 높다.

가격 책정 스토리를 만든다

고객에게 가격 모델 이야기를 꺼내면 어색해하거나 난감해하는 사람이 많다. 하지만 지금까지 조사를 하고 고객 스토리 피치를 따라왔다면, 잠재 고객들은 이미 마음으로는 당신이 제시하는 새로운 솔루션을 구매했을 가능성이 높다.

가격 모델 제시는, 기존 대안과 당신이 약속하는 가치를 기준점으로 삼아 타당한 제품 가격을 도출한 것에 대한 논리적 논거를 드는 일이다. 감성이 영향을 미칠 필요는 없다. 이 지점에서 합리적인 구매가 이루어진다는 것을 기억하자.

다음 순서는 무엇인지 명확하게 설명한다

가격 모델을 소개했으면 다음 절차들을 명확하게 설명하면서 구매를 제안한다.

10.3.3 스티브, 고객 스토리 피치의 윤곽을 팀에 공유하다

스티브는 팀의 단체 대화방에 자신이 만든 개요를 올렸다.

1막: 설정(더 큰 맥락 소개)

의미 있는 큰 변화: 코로나19가 유행하면서 사람들은 집에서 훨씬 많은 시간을 보내고, 생활 및 근무 공간을 개선하고 있다. 그러면서 새로 집을 매입하거나 리모델링하려는 수요가 급증했다.

위험 높이기: 주택 매입자 중 상당수가 처음으로 주택을 소유하는 사람들이다. 이 매입자들은 연령대가 예전보다 낮고 인스타그램과 핀터레스트를 사용하며 자란 세대이기에, 자기만의 개성을 살리고 보기 좋은 집을 가지고 싶다는 욕구가 훨씬 크지만 집을 짓는 경험은 부족하다.

약속 살짝 보여주기: 이들은 빈털터리가 되지 않으면서도 자기만의 개성을 표현하는 완벽한 주거 공간을 설계하고 싶어 한다.

2막: 대립(기존 대안 타파)

기존 대안(2D/3D 렌더링)으로는 부족하다.

2D 평면도는 입체감이 없다.

현재의 3D 솔루션은 비싸고, 복잡하고, 실물처럼 생생하지 않다(비디오게임 수준의 렌더링).

3막: 해결(당신이 새로 제시하는 더 나은 솔루션 시연)

우리의 솔루션은 의뢰인이 건축가의 설계안을 가상 현실에서, 실제로 집에 지어졌을 때와 똑같은 모습으로 경험해 볼 수 있게 합니다. 지금부터 제가 보여드리겠습니다.

(건축가들에게 현재 내가 개발 중인 참고용 모델 소개)

4막: 행동 요청(전환 요청)

이 부분은 리사 님이 훨씬 잘 아시니까 리사 님의 의견을 따를게요. 여기서 얼리 액세스, 컨시어지 모델 등을 이야기해야 할 것 같고, 가격은 월 5천 달러로 맞출 수 있으면 좋겠습니다. 굉장할 것 같아요.

그리고 대화가 이어졌다.

"스티브 님, 수고 많으셨어요. 정리가 잘 되었네요. 말씀하신 대로 행동 요청에 대해서 생각해 둔 아이디어들이 있으니 가격 쪽으로 좀 더 발전시켜 볼게요. 😊 데모는 어떻게 진행되고 있나요?"

"거의 다 됐어요. 빨리 보여드리고 싶네요. 주말까지는 시연 가능한 상태로 만들어서 두 분께 보내 드릴게요."

"스티브 님, 수고 많으셨어요. 그전에 보여주셨던 걸 생각하면, 건축가들에게도 빨리 데모를 보여주고 반응을 보고 싶어요."

"저도 그래요. 저는 다시 데모 작업을 하러 가봐야겠어요. 꼭 처음 생각했던 것보다 일이 많아지니까요. 그래도 제가 말씀드린 일정은 맞추겠습니다."

10.4 제안 전달하기

이제 조립이 끝난 제안을 전달할 시간이다. 아이패드와 파워월 피치는 무대에서 진행되었고, 객석은 청중으로 가득 차 있었다. 하지만 우리는 문제 파악 인터뷰에서와 마찬가지로 일대일 피치를 먼저 진행한다. 마피아 제안 피치를 준비할 때 무엇을 명심해야 할지 알아보자.

공략 대상을 지혜롭게 선정한다

기존, 신규 잠재 고객들을 다음과 같이 혼합해서 공략한다.

- **선각 수용자 기준에 맞는 기존 잠재 고객 활용하기**

  앞선 문제 파악 인터뷰에서, 인터뷰 상대들에게 후속 활동에 대한 승낙을 받았어야 한다. 이 잠재 고객 중 선각 수용자 기준에 부합하는 사람은 열렬한 적격 잠재 고객이 된다. 마피아 제안을 전달하기 위해 다시 대화의 시간을 마련하자.

- **신규 잠재 고객 혼합하기**

  지금까지 통찰한 모든 사항을 '초심자의 마음'으로 테스트해 볼 수 있도록, 피치 회차마다 신규 잠재 고객을 함께 넣는 것이 좋다. 초반에 피치를 하면서 새로운 잠재 고객 추천을 받아 두어야 한다.

- **신규 채널 테스트하기**

  반복적인 고객 공장을 구축하기 시작할 수 있도록, 앞선 스프린트들에서 파악한 다른 채널들을 테스트하기 시작할 시기이다.

충분한 시간 요청하기

피치를 진행하는 초반에는 아직 배우는 것이 많으므로 시간을 충분히 할당해야 한다. 45분을 요청한 다음 30분 안에 끝내는 것을 목표로 하기를 추천한다.

피치 녹음(가능한 경우)하기

문제 파악 인터뷰에서와 마찬가지로, 잠재 고객이 개의치 않는다면 피치를 녹음해서 학습과 훈련에 활용하자.

배움의 자세 유지하기

마피아 제안은 문제 파악 스프린트를 통해 얻은 통찰한 내용을 테스트하는 시간이다. 통찰이 적중했다면 인터뷰 상대들의 몸짓(고개 끄덕이기, 웃기, 열린 반응 등)에서 마음이 움직였다는 신호가 명확하게 보일 것이다. 이런 신호가 보이지 않는다면 억지로 피치를 진행하지 말고, 그 이유가 무엇인지 파악하는 쪽으로 방향을 전환하자.

고객 스토리 피치의 막 하나가 끝날 때마다 간단하게 심적인 휴식 시간을 두고, 그 막의 목표를 달성했는지 평가해 보는 것이 좋다. 목표를 달성하지 못했다면 그 이유를 탐구해 봐야 한다.

메타스크립트 활용하기

지난 절에서 만들어 둔 보조 슬라이드와 데모 외에도, 제안 전달을 위한 메타스크립트를 작성해 보면 좋다. 그러면 항상 정확한 방향을 유지하고, 제안 캠페인 업무를 다른 사람에게 넘기거나 최적화할 때 훌륭한 교육 자료이자 기록이 된다. 지금부터 스크립트 견본을 살펴보자. 군데군데 지침도 추가되어 있다.

마피아 제안 피치 메타스크립트(30분)

환영(대화 분위기 조성)

(2분)

대화가 어떻게 진행될지 간단하게 소개한다.

오늘 저희가 [제품]에 대해 소개해 드릴 수 있도록 시간을 내주셔서 감사합니다. 저희는 다른 회사들이 [수행 과제]를 어떤 식으로 수행하는지 이해하기 위해 수십 차례 인터뷰를 진행한 결과를 바탕으로 [제품]을 개발하기 시작했습니다. 본격적으로 시작하기 전에, [제품]이 귀하에게 맞는지 확인할 수 있도록 현재 [수행 과제]를 어떤 식으로 하고 계신지에 대해 몇 가지 여쭤보려고 합니다.
그래도 괜찮을까요?

자격 확인 기준 수집(고객/문제 적합성 테스트)
(5분)

적합성 테스트를 위해 몇 가지 자격 확인 질문을 한다. 이전에 인터뷰/자격 확인을 한 적 있는 상대에게는, 지난 인터뷰 이후로 질문을 추가하지 않았다면 이 단계를 건너뛴다. 지금은 본격적인 문제 파악 인터뷰가 아니라, 이상적인 선각 수용자 프로필을 정의하는 주요 특성에 기준으로 잠재 고객을 선별하는 기회이다.

현재 [수행 과제]를 어떻게 수행하시나요?
현재 어느 문제/솔루션을 사용하시나요?
(잠재 고객의 적격 여부를 판단하기 위한 다른 자격을 물어 본다.)

앞선 문제 파악 스프린트에서 간파하지 못했던 새로운 사실이 보인다면 호기심을 가지고 더 깊이 파고들자. 세상에 존재하는 모든 이야기를 들어 보기 전까지 문제 파악은 계속되어야 한다.

적격 잠재 고객이 맞으면 제안을 진행하고, 그렇지 않으면 상대방에게 적합한 대상이 아님을 알리면서 그 이유를 설명해서 서로의 30분을 아끼도록 한다.

1막: 설정(더 큰 맥락 소개)
(2분)

다음과 같이 피치의 더 큰 맥락을 소개한다.

- 의미 있고 큰 변화 언급하기(전환 계기).
- 위험 높이기.
- 승자와 패자 보여주기.
- 약속 슬쩍 보여주기.

저희는 조사를 통해, 귀사와 같은 여러 기업이 [수행 과제]를 할 때 [기존 대안]을 사용한다는 것을 발견했습니다.

하지만 이제는 [전환 계기]로 인해 세상이 달라졌습니다. 그래서 [수행 과제]를 하는 방식도 근본적으로 달라졌습니다.

[기존 세계]에서는 [기존 대안]이 효과적이었지만 [새로운 세계]에서는 그렇지 않습니다.

[새로운 솔루션]은 귀하가 [개선된 원하는 결과]를 달성하도록 도와드립니다. 아무것도 하지 않는 결과는 [무엇이 걸려있는가]가 될 것입니다.

[새로운 세계]에서 성공하려면 [약속 슬쩍 보여주기]가 필요합니다.

2막: 대립(기존 대안 타파)
(3분)

기존 대안(진정한 경쟁 상대)이 더 이상 효과적이지 않은 이유를 아주 구체적으로 설명한다.

[기존 대안]은 [전환 계기]에 대처할 수 있도록 구축되어 있지 않습니다. 왜냐하면…

- 이유 1
- 이유 2
- 이유 3

문제 파악 스프린트를 철저하게 수행했다면 이 지점에서 상대방의 마음이 움직였다는 신호를 발견하면서 잠재 고객의 신뢰를 얻어야 한다. 그러면 잠재 고객은 당신이 이 문제를 어떻게 해결하는지 궁금해하는 호기심의 틈이 열리기도 한다.

몸짓언어와 다른 비언어적 신호들을 유심히 살펴보자. 피치는 언제나 잠재 고객을 보면서 할 수 있는 것이 좋다. 피치를 진행하다가 자주 멈추는 시간을 가지면서 반응을 살피고, 상대방이 당신의 이야기를 따라가지 못하고 있음을 암시하는 몸짓이 있는지 예의주시한다. 그런 몸짓이 보이면 피치를 멈추고 상대방에게 궁금한 점이 있는지 물어 본다.

3막: 해결(당신이 새로 제시하는 더 나은 솔루션 시연)
(10분)

이제 피치의 핵심으로, 감성적인 구매가 일어나는 지점이다. 시연은 짧고 명확하게 하는 것이 관건이다. 잠재 고객에게 데모를 쭉 안내하면서 고유의 가치 제안을 어떻게 전달할지 보여준다.

저희가 이런 문제를 어떻게 해결하고 [수행 과제]를 수행하는지 간단하게 보여드릴게요.

- 기능 1 시연
- 기능 2 시연
- 기능 3 시연

저희 제품은 이런 기능을 합니다. 궁금한 점 있으신가요?

다음 단계나 가격 이야기로 바로 넘어가지 말고, 잠시 멈추고 다음 단계는 잠재 고객이 진행할 수 있게 하자. 잠재 고객이 데모의 가치에 공감하지 못했다면 다음 단계의 대화는 그다지 의미가 없다. 그래서 데모를 먼저 준비해야 한다.

- 상대방이 데모에 확신을 가지지 못하면 더 깊이 파고든다.
- 데모가 마음에 들지만 고객(구매자)이 아니라면 소개를 부탁한다.
- 상대방이 가격이나 다음 단계에 대해 물어 보면 스크립트의 다음 단계로 넘어간다.

잠재 고객은 데모에 나오지 않은 다른 기능에 대해서도 물어볼 것이다. 그들의 말에 바로 동의하기보다는 왜 그런 기능을 원하는지, 그 기능을 어떻게 사용할지 물어보자. 이 단계에서는, 그러한 기능이 MVP에 들어갈 것이라고 확답해선 안 되지만 새 기능으로 추가할 수도 있다고 두루뭉술하게 약속하는 정도는 괜찮다. 나중에 이러한 기능 요청을 처리할 때, MVP의 범위와 비교해 보면서 해당 요청을 제거하거나 제품 로드맵에서 향후 출시 일정을 잡을 수 있게 준비한다.

4막: 행동 요청(전환 요청)
(5분)

잠재 고객에게 현재 이 제품이 출시 과정의 초기 단계에 있으며 공개 출시나 베타 사용자 모집은 하고 있지 않지만 얼리 액세스 고객을 확보하고 있다고 알려준다.

저희는 이렇게 큰 문제를 해결하기로 했기 때문에, 단계적 출시 방식을 통해 우선 소규모 고객을 엄선해서 제품을 테스트해 보기로 했습니다.
지금까지 이야기한 바에 따르면 귀하에게 이 제품이 완벽하게 맞을 것 같습니다. 그래서 저희의 얼리 액세스에 함께 해 주시면 좋을 것 같습니다.

이것은 필수는 아니지만 적극 권장하는 단계이다. 당신의 제품을 선물처럼 느끼게 하고 희소성을 부여해서 구매 의사를 높이는 데 도움이 되기 때문이다.

다음은 가격 기준 잡기이다. 이것은 잘 알려진 전술인데도 피치에서는 거의 활용되지 않는다. 이 단계는 건너뛰지 않는 것이 좋다. 제안에 위험 역전이나 환불 보장 사항이 있으면 함께 명시한다.

이제 가격에 대해 말씀드리겠습니다.

저희는 제품 가격을 타당하게 정하기 위해 기존 대안들을 살펴보았고, 저희가 제공하는 가치에 맞는 가격 모델을 제시하고자 했습니다.

대부분의 사람이 기존 대안에 X 달러를 지출해서 [현재 결과]를 달성합니다. 저희는 [더 나은 결과]를 달성하는 방법을 보여드렸고, 귀하는 이를 통해 [가치]를 창출/절약하실 수 있습니다. 저희는 이 제품을 망설임 없이 선택할 수 있게 만들고자, X 달러가 아닌 [당신의 가격 모델 명시]로 결정했습니다.

이 가격에는 초반에 [플랫폼]을 설정하고 사용하는 법을 전부 안내해 드리고 매월 잘 사용하고 계신 지 점검도 해드리는 밀접 교육이 포함되어 있습니다. 얼리 액세스 고객만을 위한 서비스이죠. 초기의 고객분들이 서비스를 잘 사용하셔야 저희도 함께 성장할 수 있기 때문이죠. 제품이 공개적으로 출시된 다음에는 이 옵션에 더 높은 요금이 부과될 것 같습니다.

마무리(다음 단계)
(3분)

가격 모델을 제시한 다음에는 잠시 멈추고 몸짓언어에서 신호를 읽는다. 가격을 제시하자마자 잠재 고객이 어떻게 반응하는지 판단하자. 이것이 가격 최적화를 위한 열쇠이다. 고객이 가격을 수락한다면 주저했는지 또는 흔쾌히 수락했는지 기록하고, 다음 단계로 넘어가서 판매를 진행한다. 잠재 고객이 가격을 흔쾌히 받아들인다는 것은 그 제품에 대해 인식된 가치가 당신의 생각보다 높다는 신호이며, 후속 피치에서는 더 높은 가격을 테스트해 보아야 한다.

잠재 고객이 바로 결정하지 않고 시간을 더 가지고 싶어 한다면, 추가 자료(슬라이드 덱 등)를 보내줄 수 있다고 제안하면서 연락을 위한 목표 날짜를 제시한다.

잠재 고객이 가격을 받아들이지 않으면 그 이유를 파악할 수 있도록 더 깊이 파고든다.

10.5 제안 최적화하기

제안을 최적화하기 위한 첫 번째 단계는 고객 공장 지표를 매주 측정하는 것이다. 그다음에 가장 먼저 최적화할 핵심적인 제약을 파악한다. 마지막으로 근본적인 원인을 파악해서 제약을 해결하는 모색해 두었다가 다음 제안에서 테스트해 본다.

10.5.1 고객 공장 지표 매주 측정하기

고객 공장에서 각 단계에 대한 구체적인 사용자 행동을 구성한다. 제품 출시에 앞서 고객 공장의 공정들을 이렇게 정의하기를 추천한다.

1. 확보: 새 잠재 고객 수
2. 활성화: 예약된 제품 시연 수
3. 유지: 제품 시연 후의 후속 활동 수(복잡한 판매)
4. 매출: 제안을 수락한 사람 수
5. 추천: 추천을 통해 유입된 잠재 고객 수

제품 출시 후에는 이 단계들을 다르게 재정의할 수 있으며, 이 내용은 12장에서 자세히 다룬다. 전문 프로그램을 사용해서 일부 지표를 측정할 수도 있지만, 처음에는 수동으로 지표를 측정해도 괜찮으니 지나치게 고민할 필요는 없다.

린스택에서는 신제품을 출시할 때마다, 주 단위의 슬라이드들로 구성된 슬라이드 덱을 작성해서 월요일 아침마다 직접 작성한다(그림 10-3).

> **NOTE** 고객 공장 대시보드 양식은 린스택 웹사이트[1]에서 내려받을 수 있다.

---

1 http://runlean.ly/resources

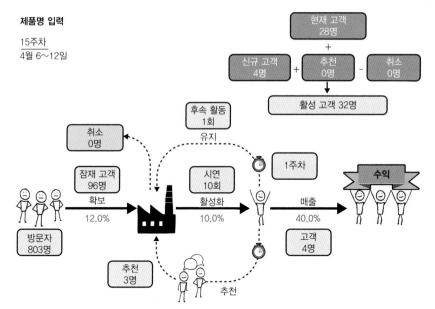

제품명 입력

15주차
4월 6~12일

그림 10-3 고객 공장의 제품 출시 전 전사적 지표 대시보드

10.5.2 핵심 제약 파악하기

주간 지표의 기준점을 설정한 다음에는 행동 요청(매출) 단계부터 거꾸로 되짚으면서 병목 현상이 있는 지점을 찾아본다. 병목 현상이 있는 지점의 특성은 다음과 같다.

- 기다리는 사람이 많다(주기 시간이 길다).
- 떠나는 사람이 많다(포기율이 높다).

병목 현상이 가장 심각한 지점을 가장 먼저 해결해야 할 제약으로 지정한다.

10.5.3 제약 솔루션 모색하기

제약은 병목 현상이 심하다는 것을 알려줄 뿐, 그 원인을 알려주지는 않을 수도 있다.

특정 단계에서 대기하는 사람이 많아 제약이 생긴다면 자원(사람) 제약이 있을 가능성이 높다. 예를 들어 일주일에 잠재 고객이 10명 생기지만 후속 활동이 원활하지 못해 피치를 주 5회밖에 진행하지 못할 수 있다. 이 경우 절차를 자동화하거나(일정 관리 프로그램을 이용하는 등) 추가적인 도움(가상 비서 등)을 받는 방법 등을 생각할 수 있다.

어떤 단계에서 떠나는 사람이 많은 것이 제약이라면 (판매) 공정에 제약이 있을 가능성이 높다. 예를 들어 잠재 고객은 가격이 너무 비싸다고 생각해서 제품을 구매하지 않을 수 있고, 고유의 가치 제안이 흥미롭지 않아서 데모를 보려고 하지 않을 수도 있다. 이 경우 아직 다루지 않은 부정적 반응을 추가로 분석해서 솔루션을 모색해야 할 때가 많다. 피치 중 상대방의 말을 경청하거나, 피치를 다시 점검하거나, 잠재 고객에게 물어보는 등으로 분석을 할 수 있다.

10.6 스티브, 첫 번째 제안 전달 스프린트 결과 검토를 위해 팀원들과 모이다

"연휴가 길어서 피치 일부가 다음 주로 미뤄지는 바람에 피치를 한 번밖에 못 했어요."

"데모가 늦어진 건 제가 죄송해요. 렌더링 완성도가 완벽하게 만족스럽지 못해서 수정하느라 며칠이 더 걸렸어요."

"완벽함은 성공의 적이라는 걸 기억해요. 스티브 님이 가능한 최고의 솔루션을 보여주고 싶어 하는 마음은 이해하지만 완벽보다 중요한 건 학습 속도입니다. 스티브 님의 이상이 아니라 고객의 기존 대안과 비교해서 **이만하면 됐다**는 기준을 다시 조정해야 해요."

스티브가 조용히 고개를 끄덕이며 인정했다. 메리는 피치가 어땠는지 물어보았다.

"건축가분이 데모를 마음에 들어 하긴 했는데 가격을 보고 주저하셨어요. 3D 렌더링 비용을 기준으로 가격을 정할까 했지만 건축가들은 3D 렌더링을 하지 않고 있거든요. 3D 렌더링과 VR은 있으면 좋다고 하면서도 추가 비용이 생긴다는 점에서는 아주 단호하시더라고요."

"그랬군요. 낙담하지는 말아요. 아직 딱 한 번 대화해 본 것뿐이잖아요? 피치 초반은 많이 배울 수 있는 기회이고, 피치를 반복하면서 최적화해야 해요. 제 생각에는 자격에 맞춰 잠재 고객들을 미리 거르는 편이 좋겠어요. 지금의 피치는 기업이 3D 렌더링을 서비스형 VR로 전환하게 만드는 것이죠. 그들이 현재 3D 렌더링을 제작하지 않고 있다면 여러분이 피치를 새로 만들거나, 이 잠재 고객들의 선각 수용자 자격을 없애야 해요."

"두 방법 중에서 무엇을 더 추천하시나요?"

"고객에게 새로운 기술을 선택하게 하는 것은 처음에는 항상 어렵죠. 그래서 저라면 현재 3D 렌더링을 사용하지 않는 잠재 고객의 자격을 없애는 쪽을 선택하겠어요."

"저도 그렇게 생각해요. 지금의 업무 방식을 바꾸라고 하는 것보다는 지금 쓰고 있는 소프트웨어 솔루션을 바꾸라고 제안할 때 전환을 위한 비교를 하기가 훨씬 쉬울 거예요."

"좋은 지적이에요. 그럼 자격에 맞춰 기업들을 거른 다음에 다음 2주간의 스프린트에서 피치를 훨씬 많이 진행하는 것을 목표로 합시다."

"그 작업은 제가 할게요. 저는 7개 회사에서의 시연 일정을 잡고 있는데, 시연 예약을 하기 전에 자격 확인부터 할게요."

10.7 제안 전달은 언제 끝날까?

다음 중 하나를 달성하면 제안 전달을 마칠 수 있다.

- 견인 로드맵에서 정의한 문제/솔루션 적합성 견인 기준에 도달했을 때
- 시간이 다 됐을 때(90일 주기가 끝나는 등)

두 경우 모두 90일 주기를 검토하고, 학습한 내용을 활용해 근거를 기반으로 다음 단계에 대한 결정을 내린다.

90일 주기 검토하기

90일 주기가 끝나면 고객 공장 지표의 결과에 관계없이 팀원들과 모여서 90일 주기 검토 회의를 열어야 한다.

검토 회의는 무엇을 하고 무엇을 배웠는지 돌아보고, 다음에 무엇을 할지 결정하는 시간이다. 많은 팀의 공통으로 하는 후회를 하나 꼽자면, 기존 아이디어에서 새로운 아이디어로 전환하기까지 너무 오래 기다렸던 것을 아쉬워하는 경우가 많다. 상황이 호전되기를 바라는 마음으로 실패한 아이디어나 검증 캠페인에 매달렸던 것이다. 90일 주기 검토([그림 11-1])를 진행하면 지금의 현실을 직시하고 다음 주기에도 지금의 과정을 유지할지(지속), 방향을 전환할지, 중단할지 결정함으로써 책임감 있는 자세를 유지할 수 있다.

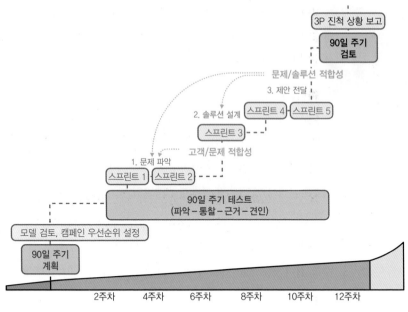

그림 11-1 90일 주기 검토

11.1 스티브, 검토 회의에 앞서 메리와 단독 면담을 가지다

"우리가 90일 OKR을 달성하지 못했으면 어쩌죠? 고객 두 명만 가입하면 된다는 건 알지만 아무도 등록하지 않으면 어떻게 되나요?"

"우선 명심해야 할 건, 가입 고객을 두 명만 확보하면 되는 게 아니라 앞으로 몇 달 동안 한 달에 고객을 두 명씩 반복적으로 가입시킬 수 있는 시스템(고객 공장)을 구축해야 한다는 거예요."

스티브가 불안한 표정으로 웃어 보였다.

"맞아요. 그리고 훨씬 더 무서운 생각이네요. 고객을 한 명도 확보하지 못했더라도 괜찮을까요? 견인 로드맵 일정을 연장할 수 있나요?"

"스티브 님이 생각해 보세요. 견인 로드맵은 스티브 님이 직접 구상한 최소 성공 기준 곡선을 나타내잖아요? 그 곡선을 바다의 수면이라고 생각해 보세요. 물가로 걸어가서, 수면 밑으로 들어간다면 어떻게 할까요?"

"숨을 참겠죠?"

"네, 그거예요. 하지만 숨을 그렇게 오랫동안 참을 수는 없어요. 잠깐 물속에 고개를 넣는 건 괜찮아도 최대한 빨리 수면 위로 올라가기 위해 발버둥 쳐야 하겠죠."

"이 경우 최대한 빠른 건 뭘까요?"

"글쎄요, 초기 단계에는 불확실성이 매우 크기 때문에 통계상으로 보면 비즈니스 모델의 방향을 과감하게 전환해야 하는 경우가 2/3 이상이라고 해요. 그래서 첫 90일의 OKR 달성에 실패하고 문제/솔루션 적합성을 위해 90일 주기를 추가로 진행하는 경우가 많죠."

"그 말씀을 들으니까 좀 안심이 되네요. 엄밀히 따져 보면 실적이 전혀 없더라도 방향을 전환해서 문제/솔루션 적합성 달성을 위한 시간을 90일 더 줄 수 있다는 거죠?"

"엄밀히 따져 보면 그래요. 하지만 방향 전환 역시 학습에 기반을 둬야 한다는 점을 잊지 마세요. 단순한 목표 달성 여부가 아니라 90일 주기 동안 무엇을 배웠는지에 따라 다음 행동을 결정해야 합니다."

메리는 커피를 한 모금 마시고 말을 이었다.

"스티브 님 마음이 좀 불안하신 것 같은데, 혹시 더 하실 말씀이 있나요?"

"네… 90일 주기 검토를 준비하기 위해 저는 안간힘을 쓰고 있어요. 리사 님과 조시 님을 영입했는데, 저희가 목표를 달성하지 못해서 두 분이 실망하고 떠나면 어쩌나 걱정이거든요."

"그 마음은 이해하지만, 두 분도 공동 창업자로서 마찬가지로 책임이 있다는 걸 기억해요. 이 프레임워크, 특히 스티브 님의 비즈니스 모델은 모든 참가자가 책임을 가지는 데서 힘이 나와요."

스티브가 웃어 보였다.

"저는 진지하다고요. 스톡데일 패러독스라고 들어 보셨나요?"

"네, 짐 콜린스의『좋은 기업을 넘어 위대한 기업으로』(김영사, 2002)에서 읽은 기억이 나요. 잔혹한 사실에 맞서야 한다는 이야기 맞죠?"

"제가 휴대폰으로 보실 수 있게 가져왔어요."

좋은 기업에서 위대한 기업이 된 모든 기업은 이른바 '스톡데일 패러독스'라는 것을 받아들였다. 어떤 어려움이 닥치든 결국엔 승리할 수 있고, 승리할 것이라는 확고한 믿음을 유지하면서도 지금의 현실에서 가장 잔혹한 사실이 무엇이건 그에 맞서기 위해 단련해야 한다.

"이건 CIF를 수행하는 열쇠이기도 해요. 자신의 믿음에 철저히 도전하면서도 자신과 팀이 결국 승리할 수 있으리라는 믿음을 가져야 하죠."

11.2 회의 준비하기

90일 주기 검토 회의가 시작되면 가장 먼저 5~10분 동안 비즈니스 모델 진행률을 보고한다. 팀에게 린 캔버스와 견인 로드맵의 초기 가정/목표를 설명하고, 90일 주기 동안 무엇을 했으며 다음 단계는 무엇인지 이야기한다.

스프린트 진행, 실험 내용 기록, 통찰, 지표 측정을 철저히 해왔다면 90일 주기 검토에는 최소한의 준비만 하면 된다.

이 절에서는 진행률 보고 피치 덱을 조립하기 위해 수집/업데이트해야 하는 요소는 무엇이고 이러한 덱은 어떤 형태를 띠어야 하는지 알아본다. 그리고 다음 절에서는 검토 회의 진행 방법을 다룬다.

11.2.1 요소 수집/업데이트하기

지금까지 탐구한 비즈니스 모델 각각에 대해 엘리베이터 피치, 린 캔버스, 견인 로드맵을 업데이트해야 한다.

| 엘리베이터 피치 |

제안 전달 스프린트를 통해 최근 배운 내용을 바탕으로 엘리베이터 피치를 검토하고 업데이트한다. 5장에서 소개했던 양식을 다시 살펴보자.

[고객]에게 [계기가 되는 사건]이 생기면,

이들은 [원하는 결과]를 이루기 위해 [수행해야 할 일]을 한다.

보통은 [기존 대안]을 사용하겠지만,

[계기가 되는 사건]으로 인해 [이 문제]가 생겨서 이러한 [기존 대안]은 쓸모없어지고 말았다. 이 문제를 해결하지 않고 방치하면 [이러한 곤란한 일]이 생긴다.

그래서 우리가 [고객]을 도와주는 솔루션을 마련했다.

그들이 [원하는 결과]를 이루게 해 줄 [고유의 가치 제안]을 제공한다.

이미 눈치챘을 수도 있지만, 엘리베이터 피치는 본질적으로 마피아 제안 캠페인의 1막과 2막의 요약본이다.

엘리베이터 피치의 목표는 다음 사항을 설명하면서 제품의 존재 이유를 신속하게 설명하는 것이다.

- 누구를 위한 제품인가? (**고객 분류**)
- 무엇이 바뀌었나? (**전환 계기**)
- 결과적으로 무엇이 악화되어(**기존 대안**) 개선이 필요한가?

엘리베이터 피치는 모든 대화, 피치, 비즈니스 모델 업데이트를 시작하기 위한 강력한 도입부이므로 항상 최신 상태를 유지하고 언제라도 바로 시작할 수 있도록 연습해 둬야 한다.

| 린 캔버스 |

린 캔버스([그림 11-2])에도 항상 최근의 생각을 반영해 두어야 한다. 특히 고객 분류, 문제, 솔루션, 고유의 가치 제안, 가격(수익원) 항목을 최신 상태로 유지한다.

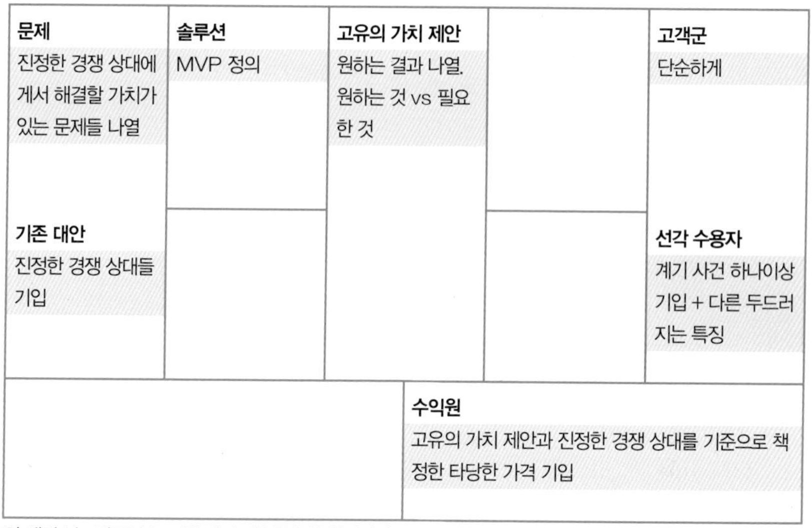

문제	솔루션	고유의 가치 제안		고객군
진정한 경쟁 상대에게서 해결할 가치가 있는 문제들 나열	MVP 정의	원하는 결과 나열. 원하는 것 vs 필요한 것		단순하게
기존 대안 진정한 경쟁 상대들 기입				**선각 수용자** 계기 사건 하나이상 기입 + 다른 두드러지는 특징
		수익원 고유의 가치 제안과 진정한 경쟁 상대를 기준으로 책정한 타당한 가격 기입		

린 캔버스는 비즈니스 모델 캔버스를 응용한 형태이며, 크리에이티브 커먼즈 저작자 표시–동일 조건 변경 허락 3.0 Unported 라이선스를 받았다.

그림 11-2 린 캔버스를 최신 상태로 유지하기.

90일 주기를 시작한 이후로 린 캔버스를 검토한 적이 없다면, 그 짧은 시간 동안 생각이 얼마나 많이 바뀌었는지 발견하고 깜짝 놀랄 수도 있다. 전통적으로 사업계획을 세울 때와 달리, 이런 변화는 약점이 아닌 진전의 신호이다.

90일 전에 작성했던 린 캔버스에는 그 당시의 생각이 반영되어 있다. 이 린 캔버스를 스크린숏으로 찍어 기록해 두었다가 검토 회의에서 최신 버전의 린 캔버스와 함께 보여주면서, 지금까지 무엇을 배워왔는지 강조한다.

| 견인 로드맵 |

이와 비슷하게 견인 로드맵도 돌아봐야 한다. 먼저 가격 모델 같은 페르미 추정치가 변경되지 않는지 확인한다. 변경되었다면 **MSC 목표는 그대로 유지**하면서 견인 로드맵을 업데이트한다. 견인 로드맵을 수정해야 한다면, 90일 전 버전을 먼저 기록해 두자.

그런 다음 실제 견인 지표(평가판에 가입한 고객 수 등)를 그래프로 그려서 견인 로드맵에 겹쳐 본다(그림 11-3). 이는 비즈니스 모델의 진척 상황을 가장 효과적으로 보여주는 방식이다. 우리의 목표는 견인임을 잊지 말자.

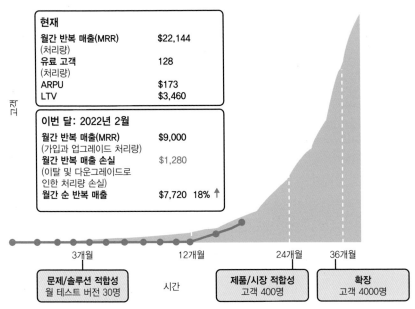

그림 11-3 실제 견인 지표를 그래프로 그려서 견인 로드맵과 비교한다.

11.2.2 진척 상황 보고 피치 덱 조립하기

5장에서 우리는 슬라이드 10쪽 분량의 비즈니스 모델 피치 덱 양식을 살펴보았다. 90일 주기 검토를 위해서도 이와 비슷한 덱을 조립해서 회의의 맥락을 정하고, 주기를 시작할 때 했던 가정, 주기를 진행하면서 했던 행동, 핵심 정리와 결과, 다음으로 취할 행동을 보고해야 한다. 각 슬라이드에서 다룰 내용을 자세히 알아보자.

| 맥락 정하기 |

첫 슬라이드에서는 회의의 맥락을 정한다.

슬라이드 1: 90일 주기 목표 검토

90일 주기의 대략적인 목표(문제/솔루션 적합성 달성 등)를 소개하고 탐색 중인 비즈니스 모델이 몇 개인지 정리한다. 비즈니스 모델이 둘 이상이면 성공적인 모델부터 시작한다.

슬라이드 2: 엘리베이터 피치

보조용 시각 자료를 활용해 엘리베이터 피치를 한다.

무슨 생각을 했었나

이번 90일 주기를 시작할 때 했던 생각을 검토한다.

슬라이드 3: 린 캔버스 스크린숏

주기 시작 당시의 린 캔버스 스크린숏을 보여주면서 주요 추정치들을 강조한다.

슬라이드 4: 견인 로드맵 스크린숏

주기 시작 당시의 견인 로드맵 스크린숏을 공유하고 90일 목표 달성을 위해 이뤄야 했던 주요 결과를 강조한다.

무엇을 했나

다음 슬라이드에서는 이번 주기에 무슨 행동을 했는지 이야기한다.

슬라이드 5: 검증 캠페인

90일 주기를 시작할 때 선택했던 검증 캠페인에 대해 설명한다.

슬라이드 6: 실험

어떤 실험을 했었는지 이야기한다(인터뷰한 사람 수, 피치 진행 수 등).

무엇을 배웠나

그다음 슬라이드에서는 그러한 활동을 통해 무엇을 배우고 이뤘는지 보여준다.

슬라이드 7: 통찰

이 과정에서 배운 핵심을 요약한다. 린 캔버스나 견인 로드맵을 최신 버전으로 수정하면서 그러한 변화를 보장하는 요소가 무엇인지 강조한다.

슬라이드 8: 견인

견인 로드맵 위에 실제 견인을 겹쳐서 보여주고, 캠페인 결과를 간단하게 정리한다.

다음 단계

마지막으로 미래를 위한 계획을 다룬다.

슬라이드 9: 현재의 제약

비즈니스 모델에서 다음으로 맞서야 할 제약에(바뀐 경우) 대한 관점을 제시한다.

슬라이드 10: 3P 다음 행동

견인 지표와 제약 평가를 결합하여 다음 활동에 대한 3P(유지, 방향 전환, 중단)를 제안한다.

이 책 앞부분에서 소개했던 아이디어 미로 그림을 기억하는가? 제품/시장 적합성을 향한 여정은 쭉 뻗은 길(유지), 굽은 길(방향 전환), 막다른 골목과 되돌아가는 길(중단)로 이루어진다. 어느 행동을 취할지 결정하는 방법을 알아보자.

- 90일 견인 목표를 달성하거나 초과 달성했다면 기존 방향을 **유지**한다. 견인 로드맵에서 다음 90일 목표를 강조하고, 다음 90일 주기의 핵심 목표(예: MVP 개발과 출시)를 설명한다.
- 90일 견인 목표를 달성하지는 못했지만 다음 90일 주기에서 비즈니스 모델을 수정하기 위한 핵심적인 통찰이 있었다면(예: 다른 고객 분류로 방향 전환) **방향을 전환**한다. 학습에 기반을 두지 않고 방향을 전환하는 것은 '뭐 하나는 걸리겠지' 전략일 뿐이라는 것에 주의하자. 방향 전환의 필요성을 설득력 있게 주장하려면 근거를 탄탄하게 준비해야 한다.
- 90일 견인 목표를 달성하지 못했고 자원이 부족하거나 이 비즈니스 모델이 막다른 골목에 다다랐다는 근거를 충분히 발견했다면 **중단**해야 한다.

11.3 회의 진행하기

90일 주기 검토 회의를 효과적으로 진행하는 방법을 알아보자.

누구를 초대할까

핵심 구성원, 고문이나 투자자 등 더 큰 범위의 구성원을 초대한다.

충분한 시간을 요청한다

모두가 45분은 비워 두기를 권장한다.

슬라이드와 유인물을 함께 사용한다

앞서 살펴본 비즈니스 모델 스토리 피치에서와 마찬가지로, 린 캔버스와 견인 로드맵 스크린숏은 흐름을 끊지 않으면서 청중에게 진척 상황을 보여주기 위한 완벽한 유인물이다.

20/80 원칙을 사용한다

진척 상황을 10분 동안 발표하고(회의 시간의 20%) 나머지 시간은 토론, 의견 요청, 의사 결정 등에 할애한다.

투자자에게 조언을 요청한다(외부 이해관계자)

투자자는 돈 이야기만 하는 상대가 아니다. 그들을 올바른 방식으로 참여시키면 비즈니스 모델 제약을 해소하기 위한 귀중한 자산으로도 활용할 수 있다. 수많은 스타트업을 지켜보고 있는 그들에게는, 당신의 비즈니스 모델을 성장시키기 위한 새로운 전략을 무궁무진하게 있을 수 있다. 하지만 당신에게 그런 전략이 필요하다는 사실을 알지 못하면 이런 자원을 나눠줄 수도 없다.

이렇게 하면 안 된다.

- 성공한 척하지 말자. 외부 이해관계자에게는 좋은 소식만 들려주고 나쁜 소식은 최대한 숨기려는 기업가가 많은데, 이는 시간이 흐를수록 지속 불가능한 이분법적 관계를 야기한다. 이해관계자와 협력 관계를 맺자. 그들과 당신은 '효과적인 비즈니스 모델'이라는 공통의 바람을 가지고 있다.

- 그들의 말을 무작정 따르지 말자. 모든 조언, 특히 존경하거나 비용을 지불하고 있는 사람의 조언을 무조건 따르려고 하는 것이 빠지기 쉬운 함정이다. 이를 통제하지 않으면 도움이 되기보다 주변이 산만해지고 방향을 벗어나기 쉽다.

이렇게 하자.

- 객관적인 진척 상황을 공유한다. 핵심 구성원과 외부 이해관계자에게 동일한 정보를 발표한다. 외부 이해관계자에게 데이터를 왜곡하거나 선별해서 제시하면 그들도 유용한 조언을 해 주기 어렵다. 증명받기 위해 애쓰지 말자.
- 책임은 당신에게 있다. 궁극적인 이해관계자(첫 번째 투자자)는 당신 자신임을 잊지 말자. 성공을 거두려면 조언을 무작정 따르는 게 아니라, 성과를 내야 한다.

회의 시간은 빈틈없이 구성하자

회의에 불필요한 시간을 쓰고 싶어 하는 사람은 없으니 준비를 철저히 해서 빈틈없이 진행한다. 회의 진행에 참고할 수 있는 예시를 아래에서 살펴보자.

90일 주기 검토 회의 구성 메타스크립트 (45분)

환영(진행 방식 소개)
(2분)

회의 순서를 간단하게 소개해서 진행 방식을 알린다.

- 진척 상황 업데이트(끊김 없이): 10분
- 전반적인 토론(질의응답): 15분
- 조언 요청: 15분
- 3P 결정: 3분

진척 상황 전달(끊김 없이)
(10분)

앞 절에서 준비한 슬라이드 덱과 자료들을 활용해 지금까지의 진척 상황을 전달한다.

전반적인 토론(질의응답)

(15분)

참석자들이 진척 상황 업데이트에 대한 질문을 하고, 특정한 통찰이 어떻게 이루어졌는지(여러 응용안을 탐색한 경우 우세한 비즈니스 모델을 선택한 방식과 이유 등)에 대한 설명을 요청할 수 있다. 주장을 뒷받침할 실험 내용, 고객 작용력 캔버스, 지표(필요한 경우) 등을 제시할 수 있게 준비해 둔다.

조언 요청

(15분)

현재의 제약에 대한 평가에 지지를 구하고, 다음 행동 제안(유지, 방향 전환, 중단)에 대한 의견을 요청한다. 90일 주기 개시 회의에서 그랬던 것처럼, 새로운 캠페인을 위한 브레인스토밍이 아니라 모든 구성원이 비즈니스 모델의 현재 현실을 파악하고 다음 90일 주기 OKR에 대한 논의를 시작하는 것을 목표로 한다.

3P 결정

(3분)

3P 결정을 요약하고 다음 90일 주기 계획 회의 일정을 잡으면서 회의를 마무리한다. 이번 회의에서 구성원들과의 방향 정렬이 이루어지므로, 90일 주기 개시 회의는 따로 열지 않아도 된다.

11.4 스티브, 90일 주기 검토 회의를 열다

"여러분 표정을 보니까 이번 주기가 잘 끝난 것 같네요."

"좋은 정도가 아니에요. 빨리 소식을 전하고 싶어요."

스티브가 웃으며 대답하고, 현재 주기의 목표와 주기 시작 당시 비즈니스 모델의 상태를 간단하게 되짚어 보는 것으로 회의를 시작했다.

"우리가 소프트웨어 개발자 비즈니스 모델에서 벗어나 지금의 주택 건설사에 집중한 것은 모두 알고 계시죠. 그래서 현재 의뢰인에게 3D 렌더링을 제공하는 건축가를 초기 선각 수용자로 삼았습니다."

리사와 조시가 웃으면서 눈을 굴렸다.

"출발은 불안불안했지만 마지막 스프린트에서 큰 돌파구를 마련했어요. 건축가가 의뢰인과의 설계 주기를 단축하는 방법으로 알트버스를 홍보하다가, 의뢰인 교육이라는 더 큰 과제를 맞닥뜨렸습니다."

그는 잠시 멈추고 숨을 돌렸다가 말을 이었다.

"건축가들은 새 의뢰인 교육에 평균 30~40시간을 씁니다. 의뢰인을 만나서 설계에 대해 논의하고, 선택 가능한 자재들을 보여주고, 쇼핑에 데려가고, 설계안 선택을 도와주는 일 등을 하죠. 이런 시간에 대한 비용을 명시적으로 청구하는 경우도 있지만 대부분은 그렇지 않기 때문에 자연스럽게 건축가의 이익을 잠식합니다. 고객과 함께하는 시간이 그저 '업무에 드는 비용'이라고 말하는 건축가도 있었어요. 의뢰인이 신속하게 결정을 내려서 설계상의 큰 문제를 최대한 빨리 파악하고, 나중에 더 큰 문제가 생기는 걸 방지하는 겁니다. 총 견적의 10~15%는 의뢰인 교육에 할당한다고도 하더라고요. 계약 한 건이 보통 10만 달러 정도인 걸 감안하면 교육에 드는 비용은 1 ~ 1.5만 달러입니다."

스티브는 메리의 얼굴에 미소가 번지는 것을 보면서 설명을 계속했다.

"저희는 이 회사에 월 단위 요금으로 저희를 고용하는 아이디어를 제안했습니다. 저희는 이 회사의 의뢰인들로 하여금, 본인이 의뢰한 건물을 사진처럼 생생한 렌더링으로 언제든 볼 수 있게 제공하는 겁니다. 최신 설계도와 자재 선택이 반영된 버전으로요. 의뢰인이 생생한 렌더링을 보면 교육에 드는 간접비가 얼마나 절감되는지는 테스트해 봐야 하지만, 저희의 렌더링이 얼마나 실감 나는지 본 건축가들은 비용 절감 효과가 클 거라고 확신했어요. 저희는 건축 회사의 간접비를 기준으로 의뢰인 1인당 월 1,000달러로 가격을 책정했습니다. 이 회사는 설계 단계(3개월)를 앞두고 있는 고객 한 분을 대상으로 서비스를 시범 운영하기로 합의했습니다. 같은 마피아 제안을 다른 회사에도 가져갔더니, 4개 중 3개 회사를 같은 조건으로 전환할 수 있었어요."

그런 다음 스티브는 팀이 나아갈 다음 단계를 정리했다.

"우리의 다음 단계는 제품 포장을 끝내고 컨시어지 MVP를 네 고객에게 전달하는 것입니다. 4~6주 안에 준비를 마쳐야 하는데, 그러면 고객들의 일정과도 맞아요. 질문 있으신가요?"

"여러분 모두 수고 많으셨고 축하드려요. 그나저나 의뢰인 교육에 관련된 더 큰 과제는 어떻게 알게 되었는지 궁금한데요?"

"건축가분이 이야기를 꺼내셨어요. 렌더링이 정말 사실적이라고 감탄하시면서, 이걸 보여주면 의뢰인들이 하나 같이 하는 질문들을 상당수 해결할 수 있을 것 같다고요. 그러면서 저희의 자재 카탈로그에도 관심을 보이셨어요. 그때 스티브 님이 일어나더니 회의실 벽지 사진을 찍고 렌더링에 사용할 수 있게 모델을 업데이트해서 보여주었어요. 건축가분이 입이 떡 벌어지셨죠. 그렇게 저희에게 넘어오셨고, 그때부터 나머지 일은 순조로웠어요. 그 부분을 표준 데모에도 포함시켰습니다."

"멋지네요. 그 건축가분을 가까이 두고 잘 챙기도록 해요. 선각 수용자가 분명하고, 곁에 두면 좋은 사람이니까요. 또 말씀하실 게 있나요?"

모두 고개를 흔들자 메리가 말을 이었다.

"좋아요, 그럼 몇 가지만 말씀드릴게요. 우선 스티브 님께는 이미 이야기했었지만, 다 함께 있을 때 다시 한번 강조하고 싶어요. 이제 MVP 출시로 초점을 옮길 차례이지만, 고객 공장은 계속 가동해야 한다는 사실을 잊지 마세요."

"피치를 계속해서 더 많은 건축가와 계약을 맺어야 한다는 말씀인가요?"

"맞아요. 채널과 캠페인 관련 업무의 자동화와 확장에도 투자해야 합니다. 하키스틱 곡선이 천천히 올라가기 시작하는 동안, 여러분은 견인을 10배로 늘릴 방안을 끊임없이 모색해야 해요. 그래서 제품 출시 외에도 마피아 제안을 확장해야 합니다."

메리는 모두가 잠시 생각할 틈을 줬다가 설명을 계속했다.

"둘째, 스티브 님이 예전에 만났던 엔젤 투자자 두 분께도 오늘의 업데이트를 몇 군데만 수정해서 전달하면 좋을 것 같아요."

"우리가 투자를 받을 준비가 되었다고 생각하세요?"

"그건 때가 되면 결정을 내릴 수 있죠. 하지만 제 생각에는 초기 스타트업 투자자들에게 여러분의 견인 스토리를 들려줄 준비가 된 것 같아요. 특히 앞으로 돈이 벌릴 거라는 게 확실해졌으니 말이죠. 그리고 조시 님과 리사 님은 개인적으로 팀에 정식으로 합류할지 여부를 결정할 때라고 생각해요. 문제/솔루션 적합성은 시간제로 근무하면서도 달성할 수 있지만 앞으로의 여정을 위해서는 완전한 팀이 되어서 시간을 쏟아부어야 할 테니까요."

성장

문제/솔루션 적합성 도달은 스타트업이 첫 번째로 거쳐야 할 중대한 검증 마일스톤이다. 비즈니스 모델의 관점에서는 제품에 대한 초기 수요를 충분히 제품을 확보해서 개발 단계로 넘어갈 수 있음을 입증했다는 뜻이고, 이는 제품/시장 적합성을 향한 여정(2단계)의 시작이다.

하지만 MVP를 처음 출시하면 많은 것이 잘못될 수밖에 없음을 명심하자. 이렇게 되면 **문제/솔루션 자체를 제품이라고 생각하는** 옛 습관으로 돌아가기 쉽다. 보통은 기능을 더 많이 개발하려고 한다. 특히 고객이 기능을 요청한 것처럼 속임수를 쓸 때도 있다. 간단히 말해서 간결하고 집중적이던 MVP가, 순식간에 비대한 괴물로 변신한다.

고객의 말에 귀를 기울이는 것은 너무나도 중요하지만 그 요령을 알아야 하며, 기능을 맹목적으로 밀어붙이는 것은 결코 답이 되지 않는다. 전체적인 관점에서 **비즈니스 모델을 제품으로 바라보면서**(마인드셋 #1) 이 단계까지 오기 위해 사용했던 절차를 앞으로의 여정에서도 계속 사용해야 한다.

구체적으로 말하자면 다음과 같은 90일 주기를 진행해야 한다.

- 견인 로드맵을 사용하여 90일 목표 정의하기.
- 사업 성장을 저해하는 핵심적인 제약 식별하기.
- 이 제약을 극복하기 위한 캠페인에 승부수 띄우기.
- 스프린트를 사용하여 체계적으로 캠페인 테스트하기.
- 근거를 기반으로 3P(방향 전환, 유지, 중단) 결정하기.

앞으로의 여정

앞서 살펴본 것처럼 문제/솔루션 적합성에서 제품/시장 적합성에 이르기까지는 18~24개월이 걸린다. 긴 시간 같지만 90일 주기를 6~8번 하는 시간일 뿐이다.

그 기간에 10배 성장률을 사용하려면 견인을 10배로 늘리는 일을 두 번 해야 한다.

견인을 100배로 늘리는 게 부담스럽게 느껴진다면 시스템을 만든다고 생각해 보자. 10배 도약을 한번 한다는 것은 2배 도약을 3번 정도 하는 것이다($2^3 = 8$). 제품/시장 적합성에 도달하기까지 90일 주기를 6~8회 진행한다고 할 때, 주기마다 견인을 두 배로 늘리는 것으로 임무를 정하면 된다. 그러니 2배로 성장할 수단을 찾는 것이다.

시스템을 중심으로 생각하는 것은 각 주기 안에서 선택하는 성장 전략(캠페인)에도 영향을 미친다. 문제/솔루션 적합성의 주된 결과물은 고객 공장을 가동하고 운영하는 것, 즉 반복성을 확보하는 것이었다. 제품/시장 적합성을 달성하기 위해 고객 공장을 최적화하면 이 최적화 과정에 단계적으로 대처할 수 있다.

즉, 제품/시장 적합성을 향한 여정은 작은 3개의 단계로 나눌 수 있다(그림 III-1).

- MVP 출시
- 솔루션/고객 적합성
- 제품/시장 적합성

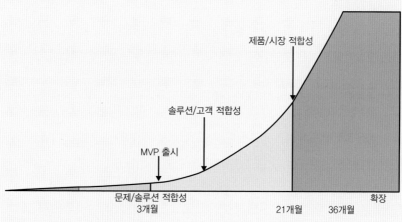

그림 III-1 제품/시장 적합성 하위 단계

MVP 출시

이 단계의 목표는 다음 90일 주기 안에 MVP를 출시 가능한 상태로 준비하는 것이다. 그러려면 솔루션을 출시할 수 있게 준비하는 것은 물론, 선각 수용자들에게서 지속적으로 배우기 위한 기반을 마련해야 한다.

솔루션/고객 적합성

출시 후에는 가치 전달 가설 검증에 집중한다. MVP가 실제로 고유의 가치를 제공하고 고객에게 만족감을 선사하는지 확인해야 한다. 이 단계의 주된 결과물은 초기 고객들을 반복적으로 활성화하고 유지할 수 있음을 입증하는 것이다. 솔루션/고객 적합성 도달에는 보통 3~6개월이 걸린다.

제품/시장 적합성

가치 전달 가설을 검증한 다음에는 성장 가속화에 초점을 맞춘다. 이 단계에서 지속 가능한 성장 동력을 찾기 시작하며, 추가로 6~12개월이 소요될 수 있다.

3부에서는 제품/시장 적합성에 도달하기 위해 이러한 세 가지 하위 과정을 탐색하는 실질적인 단계들을 알아본다. 마지막 장에서 다루는 내용은 이렇다.

- 출시 준비하기(12장).
- 만족한 고객 만들기(13장).
- 성장 로켓 찾기(14장).

출시 준비하기

여기까지 왔으면 불과 몇 주 전보다 고객의 요구 사항을 더 잘 이해하고, MVP도 훨씬 명확하게 정의할 수 있을 것이다. 하지만 혁신가의 편견에 계속 주의해야 한다. 이 단계에서도 집중력을 유지하지 못하면 기능을 너무 많이 만들거나 잘못된 제품을 개발하기 쉽다.

제품 출시를 위한 속도, 학습, 집중력을 최적화하려면 MVP 개발에 철저하게 집중하는 것과 더불어 몇 가지 관리 업무에 신경 써야 한다.

대대적인 출시 캠페인이나 홍보 활동을 하라는 것은 아니다. 아직 검증되지 않은 제품에 대해 화제를 일으키거나 언론의 관심을 끌려는 것은 성급한 최적화이다. 방문자를 많이 끌어들이는 데 성공하더라도 그 방문자들을 붙들어 맬 매력이 없다면 방문율은 금세 사그라든다.

그보다는 **제품 출시와 마케팅 개시를 분리**하는 전략이 훨씬 낫다. 제품 출시는 가치 제공(고유의 가치 제안을 이행했는지 여부) 검증을 핵심 목표로 하는 선각 수용자 대상 제한적 출시로 진행하는 것이 가장 좋다.

고객에게 **가치 제공을 반복적으로 입증**할 수 있게 되면 대규모 마케팅을 진행하는 것이 좋다.

이 장에서는 제품 출시를 위한 속도, 학습, 집중력을 최적화하는 방법을 알아본다.

[그림 12-1]은 이 단계의 90일 주기 구성을 보여준다. 스프린트 4회(2개월) 이내에 MVP를 개발하고, 출시 준비 스프린트를 1회 진행한 다음 얼리 액세스를 진

행한다. 그러나 이는 지침일 뿐, 제품별 특성에 따라 진행 속도가 달라질 수 있다.

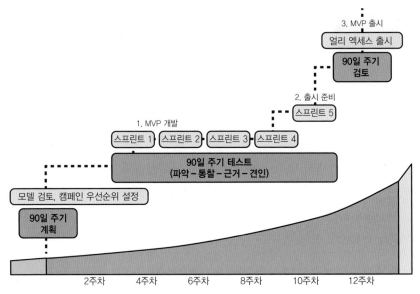

그림 12-1 전형적인 MVP 출시 90일 주기

12.1 알트버스팀, 출시를 준비하다

지난 회의를 마치고 스티브는 리사와 조시를 따로 만나, 공동 창업자로 정식 합류하는 것에 대해 논의를 시작했다. 두 사람 모두 함께하고 싶다는 의지가 강했다. 스티브는 메리의 조언에 따라 만든 주식 소유권과 보상 계획을 제시했다.

이와 동시에 엔젤 투자자 두 명에게 투자 피치를 했고, 앞으로 9~12개월 동안 팀원 5명의 급여를 충당할 수 있는 작은 시드라운드의 마지막 단계에 있었다. 리사와 조시 모두 조건에 동의하면서 팀에 정식 합류하기로 했다.

구성원이 확정되고 당분간 버틸 수 있는 현금도 확보된 상태에서 스티브는 다음 90일 주기를 개시하며 말했다.

"앞으로 90일 동안 진행해야 하는 캠페인 두 가지는 명확하게 알고 있다고 생각해요. 컨시어지 MVP를 가동하고, 마피아의 제안 이상으로 확장을 계속 해야 하죠."

"이 거래의 기준 가격을 생각하면, 다음 차례로 진행할 최선의 캠페인 방안은 직접 판매 캠페인이라고 생각해요."

"저도 같은 생각이에요. 이제 지금까지 배운 모든 것을 시스템화해서 반복 가능한 판매 절차를 만드는 데 집중할 차례입니다. 이건 리사 님이 맡는 게 좋을 것 같아요. 그리고 일종의 고객 관계 관리 시스템을 사용하셨으면 해요. 앞으로 있을 단계의 고객 중에서 가장 유망한 선각 수용자들을 선별하고 자격을 부여할 수 있도록 말이죠."

고개를 끄덕이는 리사를 보며 메리는 말을 덧붙였다.

"정말 당연한 얘기이긴 하지만, 앞으로 스프린트를 진행하면서 가장 중요한 건 컨시어지 MVP 개발에 철저하게 집중하고 다른 그럴싸한 것들에 시선을 뺏기지 않는 겁니다."

스티브는 얼굴을 살짝 붉히며 동의한다는 듯 고개를 끄덕였다.

"우리에게 필요한 것의 범위를 한정 지어 두었어요. 데모를 시연하면서 기능 추가 요청을 몇 가지 받았지만 출시 이후로 미룰 수 있는 것들입니다."

"좋아요. MVP 준비 외에도 전사적인 대시보드를 구축하기 시작해야 해요. 물론 4개 회사로 출발하겠지만 그 회사들의 의뢰인들을 포함하면 MVP를 사용하는 사람이 20~30명은 될 테고, 숫자는 계속 늘어날 겁니다. 사람들이 MVP를 사용하는 방식을 확인해야 최적화를 할 수 있어요."

"건축가들과 주기적으로 연락하면서 피드백을 받을 순 없을까요?"

"당연히 그래야죠. 제가 마지막으로 말씀드리려던 게 바로 그거예요. 고객에게 솔루션을 던져주는 정도로는 거의 효과를 볼 수 없습니다. 선각수용자들에게 만족을 줄 수 있는 체계적인 절차를 구축해야 해요. 그러려면 MVP를 단계별로 또는 묶음 단위로 출시하면서 성공 지표에 대한 미리 세우고, 자주 점검해 보는 것이 시작입니다."

"컨시어지 MVP부터 시작하면 좋겠죠?"

"여러분의 제품은 기본적으로 고객 대면 인터페이스가 될 테니 컨시어지 MVP부터 시작하면 좋겠지만, 기존 대안을 고수하던 고객이 새로운 솔루션을 선택하게 만드는 게 얼마나 품이 많이 드는지 알면 깜짝 놀랄 거예요. 하지만 차근차근 진행하시죠. 출시 준비 방법 자료를 약간 보내드릴게요. 그동안은 시범 서비스 다시 살펴보세요."

12.2 고객 공장 계속 가동하기

1차 초기 고객들을 확보하고 나면 그들에게 가치를 전달하는 데 전념하기 위해 더 넓은 범위의 고객 확보 활동을 접고 제품 개발에만 주력하고 싶다는 유혹이 든다. 하지만 이것이 실수인 이유를 살펴보자.

고객 공장은 플라이휠과 같다

고객 공장 가동을 시작하는 데는 많은 노력이 필요하지만, 가동 상태를 유지하는 것은 그보다 쉽다. 고객 공장을 멈췄다가 다시 가동하려면 더 많은 노력을 들여야 해서 시간이 오래 걸린다.

고객 공장을 지속적으로 최적화하려면 사용자가 지속적으로 흘러들어와야 한다

고객 공장은 여러 단계들이 맞물려서 함께 작동하는 하나의 시스템이다. 이 시스템을 한 부분만 따로 떼어 내서 최적화하면 시스템 전반의 처리량은 줄어드는 경우가 많다. 이것은 국지적 최적화의 함정이다.

그래서 특정 단계를 중단하거나 무시하면 안 된다. 고객 공장 전체의 처리량을 최적화하려면 시스템 전체에 지속적으로 사용자들이 흘러들어오는 꾸준한 흐름이 필요하다.

> **NOTE** 학습을 뒷받침하기에 '충분한 정도로만' 방문율을 유지하면 된다.

반복성 달성은 성장을 위한 전제 조건

고객 공장은 시스템이다. 시스템의 핵심은 반복 가능하다는 것이다. 실제 공장에서 기계들을 배치할 때에는 최적화 단계를 수행하기에 앞서, 예측 가능한 처리량 기준부터 세운다(변동성에 따라 약간의 허용치를 둘 수는 있다). 고객 공장도 마찬가지이다.

반복 불가능한 비즈니스 모델은 확장할 수 없다. 초반에 고객 10명을 확보하는 것은 성과이지만, 다음 고객 10명을 어디서 찾을지 모른다면 이 과정을 반복할 수는 없다. 반복성을 확보하려면 고객 공장을 항상 가동해야 한다.

12.2.1 고객 공장 자동화 방안을 찾는다

끌어당기는 힘을 키우는 데 자주 활용되지 않는 수단이 바로 공장 공정 자동화이다. 전환율 개선에만 집중한 나머지 다른 강력한 수단인 '주기 시간'을 간과하는 기업이 많다.

> **TIP** 판매 주기를 반으로 줄이는 것은 성사율을 두 배로 늘리는 것과 같은 효과를 낸다.

확보와 활성화 단계에서의 밀접 응대 업무를 자동화할 방안을 모색해 보자. 하지만 밀접 응대 업무를 자동화할 때마다 전환율이 내려가는 것은 감수해야 한다. 그러므로 반복 가능한 성장을 위해서는 고객 공장을 주기적으로 손질해줘야 한다.

12.3 가치 전달을 위한 질주

제품 개발 단계로 넘어가면 몰입에 빠져서 시간 감각을 잃기 쉽다. 이를 피하기 위해서는 MVP 1.0을 출시하고 산만함을 물리칠 수 있도록 고도의 집중력을 발휘해야 한다. 다음 방법을 참고해 보자.

타협할 수 없는 출시일을 정하고 지킨다

솔루션 설계 스프린트의 2개월 MVP 제약(9장)을 받아들이고 한 걸음 더 나아가서, 대외적으로 책임감 있는 태도를 보이기 위해 선각 수용자들에게 출시 날짜를 발표한다.

작업량이 불어나는 것을 억제한다

기능이 많을수록 고유의 가치 제안은 희미해진다. MVP를 최소한의 규모로 유지하기 위해 지금까지 심혈을 기울였으니, 불필요한 방해물을 더해 가치를 희석시키지 말자.

> **NOTE** 간단한 제품은 이해하기도 간단하다.

작업 범위를 첫 90일 사용으로 제한한다

첫 90일 동안 제품을 사용할 분량만 개발하는 것도 작업 범위를 제한하는 효과적인 방법이다. 고객이 어떤 제품을 쓸지 말지 결정하는 데 걸리는 시간은 보통 3개월이면 충분하다. 핵심적이지 않은 기능들은 나중으로 미루자.

지속적인 전달 전략을 취한다

MVP에 제품의 모든 속성을 밀어 넣는 대신, 딱 필요한 시간에 맞춰 지속적인 전달continuous delivery을 하는 전략을 취하자. 지속적인 전달이란, 주기를 작고 짧게 정해 두고 제품에 새로운 기능을 지속적으로 추가하는 것이다. 이는 소프트웨어 분야에서 주로 사용하는 기술이지만, 약간의 창의성과 계획만 있으면 소프트웨어가 아닌 제품에도 지속적인 전달 전략을 적용할 수 있다.

몇 가지 예를 살펴보자.

- 테슬라는 두 번째 모델인 S를, '약속'했던 기능 중 상당수가 빠진 상태로 출고했다. 해당 기능은 프로그래밍 가능한 시트, 자율 주행 등이었다. 테슬라는 이러한 기능을 구현하는 데 필요한 하드웨어를 차량에 전부 탑재해 두고, 이후 소프트웨어 업데이트를 통해 해당 기능들을 제공했다.
- '플레잉 린'은 린 스타트업의 원리를 가르쳐 주는 보드게임이다. 게임 제작진은 게임을 반복하는 고객들에게 교체용 팩과 주사위를 배송해 주면서 지속적인 전달 전략을 구현했다.

성급한 최적화를 피한다

학습 속도를 높이는 데 모든 에너지를 쏟자. 속도가 관건이다. 미래의 서버, 코드, 데이터베이스 등을 최적화하기 위해 기운을 낭비하지 말자. 제품을 출시할 때에는 확장 관련 문제가 없을 가능성이 높다. 드물게 그러한 문제가 있는 경우(큰 문제다), 초반에는 하드웨어를 추가해서 때울 수 있고, 고객에게 비용을 청구하고 있을 것이므로 하드웨어 비용을 정당화할 수 있다. 문제를 보다 효율적으로 해결하기 위해 시간을 사는 것이다.

얼리 액세스 고객에게 사용 과정에서 피드백을 받는다

스크린숏을 공유하거나 고객을 라이브 시연 행사에 초대해서 진척 상황을 보여준다. 이는 관심도를 유지하고 얼리 액세스 고객에게서 피드백을 받을 수 있는 훌륭한 방법이다.

12.4 고객 공장 지표 대시보드 확장하기

사업은 수족관처럼, 무슨 일이 벌어지고 있는지 모두가 볼 수 있도록 운영되어야 한다.

— 잭 스택Jack Stack의 『드림 컴퍼니』(김앤김북스, 2009)에서

이제 10장에서 작성한 전사적 지표 대시보드에 제품 지표를 더할 차례다.

하나의 전사적 지표 대시보드를 만들면 팀 구성원들이 비즈니스 모델에서 가장 시급한 위험 요소나 제약을 중심으로 방향성을 맞출 수 있다.

전사적 지표 대시보드를 구축하기 위한 지침을 알아보자.

실행 불가능한 데이터의 바다에서 허우적거리지 말자

요즘은 분석 프로그램이 셀 수 없이 많아서 다양한 제품 지표를 측정하기가 어마어마하게 쉬워졌다.

지표를 다룰 때는 데이터를 최대한 많이 수집하고 분석하려는 경향이 보통이다. 거의 모든 것을 측정할 수 있는 세상에 살고 있는 우리는 명확하게 현실을 이해하는 대신 실행 불가능한 데이터의 바다에 빠져 허우적거리고 만다.

구글 애널리틱스를 사용해 본 적이 있다면 무슨 말인지 알 것이다. 자바스크립트 코드만 조금 있으면 데이터 포인트를 수천 개는 수집할 수 있다. 여기에 다른 도구들을 몇 개만 추가하면 데이터 포인트는 더더욱 걷잡을 수 없이 늘어난다. 정보가 너무 많으면 쓸모없어지듯, 데이터도 그렇다.

> **NOTE** 수치가 많을 필요는 없다. 실행 가능한 핵심 지표 몇 개만 있으면 된다.

고객 공장 지표에서 출발한다

고객 공장을 다시 검토하고 각 단계를 사용자가 제품을 사용하면서 취할 구체적인 행동 하나 이상으로 재구성한다.

린스택 SaaS 제품의 고객 공장 구성 방식을 예로 들어 보자.

a. 확보: 무료 계정으로 가입

b. 활성화: 린 캔버스 완료

c. 유지: 돌아와서 제품 사용

d. 매출: 유료 계정으로 업그레이드

e. 추천: 다른 사람들을 자신의 프로젝트로 초대

이미 눈치챘을 수도 있지만 고객 공장 모델에 담긴 모든 단계는 고객이 수행하는 가장 중요한 행동들을 나타내는 거대 사건이다. 이런 거대 사건은 보통 작은 사건 하나 이상으로 구성되어 있다. 예를 들면 어떤 사람이 린스택에 가입(확보)하기 전에 블로그 게시물에 있는 링크를 클릭하고, 랜딩 페이지를 방문해서 사이트를 둘러볼 수 있다.

전사적 지표 대시보드를 만드는 목적은 모든 하위 단계가 아니라, 가장 중대한 고객 생애 주기 사건을 포착하는 것이다. 사용하는 지표의 양을 줄이면 수치들 틈바구니에서 허우적거리지 않고 사업모델에서 올바른 위험 요소(즉, 제약)에 집중할 수 있다.

매크로 지표는 일반적으로 위험 요소가 어디 있는지 판단할 때, 마이크로 지표는 그 요소들의 정확한 위치를 찾아낼 때(그리고 트러블슈팅 관련 기능을 할 때) 유용하다.

자만하지 않는다

제품의 '진짜 진척 상황'을 측정하기 어려운 이유 중 하나는 우리가 나쁜 소식보다 좋은 소식을 보고하기 좋아하기 때문이다. 우리가 좋아하는 우상향 그래프가 본질적으로 나쁜 것은 아니다. 다만 우상향할 수밖에 없는 그래프를 만들어 내기 시작하는 건 곤란하다.

사용자가 서비스를 계속 사용하는지는 고려하지 않고 누적된 가입자 수만 집계하는 것이 이런 그래프의 훌륭한 예시다. 누적 가입자는 늘어나지 않을 수는 있어도 절대 내려갈 수는 없는 수치이기 때문이다. 이는 당신이 허영 지표를 따르고 있다는 첫 번째 징후다.

사실 허영 지표가 필요한 곳도 있다. 홍보용 웹사이트에 이런 그래프를 전시해 두면 사회적 검증을 받고 경쟁사들을 물리치는 데 효과적이다. 그러나 내부에서 진척 상황을 검토할 때 이런 지표를 사용하면 뭔가 발전하고 있다는 착시 효과를 주면서, 실제로 사업이 직면한 잔혹한 현실을 직면하지 못하게 한다.

> **NOTE** 지표는 그 자체의 특성이 아니라 측정 방식에 따라 허영 지표가 되기도, 실행 가능한 지표가 되기도 한다.

실행 가능한 지표를 추구한다

실행 가능한 지표는 관찰된 결과에 구체적이고 반복 가능한 행동을 연결하는 지표, 다시 말해 인과관계를 도출할 수 있는 지표이다. 실행 가능한 지표를 측정하는 가장 좋은 방법은 고객 공장을 묶음(또는 동일 집단) 단위로 측정하는 것이다.

이 과정을 공장에 비유하면 묶음의 개념을 이해하기가 훨씬 쉽다. 일간 공장 운영 기준점은 반복성 원칙을 기반에 두며, 공장장은 이를 참고해 공장에서 생긴 문제를 재빨리 감지한다. 특정 묶음에서 비정상적인 결과가 나오면 무언가 잘못되었다는 것을 알고, 신속하게 해결 조치를 취할 수 있다.

고객 공장의 기준점을 정할 때도 같은 방식을 취할 수 있다. 먼저 가입일을 기준으로 사용자를 일간, 주간, 월간 단위로 묶어 분류한다. 그런 다음 이 사용자들이 고객 공장의 단계를 밟으면서 보이는 중요한 행동들을 측정한다.

> **NOTE** 동일 집단 단위를 사용하면, 하나의 사용자 묶음을 다른 묶음과 비교하여 상대적인 진행률을 측정하기 좋다.

동일 집단에 대한 지표 측정은 이들을 하나로 뭉뚱그려 측정하는 것보다 일이 복잡하지만, 그런 노력을 들일 가치가 있는 다음의 이점이 있다.

- **묶음을 통해 공통 속성끼리 분리한다.**

  제품을 끊임없이 흐르면서 모양을 바꿔 가는 강이라고 생각해 보면, 가입일 기준으로 사용자들을 묶으면 제품을 비슷한 방식으로 경험한 사용자들이 한 묶음에 모이게 된다. 이들은 함께 모여서 뛰어넘어야 할 기준점을 설정한다. 가입일 외에 성별, 확보 방문 경로, 출시일, 특정 기능 등을 기준으로도 동일 집단(코호트)을 묶을 수 있다.

- **묶음을 하면 진행률을 시각화하기 쉬워진다.**

  시간의 흐름에 따른 여러 묶음의 상대적 처리량을 비교하면 비슷한 대상들을 서로 비교할 수 있다. 데이터를 정규화하고 사용자를 동일 집단 단위로 추적하면, 우상향 그래프는 더 이상 허영 지표가 아니라 정확한 진행률 자료가 된다.

- **묶음을 하면 인과 관계에 집중할 수 있다.**

  묶음들 전반에서 급등세가 보이면, 그 묶음에서 무엇이 달라졌는지 조사해서 가능한 원인을 파악할 수 있다. 그다음에는 그 행동의 결과를 고립시키고 행동을 반복해서 비슷한 결과가 나오는지 확인한다. 이것이 분할 테스트(A/B 테스트라고도 한다)의 기본이다.

지표를 한 장으로 정리한다

다른 회사에서 고객 공장 모델의 다양한 단계를 측정하기 위해 개발한 훌륭한 도구도 많지만, 하나의 도구로 모델 전체에 사용할 수 있는 경우는 아직 찾지 못했다. 그래서 린스택에서는 몇 가지 도구를 함께 사용해서 1쪽짜리 분량의 전사적인 지표 대시보드를 만든다. [그림 12-2]의 예를 살펴보자.

> **NOTE** 전사적 지표 대시보드 양식은 린스택 웹사이트[1]에서 내려받을 수 있다.

---

1 https://runlean.ly/resources

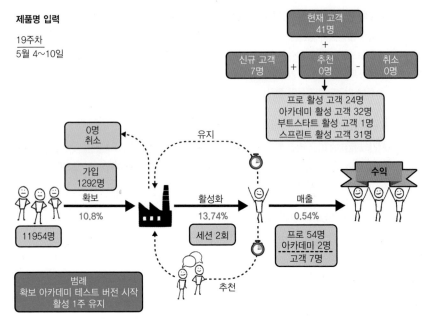

제품명 입력

19주차
5월 4~10일

현재 고객
41명
+
신규 고객
7명
+
추천
0명
-
취소
0명

프로 활성 고객 24명
아카데미 활성 고객 32명
부트스타트 활성 고객 1명
스프린트 활성 고객 31명

0명
취소

유지

가입
1292명

확보

10.8%

11954명

활성화

13.74%

세션 2회

매출

0.54%

수익

프로 54명
아카데미 2명
고객 7명

추천

범례
확보 아카데미 테스트 버전 시작
활성 1주 유지

그림 12-2 전사적 지표 대시보드

12.5 묶음 단위로 MVP 출시하기

앞서 이야기한 것처럼 제품을 처음 출시하면 많은 것이 잘못될 수 있고, 실제로 잘못된다. 그래서 MVP를 공개적으로, 또는 모든 고객에게 공개하는 것은 바람직하지 못할 때가 많다.

그보다는 묶음 단위의 MVP를 제한적으로 출시하는 것이 효과적이다. '최정예' 선각 수용자들만을 대상으로 초기 버전을 선보이는 것이다. 그다음에 후속 선각 수용자 집단들에게 공개하면서 체계적으로 제품을 다듬어 간다.

묶음 출시 전략을 구성하는 방법은 다음과 같다.

초기 집단에 들어갈 '최정예' 선각 수용자를 엄선한다

가장 열렬한 팬들에게도 가치를 전하지 못하는 제품은 낯선 사람들에게도 가치를 전할 수 없다. 마피아 제안 전달 피치 과정에서 제품에 가장 잘 적합하다고 판단한 잠재 고객들을 대상으로, 첫 번째 선각 수용이자 집단을 엄선한다.

> **NOTE** 학습을 위해서는 사용자가 많지 않아도 된다. 소수지만, 양질의 고객이 필요할 뿐이다.

친구나 우호적인 선각 수용자들과 함께 시작해도 좋다

제대로 된 제품을 만드는 건 원래부터 어려운 일이니, 굳이 더 어려운 길을 찾을 이유는 없다. 첫 번째 집단에는 친구나 지인 중 우호적인 선각 수용자가 될 만한 사람들(다른 제품을 사용하던 고객 등)과 함께해도 좋다. 고객을 잃을 걱정 없이도 명백한 문제를 빠르게 찾아내서 해결하도록 도움을 받을 수 있는 길이다.

의지를 기준으로 다음 정예 군단을 선별한다

그다음 순서의 정예 선각 수용자는 당신의 제품을 사용하고자 하는 의지가 평균 이상인 사람들이다. 구경꾼이 아니라 이 제품을 사용해서 명확하게 구체적으로 원하는 결과를 얻겠다는 절박함이 있는 사람들을 찾아야 한다. 고객 작용력 캔버스를 다시 살펴보면서 '차선'의 수용자들이 누구일지 고민해 보자.

묶음 규모와 견인 모델의 균형을 유지한다

견인 모델을 사용하여 묶음의 규모를 정하면, 항상 팀과 제품의 수용력을 넘지 않으면서, 즉 가치 전달 능력을 저해하지 않으면서 견인 목표 수준을 맞추거나 웃돌 수 있다.

12.6 알트버스팀, 컨시어지 MVP를 출시하다

2차 90일 주기를 시작한 지 6주 만에 알트버스팀은 건축 회사 두 곳을 위해 온라인 서비스를 시작했다. 다른 12개 회사들로 이루어진 파이프라인이 생겼고, 시범 서비스에 가입하는 회사도 한 달에 서너 군데가 꾸준히 있다. 컨시어지 MVP의 현재 수용력은 20개 회사인 것으로 추정한다. 그리고 일주일에 1개 회사의 속도로 고객을 늘리기로 했다. 그러면 현재의 수용력에 맞게 묶음 규모를 유지하면서도 견인 목표를 초과 달성할 수 있다. 앞으로 4~5개월 동안 이 전략을 유지하려고 한다.

그동안 스티브와 조시는 컨시어지 MVP에서 속도가 가장 느린 부분을 최적화한다. 한계에 도달하기 전에 가치 전달 역량을 두 배로 늘리는 것이 목표이다. 순조롭게 출발한 후 만족한 고객을 만드는 것에 집중할 것이다.

CHAPTER 13 만족한 고객 만들기

모든 사업의 공통된 목표를 **만족한 고객을 만드는 것이다.** 비즈니스 모델(B2B, B2C, 디지털, 하드웨어, 서비스)에 관계없는 만고의 진리이다.

만족한 고객을 만드는 것은 고객을 만족시키는 것과 다르다. 고객을 만족시키기는 쉽다. 공짜로 퍼주기만 하면 그만이다. 하지만 그렇게 해서는 비즈니스 모델이 기능하지 않는다. 만족한 고객을 만든다는 것은 단순히 고객을 기분 좋게 만드는 것이 아니라, 고객이 성과(원하는 결과)를 낼 수 있도록 돕는 것이다.

이 장에서 그 방법을 알아보자.

13.1 알트버스팀, 행동 설계에 대해 배우다

스티브는 현재의 진행률을 이야기하면서 다음 팀 회의를 시작했다.

> "현재 알트버스를 사용하는 건축회사는 여덟 곳이고, 지금까지 완성된 모델을 3개 납품했습니다."

> "납품한 모델이 더 많을 줄 알았는데 왜 그렇게 적죠?"

"일부는 고객 쪽에서 일정을 미루기를 원했어요. 그쪽에서 도면과 시방서를 보내주기를 기다리고 있어요. 덕분에 한가해진 시간을 활용해서 가격 책정 모듈을 개발 중이고요."

"여러분이 건축가들에게 가격 책정 모듈을 제안했나요? 아니면 요청한 건축가가 있었나요?"

메리의 물음에 리사와 조시는 고개를 저었다.

"그럼 왜 지금 모듈을 개발하고 있는 거죠?"

"지금보다 앞으로 치고 나갈 수 있을 것 같았거든요…"

"데모-판매-개발은 MVP만 해당하지 않아요. 지금부터 새로운 수행 과제를 위한 모든 주요 기능을 이런 식으로 검증해야 합니다. 하지만 더 중요한 건, 처음 의뢰받은 과제를 반복적으로 납품할 수 있게 될 때까지는 새로 일을 벌이면 안 된다는 거예요. 이건 혁신가의 편견이 또 못난 얼굴을 다시 들이밀고 있는 거예요. 이렇게 되면 안 된다고 당부했잖아요."

스티브가 고개를 끄덕이는 모습을 본 메리가 말을 이었다.

"속도도 중요하지만 배움 없이 제품을 빨리 구현하려고 서두르면 안 돼요. 그건 성급한 최적화의 함정이고, 잘못된 시기에 잘못된 것에 집중하게 될 수 있는 방식입니다."

"그러면 지금은 배치 규모를 늘리고 고객을 늘리는 것이 답일까요?"

"아니요, 지금은 고객의 행동이 여러분의 예상을 빗나간 이유를 파악할 시간이에요. 무작정 고객을 늘리기만 하는 것은 납품 모델 수를 늘리기 위한 억지스러운 조치이고, 그러다 보면 일부 고객이 알트버스 제품의 약속에 따라 움직이고 있지 않는다는 사실이 감춰집니다. 그들은 결국 서비스를 떠날 테고요."

"흠…그러면 어떻게 해결해야 할까요? 저희가 고객에게 강요할 수는 없잖아요."

"물론 강요는 할 수 없지만 고객을 조종할 수는 있죠."

"예전에 시범 서비스 관리를 말씀하신 게 이 뜻이었나요?"

"바로 그거예요. 구매 직후의 고객은 전환 의지가 높은 상태이지만 그 의지는 금세 희미해져요. 이들을 관리하지 않고 방치하면 순식간에 의지를 잃고 관성에 따라 익숙한 기존 대안, 즉 현재 상태로 돌아갑니다."

"관성은 확보 전 단계에만 적용되는 게 아니었군요?"

"관성은 현재 상태가 변화하는 것에 저항한다는 의미일 뿐이에요. 고등학교 때 물리 시간에 배우셨을 거예요. 정지해 있는 균형을 깨는 힘을 가하지 않는 이상 물체는 정지 상태를, 운동 중인 물체는 움직이는 상태를 유지하는 법칙이요."

"하핫, 얼마 만에 듣는 이야기인지 모르겠어요. 제가 뉴턴의 운동 제1 법칙을 아직도 기억하고 있으리라고 상상도 못 했네요."

"네, 첫 번째 단계는 단지, 사람들을 언덕 꼭대기로 데려가는 일이었어요. 하지만 고객이 이전에도 같은 과제를 수행해 본 적이 있다면, 기존 대안을 중심으로 형성된 고객의 과거 습관과 싸워야 해요. 그 습관이 바로 현재 상태이죠."

"네, 맞는 말씀이에요. 하지만 습관을 바꾸는 건 어려운데, 우리가 그들에게 어떻게 영향을 미칠 수 있을까요?"

"이런 때를 위해 행동 설계를 위한 과학이 있어요. 제품에도 적용되는 학문이죠. 첫 번째 단계는 확보지만, 만족한 고객을 만들려면 여러분의 제품을 새로운 현재 상태로 정립해야 해요. 그러려면 활성화와 유지를 위해 노력해야 하죠."

13.2 만족한 고객 루프

고객 공장의 반복 가능한 확보율이 어느 정도 수준에 올랐으면, 그다음으로 중요한 단계는 활성화activation이다. 여기서 고객을 위한 가치가 창출된다. 당신이 고객을 위한 가치를 만들면 고객은 이에 대한 화답으로, 가치의 일부분을 현금화 가능한 형태로 포착할 수 있게 해 준다. 그러나 다면적 비즈니스 모델에서는 현금화 가능한 가치와 수익이 서로 다를 수 있다.

활성화 단계는 만족한 고객이 생성되는 단계로, 흔히 제품의 '깨달음의 순간aha moment'이라고 한다. [그림 13-1]을 보면 활성화 단계에서 다른 단계로 가는 화살표가 가장 많다. 그래서 활성화는 인과 관계에 따라 이루어지는 단계이다.

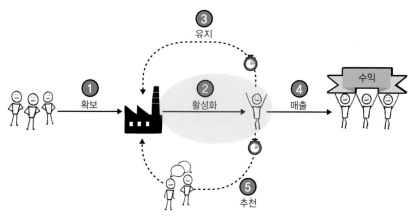

그림 13-1 활성화는 인과 관계가 있는 단계이다

만족한 고객을 만들었을 때의 결과

- 제품을 더 오랜 시간 사용한다(유지).
- 현금화 가능한 가치를 포착한다(매출).
- 고객의 호의가 전파된다(추천).

화살표를 거꾸로 돌려도 인과 관계가 성립한다.

활성화 단계에 도달한 다음의 중요한 단계는 매출이 아닌 **유지**다. 확보 시점에서 미리 수익을 거두더라도 제품에서 가치를 얻지 못하는 고객은 환불을 요구할 것이다.

그래서 고객 공장 수치에서는 유지 단계가 확보 다음에 위치한다. 그리고 가치를 한 번만 제공하는 정도는 고객의 마음에 제품이 자리 잡게 만들기에 충분하지 않다. 여러 차례의 교류를 통해 고객에게 반복적으로 가치를 제공해서 **실질적인** 전환을 일으켜야 한다.

> NOTE 혁신은 기존 대안을 당신의 새로운 솔루션으로 바꾸는 전환을 유발한다.

고객 확보 시점에서 승리를 선언하는 마케팅 담당자들이 많지만, 확보는 첫 번째 전투에 불과하다. 요즘 고객들은 여러 선택지를 두고 한동안 간을 보다가 마지막에 원하는 솔루션을 찾는 경우가 흔하다. B2C와 B2B, 디지털, 실물 제품에서 모두 마찬가지다.

활성화와 유지 단계를 묶어서 생각하면 [그림 13-2]처럼 만족한 행복한 고객 루프가 형성된다.

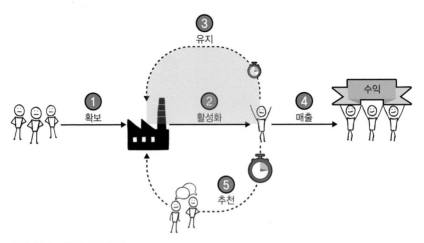

그림 13-2 만족한 고객 루프

만족한 고객 루프를 몇 바퀴만 돌아도 전환이 이루어지는 제품도 있고, 더 긴 과정을 거쳐야 고객이 기존 대안을 완전히 버리고 당신의 새로운 솔루션을 선택하게 되는 제품도 있다. 당신의 제품이 고객의 새로운 현재 상태가 되는 때가 바로 실질적인 **전환의 순간**이다.

제품을 처음 출시할 때 만족한 고객 루프 최적화에 가장 공을 들여야 한다. [그림 13-3]은 90일 주기에서의 최적화 단계를 보여준다.

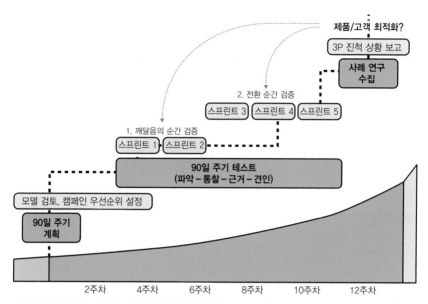

그림 13-3 만족한 고객 루프 최적화를 위한 일반적인 90일 주기

고객이 제품을 사용하는 초기의 사용자 환경이 활성화 상태 또는 깨달음의 순간을 이끌어야 한다. 고객을 활성화하면 재방문(유지)이 발생하며, 이러한 재방문은 고유의 가치 제안에 대한 약속을 지속적으로 강화하면서 고객을 원하는 결과 가까이 데려다주어야 한다. 이때 전환이 일어난다.

스프린트 두 차례를 통해 고객에게 깨달음의 순간을 제공하고, 스프린트 세 차례를 통해 전환 순간으로 이끌고, 마지막 스프린트 한 차례를 통해 학습한 내용을 사례 연구로 만드는 계획을 세우자. 물론 이 책에서는 방향을 제시할 뿐, 진행 속도는 각 제품의 특성에 따라 달라진다.

이 절에서는 만족한 고객 루프를 최적화하는 요령을 몇 가지 소개한다. 먼저 **하지 말아야** 할 일부터 알아보자.

13.2.1 기능만 밀어붙이지 말자

실제 잠재 고객이 많은 훌륭한 시장에서는, 시장이 스타트업으로부터 제품을 끌어 낸다.

— 마크 안드레센Marc Andreessen, 『Pmarca Guide to Startups』

제품을 처음 출시하면 보통 기능을 더 많이 개발하고 싶어 한다. 고객의 요청이라는 포장이 있으면 이 바람이 더 강해진다. 혁신가의 편견에 빠지기 쉬운 것은 고객도 마찬가지임을 기억하자. 고객이 요청하는 기능 대부분은 문제를 가장한 솔루션이다. 그들의 요구를 정확히 구현하더라도 실제로 문제가 해결되지는 않기 때문에 고객은 그 기능을 사용하지 않을 가능성이 높다.

MVP에 기능을 이것저것 추가하기 시작하면 순식간에 예전 세계로 돌아가고 만다. 간단명료하던 MVP가 비대한 괴물로 변하는 것이다.

제품을 출시한 다음에도 고객의 의견을 듣는 것이 중요하다. 다만 어떻게 듣는지를 알아야 한다. 덮어놓고 기능만 늘리는 것은 답이 되기 힘들다.

그렇다면 기능을 늘리고 싶다는 자연스러운 욕구는 어떻게 다스릴 수 있을까?

13.2.2 80/20 원칙 적용하기

만족한 고객 루프를 최적화할 때 좋은 방법은 80/20 규칙을 구현하는 것이다(그림 13-4). 출시 직후 대부분의 시간(80%)은 멋진 신규 기능을 좇기보다 기존 기능을 평가하고 개선하는 데 투자해야 한다.

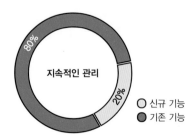

그림 13-4 80/20 원칙

13.2.3 전환 방지하기

확보 전 단계에서의 혁신은, 기존 대안에서 당신의 제품으로의 전환을 **유발**하는 것이 관건이다. 확보 후의 혁신은 고객 활성화를 보장하고 당신의 제품에서 기존 대안으로의 전환을 **방지**하는 것이다.

전환을 방지하는 최고의 방법은 가혹한 정책으로 고객의 발을 묶거나 높은 전환 비용으로 고객에게 부담을 주는 것이 아니라, 경쟁사보다 일을 잘하는 것이다.

일을 더 잘한다는 것은 어떤 의미일까? 문제/솔루션 적합성 도달 과정에서 우리는 고객 작용력 모델을 사용하여 더 나은 것에 대한 축을 파악했다. 당신의 제품에 기존 대안과는 다른 독보적인 입지를 부여하기 위해서였다(9장). 이제는 고객에게 약속했던 고유의 가치를 전달해야 한다.

13.2.4 경쟁사를 뛰어넘는 학습 능력 갖기

혁신가의 선물에는, 완벽한 솔루션은 없다는 원칙이 있다. 문제와 솔루션은 동전의 양면 같아서, 당신의 멋진 제품도 세상에 내놓고 나면 그 나름의 문제를 일으킬 것이다.

MVP를 출시한 다음에도 고객에게 의미 있는 제품으로 남으면서 비즈니스 모델을 키워 나가려면 기능을 많이 만들어서 던져줄 것이 아니라, 당신의 제품에 어떤 문제가 있는지 계속 발견하고 경쟁사보다 한발 앞서서 해결해야 한다.

> **NOTE** 이제는 학습 속도가 일방적 경쟁 우위이다.

13.2.5 마찰 줄이기

포스를 사용하게, 루크!

― 〈스타워즈〉에서 오비완

당신의 제품에서 문제를 발견하는 방법은, 기존 대안을 연구하던 때와 마찬가지로 고객 작용력 캔버스를 사용하는 것이다. 그러나 이제는 당신의 제품을 사용해서 원하는 결과를 향해 가는 선각 수용자를 밀거나 당기는 작용력을 살펴야 한다.

보통은 그런 작용력을 더 세게 밀어붙이지만, 우리가 가장 집중해야 할 영역은 따로 있다. 선각 수용자들은 제품에 가입할 정도로 동기가 충만하므로, 그들이 처했던 상황은 기존제품을 '밀어 내는 힘'이나 당신 제품의 '끄는 힘'이 관성(아무 조치도 취하지 않는 것)을 극복하기에 충분했다고 볼 수 있다.

고객은 이제 원하는 결과를 얻기 위해 언덕을 오르고 있다. 그러나 오르막길은 고되고, 그 길에는 우리가 고객으로부터 배울 수 있는 또 다른 기회가 있다.

확보 후 심혈을 기울였을 때 가장 효과적인 영역은 [그림 13-5]에서처럼 고객의 속도를 늦추는 작용력, 즉 마찰을 줄이는 것이다.

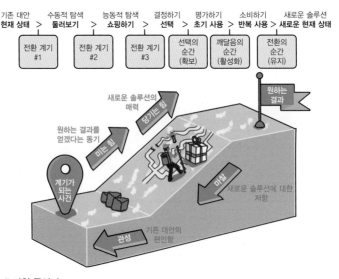

그림 13-5 마찰 줄이기.

| 제품 UX 개선보다 마찰 감소가 우선이다 |

마찰을 줄이는 확실한 방법은 제품을 최대한 사용하기 쉽게 만드는 것이다. 양질의 사용자 경험(UX)에 투자하는 것은 모든 제품의 핵심이지만, UX는 보통 문제해결의 한 방편일 뿐이다. 고객은 당신의 제품으로 전환함으로써 기존 대안에서의 **전문가** 지위를 벗어나 당신이 제시한 새로운 솔루션의 **초보자**가 된다. 이로써 그들은 **편안한 영역**을 벗어난다.

처음에는, 아직 마음속에서 제대로 검증하지 못한 새로운 솔루션을 선택한 고객의 걱정을 해소하기 위해 노력해야 한다. 그리고 고객이 기존 대안에 대해 느끼는 익숙함과 편안함 역시 당신에게는 훼방꾼이므로 맞서 싸워야 한다.

새로운 것을 선택하는 데는 노력이 필요하다. 늘 과제를 수행하던 방식을 고수하면(현재 상태) 문제가 산적해 있더라도 힘이 덜 든다. 이미 기존 대안에 시간을 충분히 들이면서 문제를 안고 살아가거나 회피하는 방법을 배워 두었기 때문이다. 다시 말해, 우리는 고객이 기존 대안을 사용하며 쌓아온 습관에 맞서야 한다.

따라서 고객들이 당신의 제품으로 전환하게 만들려면 새로운 솔루션에 대한 우려와 기존 대안을 중심에 둔 습관을 버리도록 해야 한다. 한 걸음 더 나아가, 고객이 당신의 제품을 통해 새로운 습관을 만들게 한다면 그 제품은 고객에게 새로운 현재 상태가 된다. 이것이 경쟁사로의 이탈을 막는 **최선의 전환 방지 조치**이다.

> **NOTE** 고객을 기존 대안에서 새 솔루션으로 전환시키려면 행동을 변화시켜야 한다.

하지만 습관을 만들거나 고치려고 노력해 본 사람이라면, 습관을 바꾸기가 얼마나 어려운지 잘 알 것이다. 동기만으로는 부족하다. 그 대신 만족한 고객 루프를 체계적으로 최적화하는 과정에, 습관이 작동하는 방식에 관한 과학을 적용해 보자.

13.2.6 습관의 과학 배우기

찰스 두히그는 저서 『습관의 힘』(갤리온, 2012)에서 습관 루프에 대해 처음 배웠다. 그는 습관 과정을 3단 루프로 설명한다(그림 13-6).

1. 행동을 취하라는 신호나 계기
2. 신호를 따르는 반복 행동이나 구체적인 행동
3. 행동이 효과를 발휘했는지, 앞으로도 반복할 가치가 있는지 알려주는 보상

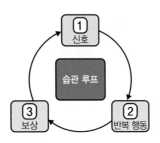

그림 13-6 습관 루프

이반 파블로프Ivan Pavlo는 개를 대상으로 연구를 하다가 우연히 습관 루프를 발견하고, 뒤이어 고전적 조건형성 이론을 고안했다. 고전적 조건형성은 무의식적으로 일어나는 학습의 일종으로, 자동 조건 반응이 행동을 만들기 위한 특정 자극과 짝을 이룬다. 개에게 새로운 개인기를 가르칠 때 사용하는 방법도 대부분 습관 루프이다.

습관 루프는 단순하지만 반려견 훈련 외에 다른 흥미로운 분야에도 응용된다.

『습관의 힘』에 나온 치약 사례를 생각해 보자. 사실 1940년대까지 양치질은 일상적인 습관이 아니었다. 아직 치약이 발명되지 않았기 때문도, 모두 치아가 건강했기 때문도 아니었다. 현실은 오히려 반대였다. 미국 연방 정부는 시민들의 심각한 치위생 상태를 국가 안보 위험이라고 선언했다. 이 모든 변화의 주인공은 치약 브랜드 펩소덴트의 마케팅 담당자 클로드 홉킨스Claude Hopkins였다. 그는 어떤 차이를 두었을까?

그 시절의 여느 마케팅 담당자들과 마찬가지로 홉킨스는 사람들이 원하는 결과로

써 깨끗하고 건강한 치아의 이점을 내세웠다. 그러나 한편으로는 현재의 치아 위생 상태에서 원하는 결과(깨끗한 치아)로 가려면 기존의 양치질만으로는 턱없이 부족하다는 사실을 인지하고 중간 보상을 도입했다. 그는 화학자들에게 요청해 치약에 민트와 구연산을 첨가했다. 그러자 다른 어떤 치약에서도 느낄 수 없던 시원함과 화함이 느껴졌다. 그저 다른 치약들과 다른 정도가 아니라, 입안이 좀 더 상쾌해진다는 (일시적이지만) 즉각적인 보상을 제공한 것이다.

이것이 바로 양치질을 강화하기 위해 필요했던 깨달음의 순간이었다. 사람들이 다음날도, 또 다음날도 다시 이를 닦도록 독려하는 힘이었다. 그렇게 양치질을 할 때마다 치아는 건강해졌고, 매일 양치질하는 습관이 굳어졌다.

습관 루프에 신비로운 마법의 힘은 없지만, 습관이 형성되는 과정을 3가지 개별 단계(계기, 행동, 보상)로 분해하면 이 단계들을 제어해서 행동 변화를 설계하기 위한 문이 열린다.

| 습관 루프에서 행동 설계로 |

스탠퍼드의 행동 과학자 BJ 포그와 연구진은 행동 설계라는 용어를 만들고 10년 이상 인간의 행동을 연구해왔다. 포그는 저서 『습관의 디테일』(흐름출판, 2020)에서 행동 설계를 위한 핵심 모델과 방법을 정리했다.

포그에 따르면 동기, 능력, 자극이라는 세 요소가 결합할 행동이 이루어진다(그림 13-7).

그림 13-7 포그 행동 모델

즉 신호나 계기를 통해 자극을 받고, 행동을 취할 동기가 충분하고, 그 행동을 자신의 능력으로 감당할 수 있을 때 행동이 일어난다.

일회성 행동을 습관으로 바꾸려면 어떻게 해야 할까? 반복이 필요하다. 동기를 지키고, 행동을 능력 범위 안으로 유지하고, 올바른 자극을 설계하는 것은 우리가 마음대로 이용할 수 있는 수단이다. 반복을 장려하는 마지막 수단은 행동이 끝날 때 적절한 보상을 주는 것이다. 이는 앞으로도 이 행동을 반복할 가치가 있다는 신호가 된다.

| 고객 작용력 모델은 행동 모델이다 |

습관 루프, 포그 행동 모델, 고객 작용력 모델에는 비슷한 용어들이 등장한다. 고객 작용력 모델이 바로, 고객이 과제를 수행하기 위해 노력하는 여정을 설명하는 행동 모델이기 때문이다.

기존 고객 여정 지도와 다른 점이 있다면, 고객이 무슨 행동을 하는지 포착하기만 하는 것을 넘어서, 그런 행동을 하는 **이유**를(동기, 계기, 깨달음의 순간 등) 더 잘 이해하기 위해 행동의 관점을 동원한다는 것이다.

지금부터는 고객 작용력 모델을 사용하여 당신의 제품에 맞는 이상적인 고객 여정 지도를 구상하고, 행동 설계 원칙에 입각해 만족한 고객 루프를 최적화해 보자.

13.2.7 고객 진행 로드맵 그리기

처음에는 원하는 결과에 대한 거대한 약속을 보고 고객이 동기를 얻을 수 있지만(확보 시점), 막상 오르막길을 오르기 시작하면 꼭대기가 너무 높아 보일 수 있다(고객의 능력 밖). 새로운 솔루션을 배워야 하는 미지의 영역까지 심심찮게 맞닥뜨리다 보면 불안감이 엄습한다.

마찰을 줄이는 첫 단계는 언덕 꼭대기 중간중간에 작은 정상들을 마련하는 것이다(그림 13-8).

각 정상은 고유의 가치 제안을 전반적으로 강화하고 고객이 지속적으로 전진하도록 장려하는, 작은 크기의 원하는 결과(깨달음의 순간)를 나타낸다.

작은 정상들을 만들 때는 다음에 주의하자.

첫 번째 깨달음의 순간은 30분 안에 전달한다

고객이 제품을 사용하기 위해 가입했을 때 첫 번째 깨달음의 순간을 최대한 빨리 느끼게 해 주는 것이 중요하다. 펩소덴트는 치과에서 권장하는 양치질 시간인 2분 이내에 첫 번째 깨달음의 순간을 전할 수 있었다. 이렇게 짧은 시간이 모든 제품에 적용되지는 않지만, 첫 번째 깨달음의 순간은 고객의 첫 번째 세션이 지속되는 평균 상한선인 30분 이내에 두는 것을 목표로 하자.

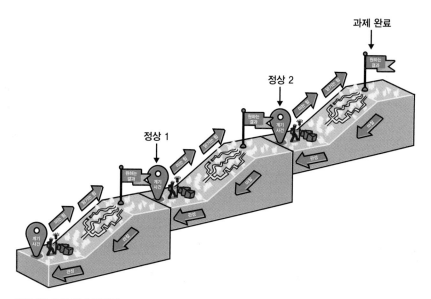

그림 13-8 큰 과제 쪼개기.

외적 보상보다 내적 보상을 추구한다

많은 제품에서 사용하는 게임화된 보상 형태의 배지는 단기적으로는 동기를 부여해 줄 뿐이다. 외재적이 아닌 내재적 보상에 초점을 맞추자. 내재적 보상 은, 고객이 원하는 결과를 향해 나아가는 자신을 보면서 스스로 느끼는 내면 의 감정이다.

완벽함을 목표로 삼지 않는다

첫 번째 정상 지점을 이상적으로 원하는 결과에 맞춰 정하는 경우가 많다. 하지만 이 지점은 고객의 출발점에 맞춰 설정하자. 첫 번째 정상의 목표는 고객으로 하여금 출발점에서보다 큰 만족을 얻게 될 의미 있는 일을 하도록 유도하는 것이다. 고객이 내디딜 수 있는 최소한의 발걸음에 집중한다.

학습보다 실행이 낫다

고객에게 곧장 사용 설명서를 내미는 경우도 많다. 고객은 제품 사용법을 배울 필요 없이 최소한의 노력으로 결과를 얻고 싶어 한다. 첫 번째 정상은 학습이 아닌 실행이 중심이 되게 하자. 사용 설명서는 내버려 두고 고객이 언덕을 오를 수 있도록 커닝 페이퍼나 빠른 시작 안내를 제공한다.

산출물이 아닌 결과물이 낫다

드릴 비트 사례를 기억하는가? 고객이 원하는 것은 6mm짜리 구멍이 아니라 그 뒤의 결과였다. 첫 정상에서 원하는 결과를 전달해야 한다. 원치 않는 결과가 나오면 안 된다. 기능적 욕구가 아닌 감성적 욕구 충족을 목표로 하자.

정상이 나올 때마다 원하는 결과의 수준을 순차적으로 올린다

첫 번째 정상을 지난 다음부터 모든 과제가 완료될 때까지 순차적으로 다음 정상을 향해 수준을 올린다. 정상을 설계할 때에는 두 배 원칙을 적용하면 좋다. 새 정상을 탈환할 때마다 이전보다 두 배의 시간과 노력을 들여야 하는 방식으로, 무술에서 띠를 부여하는 것이 이런 예이다.

각 정상에서 고객이 할 수 있는 일을 제한한다

현재 도달해 있는 정상을 확장하기 위해 불필요한 기능들을 추가하면 주변이 산만해지고 인지력이 낮아진다(즉, 마찰이 생긴다). 아직 필요하지도 않은 기능으로 고객을 부담스럽게 만들기보다는 고객이 할 수 있는 일을 제한하고, 불필요한 기능은 최대한 숨기는 편이 낫다.

고객 진행 로드맵을 고객에게도 보여준다

고객 진행 로드맵을 설계했으면 고객에게도 보여준다. 원하는 결과를 달성하기 위해 거쳐야 할 단계들을 명확하게 보면 자신감이 높아지고 언덕을 더 힘내서 오를 수 있다. 고객 진행 로드맵을 제시한 다음에는 촉발, 능력, 보상을 활용하여 고객이 원하는 결과를 향해 지속적으로 나아갈 수 있도록 도와주는 방법을 알아본다.

13.2.8 고객 자극하기

당신의 제품이 고객에게 습관으로 자리 잡기 전까지는 고객이 자동으로 돌아와서 제품을 다시 사용해 주기를 기대할 수 없다. 이럴 때 고객을 확실하게 자극하는 몇 가지 방법을 소개한다.

올바른 기대치를 설정하는 것이 시작이다

고객이 처음으로 제품을 사용하기 시작할 때 가입 이유, 기대할 수 있는 결과, 제품을 통해 원하는 결과를 달성하는 최선의 방법을 다시 한번 알려주는 것이 좋다. 짧은 환영 인사나 간단한 안내서 형태로 메시지를 전하고, 고객 진행 로드맵이 있으면 이 단계에서 함께 제공한다.

고객 달력에 알림을 설정하도록 제안하거나 돕는다

정기적으로 사용해야 하는 제품이라면 달력에 알림을 설정하는 작업을 손쉽게 만들거나, 고객이 알림을 설정하도록 도와주자.

이용 사례를 공유한다

고객이 제품을 언제, 어떻게 사용하면 가장 유용한지 연구해서 꿀팁이나 요령 등으로 공유한다.

고객이 이전 과제를 완료하는 즉시 다음 과제를 상기시킨다

광고 문안은 독자가 다음 문장을 읽고 싶도록 쓰는 것이 핵심이다. 제품 유지도 마찬가지다. 고객에게 첫 번째 깨달음의 순간을 선사한 다음에는 진전을 축하하고(보상) 다음 정상을 향해 가도록 상기시키자. 초반에는 정상이 나지막해서 수월하지만 과제의 규모가 커질수록 고객 상기 장치를 늘려야 한다.

주기적인 접점을 만들어 상기시킨다

눈에서 멀어지면 마음에서도 멀어진다. 존재감을 유지하려면 주기적으로 고객과 소통하는 접점을 마련하는 것이 효과적이다. 고객에게 일간 또는 주간 활동 보고서 이메일을 보내거나, 일주일에 한 번씩 확인 전화를 하는 방법이 있다. 어떤 식으로든 가치를 전하는 내용으로 시작해야 한다.

행동 타겟팅 이메일로 관심을 유도한다

분석을 통해 고객의 여정 현황을 파악할 수 있다면 행동 타겟팅 이메일(생애 주기 메시지)을 보내서 고객의 관심을 유도하고, 진도를 나가지 못하고 있는 고객이 있으면 도와준다.

기존 반복 행동을 활용한다

단연코 고객을 상기시키는 가장 효과적인 방법은 제품을 고객의 기존 반복 행동이나 작업 흐름에 포함시키는 것이다.

13.2.9 고객이 전진할 수 있게 도와주기

고객이 초반의 정상들을 탈환하고 나면 일이 복잡해진다. 고객이 지속적으로 전진할 수 있도록 추가 조치를 동원해서 개입하는 요령을 알아보자.

선택의 역설을 줄인다

제품 안에서 고객에게 선택지를 많이 제공하면 통제 권한도 더 많이 제공하는 것이라고 생각하기 쉽지만 사실은 그 반대다. 선택의 폭이 넓으면 불확실성이 커져서 마음이 불안해진다. 고객의 길잡이가 되어, 편리하게 사용할 수 있는 기본값과 권장 사항을 제공하자.

실험을 허용한다

고객이 마음 편하게 실험을 할 수 있는 안전지대를 만들어서 실패에 대한 불안과 두려움을 줄인다. 예를 들어 전동 드릴에 실행 취소 기능이 있다면 생애 첫 집을 장만한 사람들이 말끔한 벽에 구멍을 뚫기가 훨씬 쉬워질 것이다. 그렇다면 드릴 제조사는 집주인들을 동네 철물점을 초대해서 연습용 벽에 못을 박아보는 무료 워크숍을 열 수 있다.

사용자 경험(UX) 디자인에 투자한다

고객은 우리처럼 훤하게 솔루션을 바라볼 수 없다. 그 정도로 솔루션을 밀착 관찰하지 않기 때문이다. UX 디자인의 수준을 높이는 데 투자하고 정기적으로 사용성 테스트를 하자. 사용자를 생각하게 하지 말라는 스티브 크룩Steve Krug의 말처럼, 제품이 최대한 직관적으로 작동해야 한다.

밀접 지원 서비스를 제공한다

초반에 제품을 제공하는 소수의 고객군에 밀접 지원을 제공하면, 고객은 불안을 덜고 여러분은 학습 속도를 높일 수 있다.

> **TIP** 고객에게 배우는 가장 빠른 길은 그들과 대화하는 것이다.

고객이 많지 않은 단계에서는 실시간 교육을 제공하고, 주기적으로 만나고, 고객 개개인이 겪는 문제에 적극 대응할 수 있다. 그러나 고객 기반이 커지면 이런 방식을 확장할 수 없기 때문에 다음 단계를 위한 투자도 병행해야 한다.

지속적으로 제품을 개선한다

고객 밀접 지원을 하다 보면 제품에 관련한 문제와 사안이 발견된다. 이를 통해 제품의 사용성을 개선하고 기록하는 데 꾸준히 투자하자. 제품의 결함은 단 한 번만 용인하는 것을 원칙으로 한다.

고객 사례 연구를 공유한다

제품 여정을 시작한 지 얼마 안 된 고객에게는, 이미 진전을 보이면서 원하는 결과를 향해 가고 있는 다른 고객을 보여주면서 동기를 부여할 수 있다. 그러나 순탄한 성공의 길만 강조하지는 않도록 주의하자. 모든 영웅(과 고객)의 여정에는 고난이 가득하다. 그래야 현실적이고 믿음이 간다.

고객이 의견을 보내기 쉽게 만든다

온라인 채팅, 이메일, 전화 등 고객이 여러분에게 연락할 수 있는 경로를 여러 가지로 제공한다.

13.2.10 진척 상황 강화하기

앞서 설명한 것처럼, 고객에게 줄 수 있는 최고의 보상은 그들이 발전 상황을 볼 수 있게 도와주는 내재적 보상이다. 이런 보상을 구축하는 몇 가지 요령을 소개한다.

진행률 지표를 개발한다

고객이 자신의 진행률을 체감할 수 있게 도와주는 피드백 루프, 대시보드, 보고서를 개발한다.

고객의 승리를 축하한다

고객의 주된 성과를 인정하고 성공을 축하할 수 있도록 시간을 할애한다. 축하도 보상의 일종이다.

의미 있는 선물을 한다

의미 있는 선물을 통해 고객의 성취를 인정하고 축하한다. 여러분 자신이나 여러분의 브랜드가 아닌 고객을 중심에 둔 선물이어야 의미가 있다. 예를 들어 린스택에서는 비즈니스 모델 설계 과정을 수료한 고객에게 'Love The Problem' 티셔츠를 보내고, 90일간의 집중 스타트업 부트캠프를 수료한 고객에게는 'Practice Trumps Theory' 후드티를 보낸다. 돈 주고는 사고 싶어도 못 사는, 쟁취해야만 가질 수 있는 물건이라서 의미 있는 선물이다.

13.3 알트버스팀, 90일 주기 검토 회의를 열다

세 번째 90일 주기가 끝날 때까지 알트버스팀은 사례 연구를 6건 발표했고, 그중에는 만족한 건축가들과 더 만족한 고객들의 추천서와 인상적인 경험담이 가득하다.

알트버스 VR 모델은 건축가가 의뢰인을 만나 설계안을 결정할 때 활용하는 자료로써 주택 건설 과정에 스며드는 데 성공했다.

이미 몇몇 건축가가 더 많은 기능을 요청하기 시작했고, 세 사람은 다음 차례의 수행 과제인 견적 계산 기능을 위한 피치를 준비하고 있다. 이렇게 하면 고객 수명을 3개월(설계 초반)에서 공사가 끝날 때까지(9~12개월)로 늘릴 수 있다.

스티브는 개발자 두 명을 더 뽑아서 컨시어지 MVP 자동화에 상당한 진전을 보이고 있으며, 모델의 총 처리 시간을 하루에서 30분 미만으로 줄였다. 다음 90일 주기 안에는 완전 자동화가 가능할 것으로 보인다.

슬슬 입소문이 나기 시작하면서 전 세계 건축 회사들의 인바운드 데모 문의가 들어오고 있다. 가치 제공에 계속 집중하면서도 반복성, 확장성을 겸비한 성장 동력을 찾는 데 초점을 맞추기 시작했다.

성장 로켓 찾기

만족한 고객 루프에서 예측 가능한 반복성이 보이기 시작하면, 즉 초기 고객군이 제품을 정기적으로 꾸준히 사용하면서 원하는 결과를 향해 나아가고 있다는 것을 고객 면담이나 대시보드를 통해 확인했으면 이제는 성장에 초점을 맞춰야 할 시기이다. 여기서 '성장'이란 확장 가능한 채널이나 성장 로켓을 만든다는 뜻이다.

지금까지는 확장성보다 학습 속도를 중시하면서 고객 확보와 가치 전달에 있어 밀접(확장 불가능) 소통에 의존해 왔다. 그러나 점점 난도가 높아지는 90일 견인 모델 목표를 계속 달성하려면 좀 더 확장 가능한 방식으로 고객에게 다가가는 경로를 모색하기 시작해야 한다. 린 캔버스에 간단하게 끄적여 둔 확장 가능 채널들 이상으로 제품/시장 적합성 다음 단계로 나아가기 위해 집중 개발해야 할 채널이 무엇인지 파악해야 한다.

확장 가능한 채널이나 성장 로켓은 주기를 몇 번 반복하는 정도로 쉽게 알아낼 수 없다. 그래서 이 작업은 일찍 시작하는 것이 좋다. 이 장에서는 이를 위한 대략적인 과정을 설명한다.

14.1 알트버스팀, 성장 로켓에 대해 배우다

지난 90일 주기 검토를 마친 다음 스티브가 다음 주기의 목표, 가정, 주요 제약을 알리자 메리는 이런 제안을 했다.

"다음 주기에는 제약에 계속 집중해서 유지율을 높이는 것 외에도, 업무 시간의 20%는 주요 성장 로켓을 찾는 데 할애하면 좋겠어요."

"성장 로켓이요?"

"네, 하키스틱 곡선을 매끄러운 곡선 형태로 그리는 경우가 많지만 스타트업의 실제 성장 곡선을 그려 보면 그렇게 매끄럽지만은 않아요. 계단식으로 올라가곤 하죠. 스타트업을 발사체에 비유하는 경우가 많아요. 여러분이 화성에 우주선을 보내는 임무를 맡았다고 생각해 보세요. 1단 로켓 만으로는 거의 불가능한 일이에요. 다단 로켓을 준비하고 여정의 각기 다른 지점에서 한단씩 점화시켜야 하죠. 각단의 로켓은 하키스틱 곡선이 한 계단을 올라가도록 만듭니다."

"좋은 비유네요. 각 로켓이 고객 확보 경로를 나타낸다면 고객 공장은 어디에 해당할까요?"

"후후, 좋아하실 줄 알았어요. 고객을 유치하도록 설계한 로켓이라면, 고객 공장은 로켓 엔진의 내부 작동 방식을 나타냅니다. 로켓 각각에 자체 엔진과 추진체 연료가 있고요. 지금까지는 비즈니스 모델을 하나의 고객 공장이라고 생각했지만 현실에서는 다양한 고객 공장, 즉 로켓 엔진이 가동되고 있어요."

"무슨 말씀인지 알겠어요. 우리는 현재 직접 판매, 이벤트, 약간의 추천을 통해 고객을 확보하고 있어요. 이 경로들은 저마다 작동하는 방식이 상당히 다르고요. 말하자면 이것들이 전부 자체적으로 고객 공장 엔진을 장착한 로켓인 거죠?"

"바로 그거예요."

"엔진 구조가 고객 공장과 어떻게 대입되는지 알 것 같아요. 그러면 추진체에 상응하는 건 뭘까요?"

"추진체는 로켓 엔진에 동력을 공급하는 연료예요. 엔진이 작동하려면 에너지가 필요하고, 필요한 연료는 엔진 종류마다 다릅니다. 창업 초기에 가장 많이 사용하는 연료는 창업자의 시간이나 땀의 지분인데, 아시다시피 가장 비싸고 충전할 수도 없죠. 시간이 지나면 돈이나 자본, 심지어는 사용자와 고객도 연료로 사용할 수 있어요."

"저는 아까 말씀하신 부분으로 돌아가고 싶은데요, '주요 성장 로켓'을 찾아야 한다고 하셨는데 그 로켓은 단 하나여야만 하나요? 성장 로켓은 많을수록 좋지 않을까요?"

"우주선 발사에는 어마어마한 에너지가 필요하기 때문에 보통 로켓 여러 대를 함께 사용합니다. 단거리 추진체 로켓을 하나 이상 동원해서요. 이 추진체 로켓을 린 캔버스에서 확장 불가능한 채널이라고 생각해 보세요. 직접 아는 사람에게 고객을 추천받는 식으로 말이죠. 이런 활동은 범위가 제한되어 있어요. 연료가 소진되면 우주선의 무게를 줄이기 위해 추진체 로켓을 하나씩 분리합니다. 그러면 새 추진체 로켓이 그 자리를 대신하겠죠. 이륙을 위해서는 이 추진체가 필요하지만 그것만으로는 화성까지 갈 수 없어요. 일정 시점이 지나서는 추진체 로켓의 엔진을 최적화하느라 오히려 수익이 줄어들 겁니다."

"추진체 로켓들의 목표는 우주선이 탈출 속도에 이르도록 도와주는 것이고, 주요 성장 로켓이 그때부터 화성까지 탑재물을 운반하는 건가요?"

"네, 탈출 속도에 이르기 전에 주요 성장 로켓에 대해 연구하고 테스트해 보는 것이 좋지만요. 스타트업에서 탈출 속도는 하키스틱 곡선의 변곡점 또는 제품/시장 적합성 도달 지점이라고 생각할 수 있어요. 그 지점까지 갔으면 주요 성장 로켓을 최적화하기 시작한 상태여야 합니다. 그 로켓이 사업을 앞으로 나아가게 할 테니까요." 메리가 대답했다.

"지구의 중력을 벗어난 다음에도 화성까지는 갈 길이 먼데, 주요 성장 로켓 하나로 화성까지 가기를 기대하는 게 타당한 건가요? 그리고 어떻게 하면 주요 성장 로켓을 제대로 선택하고 시작할 수 있을까요?"

"서로 다른 두 가지 질문이네요. 첫 번째 질문은 맞는 말씀이에요. 보통 스타트업이 확장을 시작하면 성장 로켓 하나로 대부분의 성장을 달성합니다. 시간이 지나면서 성장 로켓을 하나 추가하는 경우도 있지만 처음에는 로켓 하나로 시작해야 해요. 앞에서 이야기했던 것처럼, 팀이 한 방향을 바라보면서 집중할 수 있도록 90일 주기 동안 진행하는 캠페인 수를 제한하는 겁니다."

메리는 세 사람에게 잠시 생각할 시간을 주었다가 스티브의 두 번째 질문으로 넘어갔다.

"주요 성장 로켓을 찾는 것이 스타트업에 특히 어려운 이유는 두 가지입니다. 첫째, 스타트업 창업자들에게 주로 보이는 것은 여러 가지 로켓이나 그로스 해킹뿐이에요. 사탕 가게에 간 아이처럼 다다익선이라고 생각하면서 로켓을 쌓기 시작합니다. 하지만 로켓이 너무 많으면 우주선이 무거워지잖아요. 그러면 탈출 속도에 이르기 쉬워지는 게 아니라, 오히려 어려워집니다. 스타트업들이 성장에 어려움을 겪는 두 번째이자 더 중요한 이유는 성장 로켓과 추진체 로켓의 결정적 차이인 지속 가능성을 인식하지 못하는 경우가 많은 것이에요."

"지속 가능하다는 건, 재생 가능하다는 말씀인가요?"

 "맞아요. 영화 <스타 트렉>에서 엔터프라이즈호는 반물질 워프 드라이브로 작동하는데, 이건 우주여행에 굉장히 효율적인 방법이었어요. 그리고 우주에서 연료를 확보하는 것은 물론, 우주선에서 반물질까지 생성할 수 있었습니다. 관련된 과학 이야기는 제쳐두고, 여기서 중요한 점은 주요 성장 로켓이 자체적인 힘으로 지속되려면 엔진에 플라이휠이나 성장 루프가 있어야 한다는 것입니다."

 "성장 루프요? 이를테면 기존 고객에게서 얻은 수익을 재투자해서 신규 고객 유치를 위한 광고를 하는 건가요?"

 "바로 그거예요. 하지만 루프가 지속 가능하다고 판단하려면 특정한 조건이 충족되어야 합니다. 광고 집행 비용보다 고객에게서 받는 돈이 더 많아야 하는 식이죠."

 "저희가 처음 생각했던, 누구나 볼 수 있는 고객사 프로젝트 목록을 만드는 아이디어는 어떤가요? 대략적으로 생각해 보면 VR 모델을 위한 하우즈나 핀터레스트쯤이 될 것 같아요."

"네, 사용자 콘텐츠를 기반에 둔 성장 로켓의 좋은 예이고, 기존 고객의 작업을 활용해서 신규 고객 확보를 추진한다는 점에서 지속 가능성도 있을 겁니다. 말씀하신 아이디어는 90일 주기를 몇 번 진행하면서 개발과 테스트를 할 수 있는 훌륭한 예이기도 하고요. 그러니 일찍 시작하는 게 좋습니다. 지금 같은 시기에요."

스티브는 시간을 확인한 다음 회의를 마무리 짓기 위해 나섰다.

"이제 시간이 다 됐네요. 메리 님, 늘 그렇지만 정말 알찬 시간이었어요. 며칠 동안 모두 흩어져서 주요 성장 로켓 제안을 몇 가지 구상하면 좋겠습니다. 가장 유망한 제안에 선정해서 다음 90일 주기에 진행하시죠. 그리고 소규모 캠페인과 스프린트를 활용해서 테스트해 보면 되겠죠? 메리 님, 혹시 당부하시고 싶은 말씀 있나요?"

"그럼요. 메일로 보내드릴게요."

14.2 우주선 성장 모델

우주선 성장 모델은 신제품 출시를 우주선 제작에 비유한다. 구조적인 부분부터 살펴보자. 우주선은 3개의 기본 부품으로 구성된다.

- 승무원이나 화물을 운반하는 **탑재체**. 핵심 제품이라고 볼 수 있다.
- 우주선을 우주로 보내기 위한 하나 이상의 **추진체 로켓**. 초반의 확장 불가능한 고객 확보 경로라고 생각하자.
- 주로 단일 성장 로켓이 동력을 공급하는 **우주선**. 탑재물을 목적지까지 운반한다. 이 성장 로켓을 확장 가능한 주요 고객 확보 경로라고 생각하자.

추진체 로켓이나 성장 로켓이나, 모든 로켓에는 자체 엔진과 추진제(추진체 연료)가 있다. 로켓 엔진의 기능은 고도(견인)에 오르는 것이기 때문에, 내부의 작동 방식은 고객 공장 내 공정(AARRR)에 대입할 수 있다. 로켓 엔진에 동력을 공급하려면 에너지가 들고, 그 에너지는 추진체에서 나온다. 로켓 종류에 따라 추진체의 종류도 다르다(시간, 돈, 내용물, 사용자 등).

로켓의 사거리는 엔진의 효율과 추진체의 종류에 따라 결정된다. 추진체에 연료를 싣고 싶어 마음이 솔깃할 수도 있지만, 연료를 추가하면 우주선 무게도 추가되어 속도가 느려질 가능성이 높음을 명심하자. 그래서 특정 유형에서 로켓의 사거리를 최대화하는 가장 좋은 방법은 엔진 효율(고객 공장)부터 최적화하는 것이다.

그러나 엔진 효율 최적화에도 한계는 있어서, 특정 지점을 넘어서면 추진체의 양에 따라 로켓의 사거리를 알 수 있다. 추진체를 충전할 방도가 없다면 모든 로켓은 언젠가는 소진된다. 이것이 성장 로켓과 추진체 로켓의 핵심적인 차이점이다.

> **NOTE** 성장 로켓은 엔진을 설계할 때 추진체를 충전하는 플라이휠(성장 루프)을 활용해서 지속 가능한 성장(견인)을 추구한다.

14.2.1 우주선 발사하기

제품 출시와 마찬가지로 우주선 발사는 설계, 검증, 성장 등의 여러 단계로 이루어진다. 각 단계를 살펴보고 여정에서의 현재 위치도 정리해 보자(그림 14-1).

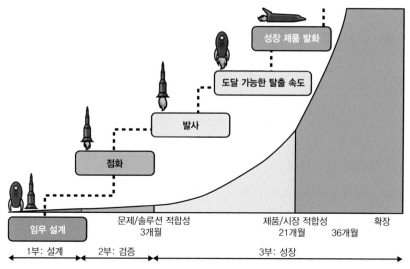

그림 14-1 우주선 발사 단계

| 1부: 설계(임무 설계) |

임무를 정의하는 단계이다(1~5장에 해당). 어디로 가는지(화성), 탑재체는 무엇인지(고유의 가치 제안), 로켓이 몇 단이나 필요한지(비확장성 경로), 우주선에 동력을 어떻게 공급할지(확장성 경로) 등을 정의한다. 비즈니스 모델 설계를 통해 앞으로 개발할 제품의 형태를 잡아가는 것과 비슷하게, 임무 설계는 어떤 우주선을 개발할지 형태를 잡는 단계이다.

| 2부: 검증(점화) |

발사를 시도하기 전에 설계 가정을 검증해서 다음을 확인한다.

- 이것을 개발하면 사람들이 올 것이다(욕구 충족 가능성).
- 이것은 개발할 가치가 있다(실행 가능성).
- 이것은 목적지에 도달할 수 있다(실현 가능성).

이 검증을 하려면 먼저 발사(MVP)를 위해 범위를 좁힌 다음, 첫 번째 추진체 로켓(마피아 제안 캠페인)으로 다양한 우주선 사양(제안 활용)을 배워서, 설계하고, 테스트하기 시작한다. 추진체 로켓을 작동시키는 것은 고객 공장 엔진이고, 연료는 주로 땀의 지분(창업자의 시간)이다.

여기서 목표는 반복성 점화(확보), 다시 말해 문제/솔루션 적합성에 도달하는 것이다.

| 3부: 성장 |

최종 성장 단계는 다시 발사, 탈출 속도 도달, 성장 로켓 발화의 세 단계로 나뉜다.

발사: 추진체 로켓 점화를 확인한 다음에는 우주선 발사를 준비한다. 발사는 에너지가 가장 많이 필요한 단계이므로 우주선을 하늘로 띄우기 위해 추진체 로켓을 몇 단계 더해야 할 수도 있다. 이 추진체 로켓의 주요 동력은 주로 초반의 땀의 지분이고, 단기간에 견인을 가속화하도록 도와준다. 추진체 로켓에 해당하는 요소는 다음과 같다.

- 초기 직접 판매
- 이벤트
- 홍보

탈출 속도 도달: 우주선을 발사한 다음에는 추진체 로켓 엔진(고객 공장)을 최적화하여 연료가 소진되기 전에 사거리(견인)를 최대화해야 한다. 먼저 핵심적인 만족 고객 루프를 최적화하는 데 집중하고, 그다음으로 필요에 따라 추진체 로켓을 추가하는 과정을 반복한다. 이 단계의 목표는 탈출 속도(제품/시장 적합성) 도달이다.

성장 로켓 발화: 탈출 속도에 도달하기 시작하면 이제부터 펼쳐질 더 긴 여정을 준비할 시간이다. 지속 가능한 플라이휠이나 성장 루프를 사용해서 이 여정에 끝까지 동력을 공급할 주요 성장 로켓을 찾기 시작할 시점이기 때문이다. 세 가지 성장 루프에 대해 살펴보자.

14.3 성장 루프의 세 가지 유형

『린 스타트업』(인사이트, 2012)의 저자 에릭 리스는 지속 가능한 성장을 하나의 간단한 규칙으로 설명한다.

신규 고객은 과거 고객의 행동에서 비롯된다.

앞에서 다뤘던 비즈니스 모델의 정의를 다시 살펴보면 이 말을 쉽게 이해할 수 있다. 가치를 만들어서 고객에게 전달하고, 고객에게서 가치를 포착하는 방식을 나타내는 것이 비즈니스 모델이었다. 지속 가능한 성장은 기존 고객에게서 얻은 가치의 일부를 재투자해서 신규 고객을 확보하는 과정에서 이루어진다.

기존 고객에게서 포착하는 가치(자산)는 보통 세 종류로 나뉜다.

- 돈(수익)
- 콘텐츠와 데이터(고객 유지와 교류의 부산물)
- 추천

이러한 자산을 신규 고객 확보에 재투자하다 보면 자체적으로 지속될 수 있는 성장 루프가 구축된다. 다양한 성장 루프의 종류를 함께 살펴보자.

14.3.1 수익 성장 루프

수익 성장 루프는 기존 고객에게서 창출한 수익을 새로운 고객 확보에 재투자하면서 이루어진다(그림 14-2). 이 단계의 추진체는 자본을 사용해 광고를 집행하거나 사람을 고용해서 이러한 캠페인을 운영한다.

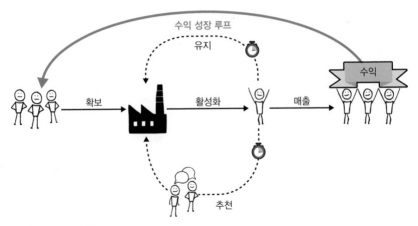

그림 14-2 수익 성장 루프

이 성장 로켓을 구축하는 일반적인 방식은 다음과 같다.

- 성능 마케팅(메타 광고, 구글 광고, 인쇄 광고, TV 광고)

- 영업(아웃바운드 영업, 인바운드 영업)

- 회사에서 제작하는 콘텐츠(뉴스레터, SNS 게시물 등)

성장 자본(투자자)을 성장 로켓 추진 비용으로 사용할 수도 있지만, 엔진을 지속하려면 고객으로부터 얻는 수익으로 이 비용을 감당할 수 있어야 한다.

엔진의 지속 가능성을 확인하려면 보통 두 가지 조건을 본다.

1. LTV가 CAC의 3배 초과
2. CAC 회복에 걸리는 기간이 12개월 미만
   - LTV = 고객 생애 가치
   - CAC = 고객 확보 비용

첫 번째는 비즈니스 모델을 통해 수익을 내고 그 밖의 운영비를 충당하기에 충분한 이윤 창출을 목표로 하는 조건이다. 두 번째 조건은 현금 흐름이다. 적정 기간안에 고객 확보 비용을 회수할 수 없으면 성장에 재투자할 현금을 가지고 있을 수 없을 것이다.

14.3.2 유지 성장 루프

고객 공장의 핵심적인 유지 루프, 즉 만족한 고객 루프를 사용해 고객을 고객 공장으로 다시 불러들인다(그림 14-3). 이는 만족한 고객을 만들고 고객 생애를 극대화하는 데 중요하지만, 이것만으로는 지속 가능한 성장 루프를 만들 수 없다.

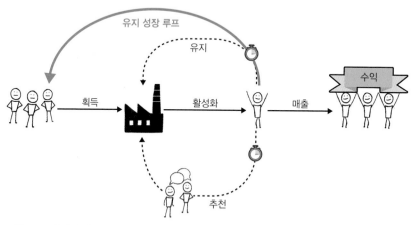

그림 14-3 유지 성장 루프

기존 고객의 제품 사용을 통해 만든 파생 자산을 활용해서 신규 고객을 유치할 수 있다면, 유지 루프를 지속 가능한 성장 루프로 바꿀 수 있다. 이 경우 추진체는 주로 콘텐츠와 데이터이다. 이러한 엔진을 만드는 방식을 몇 가지 살펴본다.

- 사용자 제작 콘텐츠(유튜브, 핀터레스트 등)
- 후기(옐프 등)
- 데이터(웨이즈 등)

14.3.3 추천 성장 루프

마지막 성장 루프 유형은 기존 사용자를 활용해 신규 사용자를 고객 공장으로 끌어들이는 추천 방식이다(그림 14-4). 만족한 사용자/고객이 추진체가 된다.

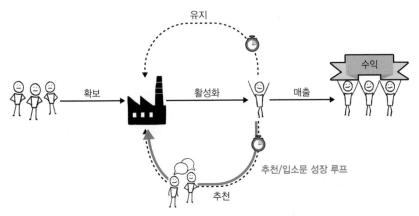

그림 14-4 추천/입소문 성장 루프

추천 성장 루프를 형성하는 방법을 몇 가지 알아보자.

- 입소문
- 추천 프로그램
- 친구/팀원 초대

이러한 성장 루프를 바이럴 내지는 입소문이라는 용어로 정의하는 사람들도 있지만, 실제 입소문은 추천 성장 루프를 지속 가능하게 만드는 특수한 경우이다.

어떤 제품이 입소문을 탔다고 간주하려면 바이럴 계수(K)가 1보다 커야 하는데, 이는 추천율 평균이 100%를 넘는 것과 같다. 다시 말해, 모든 사용자가 평균 한 명 이상에게 고객 공장을 소개해야 하는 것이다. 입소문을 타는 것은 가장 빠른 동시에 가장 구축하기 어려운 성장 방식임을 쉽게 알 수 있는 대목이다.

추천 성장 루프를 측정하는 두 가지 지표에 대해 알아보자.

바이럴 계수(K)

각 사용자가 평균적으로 추천하는 신규 사용자 수를 측정한다. K값이 1을 초과하는 제품은 입소문을 타고 성장한다.

바이럴 주기 시간

추천이 이루어지는데 걸리는 평균 시간이다. 이 시간을 가능한 한 짧게 만드는 것이 목표이다.

추천 성장 루프를 사용하여 주요 성장 로켓을 추진하는 제품은 본질적으로 입소문을 타기 좋은 경우가 많다. 메타, 엑스, 스냅챗처럼 공유 행위가 제품의 본질적 속성이라는 뜻이다.

그렇긴 하지만 입소문을 타지 않더라도 추천 성장 루프를 효과적으로 활용하는 제품이 많다. 그런 제품들은 높은 추천율을 부가적인 성장 로켓으로 삼아서 주요 성장 로켓을 보완한다.

14.3.4 성장 로켓을 여러 개 보유할 수도 있을까?

이미 간파했겠지만, 이론상으로는 비즈니스 모델 하나에 성장 루프가 두 개 이상 있을 수도 있다. 그러나 성장 루프 하나를 잘 기능하도록 구축하는 일만 해도 상당히 어렵다. 성장 로켓 여러 개를 동시에 고려하고 테스트까지 해 보는 것도 좋지만, 성장 로켓 하나를 정해서 심혈을 기울일 때 노력 대비 최고의 결실을 볼 수 있을 것이다.

14.4 주요 성장 로켓 찾기

당신이 이끄는 사업의 10배 성장을 가로막는 것은 무엇인가?

— 데이비드 스코크David Skok, 매트릭스 파트너스Matrix Partners 총괄 파트너

주요 성장 로켓을 찾으려면 보통 검증 캠페인 등의 여러 주기로 이루어진 과정을 거치면서 다음의 작업을 해야 한다.

- 성장 로켓 후보 정리
- 성장 로켓 검증
- 성장 로켓 최적화

처음 두 단계는 보통 90일 주기 1회 안에 해결되지만, 그 후로는 성장 로켓이 틀렸음을 입증하고 다른 로켓을 찾거나, 선택한 성장 로켓을 발전시키는 데 사력을 다해야 한다.

이 단계들을 차근차근 알아보자.

14.4.1 성장 로켓 후보 정리하기

성장 로켓 구축 과정에 필요한 두 가지를 정리하면 이렇다.

- 충전 가능한 추진체
- 효율적인 엔진

이제 가능성 있는 성장 로켓 후보를 선정할 차례이다.

충전 가능한 추진체 선택

세 가지 유형의 추진체(수익, 콘텐츠/데이터, 추천)를 다시 검토해서 지속 가능한 성장 루프 구축에 사용할 수 있는 것을 선택한다.

예시

- 직접 비즈니스 모델(사용자가 곧 고객)에서는 수익을 성과 마케팅에 재투자할 수 있다.
- 제품 가격대가 충분히 높으면 영업팀 구축에 수익을 재투자할 수 있다.
- 사용자가 흥미롭거나 가치 있는 콘텐츠를 공개적으로 볼 수 있게 만든다면, 이 콘텐츠를 활용해 신규 사용자를 끌어들인다.
- 본질적으로 입소문을 탈 수 있는 속성의 제품이라면 추천을 활용해 성장을 촉진한다.

현재 가동하는 엔진의 효율성 분석

현재의 고객 공장 지표를 분석하고, 현 위치와 목표 지점 사이의 간극을 사용해서, 과업을 수행할 수 있는 적절한 성장 로켓 후보를 선택한다.

예시

- 수익 성장 루프에서의 시작은 단위 경제(LTV와 CAC) 측정이다. 성장 로켓을 지속 가능하게 만들기 위해 앞서 설명한 이윤과 자금 회수 기간 조건을 충족하는 공격 유효 거리 안에 있는지 확인한다.

- 콘텐츠 성장 루프에서는 구글의 키워드 플래너 같은 도구를 동원해 특정 키워드의 검색량을 파악해서, 이 콘텐츠가 신규 사용자에게 어떤 가치를 가지는지 평가한다.

- 추천 성장 루프에서는 입소문의 유기성이 높다는 근거(40% 초과)를 찾는다.

14.4.2 성장 로켓 검증하기

90일 주기가 진행되는 10주 동안 스프린트를 통해 핵심적인 가정을 테스트하기 위한 실험을 설계하고, 선택한 성장 로켓의 실현 가능성을 검증한다.

예시

- 성과 마케팅을 선택한 경우, 광고 캠페인을 몇 가지 집행하고 CAC와 자금 회수 기간에 대한 가정을 검증한다.

- 영업을 선택한 경우, 고객 담당자를 한 명 고용해서 급상승 시간, CAC, 성사율 가정을 검증한다.

- 사용자 제작 콘텐츠를 선택한 경우 이 콘텐츠 일부를 공개하거나 전시해서 참여도를 측정하는 실험을 설계한다.

- 입소문을 선택한 경우, 공유를 가로막는 마찰을 줄이는 실험을 몇 가지 진행해서 바이럴 계수가 늘어나는지, 바이럴 주기 시간이 단축되는지 살핀다.

10주 뒤에는 성장 로켓에 대한 3P(유지, 방향 전환, 중지) 결정을 내린다.

14.4.3 성장 로켓 최적화하기

유망한 성장 로켓 후보 검증에 성공한 다음에는 성장 로켓 엔진 최적화에 총력을 다한다.

많은 성장 로켓에는 대대적인 최적화(고객 공장 조율), 교육(예: 직접 판매 시), 심지어는 제품 개발(예: 콘텐츠 페이지 자동 생성, 추천 프로그램 출시)이 필요하므로 이 과업을 전담할 소규모 팀을 꾸리는 것이 좋다.

90일 진척 상황 검토를 통해 진행 상황을 평가하고 보고한다.

14.5 스티브, 메리에게 거부할 수 없는 제안을 하다

알트버스가 출시된 지도 어느덧 18개월이 지났다. 이들은 이제 견인 로드맵에 따라 탈출 속도(제품/시장 적합성)에 도달할 수 있는 공격 유효 거리에 들어왔다. 고객 콘텐츠(VR 모델)를 활용해서 지속 가능한 성장 로켓을 구축하고, 수많은 건축주와 건축가를 플랫폼으로 끌어들이는 데 성공했다. 메리의 제안에 따라 스티브는 벤처 투자자들에게 회사에 대한 투자를 제안해오고 있다. 그리고 근황을 전하기 위해 메리를 만나기로 했다.

"제가 보여드릴 게 있어요."

스티브가 자신의 사무실에 있는 임스 체어 앞으로 가더니 사진을 몇 장 찍었다. 그리고 몇 초 뒤, 대형 스크린에 투사된 스티브 사무실 VR 모델에 임스 체어가 등장했다.

 "와, 멋져요. 위치까지 똑같이 나오네요."

"하하, 그렇죠? 몇 가지 속임수를 써서 현실 세계의 물체의 지리정보를 가상 현실 메타버스에 맞추고 있어요. 어제 벤처 투자사에도 이 데모를 공개했어요. 그분들이 사무실을 떠나시고 한 시간도 안 돼서 주요거래조건서term sheet 이메일이 오더라고요."

"그럴 만하네요. 주택 건설 단계를 넘어서 소매 가구점을 비즈니스 모델에 병합하는 2막에서 잘 어울려요. 10배 성장 스토리를 쉽게 만들 수 있겠어요."

"네, 그런데 저를 아시잖아요. 아직도 가슴이 떨려서 혼자서는 못 하겠어요."

"무슨 소리예요, 자신을 과소평가하지 말아요. 가입자당 연평균 매출을 600달러로 잡아서 월 50달러에 서비스를 무제한으로 사용하게 하겠다는 이야기를 했었는데, 지금 건축가들에 대해서는 가입자당 연평균 매출이 어떻게 나오나요?"

"일반적인 거래 규모는 연 6만 달러이고, 10만 달러 단위로 거래하는 고객들도 생기고 있어요."

"그럴 줄 알았어요. 참 먼 길을 왔네요. 스티브 님이 여기서 이뤄냈다는 게 저도 정말 자랑스러워요."

"후우, 그렇긴 하죠. 하지만 벤처 투자사와 함께하는 건 보통 일이 아니라서 노련한 경영진이 필요할 것 같아요."

"당연한 이야기죠. 이제 회사가—"

그런데 스티브가 메리의 말을 가로막았다.

"그래서 메리 님이 CEO가 되어주셨으면 좋겠어요."

 "네?"

메리는 깜짝 놀란 눈치였다.

"메리 님이 없었으면 우리는 여기까지 오지도 못했을 거예요. 돌이켜보면 메리 님이 얼마나 끈기 있게, 그러면서도 신랄하게—쓴소리를 해 주셨었는 지 믿기지 않을 정도라니까요."

민망한 듯 미소 짓는 메리를 보면서 스티브는 말을 이었다.

"A+ 경영진을 어떻게 꾸려야 할지 메리 님께 자문을 구할 수도 있지만, 메리 님이 직접 경영진이 되어 달라고 부탁하는 편이 훨씬 쉬울 것 같아요."

 "뭐라고 해야 할지 모르겠네요. 생각도 못 했던 일이라. 이런 제안에 설레지 않는다면 거짓말이죠. 사업을 발전시키는 과정을 옆에서 지켜보면서 많이 저도 많이 감탄했어요. 저도 물론 함께하면 좋습니다."

"그럼 됐네요. 절차는 나중에 진행하면 돼요. 제가 주요거래조건서를 보내드리고 투자사 측에 새 CEO가 부임한다고 알릴게요."

"새 CEO와 새 CTO 말씀이죠?"

메리가 말을 정정하자, 스티브가 웃으며 받아쳤다.

"아무렴요, CEO님."

마치면서

이 책을 시작하면서 필자는 성공을 보장하는 방법론은 세상 어디에도 없지만, 제품을 만드는 반복 가능하고 실용적인, 그래서 성공 가능성을 높여주는 제품 개발 과정을 설명한다고 약속했다.

이 책이 그 약속을 지켜주었기를 바란다.

이 책은 시작에 불과하다. 전술적인 기술, 도구, 심도 있는 린 캔버스 활용법이 궁금하다면 여러분과 같은 생각을 가진 기업가와 혁신가들이 모여있는 커뮤니티 (린스택 아카데미[1])에 가입하기를 바란다.

여러분의 '원대한 아이디어'를 실행에 옮기기 가장 좋은 때는 바로 지금이다. 여러분의 성공을 진심으로 기원한다.

이 책에서 기억해야 할 내용을 선언문 형태로 정리했다.

부트스타트 선언문

기업가는 어디에나 있다

사람들의 생김새나 언어는 저마다 다르지만, 지구는 그 어느 때보다도 평평하다. 불과 5년 만에 세계 각국에서 대학교 창업 프로그램, 스타트업 액셀러레이터, 기

---

1 https://academy.leanstack.com/

업 혁신 인큐베이터가 폭발적으로 생겨나면서 세계적인 창업 르네상스의 시대가
도래했다.

우리는 모두 같은 것을 원하고, 같은 것을 두려워한다.

차고에서 창업을 하던 인물들이 바뀌었다

창업가는 더 이상 '차고에 죽치고 있는 사람'이 아니다. 모든 사회 계층에서 창업
가가 등장한다. 이런 급격한 상승에 대해 몇 가지 원인을 생각해 볼 수 있다.

학자금 대출 증가

최근 미국의 학자금 대출액 총액이 1조 달러를 넘어섰다. 우리는 끊임없이 증
가하는 등록금을 받아서 다음 세대에게 노동자가 되는 훈련을 시키고 있지만,
좋은 직장을 얻기는 나날이 어려워지고 있다. 대신 대학(심지어는 고등학교)
에서 창업 교육과 경험을 찾는 학생이 늘고 있다. 제2의 메타를 개발하겠다는
포부를 가진 학생들도 있고, 그저 자기 계발을 원하는 학생들도 있다.

평생직장은 옛말

평생 고용과 연금의 안정성이 사라지면서 자신의 운명을 직접 통제하고자 하
는 사람이 늘고 있다. 부업을 통한 창업이 늘고 있다.

대기업에도 혁신과 파격이 필요한 시대

지난 10년 동안 파괴적인 혁신에 가속도가 붙었다. 한때 파격을 불러왔던 이
들이 새로운 이들의 파격에 맥을 못 추기도 한다. 이로 인해 사내 기업가들의
중요성이 점점 커졌다.

시작하기 가장 좋은 때는 지금이다

세계적으로 기업가정신이 부흥하는 진짜 이유는, 인류 역사상 처음으로 모두가
인터넷, 세계화, 오픈 소스와 클라우드 컴퓨팅으로 가능해진 기술 덕분에 우리 모

두가 비슷한 도구, 지식, 자원에 접근할 수 있게 된 것이다. 지금은 그 어느 때보다도 저렴하고 신속하게 새 사업을 시작할 수 있는 시기이다.

이는 우리 모두에게 어마어마한 기회를 선사하지만, 아직은 먹구름이 드리워져 있는 곳도 있을 것이다.

제품 대부분은 여전히 실패한다

이 세상에는 그 어느 때보다도 많은 제품이 생겨나고 있지만, 제품의 성공률은 딱히 나아지지 않은 것이 슬픈 현실이다. 여전히 창업으로 성공할 가능성은 희박하고, 무수히 많은 제품이 실패하고 있는 처지이다.

이는 심각한 문제다. 우리는 이런 제품에 많은 시간, 돈, 노력을 쏟아부으며, 특히 처음으로 사업에 뛰어든 사람에게는 이러한 실패가 감성적으로나 재정적으로나 치명타로 다가온다.

제품이 실패하는 12가지 이유

어떤 아이디어가 실패하는 흔한 이유 12가지를 알아보자.

- 자금 부족
- 제품의 품질 미달
- 고객 없음
- 집중력 부족
- 지역 부적합
- 탈진
- 팀의 역량 미달
- 부적절한 타이밍
- 경쟁사
- 열정 부족
- 수익성 없음
- 법적 문제

제품이 실패하는 첫 번째 이유

하지만 이 모든 이유의 기저에는 단 하나의 핵심적인 이유가 숨어 있다. **원하는 사람이 없는 물건을 만든다.**

다른 모든 이유는 이 잔인한 현실을 부차적으로 표현하거나 합리화한 것이다. 왜 이런 일이 생길까? 필자는 이런 실패의 가장 큰 원인이, 기업가가 자신이 도출한 문제/솔루션에 각별한 열정을 품은 탓이라고 본다. 우리가 문제/솔루션과 사랑에 빠져서, '내 새끼에게 세상의 빛을 보여주는 것'에 유일한 사명감을 가지게 만드는 범인은 혁신가의 편견이다.

우리는 제품 개발을 서두르지만, 개발을 우선시하면 퇴보하고 만다. 이미 존재하는 문제 없이는 솔루션을 강제로 적용할 수 없다는 점에서 퇴보이다.

제품이 실패하는 두 번째 이유

시작을 해야 실패도 한다. 제품이 실패하는 두 번째 이유는 시작조차 하지 않기 때문이다. 우리는 너무 많은 시간을 분석하거나 계획하거나, 시작하지 않은 것에 대한 변명을 하며 보낸다. 우리는 분석하고, 계획하면서 시작하지 않을 이유를 찾느라 시간을 허비한다. 사업 계획서를 쓰거나, 투자자를 찾거나, 실리콘 밸리로 이사부터 해야 한다고 생각하는 것이다.

시작에는 허락이 필요하지 않다

10년 전만 해도 사업을 시작하려면 막대한 비용을 들여야 했다. 제품을 개발하기 위해 소프트웨어를 사고, 팀원들과 함께 일할 사무실을 얻으려면 자본 투자가 필요했다. 하지만 세상이 바뀌었다. 이제는 이 모든 것이 공짜다.

이제는 '이것을 만들 수 있는가'가 아니라 이것을 만들어야 하나'를 고민해야 한다.

이 고민의 답은 돈, 사람, 시간이 많지 않아도 찾을 수 있다. 그 대신 다음 사항을 명심해야 한다.

문제/솔루션이 아닌 문제 자체를 사랑하자

근원적인 마인드셋의 변화가 필요하다. 고객은 자신의 목표 달성에 관심을 둘 뿐, 당신이 어떤 솔루션을 제시하는지는 안중에 없다. 그들의 목표 달성을 방해하는 문제나 걸림돌을 파악해서 적절한 솔루션을 모색하자.

고객이 겪는 문제보다 자신이 도출한 솔루션을 더 아끼는 것은 문제가 있다.

사업 계획서를 쓰지 말라

사업 계획서를 쓰는 데는 시간이 너무 오래 걸리고, 완성해 봤자 끝까지 읽는 사람은 없다. 그 대신 1쪽짜리 비즈니스 모델을 만들자. 20일이 아닌 20분이면 완성할 수 있고, 사람들이 읽고 자신의 생각을 들려줄 수 있다. 그게 승리의 길이다.

사업 계획보다 제품 개발에 시간을 더 투자하자.

비즈니스 모델이 제품이다

수익이 없다면, 비즈니스 모델은 비즈니스 모델이 아니다. 수익은 산소와 같다. 우리가 산소를 마시기 위해 사는 건 아니지만, 살기 위해서는 산소가 필요하다. 당신의 세상을 바꿀 아이디어도 마찬가지다. 제품 개발을 서두르기 전에, 앞 단계에서 파악한 근본적인 문제가 해결할 가치가 있고, 수익을 낼 수 있는지 확인해야 한다.

기존 대안에 지출되고 있는 돈이야말로, 어떤 문제로 인한 고통이 수익으로 연결될 수 있다는 가장 좋은 증거이다.

타이밍이 아닌 시간에 집중한다

아이디어가 생기는 타이밍은 조절할 수 없어도, 아이디어에 할애하는 시간은 조절할 수 있다. 돈이나 사람 같은 자원은 있다가도 없고, 없다가도 있지만 시간은 한 방향으로만 움직인다.

시간은 가장 희소한 자원이니 현명하게 사용하자.

시간을 고정해 두는 것이 관건이다. 마감일의 힘은 만기가 있다는 데 있다. 물론 세상이 먼저 끝나지만 않는다면 말이다. 팀과 약속을 잡아서 결과를 공유하고, 마감일에 도달한 상태에서 어떻게 발전할지 논의한다. 새로 마감일을 정하고 전진하자. 이는 스스로 책임감을 유지하는 가장 좋은 방법이다.

가속이 아닌 감속

시간을 최적화한다는 것은 매사를 빨리빨리 처리한다는 것이 아니라, 올바른 일에 집중하기 위해 속도를 줄인다는 의미이다. 파레토의 80/20 법칙이 여기에 적용된다. 가장 큰 성과는 핵심적인 행동 몇 가지에서 비롯될 것이다. 가장 큰 위험 요인을 우선적으로 처리하고, 나머지는 남겨두었다가 가장 위험한 요인이 되면 그때 처리한다.

가짜 검증이 아닌 견인

기능이 몇 개인지, 팀원이 몇 명인지, 은행 잔고가 얼마인지는 진척 상황을 가늠하는 올바른 기준이 아니다. 중요한 측정 기준은 단 하나, **견인**이다. 견인은 고객으로부터 수익을 낼 수 있는 가치를 포착하는 속도이다.

중요한 건 오직 고객이다. 고객에게 아이디어를 들려주면서 생각을 묻지 말자. 그들이 무엇을 하는지 보고 판단하자.

당신의 사전에 실패는 없다

빨리 실패하라는 짧은 실패를 당연하게 받아들이라는 의미이다. 하지만 실패를 금기시하는 경향은 너무나도 강력하기에 실패를 피하거나, 보기 좋게 포장하거나, 실패로부터 달아나기 위해 발버둥 치는 사람이 많다. 이는 역효과를 낳는다. 그 대신 우리의 사전에서 '실패'라는 단어를 지워버리자. 치명적인 실패를 피하고 그 자리를 반복적인 학습으로 채우기 위한 3단계 접근법을 소개한다.

- 원대한 아이디어나 전략을 작고, 빠르고, 추가적인 실험들로 나눈다.
- 단계별 출시 계획을 활용해 아이디어를 크고 작은 규모로 구현한다.
- 좋은 아이디어에 전념하고, 나쁜 아이디어는 조용히 폐기한다.

이 세 가지를 명심하는 한 실패는 없다. 더 큰 목표를 향해 경로를 조정하며 나아가고 있을 뿐이다.

자신의 아이디어를 가차 없이 바라보되, 스스로에 믿음을 가지자.

원대한 아이디어를 실천할 시간이다

이 세상에 문제는 차고 넘친다. 문제에 대한 솔루션을 찾는 눈을 가진 당신은 대부분의 사람들과 다른 방식으로 세상을 바라본다. 올바른 문제에 시선을 두기만 하면, 이 세상을 보다 나은 곳으로 만들 것이다. 이보다 중요한 문제가 또 있을까?

이 순간을 낭비하지 말자. 마음속 깊이 숨겨뒀던 아이디어의 먼지를 털어 내고 행동에 나설 시간이다. 새로 시동을 걸고, 성장하고, 시작할 차례다.

린스택 아카데미[2]도 당신과 함께할 것이다.

---

2 https://academy.leanstack.com/

필자가 지속적인 혁신 프레임워크에 대한 생각을 형성하는 데 도움을 주고 이 책에 개념이 실리기도 한 책들을 소개한다(순서는 무작위).

- 생각에 관한 생각(김영사, 2018)
- 습관의 힘(갤리온, 2012)
- 아주 작은 습관의 힘(비즈니스북스, 2019)
- 습관의 디테일(흐름출판, 2020)
- 훅: 일상을 사로잡는 제품의 비밀(유엑스리뷰, 2022)
- THE GOAL 더 골(동양북스, 2019)
- ESG와 세상을 읽는 시스템 법칙(세종서적, 2022)
- 제약의 마법(세종서적, 2015)
- 결정, 흔들리지 않고 마음먹은 대로(8.0(에이트 포인트), 2018)
- How to Measure Anything(Wiley, 2014)
- 빌 캠벨, 실리콘밸리의 위대한 코치(김영사, 2020)
- 마케팅이다(쌤앤파커스, 2019)
- 무기가 되는 스토리(윌북, 2018)
- Storytelling Made Easy (Indie Books, 2017)
- Turning Pro(Black Irish, 2012)
- 일의 언어(알에이치코리아, 2017)
- Demand−Side Sales (Lioncrest, 2020)
- What Customers Want (McGraw Hill, 2005)
- When Coffee and Kale Compete(CreateSpace, 2018)
- 제프리 무어의 캐즘 마케팅(세종서적, 2021)

- 우리는 어떻게 마음을 움직이는가(프롬북스, 2016)

- Badass：Making Users Awesome(O'Reilly, 2015)

- 챌린저 세일(오쿨루스, 2020)

- 린 스타트업(인사이트, 2012)

- The Four Steps to the Epiphany (Wiley, 2013)

- 비즈니스 모델의 탄생(비즈니스북스, 2021)

- 블루오션 전략(교보문고, 2005)

찾아보기